杨鹏解读论语

上

杨鹏——著

上海社会科学院出版社
SHANGHAI ACADEMY OF SOCIAL SCIENCES PRESS

目录

八佾篇

里仁篇

公冶长篇

雍 | 也 | 篇

述 | 而 | 篇

泰 | 伯 | 篇

子 | 罕 | 篇

引　言

孔子的六个确信：积极人生的精神本根

2016年9月，我结束在哈佛大学亚洲中心为期两年的研学，在北京创办掌上国学院，希望以哈佛大学经典研究的学术规范，对中国传统经典进行系统研究和讲解。我从《论语》中精选出120节，在2018年3月22日至2019年3月15日近一年的时间里，一周两课，讲完了《论语》百课。本书就是这门课程的讲课整理稿。

今天的我们，如何去看待《论语》这本书？应该如何去讲《论语》这本书？我把自己的一些思考分享给大家。

《论语》由孔门弟子编纂而成。美国汉学家白牧之、白妙子夫妇在他们的《论语辩》（*The Original Analects: Sayings of Confucius and His Successors*）一书中，提出《论语》成书过程“层累说”的观点。他们认为，《论语》的文本是在公元前479年孔子去世之后的近两百年间完成的。

孔子在中国传统历史中逐渐被推为最重要的文化圣人。汉武帝时期独尊儒术，孔子思想开始上升为朝廷正统思想。隋唐以后，儒家经典逐渐成为科举考试的主要内容，孔子因此受到朝廷推崇及读书人顶礼膜拜，全国各地遍布文庙祭奉孔子。这背后除了朝廷需要用儒家的忠孝及等级制思想来巩固王权之外，还有没有一些别的原因？

如果孔子思想是枯木朽枝，毫无价值，又岂能在中国稳立两千多年？中国人会尊奉朽木两千多年吗？那中华民族岂不成了荒唐的朽木民族？孔子思想不仅影响中国人，也深刻影响了朝鲜、韩国、日本及越南等国，他们也都是朽木民族？能被人长期接受的，不会完全没有价值。《论语》之中，一定有非朽木的、能带来益处的东西，能战胜时间的价值。

为什么我们要在今天这个新时代共读《论语》？我总结了孔子的“六个确信”，帮助大家理解、读懂《论语》的益处。

《论语》精神中，有一种非常积极上进的力量，有一种对世界、人生肯定的力量。人之所以精神脆弱、选择自杀，我想主要是因为内心缺乏一种确信的依托。今天我们把《论语》“六个确信”讲清楚，大家会知道，从心理成长的角度来说，学习国学的起步应是先读《论语》，打下上进性和肯定性的心理根基；之后再读《道德经》，增加智性；成年后再读《商君书》，增加组织效率性。如果能掌握《论语》背后的精神本根，培育出自己的根基，我们的心里会更踏实，精神会更安全，不会像飘动的浮萍、断线的风筝。

美国流行一种积极心理学（Positive Psychology）。哈佛大学教授泰勒·本-沙哈尔（Tal Ben-Shahar）有一门很受欢迎的课，是以积极心理学为基础的领导力学课，听课学生不少，大家都希望从积极心理学的角度去了解和塑造一种积极的心理和人生。因为我在做领导力心理学的研究课题，便也去听了这门课。

我一边听一边在心里对比，中国的诸子百家里有两位思想家特别符合积极心理学的定位，一位是孔子，另一位是墨子。老子也很积极，只不过一般人很难体会老子那种隐秘而深邃的积极内涵。泰勒·本–沙哈尔教授在讲领导力学第一课时，放了孔子的照片，引用了儒家“修身齐家治国平天下”的话，他认为，通过改变自己来改变世界是积极心理学的代表性内容。

《论语》这本著作不正是中国风格的积极心理学吗？在中国的诸子百家中，最深入浅出的积极心理学就是《论语》。孔子确信世界上有可信靠的力量，他有“六个确信”。

孔子的第一个确信

孔子知道这个世界是可信赖的。人生出问题，就是觉得自己的依靠崩溃了，脚踩的大地根基动摇，感觉脚踩流沙或落入深深的沼泽，但抓不住一根救命稻草，这时候人就会陷入绝望的境地。孔子这一生并不顺利，他从鲁国出发，周游列国十几年，总想谋个官职以实现仁爱秩序的社会理想。孔子颠沛流离，如丧家狗一样，在各地被驱赶。虽有一些文化人的名声，但他的政治主张不为周王室所重视，也不被各国诸侯认同。虽处处碰壁，但孔子从不沮丧。

为什么孔子在心理上没有垮掉？因为在这个世界上，他有可依靠的超越性的力量。还记得孔子说的“天生德于予，桓魋其如予何”这句话吗？当他被排斥、围困时，他惊慌失措、内心崩溃了吗？他的心态是否像踩在流沙上、在精神上是否落入沼泽地？没有。因为孔子心中有可信靠的对象，那就是上天。所以孔子说“天生德于予，桓魋其如予何”，意思是，上天把德赋予我，桓魋能拿我怎么办呢？

孔子说自己“五十而知天命”，因为天命在心，所以孔子内心有使命感，有强大的依靠。在周王朝“皇天无亲，惟德是辅”的政治文化传统中，上天赋德就是上天赋权。在孔子之前，上天所赋德的是商朝和周朝的开国君王，比如天命选择了周文王灭除商朝而建立周朝。孔子是贱民出身，是一个没有被明媒正娶的年轻母亲带大的私生子，社会地位很低，但孔子却有着跟上天相通、“天生德于予”的文化王者的心理。这是非常特别的。孔子说自己是“吾少也贱”，他是一个被社会歧视的底层贱民，但孔子的内心却有一份在当时社会所能拥有的最高的尊严，“天生德于予”的尊严，被天命拣选的尊严。

孔子知道自己跟天命相关，所以他说自己“五十而知天命”“天生德于予”，他的精神已经完全超越社会等级的压迫，他内心有一个至高的信仰依靠，那就是对宇宙中最高主宰力量的信靠。这个力量，对周朝的人来说就是上天，或者称为上帝。孔子是信上天、“畏天命”的，是一个有上天信仰的人。许多学者把孔子“敬鬼神而远之”的说法解释为孔子不信神，荒唐！孔子心中的至高神是“天”，他超越了对鬼（祖先之灵）和神（当时主要指日、月、山、河等自然神）的信仰，而有自己的至上神的上天信仰。

有信仰的人就是心中有根基、脚下有磐石的人，人生的起伏、人间的成败不会影响他内心根本的宁静和依靠。信仰，就是要信靠至高的造物力量，仰望至高的主宰力量。当进入这个动荡的世界，我们最希望的就是一生平安、健康、幸福，而信仰至关重要，因为它能让我们内心有稳固的依靠，能承受人生的困难和挫折。

孔子心中有上天，内心有信靠。《论语》中记载，受困于匡人时，孔子说："文王既没，文不在兹乎？天之将丧斯文也，后死者不得与于斯文也；天之未丧斯文也，匡人其如予何？"意思是，文王去世后，文王以来的周文化不就在我这儿吗？上天如果要抛弃这个文化，以后的人就不再有这文化了。如果上天不抛弃这个文化，匡人能拿我怎么办呢？在心理上，孔子认为是上天拣选他来传承周文化的，只要上天要让周文化延续下去，就不会让自己出事。虽被匡人围困，但有上天护佑，所以孔子听天由命，不畏匡人。

孔子在颠沛流离中保持了内在的信心、乐观与豁达。有人嘲笑他为丧家狗，其实这些人不理解，孔子是有家的，他有一个超越的家，由天命所维护的恒定的家。孔子"三畏"中的第一畏，就是"畏天命"，敬畏天命。天命即使命。孔子从政之路不通，退而做学问、教学生，他仍要在文化的世界去实现自己的使命，传达自己的理想，最终成为周文化的传承者和儒家创始人。

所以，读《论语》，首先要读到那种内心有信靠的信息，那种世界之上有可信靠力量的信息。人生困难重重，我们每个人都会碰到很多苦难和挫折，当碰到苦难、挫折和压力时，心里会怎么想？我们有孔子这份"天生德于予"的自信吗？有这份天命在身的信靠吗？如果从小接触一些历史上的天命信息，我们就会知道在人生遭遇动荡、挫败的过程中，在社会中，在父亲、母亲和朋友处找不到依靠的时候，还有一个地方是可以找得到的，那就是至高的上天，那是一种永恒的依靠。

在天命意识基础上形成的心理素质，是中国传统精神上非常重要、真正能让人生立于不败之地的心理素质。在我们的印象中，刘邦似乎没有文化，其实这是不对的，刘邦有文化，而且有强烈的天命意识，《史记》中记载刘邦说："吾以布衣提三尺剑取天下，此非天命乎？"

总之，《论语》是积极心理学，是有中国式最高信仰依靠的心理学。我们读《论语》，就是要读出那一份宁静的自信，那份永不崩溃的依靠。

孔子的第二个确信

孔子确信天命指向仁、指向爱，所以人人应当走向仁、走向爱。在《论语·里仁》中孔子说："苟志于仁矣，无恶也。"意思是，如果一个人有志于仁，他就不会去行恶了。《论语·颜渊》中记载，樊迟问孔子什么是仁，孔子回答："爱人。"孔子信奉上天，确信上天指向仁，所以就告诉学生，人生就是要有志于仁。仁，就是要爱人，去帮助生命。

养成爱人助人的心理，这也是积极心理学的重要内容。人生就是以爱换爱，以仁换仁，以服务换服务。这个世界确实有许多邪恶，但如果你习惯于帮助人和服务人，就会少很多矛盾，很少有人会专门去伤害那些喜欢帮助和服务别人的人。爱和服务的能力，其实是非常重要的能力，真实的爱心和诚恳的服务心就会使人生立于不败之地。这样我们的内心会很光明，没有阴暗和焦虑。这是孔子确信的第二条，也就是《论语》里反复强调的要志于仁、去爱人。

孔子的第三个确信

孔子确信世界有正当秩序。孔子确信这个世界的秩序源于上天，指向仁爱，所以人应当克制自己，去认识和遵从这个秩序。孔子把这个秩序称为“礼”。在历史变迁中，“礼”的形式可能在变化，但是“礼”所指向的精神是不变的。孔子说“克己复礼为仁”，说明“仁”是“礼”的精神导向。为什么要“克己复礼”？克制自己，让自己走向“礼”的秩序。遵循“礼”的秩序，是为了实现仁爱。

孔子那个时代所遵循的“礼”的形式，如今已时过境迁，但“礼”的精神指向——要在人间实现爱的秩序——是永恒的需要。爱是需要一套制度去保障的，这也是永恒存在的逻辑。“克己复礼为仁”，克己复礼以实现天下归仁，所以孔子真正关心的不是“礼”，而是要用“礼”实现天下归仁的目标。而“仁”就是爱人，所以孔子理想的本质是要实现爱的世界。孔子说：“非礼勿视，非礼勿听，非礼勿言，非礼勿动。”要以“礼”达“仁”，严格遵守能实现“仁”的规矩，不破坏规矩。但目的并不是规矩，规矩只是工具，目标是天下归仁，人间有爱。

孔子的第三点确信非常重要，他确信这个世界有一个由天而来的“仁”的秩序，这个秩序是能够使天下归仁的。“礼”的秩序源于天，上天的指向是爱生命。这种“仁爱”的世界秩序的建立和维护，并非只有当我们手握大权的时候才可以做，在家中、工作场所、社会中随时都可以做。人人都可以拥有一份敬天爱人的尊严，成为仁爱秩序的创造者，为建设美好社会出力。孔子说：“为仁由己，而由人乎哉？”意思是，为仁是为自己，是自己要做，并非由外人所迫。

这个世界是有一个正当秩序的，那就是仁爱、爱人的秩序。从我做起，人人天命在身，要把这个世界归向上天所指的爱生命的秩序。

孔子的第四个确信

孔子确信的第四点是，我们的人格可以提升和完善，可以通过敬畏上天和修身实践来完善和提高。任何人无论出身如何，只要努力读书、修身实践，就都能完善和提升自己，从普通人成长为有品格、有能力的君子。学习、读书、修身、实践可以改变命运。孔子说：“学而时习之，不亦说乎！”人是一个可以通过学习实践而完善的对象。这非常有意思，人把自己当成一个对象，一个需要不断打磨和塑形的作品。人生就是把自己打磨成一件艺术珍品、不断完善的过程。

哈佛大学有一位著名教授迈克尔·普鸣（Michael Puett），他教授中国的政治与伦理课程。我和他比较熟，他还写文推荐我在美国翻译出版的《道德经》（*Dao De Jing*）一书。他认为，中国伦理给他留下最深印象的就是“修身”。他理解修身意味着生命是可以修炼的，可以通过不断地塑造而变得更完美。无论出身如何，我们每个人都可以不断塑造、提升自己，使自己更完美。这有一个隐含的人性前提，即人格本身是可塑造、可改善、可趋向完美的。迈克尔·普鸣认为，修身是中国文化精神中非常特别的东西，是一种非常积极的心理。每个人与生俱来都有优缺点，但可以打磨自己，释放优点、控制缺点，使自己变成更完美的人，这是孔子的精神特点。这种认为人格可以后天去努力完善和提升的思想，是中国文化精神的特征。

研究心理学的一些朋友可能不一定同意孔子提升人格的想法，他们可能会认为，人有优点就有缺点，要接纳缺点、发挥优点，这是另一种看法了。但是对孔子来说，他认为人生就是可以通过学习、修炼和实践来改善和提升的。

孔子的第五个确信

孔子确信这个世界是可以并且应当去改善的。人生在世，要积极努力地改善这个世界。孔子周游列国非常辛苦，东跑跑西跑跑，到处迎合人，目的是想获得一个实现自己理想的权位。最后这种想法实现不了，孔子就退回来修订古代先圣之道，将自己对世界秩序的理想化入传统典籍《诗》《书》《礼》《乐》《易》的整理和《春秋》的编撰之中。孔子的努力卓有成效。在春秋后期混乱的时代中，孔子通过艰苦的编辑整理使周朝礼乐文明的相当一部分得以留存下来，这是中国文化中非常重要的一个传统。司马迁在《史记·孔子世家》中这样评价孔子："天下君王至于贤人众矣，当时则荣，没则已焉。孔子布衣，传十余世，学者宗之。自天子王侯，中国言《六艺》者折中于夫子，可谓至圣矣！"天下的君王和贤人多了，他们当时荣耀，死了就消失了。孔子平民出身，但他的思想传十余世，学者以他为宗师。天子王侯、讲《六艺》的人都得以孔子为准则，真可称为至圣之人啊！

孔子周游列国，终于发现各国朝廷是靠不住的，于是回到自我，通过编订经典、开办私学的方式，以一己之力去传承文明。孔子在传承周文明上的贡献超过了任何君王朝廷的总和。有这样的榜样，今天的我们只要决心努力、行动，就可以继承传统中的良性基因，拥抱世界最优的文明，建立起我们国学的新解读系统和未来中国所需要的信仰之下的自主、平等、协作的新文化。在文化创造性的传承上，孔子是我们的榜样，他从来没有放弃、回避过要改善这个世界。孔子的人生是很入世的人生，是一定要在现实世界中发挥作用、努力前行的人生。这种入世行动的态度与孔子对天命的信仰有关，他坚信上天创造了这个世界，他说："天何言哉？四时行焉，百物生焉，天何言哉？"

上天虽然无言，但创生万物、运行宇宙秩序。上天是创生的力量、生命的力量、秩序的力量。人以上天为法，就应该"讷于言而敏于行"，像上天一样无言地行动，生百物，运行四季，在人间成为一种创生的力量、秩序的力量、爱的力量。这个世界是不完善的，但是天命指向仁爱，这个世界是可以改善、必须改善的，天命在身的我们就应该积极行动，去改善、提升这个世界。《论语》中记载，隐士长沮和桀溺曾嘲笑孔子的入世态度，孔子的回应是：人和鸟兽不可同群。意思是，我是人，不是野生鸟兽，我当然要为改善社会而努力。孔子否定避世的态度。

孔子的第六个确信

孔子确信人生是值得肯定的，是应当珍惜和享受的。

《论语·先进》中记载，孔子要学生各自谈谈自己的理想。子路说，要使人人有勇气、个个讲道义。冉求说，要使百姓丰衣足食。公西赤讲自己可以做好祭祀和外交的事。曾点说他渴望的是："暮春三月，穿上春天的新衣，约上五六个同伴，带上六七个童子，在沂水沐浴，在高坡上吹风，一路唱着歌而回。"孔子感叹说："我与曾点一样啊！"

孔子赞美生命，享受生命。别看孔子周游列国，在别人眼中如丧家狗一样茫然无主，其实孔子内心并不是一个很苦的人，他享受人生，有一份享受生活的洒脱追求，这仍然与孔子的上天信仰有关。生命源于上天，既然上天为仁为爱，那么人为什么要唾弃现实生命呢?

理解了孔子的六个确信，对应积极心理学的内容，我们可以有把握地说，《论语》就是典型的中国式的积极心理学。

孔子的一生，是积极的人生，是有信仰、有信靠的人生，是积极推进仁爱、创立和坚守秩序的人生，是积极去改善世界、努力服务人与爱人的人生。这样的人就是这个世界中积极的力量，用今天的话说是正能量。我把孔子的“六个确信”总结一下：

第一，世界是可信靠的，这个世界之上有一个可信靠的至高力量。

第二，孔子确信上天指向仁、爱，所以人应该走向仁爱，要有志于仁，要爱人。

第三，孔子确信这个世界有一个善的秩序，这善的秩序源于上天。孔子把这个善的秩序称为“礼”。

第四，孔子确信人格是可以通过敬天和修身来不断完善和提升的。人生就是永远努力、永远上升、永远完善的过程。

第五，孔子认为，这个世界是可以改善的，要积极努力改善这个世界。

第六，孔子认为，人生值得肯定和赞美，生命是美好的，应当享受生命，哪怕在困境中也应当不忘生命之乐。

按上述六条去读《论语》，有助于实现一个正向、入世、积极、完善、努力、提升的人生，形成虽经历磨难而心不溃乱的心理素质。这六个确信看起来很简单，但如果反过来，就会导向非常沮丧、衰败、负面的人生。由此，我们就不难理解孔子能成为两千年中国思想主流的原因。我们可以从孔子这“六个确信”去重新阅读《论语》，它是孔子思想中具有普世性和永恒价值的东西，一个社会就应该在孔子的“六个确信”的基础上来构建。

学而篇

第一课

学而时习之

子曰："学而时习之，不亦说乎？有朋自远方来，不亦乐乎？人不知，而不愠，不亦君子乎？"

《论语·学而·一》

孔子是对中国历史影响很大的思想家，生于公元前551年，死于公元前479年，距离我们近两千五百年，已经很久远了。但直到今天，孔子仍然活着，以思想的形式活着，继续影响着我们。一个伟大的思想者可以战胜时间，在历史中永恒。今天我们读《论语》，就是与孔子跨时空对话。

《论语》是由孔子的弟子们回忆并记录下来的关于孔子的言论和事迹，其内容主要是孔子与学生的对话。这一讲的内容，出自《论语》开篇第一章的三句话。

先了解一下孔子的出生地。荒野之中，小山之下，有个小石洞，这个小石洞位于山东曲阜城南的尼山下，洞旁写有"夫子洞"三个字。传说这就是孔子的出生地。为什么孔子会出生在荒郊野地的一个小石洞中？有几种传说，其中之一是孔子母亲去尼山拜神，经过此地时腹中疼痛，便进洞休息，结果在洞中生下了孔子。而更流行的说法是，孔子母亲在怀着孔子的时候被抛弃了，无依无靠，曾住在这个小石洞并生下了孔子。

尼山当地传说，孔子母子住在洞中，当母亲外出办事、无人照顾小孔子时，就会跑来一只老虎给他喂奶，所以孔子是吃虎奶长大的虎娃；天气炎热的时候，还会飞来一只雄鹰，扇动翅膀给小孔子扇风驱暑，因此孔子也是鹰娃。

司马迁《史记》中的《孔子世家》是第一个关于孔子的传记，记载了与孔子出生有关的两件事。第一件事，是孔子的父亲叫叔梁纥，母亲是颜氏女，即“纥与颜氏女野合而生孔子”。“野合”，指他们的结合并不符合当时的礼法标准，并非明媒正娶。孔子母亲颜氏女既非叔梁纥的妻子，也非小妾，在叔梁纥家族中没有正式名分。

第二件事是孔子出生时，他父亲就去世了，“丘生而叔梁纥死”，孔子从小是个孤儿。孔子父亲的族人并不承认颜氏女和孔子是他们的家族成员，不接纳也不照顾这对孤儿寡母，所以孔子是在贫穷中长大的。

如今我们若去到山东曲阜，会看到专门建来祭祀孔子的孔庙，非常壮观，比孔子出生的小石洞大多了。日本长崎孔庙、韩国的孔庙、越南的孔庙也都是金碧辉煌。

一个出身穷困的孩子，满怀理想和奋斗精神，最终在学术思想上取得成就，成为伟大的教育家和思想家，影响了中国，乃至日本、韩国、朝鲜、越南等国，受到世人敬仰，人们还修建了辉煌的庙宇来祭祀他。这个出生在石洞里的婴儿，成了中国和东亚文化史上的圣人。这个出身卑微的孩子，提升了中国人和东亚人的文明水准。孔子究竟是怎么做到的？奥秘就在我们共读的《论语》的字句之中。

了解了这些背景，我们具体来讲第一讲的章句。子曰：“学而时习之，不亦说乎？有朋自远方来，不亦乐乎？人不知而不愠，不亦君子乎？”

“子曰”，即孔子说。“学而时习之，不亦说乎”，学习并时常复习、练习和实践，不是很喜悦的事吗？这个“说”，在古代也通“喜悦”的“悦”，大家不要读成“说”（shuō），应读成“悦”（yuè）。

请注意，这里我把“学而时习之”中的“习”字连续用了三个词翻译：复习、练习和实践。因为“习”在本句中，是一词多义。如果我们了解了孔子的教学内容，知道了孔子的学生们“学习”的是什么内容，就能明白本句中“学”和“习”的具体意思了。

《史记·孔子世家》记载：“孔子以诗书礼乐教。”也就是说孔子教学的内容主要是《诗经》《尚书》《礼》《乐》四本书。

“诗”指《诗经》。《诗经》是中国最早的诗歌总集，收集了西周初年（公元前11世纪）至春秋中叶（公元前6世纪）各个地方的诗歌。现在我们能看到的《诗经》版本，共有诗歌305篇，这是孔子选编的《诗经》选本。《史记·孔子世家》中说，古代留下的诗歌原有三千余篇，后来孔子将其删编为305篇。如果《史记》记载确切，那另外的两千七百多首古诗到哪儿去了？真希望今后有考古发现，不然太可惜了。《诗经》中的诗歌，有点类似我们今天的歌曲，有词有曲，配乐唱诵。孔子也是位音乐家，六十八岁那年他从卫国返回鲁国后，重新调正了《诗经》中雅诗和颂诗的曲子。

《史记·孔子世家》中还记载，孔子在陈国被人围困，缺少食物，但他仍然坚持讲课，边讲解边吟诵，边弹琴边唱歌。学生们也跟着老师又是弹琴又是唱歌，又是讲诗歌又是讲历史故事。孔子说学习是一件“不亦说乎”的事，可见不错。那么学习唱歌，是不是要背诵歌词？是不是要不断练习？这样我们就可以理解，“学而时习之”的“习”字包含了复习、练习的意思。

而孔子教的“书”，指朝廷的官方史书，即《尚书》。《尚书》是中国最早的史书，记载的是孔子之前的尧、舜、禹三代，以及夏朝、商朝、周朝君臣的言行和当时的政策。讲《尚书》，就要先讲历史故事，例如大禹治水三过家门而不入的故事。然后分析这些历史人物的成功经验与失败教训。跟着孔子学《书》，也就是学历史，听他讲历史故事，分析历史人物，了解他对善恶是非的判断，他的人生价值观与政治价值观。这个过程中要学习、复习历史文献，所以“学而时习之”的“习”字，也有阅读、复习的意思。

还有孔子教的“礼”，是指周朝的国家制度——礼制。周王朝是以礼治国的王朝。礼，就是各种关于礼的制度规定，包括祭祀上帝和祖先的礼仪、军队出征的礼仪、司法审判的礼仪、朋友见面的礼仪、举行婚礼的礼仪、办理丧事的礼仪，以及不同阶层穿着服饰、观看音乐演出的规格，等等。社会各方面的行为，都被纳入了礼制的规定中。师从孔子的学生，不仅仅是坐在桌子边拿着课本抄写，还要起来操练各种礼仪，要学会安排祭祀活动，学会组织婚礼，学会举办丧礼，学会互相行礼问候……孔子的课堂，既讲历史故事，又唱颂诗歌，还操练礼仪，课堂氛围应该很活跃。

至于孔子教的“乐”，是指乐舞。孔子是个音乐家，音乐艺术是他人生最大的享受。《论语》中记载，孔子喜欢与人合唱。大约公元前517年，孔子三十五岁时在齐国听到韶乐，长时间都沉浸在韶乐之美中，不断回味，以至三月不知肉味。中国古代的“乐”，是有乐器、诗歌、唱诵和舞蹈的，所以称为乐舞。在孔子那个时代，普通人吃顿肉不容易，但孔子因为回味齐国的韶乐之美，吃东西时竟心不在焉。如果一个人能体会音乐之美，生命就不会庸俗。孔子的学生们跟着老师弹奏古琴，唱历史颂歌，也许还伴有舞蹈，应该是蛮有趣的学习。

从孔子所教的诗书礼乐来看，复习歌词和历史文献是必需的，练习礼仪和乐器、演奏和歌唱也是必需的。除此之外，还有一个重要内容就是实践做人的准则。孔子重视做人的教育，要求学生学会做人，守礼制、守秩序。孔子还要求学生要有志于仁，有志于给人间带来和平与仁爱。拥有这种志向和德性的人，孔子称之为君子。

因此，“学而时习之”中的“习”字，有复习、练习、实践的意思。对孔子来说，学习是一个全面的过程，从学习古代文献到歌曲音乐，从国家礼制传统到日常生活礼仪，从树立人生理想到行为实践，从修炼君子德性到国家政治管理，总之是为了培养学生，让他们有能力去建设一个好的社会。

“有朋自远方来，不亦乐乎？”朋，一般翻译成朋友，这并不准确。《礼记》曰：“同门曰朋，同志曰友。”同一个师门的同学称为“朋”，有共同志向的才称为“友”，“朋”其实是同学。“有朋自远方来”，指同学们从远方各地来到这儿成为一个班的同学，这是一件很快乐的事情。学习不仅是一个学知识和技能的过程，也是一个认识同学、结交朋友、建立社会关系的过程。在人生之中，同学关系是一种相当亲密的关系。“有朋自远方来，不亦乐乎？”这句话很像孔子在开班时对同学们说的话：同学来自各地，能相聚在学校，实属难得。人生如水，请珍惜你们相处的这段美妙时光吧。

“人不知，而不愠，不亦君子乎？”愠，就是不高兴、生闷气。这句话可以理解为：当人们不理解我、瞧不起我时，我不沮丧不恼怒，这不就是君子吗？不被人理解，被人歧视、瞧不起时，人很容易沮丧、生闷气，但孔子却说不沮丧不恼怒，因为即使别人不了解我，我却了解我自己，我知道我的使命是什么，我知道自己的能力和才华在哪儿，所以别人不了解我、瞧不起我，我并不生气，我走自己的路。

孔子是这样说的，也是这样做的。孔子的一生并不顺利，他周游列国，总想获得国君们的认同，得到政治权力，以实现他的社会理想。但孔子除了因为季氏推荐而在鲁国担任过两年左右的大司寇职务外，没有在其他任何国家真正获得过政治权力。孔子在鲁国的政治实践失败后，他便周游列国想要寻求从政机会。但他的政治主张和个性，似乎并不为各国诸侯所认同，大家不理解他，甚至歧视和排斥他。这大概就是本句所谓“人不知”的来源。

虽然孔子在各地被驱赶，颠沛流离如丧家狗一样，但孔子有理想，有使命感，他知道自己的价值，知道自己应该为什么而努力。即使不被别人理解和认同，他也能够不沮丧，坚持自己的方向。诸侯们不认同他，他就走自己的路，靠一己之力开办私学传承文化，创立了重要的儒家学派。“人不知，而不愠”，正是孔子自己的写照，也是他对学生的鼓励。

周朝是贵族世袭的宗法制社会。“君子”这个概念，原指君主或宗主的儿子，血缘上的贵族。后来“君子”概念的外延扩大，增加了文化和德性的内涵，“君子”就相当于有地位、有文化、有德性的贵族，但血统高贵仍然是君子内涵的重要方面。孔子的历史突破之一，就是在理论上完成了“君子”这个概念的重新定义，将“君子”与贵族血缘关系隔离开来，强化了“君子”这个概念的德性内涵。一个人是不是君子，并不是靠贵族血统决定的，人不可能生下来就是一个君子。要想成为君子，就得好好学习，修炼自己的品德，只有这样才可能成为君子。作为一个平民子弟，只要好学上进，有仁爱之心，有意愿和能力去善待别人、成就别人，能使社会变得更美好，他就是君子。君子不再是天生的，而是靠后天学习、修身、上进，靠自我塑造出来的。

第 二 课

吾日三省吾身

曾子曰："吾日三省吾身——为人谋而不忠乎？与朋友交而不信乎？传不习乎？"

《论语·学而·四》

曾子名为曾参，是孔子的学生。司马迁在《史记·仲尼弟子列传》中提到，曾子小孔子四十六岁。曾子生活在大约公元前505年至公元前435年，十七岁时和父亲曾点一起拜孔子为师。曾子二十七岁时，孔子去世，在孔子门下学习了近十年。

《论语》中记载，孔子曾表扬过他的十位优秀学生，后人称他们为孔门"十哲"，"十哲"中并没有曾参。《论语》还记载了孔子对四个学生有过批评，其中一位就是曾参。孔子说曾参"鲁"。"鲁"就是鲁钝、迟钝的意思。在孔子眼中，曾参反应慢，不是一位灵敏的学生。也许孔子在世的时候，曾子显得鲁钝，才华并没有表现出来。

《史记·孔子世家》记载，孔子弟子三千。中国古人缺少严谨的数学思维，不习惯于精确统计，所以孔子有三千学生的说法，不一定可靠，这句话可以理解为孔子有很多学生。在《论语》一书中，真正有名有姓记载下来的孔门学生，只有27人。《论语》中孔子不仅没有表扬曾子，还批评过曾子，但有趣的是，曾子最后却成了孔子学生中最有历史成就的一位。从曾子一生来看，虽然他表现出鲁钝、反应慢的样子，却并不是因为他本性笨，而是因为他是一个小心谨慎、深思熟虑、大智若愚的人。看来圣贤如孔夫子，也有看走眼的时候。孔子说：“人不知，而不愠，不亦君子乎？”曾子就比较符合这个君子的标准。老师对他评价不高，他不生闷气，也不气馁，而是把批评当激励，沉默上进，最终有所成就。

为什么说曾子是孔子学生中最有历史成就的？有以下理由：

一是参与编纂了《论语》这本书。《论语》中记载了曾子的临终遗言。曾子去世时，离孔子去世已有四十四年，说明《论语》的编纂工作，在曾子去世前仍没有完成，也有曾子的弟子参与其中。多数学者认为，曾子及其弟子在编纂《论语》这部书中起了主要作用。

二是撰写《孝经》。《史记·仲尼弟子列传》中记载曾子作《孝经》。《孝经》是由孔子传授，曾子撰写的。《论语》和《孝经》，是儒家历史上影响最大的两部经典，都与曾子密切相关。

第三个贡献是记述了《大学》。关于《大学》的作者，学界意见不统一。宋代理学家朱熹认为，《大学》是由曾子记述的孔子思想。

第四个贡献，曾子教育和影响了孔子的孙子子思，后来子思写成了《中庸》。孔子的儿子孔鲤先于孔子去世，留下子思这个未成年的孤儿。孔鲤死后第三年，孔子也去世了，那么小子思主要是谁在照顾和教育？据史籍中记载，孔子的学生中与子思有交往的，只有曾子，曾子是子思的老师。据说孔子在临终时，将失去了父亲的子思托孤给曾子。《论语》中曾子也讲到了托孤的事。曾子认为，身为君子，为人要可靠，要能让人信任，人能将小孤儿托付给他，即“可以托六尺之孤”。

今天我们讲的儒家的正统传承，就是从孔子到曾子，再从曾子到子思，再从子思到孟子。我们读到的儒家最有影响的经典，即宋代朱熹编辑的《四书章句集注》，“四书”中《大学》《中庸》《论语》都与曾子有关系。可以说，曾子是儒家承上启下的重要人物。

《韩非子》中说，孔子以后，孔子学生分为八派。学生中成就比较大的主要有三位，一位是子贡，他的成就主要是做生意和外交，还有可能资助了《论语》的编纂工作；还有一位子夏，他是儒家“西河学派”的主持人；再有一位就是曾子，他成就最大，曾子一派成了儒家正宗传承的一脉。

曾子这个曾被孔子批评为鲁钝的人，为什么最终取得了如此高的历史成就？原因就在这一讲的几句话中。从中可以看出，曾子是一位目标明确并有极强反省能力和自控能力的人。

曾子曰：“吾日三省吾身——为人谋而不忠乎？与朋友交而不信乎？传不习乎？”这几句话可以这样理解：我每天要三次反省我自己。为人谋事，是不是不够忠诚？与朋友交往，是不是不讲信用？老师传授的知识和道理，有没有很好去复习和实践？

“吾日三省吾身”中的“三”，有译为三次的，有译为多次的。从学术上看，两种译法都可以。但我认为，译为“三次”更好。为什么？如果有具体的反省次数的规定，例如规定自己每天早、中、晚三次反省，就有具体的可操作性和约束力。如果把“三”翻译成“多次”，就容易大而化之，缺了具体的可操作性和约束性。曾子是一位反省和自控能力很强的人，所以这里的“三”译为“三次”更符合曾子的特点。

我们在第一讲中介绍过，“习”是多义词，有练习、复习、实践的意思。“传不习乎？”意思是，老师传授的礼仪规矩，要经常操练；老师传授的学术知识，要时常复习；老师传授的做人道理，要认真践行。

曾子说，“为人谋而不忠乎？”人生就是以工作交换工作，以服务交换服务。只有忠诚于工作，全力以赴，事业才会有成。不忠诚于工作，就没有事业。曾子最大的“为人谋”，应当就是编纂《论语》和《孝经》，这是传播老师孔子的思想。同时曾子还教育孤儿子思，把他培养成一位思想家，这也是“为人谋”。

“与朋友交而不信乎？”曾子特别看重“信”。人的合作能力建立在信用的基础上。一个人如果说话不算话，不讲信用，就会失去朋友和合作者，很难得到别人的帮助，最终一事无成。曾子讲“信”，不仅是对朋友，对小孩子也这样。《韩非子》中记载了这样一个故事，曾子的妻子要去集市，儿子跟在后面哭，妻子就对儿子说：“你回去，等我回来杀猪给你吃。”妻子从集市回家后，曾子就要去杀猪。妻子制止他说："我那不过是骗小孩子的戏言罢了。"曾子说："不能用戏言骗小孩子。孩子本没有知识，是从父母那里学知识，听从父母教育。今天你欺骗他，那就是教他欺骗人。母亲欺骗孩子，孩子不信母亲，这不是正确教育孩子的方法。"于是就真的把猪杀了给孩子吃。

"传不习乎？"指人必须通过不断的学习和实践，来提升自己的素养和能力，这是一个永无止境的人生上升之路。

"吾日三省吾身——为人谋而不忠乎？与朋友交而不信乎？传不习乎？"这几句话讲的是做事讲忠心，交友讲信用，学习讲练习、复习和实践。人生有限，要把有限的时间和精力投向最重要的事。以忠诚于事业、取信于朋友为准则，随时自我反省，严格自我控制，这是成就大事业的普世准则。这样的成功学，古今中外都一样。

曾子的自我反省和自我控制，不仅表现在上面所说的做事、做人和学习上，更表现在他自己的人生安排上。大约在曾子五十岁时，齐国聘他为宰相，楚国请他为令尹，晋国拜他为上卿，曾子都拒绝了。庄子经常批判儒家，却赞美曾子，说他"天子不得臣，诸侯不得友"，意思是天子不能把他当臣子，诸侯没法成为他的朋友。

不受权位诱惑，这也与曾子的自我反省和自我控制有关。也许是因为他吸取了孔子政治上失意的教训，也许是经过反省，认为自己不适合当官，但更重要的是，他有自己的人生目标，就是要编好《论语》，写好《孝经》，传承好孔子的思想。这才是他真正的历史使命，所以他拒绝名利的诱惑，安静地、潜心地、全力以赴地去做文化传承的工作，这需要极强的自我反省和自我控制能力。明确自己的人生理想，咬定自己的事业目标，按时反省自己，严格自我控制，这正是曾子取得人生成就的重要原因。

曾子留给我们的是三大能力的启示，即明确目标、反省自己、自我控制的能力。不能反省者，不能进步；不能自控者，难有成就。这就是曾子的伦理和成功学，也是中国历史发展的精神基因。向曾子学习，请记住“忠”“信”“习”三字。

第三课

弟子，入则孝，出则悌

子曰："弟子，入则孝，出则悌，谨而信，泛爱众，而亲仁。行有余力，则以学文。"

《论语·学而·六》

本讲这几句话极为简洁，如同教学大纲，把孔子的主要思想点都概括在里面了。

"弟子"，一般的解释有两种，一指年幼的人，二指学生。这里可不要把"弟子"理解为年幼的孩子，从《论语》中记载的孔子27位学生来看，有的学生只小孔子几岁，例如子路比孔子小九岁，多数学生年龄在二十岁到三十岁之间，可见孔子的学生中并没有年幼的孩子。"弟子，入则孝，出则悌"这句话是孔子对学生们讲的，这里的"弟子"应当理解为弟子们、同学们。

"入则孝"的"入"，有的解释为回家，有的解释为进入父母的房间。"孝"指奉养父母，敬重、顺从父母。这一句可理解为：弟子们回家后，应注意孝敬父母。"孝"是孔子思想的一个基石。可别小看这个“孝”字，在动物界父母和子女之间，是没有“孝”这种关系的。

就父母与子女的关系而言，人类有别于动物。这种区别表现在，人类父母养育孩子的时间更长，且人类注重孝道。现在如果要供养孩子到大学毕业，得花费二十多年，而动物界，父母只养育孩子一段极短的时间。此外，其他动物大多只是母亲照顾孩子，孩子长大后离开，不会再回来照顾父母。以猫为例，小猫咪在几个月时就离开妈妈了，之后也记不得妈妈。小猫咪长大后，不会去抓几只老鼠回来送给妈妈。妈妈生病了，也不会回来照料。正因为动物不孝，所以大家会骂不肖子孙为禽兽。

人为万物之灵长，其中一个表现就是人类的孩子长大以后，会回报和照顾自己的父母，直到养老送终。所以，“孝”的本性，是人之所以为人的一个根本点。在中国，对人这种特有的灵性有深刻洞察，并且特别注重培育这种灵性特征的，就是孝道文化。在这个意义上，孔子的“入则孝”，是说回家就得展现人的灵性，要孝敬父母。

再看“出则悌”。“悌”的原意是尊敬和顺从兄长，这是对弟弟的要求。弟弟离家出门去办事，要注意尊敬和顺从兄长。这与孔子时代周王朝贵族家族的嫡长子继承制有关。所谓嫡长子，指的是正妻所生的长子。宗法制规定，嫡长子是父亲爵位的继承人。如果父亲是伯爵，那父亲去世后就由嫡长子继承伯爵爵位，成为代表整个宗族的家长，所以嫡长子又叫宗子。“悌”，指做弟弟的要服从长兄，这也是对未来家长、族长的尊重和服从，后来也泛指友好的兄弟姐妹之情。

我曾研究《圣经》，发现《圣经》中并不讲“悌”。《圣经》的伟大人物中，有许多并非长子出身，也没有强调弟弟要顺从长兄，成为继承人靠的是实力。这对当弟弟的是一种解放，可能会引发兄弟争权，同时也会带来一种有益于全民提升的精英主义。

在今天的中国，“悌”这种文化传统不适应现实，已基本消失了。孔子所讲的“悌”，是与周朝嫡长子继承制相伴相生的一部分，这对维护当时家族内部的秩序与团结起到了一定的作用。今天我们看孔子说的“孝”“悌”，可以理解为孔子对基于血亲的相爱与合作能力的极度重视。

“谨而信，泛爱众”中的“谨”，原意是指说话不慎会招致惩罚。“谨而信”，“谨”与“信”连在一起，说明“谨”与信用有关，要小心呵护你的信用，不讲信用会受惩罚。不要乱答应，乱承诺，要“言必行”，说到做到。承诺而不去履行，就会失信于人，因此受惩罚，失去合作机会。《道德经》也说“轻诺必寡信”，轻易许诺的人则少有信用。事实上，人类的合作半径远大于其他动物，信用是人类灵性和能力的表现，也是人类合作的基石。“谨而信”，说明人生要有一个信用银行的意识，要不断在里面积累信用。

“泛爱众”，就是广泛地去爱众人，这与墨子讲的“兼爱”相同，也是今天讲的博爱。但我们要注意孔子讲述时特有的顺序，他先讲了孝悌，这种人类特有的血亲之爱和血亲合作的灵性，然后讲“谨而信”，人对人讲信用，之后再讲广泛地爱人。这是说，用

“信”字作为桥梁，把人类这种以“孝”为特征的血亲之爱、血亲协作延伸到整个社会，以此来奠定人类社会信任与合作的基础，使人类成为一家人，建立一个人与人相互信任、相互关爱、相互照顾的社会大家庭。当每个家庭都讲孝道了，人类也就是一家人了。孔子发现孝悌是人类有别于野兽的特质。将这个特质放大、推演至全世界，是孔子的根本梦想。

“而亲仁”，就是要亲近仁，靠近仁。这个“仁”，多数人译为有仁爱之行的人，但我们还可以理解为“仁”的价值准则。《论语》中孔子回答了不同学生关于“仁”的提问，各有不同的侧重点，从上面讲的这几句中，就可以知道“仁”的内涵。

首先是“孝”，孝敬父母，养育、尊重和顺从父母。其次是“悌”，敬重兄长，兄弟姐妹之间友好相助。然后是“信”，小心谨慎，对人讲信用。最后是泛爱众人，通过讲信用，把家庭的血亲之爱延伸到整个社会，把社会当成一个大家庭来进行治理，实现一个“孝悌信爱”为价值基石的大家庭、大中国、大世界。孔子认为，这样做对生命最有益。这就是“亲仁”，是孔子关于“仁”的社会理想。

“行有余力，则以学文”的意思是，做到“入则孝，出则悌，谨而信，泛爱众，而亲仁”这些要求之后，如果还有余力，就可以去好好学习文化。这个“文”，指的是诗书礼乐等知识。孔子认为，诗书礼乐所传导的价值其实就是“入则孝，出则悌，谨而信，泛爱众，而亲仁”，这些人际关系准则既是知识层面的问题，更是实践层面的问题，如同学游泳一样，只有在实践行动中才能把握。

请注意，孔子讲的孝、悌、信、爱、仁都是人际关系。孔子教育的中心就是人际关系。中国人高度重视人际关系，喜欢讲关系、搞关系，在思想根源上与孔夫子有关。人生在世，有人与人、人与自然、人与神圣世界、人与自我这四大关系，孔子这几句话，讲的都是人际关系。人与自然的关系，是指人怎么去观察和探索自然的规律，运用自然规律并与自然和谐相处，这是科学问题，并不是孔子关注和精通的领域。人与神圣世界、与造物力量这个层面的关系，孔子有论述，他信天命，后面我们会讲到。孔子也关注人与自我的关系，比如上一章曾子的“吾日三省吾身”，就是指人与自我的关系。

总之，《论语》中主要论述了人与人、人与自我、人与神圣力量这三层关系，比较缺人与自然的关系，我们会在后文中一一分析。

第四课

主忠信。无友不如己者

子曰："主忠信。无友不如己者。过，则勿惮改。"

《论语·学而·八》

"主忠信"，先解释"主"字。《说文解字》中说，"主"指灯上的火。还有一种解释，认为甲骨文中的"主"字也有点像搭建房屋的支柱。

灯上的火柱和房屋的支柱，是关于"主"字的两种最主要的解释。如果把"主"字理解为"灯上的火柱"，那么"主忠信"就可以理解为"忠"和"信"这两种原则和品德是照亮人生黑暗之路的灯火。如果把"主"字理解为"房屋的支柱"，那么"主忠信"就可以理解为"忠"和"信"是建立人生大厦的坚实支柱。因此，"主忠信"我们可以理解为要以忠、信为人生之光，以忠、信为生命支柱。

再看"忠"字。"忠"字上面是"中"，下面是"心"，意思就是要用心于"中"。那么这个"中"字，原意是什么呢？研究中国古代天文学的冯时先生对"中"字提出一种解释，认为"中"

字就是古代测太阳光的圭表的象形字。表，指直立的标杆；圭，是平放在地上、向东南西北延伸的刻板。直立的标杆会把日影投在圭板上，古代的史官们将其细心记录下来并研究，再向天下颁布时辰和历法，预报天气和节令。

我们现在说的立竿见影，其实就是从古代的圭表测影而来。在古代社会，确定节令历法是非常重要的事，如果时间和节令判断出现错误，会错失时机，造成农业、狩猎或放牧的灾难，甚至有可能带来整个部族的毁灭。在这个意义上，立表测影时这个标杆就必须立得正。杆子立歪了，影子就不正，史官们报的时间、节令和历法就不准确，就会造成大灾难。所以，立杆中正非常重要。测影要准确，立表就得中正，才能准确反映上天之道。中国古老的《周易》一书中反复强调要以“中正”的原则去观察上天之神道，其历史渊源就是圭表测影。

要准确报时、报节令，就得用心于中正，这就是孔子讲的“忠”字的古老源头。不仅立表要中正，人也要以中正为本，这样中正就逐渐成了品德标准。同时，圭表所立之处就是部族聚集的中心，所以“中”也有中间、中央的意思。

“忠”就是把自己当成测影之表，立身中正，准确传达上天之道。这样天下万民才能知道准确的时间和历法，才知道怎么去安排好工作和生活。这种以中正之德树立中正之表、以中正之表观测中正之影、向人间传达上天中正之道的人，就是中心人物。很显然，这个“忠”字原指忠于上天秩序。后人习惯把“忠”字解释为“忠于君主”，这不是原意，也不是孔子的意思。孔子说：“朝闻道，夕死可矣。”说明他是忠于道的。孔子还说，“有杀身以成仁”，说明他是忠于“仁”的，而不是忠于某个君王。

“信”字的甲骨文，是一个人和一个口，指人说话。“信”字的金文字形是人在祭坛前对神明发誓。对神明的誓言是必须去履行的，因此“信”引申为说话算话、守盟约、讲信用。古代还把恒定的自然现象称为信，例如每年春天都会吹东南风，古人称之为信风。一年四季分为春夏秋冬，这是一种信。四季有恒定的秩序，不会混乱。农民知道春夏秋冬会如期而至，从而春种秋收，依节令安排农事。如果四季变乱，未来不确定，人们就无法安排农业生产了。

“信”，最初指神前的誓言，所以必须坚守，不然会受惩罚。后来引申为必须守信，同时也意味着为人必须恒定、可靠，这样别人才了解你，才可能与你合作。如果你不断变动，为人不可靠，别人就不敢与你合作。

理解了这些，再来看孔子所说的“主忠信”，“忠”就是用心于中，中正不偏地传达真理、上天之道，服务天下万民；“信”就是忠于誓言，成为一个品德恒定、可靠的人。在这个意义上，我们今天的人也必须“主忠信”。

“无友不如己者”，通常被解释为不要与不如自己的人为友，似乎是孔子教育学生不要理睬那些本事不如自己的人，这样理解就偏了。鲁迅先生在《杂忆》中提到：“孔老先生说过：‘无友不如己者。’其实这样的势利眼睛，现在的世界上还多得很。”鲁迅先生这样的理解也是偏颇的。

我们要弄清“友”的内涵。前文解释过，“朋”指同门弟子，“友”指有共同志向的人。《说文解字》中解释“友”字，也说“同志为友”。“无友不如己者”这句话跟在“主忠信”后面，“不如己者”是指在忠和信的准则坚守上不如自己的人。对不能“主忠信”的人，不要引为同志，不要视为志向相同，否则就违背了你自己的忠信标准。所以孔子的意思是，不要按照在忠信标准上不如自己的人行事，但这并不意味着不要理睬那些在坚守忠信价值上不如自己的人。

孔子有教无类，《史记》上说孔子有弟子三千，在这三千弟子中，水平不如孔子的很多，但孔子并不是不理睬他们，而是极为用心地教育他们，提升他们的品德和能力。所以，孔子在讲“无友不如己者”的时候，也并没有说“勿教不如己者”。

孔子是有一些等级思想的，他认为人的德性是有层次差别的，对那些在忠信上不如己的人，要去教育和提高他们，而不要降低自己的忠信标准去与之交往。这里讲的是忠信标准的问题，与是不是势利眼其实没有关系。

“过，则勿惮改”意思是有了过错就不要怕去改正。人不敢承认过错的原因是多方面的，或是觉得面子上不好看，或是考虑到利害影响等。人犯了错误并且自知，但不愿承认，而是想方设法去掩饰，这样就错上加错，人格也因此变得虚伪。

孔子之所以说“过，则勿惮改”，是以前面的“主忠信”为前提和标准的。一个人如果以忠信为主，就会忠于真理，坚守诚信。如果你忠于真理，就要坚守事实，有错就改。请记住“主忠信”的原则：人要忠于真理，忠于诺言。

第五课

君子食无求饱

子曰："君子食无求饱，居无求安，敏于事而慎于言，就有道而正焉，可谓好学也已。"

《论语·学而·十四》

"君子食无求饱，居无求安"，意思是君子饮食不求饱足，居住不求安逸。对这两句话通常有两种解释。第一种解释是孔子要学生克制物欲，反对追求财富，但这样的解释不妥。孔子并不反对富贵的生活，相反他认为追求富贵是人的正当欲望。孔子在《里仁》篇中说："富与贵，是人之所欲也。"又在《述而》篇中说："富而可求也，虽执鞭之士，吾亦为之。"如果富裕可求，就算给人赶马车，我也会去做的。可见，孔子对于追求富贵是肯定的。第二种解释是孔子教导学生要知足常乐。这也不妥当，孔子并不是一位知足常乐的人，他的一生永不满足，总在进取。如果他知足常乐，就不会辛辛苦苦周游列国。《礼记·檀弓》中记载，孔子去世前曾这样悲歌："泰山倒塌了，梁柱折断了，哲人枯萎了！"尽管孔子的理想没有实现，但他不失为一个十分执着、努力进取、至死不懈的人。

以上两种解释都没有抓住要点，要准确理解孔子的“君子食无求饱，居无求安”这两句话，我们得回到当时的历史背景，了解一下孔子讲话的对象——孔门弟子的经济状况。

学术界对孔门弟子的社会阶层和经济地位做过不少研究和分析，总的结论是：孔门弟子中破落贵族子弟居多，还有少数平民家庭的孩子，多数学生的家庭并不富贵。那些著名的弟子中，只有子贡后来从商致富，其他弟子多数是穷读书人，如颜回、曾子、子夏等人曾一度很穷。

孔子自己也出身贫贱。我们在第一讲中说过，孔子三岁时成了孤儿，由母亲独自一人辛苦抚养长大。孔子虽出身社会底层，但有志于学，好学上进，办学讲学，逐渐有了社会声誉。“学而优则仕”，大约从五十一岁到五十四岁，孔子在鲁国出仕为官，从中层官员一直做到大司寇兼代理国相。之后孔子周游列国十四年，希望得到诸侯卿大夫们的赏识以实现自己的社会理想，但未能如愿。六十八岁后回到鲁国，潜心整理研究诗书礼乐传统文化，教育学生，以实现自己的文化理想。

孔子虽然在政治上遇到许多挫折，但他好学深思，作为学者的社会声望愈来愈大。诸侯和卿大夫对他时有馈赠，加上弟子们的学费，孔子虽谈不上富裕但也不贫穷，他的物质生活是有保障的，还能帮助一些经济条件差的学生。

从平民到名人，孔子本人社会地位和经济地位提高的过程，就是学习改变命运的过程。一位从底层奋斗成名的导师面对一群家庭经济条件差的学生，在这样的背景下，孔子对学生们说“君子食无求饱，居无求安”有着特定的涵义。那就是：虽然吃不饱，住不好，但不要在乎，不要气馁，不要把生命的关注点局限在眼前的吃和住上，要着眼未来，好学上进，好好做事，集中力量提升自己，因为命运的上升取决于完善和提升自我。

孔子激励弟子们过一种专注于学习的上进人生，而不是关心眼前吃住的人生。用今天的术语来说就是，要过一种关注人力资本投资的人生，而不是一种关注物质消费的人生。

可以想见，对这些穷学生来说，孔子的话是一种很大的激励。因为孔子通过学习改变命运的自身经历，就是“君子食无求饱，居无求安”的一个活生生的见证。

“敏于事而慎于言”，意思是敏捷地做事、谨慎地说话。孔子在《论语》其他篇章也表达过同样的意思，如在《里仁》篇中，孔子说“君子欲讷于言而敏于行”，君子说话要谨慎，行动要敏捷迅速。

“敏于事而慎于言”这句话，我们可以从两个角度去理解。首先，孔子教育的对象主要属于“士”阶层，“士”就是帮君主和卿大夫做事的专业人士，属于执行层人士。“士”阶层的人，如果没有强执行力，就很难得到信任和任职。任何机构的领导都不会喜欢夸夸其谈的下属，所以对“士”而言，首要的就是能不负重托，忠信为本，做到言必行、行必果。

此外，这句话还有另一个更深层的涵义，与孔子本人的宇宙观有关。《阳货》篇中有这样一段记载，孔子说："我不想说话了。"子贡回答："您如果不说话，那我们传述什么呢？"孔子说："上天说了什么话呢？可四季照常运行，万物自然生长。上天说了什么话呢？（天何言哉）"

孔子认识到上天的存在，是通过万物生长和天地秩序感受到的。上天创生万物，运行秩序，就是上天之大德。上天创生世界，天命主宰历史，上天似乎就表现出了"敏于事而慎于言"的特性。天生德于我们，我们要以上天为榜样，无声地行动，有所创生，带来秩序。孔子很少谈宇宙，但他是一个有宇宙观的人。他所讲的"敏于事而慎于言""讷于言而敏于行"，就有"天何言哉"的宇宙观背景。

孔子关于"敏于事而慎于言"的说法，也涉及他的语言观。这句话给我们的印象似乎是话说多就不好，这样理解对吗？有比较才有鉴别，我们不妨对比一下《论语》和《圣经》，就能看到两者在语言观上的差异。

《圣经》开篇是这样的："起初，上帝创造天地。地是空虚混沌，深渊上面一片黑暗；上帝的灵运行在水面上。上帝说：'要有光。'就有了光。"《圣经》认为，宇宙万物是上帝之言创造出来的，语言的逻辑与上帝创世的逻辑是统一的，语言中有创造的力量。因此，受《圣经》影响的国家和民族非常重视语言的表达和训练，他们认为创造在语言中。

《论语》记录的主要内容就是孔子和学生的对话。作为老师，孔子的话还是挺多的，不然怎么会有《论语》这本书呢？孔子讲“敏于事而慎于言”，并不是要学生不表达自己，而是鼓励学生更好地表达自己。孔子本人是很重视语言表达的，之所以提出“敏于事而慎于言”，是要我们深思熟虑以后再表达。如果胡乱表达，会被人瞧不起；而如果不敢表达，我们的创造力就释放不出来，所以要“慎于言”。

“就有道而正焉，可谓好学也已”，意思是向有道之人学习，以有道之人为榜样来校正自己的偏差，这就是好学。

孔子讲有道之人，指的是能遵循和实现上天之道的人。上天之道是什么？子曰：“天何言哉？四时行焉，百物生焉，天何言哉？”这就是上天之道，上天于悄然无声之中创生万物，运行万物。有道之人，就是能创生和保护万物的人，而不是毁灭万物的人；是能带来秩序的人，而不是造成混乱的人。所以，怎样可称为好学？向有道之人学习，努力带来创生和秩序，就可称为好学了。

第六课

孝弟也者，其为仁之本与！

有子曰：“其为人也孝弟，而好犯上者，鲜矣；不好犯上，而好作乱者，未之有也。君子务本，本立而道生。孝弟也者，其为仁之本与！”

《论语·学而·二》

有子，即有若，孔子的学生。《史记·仲尼弟子列传》中记载，有若小孔子43岁，大约生在公元前508年。《论语》中有子和曾子并称子，子即老师的尊称。有若的话排在《论语》第二句，紧跟在孔子第一句话的后面，可见他在孔门弟子中的地位。从《论语》的编排看，有若和曾子都应是组织编撰《论语》的重要力量。

有子曰：“其为人也孝弟，而好犯上者，鲜矣。”意思是，为人孝敬父母、顺从兄长而喜欢冒犯上级者，这样的人很少。“孝”，指孝敬父母。“孝”的内涵主要有两个方面，一是奉养父母，一是顺从父母意志。“弟”，即“悌”，指弟弟顺从兄长。要求弟弟顺从长兄，是嫡长子继承制的宗法社会中重要的制度取向，这句话总体的意思就是，一个人如果为人孝悌，就会习惯于敬重和顺从权威，这样就不容易去冒犯上级。

“不好犯上，而好作乱者，未之有也。”不喜欢冒犯上级而好作乱的，从来没有。政治上的作乱，就是以下犯上。如果人无以下犯上之心，就不会在政治上作乱。有若思考政治权力的稳定，是从政治—心理学角度来讲的。人没有犯上作乱之心，就不会有犯上作乱之事。在家庭生活中习惯了孝敬父母和顺从长兄的人，会养成敬重等级、顺从权威的个性，在政治上犯上作乱的心理也会被弱化。

“君子务本，本立而道生。”君子致力于根本性的工作，根本性的基础建立起来，治理之道就生出来了。君子治理国家，要致力于做那种源头性的、根本性的工作。有若讲的这种源头性的、根本性的工作，就是通过家庭中孝悌的教化，养成人顺从权威、尊重等级的习惯，以此消除在政治上犯上作乱、冒犯上级的反叛心理。因此，“孝弟也者，其为仁之本与！”推进全社会的孝悌之道，这是行仁道的根本性工作。

有若的这段话让我想到两个问题。

第一是他的泛政治化思维。有若是从清除政治上的犯上作乱这一特定角度，也即从君主贵族统治者的角度来看待家庭中孝悌的价值的。他关注的是家庭伦理中的政治价值。有若看待家庭伦理问题，完全是政治化的视角，他把家庭成员内部的等级关系当成国家政治稳定的等级关系来处理，为政治权力进入家庭伦理开了一道思想之门。这是一种政治一元化的思维方式，把一切社会问题视为政治问题，政治权力掌控一切，一直渗透到家庭关系中来。而有若对政治问题的理解，就是维护政治权力的稳定。

这种把一切视为政治、从政治权力需要出发来评价和掌控一切的思想方式，对中国知识分子和政治家影响深远。一切都是政治，因此政治理应管制一切。经济是政治，文学是政治，艺术是政治，科学是政治，伦理是政治，家庭是政治，天下没有不归官员管的事。政治当然与社会其他领域的事情有联系，但同时政治只是社会生活的一部分。人类的生活领域各有自己的运行规律，社会分工本是社会进步的前提。

政治是人类公共事务，人所从事的政治工作是人类职业的一部分，和其他职业一样是一种社会分工，从政人员与普通民众不是统治与被统治的关系。有若这种泛政治化、用政治权力的剪刀来裁剪社会一切活动的思路，和现代社会的职业分工、各职业相互尊重的精神差距太大了。现代社会中，政治工作是一种提供维护秩序服务的职业，而不是一种居高临下的统治。

第二是塑造顺服的人格。对有若来说，儒家教化的目的就是让人顺服，子女顺服于父母，弟弟顺服于长兄，民众顺服于官吏和君主。家庭中顺服父母兄长，到社会中顺服长官君主，这样社会就稳定了。人人听官员的话，人人顺服君主的意志，这样就天下太平，就是有若的仁的境界。

教化的目的是训练出民众服从的灵魂、顺从的精神，这就是有若对政治的定位。孝悌只是让民众服从的一个手段。有若的考虑中只有民众服从的义务，没有朝廷如何向社会提供服务、承担义务的问题。

如果是在一个封闭、完全自给自足的社会中，这还有一定的合理空间。资源有限，要使社会不动乱，对权威秩序的顺从有一定必要。但这样的结果是，民众会被训练得习惯于服从权威，不敢有自己独立自主的想法，因而也就非常无能和衰弱。面临对外竞争，这样的民众缺少创造力；遇到对外战争，这样的民众容易被征服。

孔夫子是有个性的，季氏家对他不友好，卫灵公对他不礼貌，他会果断辞去官职，保有一份独立尊严。但如果按照有若的做法，孔子这样的自由个性也要被扼杀。

为政篇

第七课

为政以德，譬如北辰

子曰：“为政以德，譬如北辰，居其所而众星共之。”

《论语·为政·一》

“为政以德”，“为政”这个概念《论语》中共出现过六次，讲的都是从事政治、治理国家。为政以德，就是我们现在所说的以德治国。

孔子倡导为政以德，那什么是“德”？《论语》中多次提到“德”，所指意思并不统一。孔子是东周时期的人，周王朝的治国哲学就是敬德保民，敬奉“德”的准则，保护好民众。大概孔子和学生们以为人人都知道“德”的意思，所以《论语》中并没有就“德”这个概念进行专门的分析和定义，这样就给我们后人理解带来了麻烦。

例如，《论语》中孔子提到“天生德于予，桓魋其如予何？”意思是上天把德生在我的身上，桓魋能拿我怎么样？桓魋是当时宋国一个主管军事行政的官。孔子信奉上天，认定上天将

“德”赋予了他，他有天命护佑，因此很自信，不认为人间有力量能伤害到自己。这样“德”就具有一种神圣力量的内涵了。

“为政以德”，意味着“德”应该是政治环绕的中心，我们需要回到“德”的原意去理解这个重要的概念。在商朝甲骨文和周朝青铜器的金文中，都留下了“德”的象形字。学术界对“德”的象形字有两种解释：一种解释为用眼睛看路，意思是走正道；另一种解释是种子发芽的样子。

我们不能仅就字形猜测意思，还要考察文献中引用“德”字的内容。我仔细统计过先秦文献中对“德”的用法，发现主要与民众的生计和创生有关，与看路、走正道关系不大。例如《左传·成公十六年》中说：“民生厚而德正。”民众经济富裕，德就正了。《韩非子·解老》中说：“德也者，人之所以建生也。”“德”，就是人建立生计。《庄子·天地》中说：“物得以生，谓之德。”把万物创造、化育出来，就是“德”。《周易·系辞下》中说：“天地之大德曰生。”天地最大的“德”，就是把生命创生出来。

知道了“德”字在先秦文献中使用的内涵，再来看甲骨文和金文中的“德”字，我们就能明白，甲骨文中“德”字的字形原意应该是人手持耒耜这种农具在耕地，种子发芽生长。意思就是，人民用心从事农耕，生产粮食，养育生命。这与先秦文献中把“德”字与民生、创生、生命联系在一起是一致的。

所以，“为政以德”就是要发展好经济，以养育生命为中心。这样解释有人会感到奇怪，但其实孔子本人就是这么看的。

《颜渊》篇中记载，子贡问如何为政，孔子的回答很实在，他说了三条："足够的粮食，足够的军队，民众的信任。"有粮食才能养民，有兵才能保民，要让民众相信你敬德保民。《子路》篇也有记载，孔子去卫国，他的学生冉有驾车。孔子感叹说："卫国人口好多啊！"冉有问孔子："既然人口已经很多了，还要加什么呢？"孔子说："让他们富裕起来。"冉有又问："如果已经富裕了，还要加什么呢？"孔子说："教育好他们。"

显然，从孔子与子贡、冉有关于"为政"的问答来看，孔子认为"为政"的首要目标就是保有足够的粮食，使民众经济富裕。这与"德"字从事粮食生产、种子发芽的原意是一致的。所以，我们需要返璞归真来解释"为政以德"的意思：治理国家就是要搞好生产，发展好经济，以养育生命为中心。

"为政以德，譬如北辰，居其所而众星共之。"整句话的意思是，以德治国，便会像北天极一样，在一定的位置上，其他的星辰都环绕着它。这句话涉及中国古代天文学，我们简要地解释一下。

"北辰"，指北极星所标志的中心位置，今天指北天极。什么是北天极？我们讲地球时，还有一个天球的概念。天球并不是一个真实的存在，而是一个虚拟的天文参照系。在地球的外围还有一个虚拟的大天球，日月星辰都运行在这天球上。有了天球的概念后，如果我们向北方延伸地球的自转轴线，这个向北延伸的轴线与天球相交、在北极星附近的点，就是北天极。

地球在自转，中国的黄河流域大约在北纬35—40度左右，从这个角度看到的夜星星象就是东南西北的二十八星宿，这二十八个星座群都在环绕北天极旋转。北极星就是那颗最靠近北天极的可以观察到的明星，群星环绕北天极旋转，有点像是环绕北极星旋转。其实北极星不只是指一颗固定的星。历史上，星体运行中，哪颗星最接近北天极，就被指为北极星。由于岁差，现在最靠近北天极这个中心点的北极星，是天文学上的小熊座α星。但在孔子那个时代，最靠近北天极中心点的北极星是今天天文学上的大熊座β星，也称北极二星。

孔子时代，北极星又被称为帝星。因为那颗北极星标示着北天极，标示着北方星空旋转的中心位置。上帝是宇宙的中心，所以北极星标志着上帝的所在。

为什么北天极、北极星这么重要？这是因为商周以来的中国历法是北斗历法。古代没有钟表和日历，古人靠什么去了解一年四季和每天的时间变化？主要靠两个办法，其一就是夜里观察星象。地球自转，就有每天二十四小时的白天黑夜变化。地球围绕太阳公转，每年三百六十五天多一点，这就形成一年四季春夏秋冬。因为地球的自转和公转，人站在黄河边观察到的夜空星座的位置就会呈现出规律性的变化。从这种星象的规律性变化中，就可以倒推出大地上的季节变化。

对孔子时代的人来说，钟表和历法就在夜空之中，是星象在夜空的成像。北斗星很容易被观察到，北斗七星一年四季环绕那个无形的北天极中心旋转一周，近似于围绕北极星旋转。斗柄春天指向东方，夏天指向南方，秋天指向西方，冬天指向北方，这是有规律的。通过观察北斗及北斗与周边二十八个星座的位置关系，就可以判定季节。

晚上观察夜空，白天怎么办？白天就是立表测影。直立起一根标杆，观察记录标杆在太阳下光影的变化来确定时间和季节。

中国古代的星图以北斗为中心，北斗又环绕着一个以北极星为标识的、无形的中心，即北天极中心。天上的星星参北斗，北斗参北天极中心。

“居其所而众星共之”，“共”字，原指“两手捧着祭品献祭”，是以祭品为中心的意思，后引申为环绕。北斗星也好，北方天空的各星座也好，都随着北天极这个无形的中心点旋转。对孔子时代的古人来说，这个无形的中心点很神秘，是上帝的居所、上天和神的所在。

从“譬如北辰，居其所而众星共之”这句话可以看出，孔子认为宇宙天地万物供奉、环绕着一个中心运行，围绕一个中心展开。中国人讲“天人合一”，人事要以天意为准。那么在人间管理国家、治理万民需要供奉、环绕哪个中心？政治管理的北天极应该是什么？对孔子来说，这个中心点应当是“德”。

“德”的意思，我们讲了，就是以生命为中心、养育生命。也就是说，治理天下要环绕这样一个中心，那就是从事生产、养育生命、护佑生命。为什么这样定位？因为宇宙以上天为中心，而上天之德，就是创生和养育生命。“天地之大德曰生”，治理天下要以上天为中心，以上天之德为中心。

正如孔子在《阳货》篇中所说，他认为上天的特征就是运行四季，创生万物，就是以生的秩序来创生、运行万物。生，是宇宙的中心，是宇宙之本。作为人，就要带来生的秩序，以有益于生命、服务生命为本。

第八课

道之以德，齐之以礼，有耻且格

子曰：“道之以政，齐之以刑，民免而无耻；道之以德，齐之以礼，有耻且格。”

《论语·为政·三》

“道之以政”，指用政治来引导民众。“道”，指引导。“政”，指政治、政令等。第二句“齐之以刑”，就是用刑罚来使人遵守秩序。“齐”，指整齐、整治，使人向刑法看齐，遵守法律规矩。“刑”，指刑法。请注意，“道之以政，齐之以刑”把政令和刑法放在一起，这两者是有关联的。政令，一是朝廷规定的人民必须去做的事，二是朝廷禁止人民做的事。刑法，就是对违反政令的人进行惩罚。例如，朝廷要求你按时来修城墙，这是政令。如果你不来，就依法惩罚你，这是刑法。

“道之以政，齐之以刑，民免而无耻；道之以德，齐之以礼，有耻且格。”这段话的意思是，用政令来诱导民众，用刑罚来整顿民众，人民只是暂时地免于罪过，却没有廉耻之心；如果用道德来劝导他们，用礼来整顿他们，人民不但有廉耻之心，而且人心归服。有些人把孔子这段话当成反对以法治国的观点来批判，这是不妥的。孔子那个时候的“法”和今天的“法”，概念有差异，我们需要细致分析。

《尚书》这本中国最古老的史书上说，中国上古的“法”，起源于黄帝和蚩尤的时代，称为“五刑”。“五刑”是指刑罚的五个种类，即割鼻子、砍脚、切生殖器、脸上刺字以及刀砍火烧。这“五刑”都是肉刑，是残害肢体、剥夺生命的惩罚手段，残酷而野蛮。

孔子所面对的“法”，主要是指以“五刑”为基础的刑法。从这样的刑法之中，孔子看到的是人性黑暗面的释放、人对人的残暴、人际关系的冷漠，以及社会共同体中爱的凝聚力的匮乏。

孔子去世310年后，即公元前169年，西汉汉文帝下诏废除肉刑，对刑罚进行改革，减少对肉体的残害。以往我们提到西汉的文景之治，想到的多是汉文帝时期轻徭薄赋、朝廷收税少、不增加民众负担等，其实我们更应该记住的是汉文帝废除肉刑，提升了中国文明的层次。

今天中国刑罚的种类有死刑、无期徒刑、有期徒刑、拘役和管制等。中国保留了死刑，但世界上有70%左右的国家和地区已经在法律上或事实上废除了死刑。以残害肢体、剥夺生命来恐吓犯罪的做法，正逐渐退出人类的文明史。

再看第三句，“民免而无耻”。若朝廷只是“道之以政，齐之以刑”，人们就会只想逃避和免于被刑事处罚，内在却没有羞耻心。“免”，指免于因犯罪受罚。

如果朝廷所做的事是为了民众的共同利益，那么人人都应尽义务，不尽这样的义务，民众的内心应当是羞愧的；如果朝廷所做的事伤害了民众的共同利益，又威逼他们来服从，民众就是被迫的、被奴役的，会能逃避就逃避，而不会以规避法令为耻。

政令和刑罚都是由君王朝廷垄断和掌握的，民众是被动的接受者，是只能服从命令的人，民众对这样的政令和刑罚并没有发自内心的责任心。这个社会如果只是分成发号施令的统治者和被动执行命令的被统治者，这样的社会就不再是一家人的社会，不再是一个社会共同体，被统治的民众对国家的命运也不会有自觉的担当。这样缺少共同体精神的社会，不是孔子理想中的社会。

孔子是一个有社会大家庭和共同体意识的人。他认为父母子女、兄弟姐妹、家庭成员之间这种上下有序又相亲相爱的关系，应成为构建社会共同体的基础。很显然，家庭内部父母子女、兄弟姐妹之间不会采取“道之以政，齐之以刑”的方式来处理。把这个逻辑放大到社会，如果君王朝廷采取以刑治国的国策，以“五刑”来逼人服从朝廷政令，这样的朝廷就不再是文明的促进者和社会共同体的建设者。孔子在此考虑的根本问题是：君王官吏与民众的关系，是残暴的统治者与受奴役的被统治者之间的关系，还是社会大家庭中父母子女、兄弟姐妹之间的关系？

今天人们的看法可能越出了这个范围，会认为既不应当是统治者和被统治者的关系，也不应当是家庭成员间的关系，而是法治之下自由平等的个体之间竞争、合作与博爱的关系。孔子认为，使家庭内的孝敬和友爱之道影响到整个社会共同体，社会共同体就会变得孝敬和友好，这才是社会共同体应有的政治。社会成员之间不应该是君主官吏依赖刑法来统治民众的关系，而应共建一个“泛爱众，而亲仁”的社会。人人以德自治，朝廷以德治国，人人是道德主人，每个人都成为共同体正当秩序的建设者和巩固者。

第九课

吾十有五而志于学

子曰："吾十有五而志于学，三十而立，四十而不惑，五十而知天命，六十而耳顺，七十而从心所欲，不逾矩。"

《论语·为政·四》

本章信息量极大，我们先讲前四句，后两句和整章的总结放到下一讲。

这一章非常有名，也非常难解释。因为它不是普通的自传，而是孔子的精神自传，是孔子求道的心路历程，讲的都是发生在孔子内心的事情，外人很难去理解和定义。本章是《论语》的核心部分，我们需要小心求证，观点要有证据和逻辑的基础。

"吾十有五而志于学"，意思是我十五岁就有志于学习了。你可能会想，孔子十五岁才开始学习呀！太晚了！其实，孔子十五岁有志于学，这在当时很正常。孔子生活的时间是从公元前551年至公元前479年，属于东周王朝时期。周王朝的教育制度规定，不同社会阶层的学生，上学的年龄不同。周王室的太子八岁上小学，公卿贵族的孩子十三岁左右上小学，普通士族的孩子十五岁上小学。今天的孩子七岁上学，享受的是周王朝太子的待遇。

周王朝的教育目标是培养贵族统治者，教育的内容称为“六艺”，指礼、乐、射、御、书、数。“礼”指礼仪制度，“乐”指乐舞，“射”指射箭，“御”指驾驭马车，“书”指书写和历史典籍，“数”指算术数理。这是贵族所需要的文武技艺和治国理政之道。孔子虽然生活在社会底层，但他父亲叔梁纥属于贵族中的士阶层，从血缘上看孔子有受教育的权利。孔子十五岁上小学，符合当时士阶层孩子入学的规定。

“三十而立”这句话，学术界有多种解释。有证据支撑的解释，主要有三种。

第一种是用《论语》的其他章句来解释。《泰伯》篇中，子曰：“兴于诗，立于礼，成于乐。”学习由“诗”开始，在“礼”上建立，最后完成在“乐”上，讲的是学习进程安排。这种解释以“立于礼”为证据，认为所谓“三十而立”，指在三十岁时学通了“礼”，掌握了“礼”，得以立身于贵族社会。这种解释，将“三十而立”理解为“三十知礼”。

第二种解释利用了《汉书》中的资料，解释为三十岁时学完了《诗》《书》《礼》《乐》《春秋》五门课。《汉书》中说古人学习这些课，是“三年而通一艺”，三年学通一门，这样“三十而五经立也”，到三十岁的时候就学通了“五经”。按《汉书》这个资料推算，孔子十五岁开始学习，三年学通一门，正好在三十岁时学完五门课程，完成大学学习，学业基础就建立了。

其实，《汉书》所讲的“五经立也”和《论语》中的“立于礼”并不矛盾，《礼》本来就是“五经”中的重要课程。这两种解释都指按规定完成了学业，有了立身的知识基础，有了社会承认的学业资质。就像现在拿到大学文凭、打下立身的重要基础一样。

还有第三种解释，认为“三十而立”是指孔子开办学校，自立门户。大约在公元前522年前后，孔子三十岁左右，已完成学业，开始办学招生。正是在这一年，齐景公和晏婴向孔子问礼，说明孔子名声在外，其“六艺”学霸的名声、礼乐专家的地位得到了贵族阶层的认可。这种解释也是一种合理的推测。除此之外，对“三十而立”还有一些其他解释，比如发现自我、拥有独立的品德等，这些解释虽有现实意义，但缺乏古代文献实证的基础。

“四十而不惑”，到四十岁的时候，心智就不迷惑了。“不惑”，具体指对什么不迷惑？《论语》中记载，孔子两次讲到“知者不惑”，即智慧者不迷惑。而人最大的迷惑就是人生目标不明确，不知道自己该做什么。或者是价值观混乱，不知道什么是对、什么是错，善恶是非观念混乱。

孔子说自己“四十而不惑”，思想上不迷惑了，成了智者，就意味着他的人生目标和价值观确立了。孔子的人生观、价值观是什么呢？孔子自己有回答。《里仁》篇记载，孔子说：“知者利仁。”智者就要做有利于仁的事情。智者知道他的人生定位，就是在人间推行仁政，帮助人，有益于生命。有了仁的定位，有了爱的标准，就知道做事的方向了，心里自然就不迷惑了。

请记住这个逻辑：因为孔子说过“知者不惑”，所以“四十而不惑”可以理解为“四十为知者”，在四十岁时达到了智者的层次；又因为孔子讲过“知者利仁”，智者做对仁有利之事，所以四十岁为智者，就相当于四十岁就知道了要做有利于仁的事。结论就是，到四十岁，就不迷惑了，想明白了：人生的意义，就在于做有利于仁的事。

孔子崇拜周公，以周公为榜样。《述而》篇中，孔子说自己“述而不作，信而好古”，意思是他只是讲述周文化，并没有创新。他信从周文化，热爱周文化。孔子把自己定位为周公之道的传承者，而不是一位创新者，这对理解孔子很重要。

所以，孔子所说的“四十而不惑”，讲的仍然是对周公思想的领悟，是传承周公之道上的领悟，是孔子学业上“三十而立”的延续和升华。到四十岁的时候，孔子明白了一个根本道理，诗书礼乐这些周代礼乐文化虽然形式丰富、内容繁杂，但是，统一的、根本的精神都指向“仁”，都是为了“利于仁”。这就是孔子精神上真正的不惑！

原来如此！诗书礼乐、泱泱礼乐文明，都是为了实现仁，为了建立仁爱社会。正如《八佾》篇中记载，孔子说：“人的行为不仁，礼有何用？人的行为不仁，乐有何用？”这是孔子真正的不惑，他明白了“礼”和“仁”的关系，理解了诗书礼乐的统一和根本的精神在于实现“仁”，实现人间之爱。

理解了“四十而不惑”，发现了周公之道、礼乐之道是以“仁”为精神基础的，我们就比较容易理解下一句“五十而知天命”了。

“五十而知天命”，仍然是孔子理解周公之道的过程，是孔子的精神领悟再次升华的新阶段。孔子到五十岁的时候，终于领悟到了“天命”。这是什么意思呢？

四十岁，孔子领悟礼乐之本为“仁”。到五十岁，孔子领悟到，原来“仁”的背后就是“天命”！周公之道原来就是天命之道。周公受上天启示，制定礼乐制度，推行仁政，原来就是为了实行上天的意旨，奉行上天之道。孔子的精神生长到这个层次，是一种根本性的升华。

礼乐的根源在“仁”的精神，而“仁”的精神又在“天命”之中，天命爱人。领悟到这一步，一个伟大的思想家就诞生了！中国人讲“天人合一”，在人间推行仁政，这是人与人的关系，但当领悟到仁爱的根源在天命之中，是上天的意旨，这就是“天人合一”了，推行仁政就成了奉天而行的神圣使命。

1973年，长沙马王堆战国帛书出土，其中有一篇《四行》的儒家文献，上面说：“知人道曰知，知天道曰圣。”能知“人道”、人间之道，就是智者；能知“天道”、上天之道，就是圣人。

按《四行》中的说法，孔子在四十岁时成了智者，因为他理解了周公礼乐之道是以“仁”的精神为本的。仁爱，就是人道，人间应有之道。孔子在五十岁时，已经领悟到周公礼乐之道、“仁”之道是源于天命的，是上天意旨。自此孔子进入一个新境界，进入敬畏天命、以天命统摄一切的思想境界，攀登至中国传统精神的最高峰，中国古代精神的珠穆朗玛峰。

明天道者为圣人。孔子很谦虚，不敢称自己为仁人、圣人，但同时代的一些人已经称呼他为圣人了。圣人是什么？《论语》中有定义，圣人奉行天命，保护民众，救济民众。圣人行善，要胜残去杀，战胜残暴，制止杀戮。领悟到天命就是仁，就是爱，圣人必须为仁爱行动。天命，就是爱护人的神圣使命。

公元前501年，孔子领悟到“天命即仁”后，开始出来做官，服务于仁政。孔子五十一岁时，在鲁国当了中都宰，相当于现在山东汶上县的县长，开始了他入仕的经历。

一旦知道天命是建立“仁”的世界，就必须去行动，孔子也就开始行动了。在这种奉行天命的精神状态下，他关注的已经不是得失成败的问题，而是必须朝这个方向去做的问题，就算知其不可为也得努力为之。

请注意本章前四句中层层上升的关系。孔子说“吾十有五而志于学”，指他十五岁开始有志于学习。“三十而立”，指三十岁完成学业，有了立身的学业基础。“四十而不惑”，指孔子明白了所学的周公礼乐之道，是要“利于仁”，是要建立一个“仁”的世界。“五十而知天命”，就是他明白了“仁”的力量和秩序源于上天，是上天的意旨。上天即“仁”，上天即“爱”，“仁爱”就是天命。从学习“六艺”到领悟“仁”的精神，再到领悟“天命”，这是孔子精神史的前三步，前三个台阶。穿越这三个台阶，孔子经历了从学生到智者、从智者到圣人的人生阶段。

第十课

六十而耳顺

子曰：“吾十有五而志于学，三十而立，四十而不惑，五十而知天命，六十而耳顺，七十而从心所欲，不逾矩。”

《论语·为政·四》

本讲我们继续解读《为政》篇第四章的后两句，并对孔子的这份精神自传做一个小结。

“六十而耳顺”，“耳顺”是什么意思？部编本教材初中七年级的《语文》中，对“耳顺”的注释是：“对此有多种解释，通常认为是能听得进不同的意见。”教科书这样解释是有来源的，钱穆先生、南怀瑾先生、李零先生，他们大都认为“耳顺”就是“心顺”，指无论听到好话还是坏话，内心都顺畅淡定，处之泰然。

这种流行的解释其实只是一种引申义，有局限性。为什么？我有三个主要理由。第一，认为“耳顺”是指听到什么都不生气，这样的解释没有古代文献上的证据。第二，孔子是一个是非分明、好恶分明的人。《里仁篇》记载，孔子说：“唯有‘仁’者，能真正地喜爱一些人，也会厌恨一些人。”有了“仁”的标准，对符合“仁”的行为就会喜爱，对违背“仁”的行为就会厌恶。《先进》篇中记载，孔子学生冉求担任季氏家臣期间，为季氏聚敛财富，这违背了孔子施行仁政的哲学，所以孔子说：“冉求不算我门徒。你们可以鸣起战鼓，去攻击他。”如果把“耳顺”解释成什么都听得进去，遇事都很淡定，不为任何事情闹心，那孔子为什么会生气，还要让学生们对冉求“鸣鼓而攻之”？读孔子得学到一条：做人要有是非标准，对丑恶之事会生气、会愤怒、不苟且，才算正人君子。

第三个理由，孔子并非一位凡事都处之泰然、淡然接受的人。《论语》中有三次记载孔子哭泣，《史记·孔子世家》中也有两次记载孔子的悲叹与哀伤。《史记·孔子世家》记载，孔子去世前七天，悲歌道：“泰山倒了！梁柱断了！哲人枯萎了！”孔子在流泪，他心有不甘。有理想的人，内心是充实的，但不一定是平静的。理想总在路上，路途总是艰难。为了理想努力奋进，会伤心，会流泪，这才是一个内心真实的人，一个不虚伪的人，一个心态健康的人。

讲完“耳顺”不是什么，来看“耳顺”是什么。理解“耳顺”，不能离开耳朵去猜想。“耳顺”的原意就是耳朵顺从、听从。孔子讲的“耳顺”，是他领悟周公礼乐之道的一个新阶段，讲的是认识论上的问题。我们先看在孔子的时代是怎么定位“耳”在认识论上的作用的。

用耳朵听，用眼睛看，听觉和视觉是我们人类认识世界的两个主要渠道。今天我们习惯说“眼见为实，耳听为虚”，但在孔子那个时代的主流思想认为，听到的世界比看到的世界更本质，只有听觉才能认识更深层、更神秘的世界。

关于中国古代对听觉与认识论关系的看法，学者叶舒宪先生有极好的分析。战国郭店楚墓竹简的儒家文献《五行》篇中说，通过“眼”而知道，这是智者；通过“耳”而知道，这是圣人。我们可概括为“眼见为智，耳听为圣”。

道家文献《文子》中记载，学生文子问老子，什么是“圣”？老子回答说，通过“听闻”而知道，就是“圣”。孔子也持这种看法，《里仁》篇中记载，孔子说：早上听闻道，晚上死了也甘心。显然孔子认为“道”是靠耳朵听到的。

汉语词汇中保留了听觉优于视角的传统认识论，例如“聪明”二字，“聪”指耳朵好，放前面，“明”指眼睛好，在后面。又如，我们常说“耳目”而不会说“目耳”。从“圣”字的造字看，甲骨文时期的“圣”字就像一个大耳朵和一张嘴，意思是能听到并说出来。

在孔子的时代，人们重视听觉，认为圣人传天命，而天命是通过聆听获得的。“聆听”的“聆”字，左边为“耳”，右边为“令”，“聆”指聆听命令。本章中“耳顺”就指听从，听从天命。现代汉语中，当我们说“你要听话”时，就是听从的意思。聆听上天、听从天命，这就是“耳顺”的本意。在“耳听为圣”的文化氛围中，孔子提到“耳顺”，也是隐喻自己以圣人为榜样，听从天命安排。

古代学者理解“耳顺”没有难度，容易抓住本质。东晋的孙绰用《诗经》中的“不识不知，顺帝之则”来解释“耳顺”。“不识不知”，指不要依靠自己的见识和知识。“顺帝之则”，就是顺应上帝的法则。那孔子之前，有没有文献记载通过听而得天命呢？有的。孙绰用的“不识不知，顺帝之则”这句诗，就是《诗经》中上帝对周文王说的话，是周文王听到的上帝之言。

本章的核心是孔子对天人关系、人与天命关系的领悟，“耳顺”是指孔子知道了要听从天命，明白生命中的许多事是由上天决定的，正如《论语》中所说“死生有命，富贵在天”。

有人可能会有疑问，《论语》不是也记载了“天何言哉？四时行焉，百物生焉，天何言哉？”孔子说，上天说什么话了？四季运行，百物生长，上天说什么话了？听这语气，似乎上天并没对孔子说话，孔子似乎在质疑上天之言存在的可能。这与“耳顺”是不是有矛盾呢？其实没有。因为“耳顺”指的是听从天命，并不是指孔子听到了上天之言，而是孔子表明自己顺应天命、听天由命的意思。

孔子没有直接聆听到上天之言，他可能对此曾有过思想上的疑惑。孔子提到“天何言哉”，说明他心中对“耳听为圣”这个问题有过焦虑。但是，孔子在心理上自己解决了这个问题。他开始质疑这种唯有“耳听为圣”的传统看法，难道上天之言只能通过聆听、不能通过观察而得来吗？孔子认为，百物创生、四季运行这样的自然秩序就是上天之言，是可以通过双眼观察到的。

“七十而从心所欲，不逾矩”，意思是，到七十岁时，就算自己随心所欲去想、去做，也不会逾越规矩了。不会逾越谁的规矩？不是朝廷或某个王公贵族制定的规矩，而是“天命”的法则和秩序。

到了七十岁，孔子认为虽然上天没有对自己讲话，但上天的法则就展现在眼前，在四季之中，在万物生长之中，在自然生命秩序之中。这个有益于生命的自然秩序的背后，是天命秩序。《论语》表面上浅显，背后有深刻的认知。孔子从周公礼乐这样的政治制度和社会制度的背后，看到了更高的天命秩序，也从四季运行、万物生长背后，看到了更高的天命秩序，这是孔子思想的真正力量所在。

孔子心中有一个天命秩序，这个秩序在人间的表现就是“德”或“仁”。他有一个高于现实秩序的天命秩序，这是生命的秩序，人生的目标就是要使现实秩序向那个理想的天命秩序无限接近。到七十岁时，天命秩序内化在孔子心中，他就算是随心所欲，也只会自觉顺从天命秩序，不会逾越天命秩序。这就是“七十而从心所欲，不逾矩”。

第十一课

知之为知之，不知为不知

子曰："由！诲女知之乎？知之为知之，不知为不知，是知（zhì）也。"

《论语·为政·十七》

这段话可以这样翻译，孔子说："由！我来教你求知的态度！知道就是知道，不知道就是不知道，这才是智慧。"也有另一种译法，把最后一句读作"是知（zhī）也"，这样就翻译为："知道就是知道，不知道就是不知道，这才是知道。"这两种译法都可以。

这里的"由"，指孔子的学生子路。子路，名仲由，字子路。子路小孔子九岁，追随孔子四十年。在孔子学生中，子路有武士气质，为人勇敢，对人忠心，个性率真，喜怒都形于色。他如果发现孔子做得不对，会立即表示不满，曾多次顶撞孔子。

如《雍也》篇记载，孔子在卫国时，去见了卫灵公的夫人南子。南子在私生活上名声不好，子路很不满。孔子就向天发誓，说如果自己做了坏事，就让上天厌弃吧！

子路虽然直来直去，但孔子最信任的学生大概就是子路了。《公冶长》篇中记载，孔子说："如果我理解的道无法实现，我将乘木筏浮海而去。会跟我走的，大概只有由吧？"可见孔子对子路的信任。

本章中孔子对子路说话是直呼其名，直接称"由"。古代中国有地位和文化的男性，一般都有名有字。在正式场合自称的话，称名。平辈之间，互相称呼字。例如三国时期的曹操，姓曹，名操，字孟德，平辈称曹操为"孟德"，曹操自称，要称"操"。《三国演义》记载，曹操与刘备煮酒论英雄，操以手指玄德，后自指，曰："今天下英雄，惟使君与操耳！"

《论语》中，除孔子外，同辈称仲由都叫他的字"子路"。按当时礼教，老师对学生如父亲对儿子，都是直呼其名。所以孔子称呼他的学生，都是直呼其名，如称子贡为"赐"，称曾子为"参"，称子路为"由"。

下一句"诲女知之乎"，"诲"字的金文，左边为"言"，右边为"母"，就是母亲对孩子说话。这是一种带着爱心、循循善诱的说教。今天我们常把"教""诲"这两个字连在一起，其实它们的原意是有差异的。"教"字的象形字，像是提着棍棒迫使人去学习，强调的是逼迫和惩罚。"诲"是爱心说教，"教"是强制教育。孔子的教育特点主要是"诲"，是母亲教孩子一样的态度。如果我们把"教育"称为"诲育"，可能更好一些。

"诲女知之乎"的意思是，我来教你求知应有的态度吧！孔子要求子路在知识上首先要真实，知道什么，就表明自己知道什么，不知道什么，就承认自己不知道什么。对知识，对自己，都要真实地去面对，这是求知应有的一种态度。

这次对话的背景，我们已经难以考证。子路性格冲动，喜欢表现自己。孔子有提问，他会抢着第一个发言，可能也有不懂装懂的时候。所以，孔子要子路收敛一下，发言谨慎一点，要表达出真实情况——知道就是知道，不知道就是不知道。人们通常希望在他人面前表现出知识优势，这是获得社会承认和尊重的一种方法。正因如此，人们有时会选择隐蔽自己无知的一面。孔子教育子路，要努力学习，真实地面对和表达自己的知识状态，不要不懂装懂，这才是智慧。

孔子自己就是“知之为知之，不知为不知”的榜样。他知道的，就传授给学生；不知道的，他就老老实实去问，去学习，去向人请教。《八佾》篇中记载，说孔子进入太庙，每件事都在询问、请教。太庙指祖庙，鲁国的祖庙就是周公之庙。就有人说：“谁说这位出生在鄹地的人知道礼乐呀？他进入太庙，每件事都要请教。”孔子听到后说：“这正是礼的精神。”

当时孔子已经是知名礼乐大师，但他进入太庙，仍然“每事问”，凡事请教，有人就嘲笑他了。“鄹人之子”，就是鄹这个地方的人的孩子，这样的说法带有歧视意味。周王朝时期，在都城内外的不同区域进行等级划分，不同社会等级的人居住在不同的片区。孔子居住的“鄹地”，是平民居住的地方。

“孰谓鄹人之子知礼乎？”这句话翻译过来就是：谁说这位

从平民区鄹地来的人知道礼乐知识呢？但孔子认为，不懂就问，不耻下问，这正是礼的精神。礼的精神，就是要求人好学上进，在知识上真实地面对自己、表达自己。

孔子入太庙，凡事请教，他并没有顾忌自己礼乐名师的身份，没有装得高深莫测。他对不懂的，就是希望能多了解，多掌握知识。在求知的时候，孔子没有身份意识。

孔子这样的态度非常重要。学习知识，一定要丢掉身份意识，学习就是要以知识为中心，懂就是懂，不懂就想，不懂就学，不懂就问，这才是正当的态度。不仅学习上如此，做事也是如此，要放下身份，以做好事情为中心。《公冶长》篇中，孔子对子贡说要“不耻下问”，谦虚地去请教，这并非耻辱。从孔子“入大庙，每事问”的做法及“不耻下问”的教导看，他讲的“知之为知之，不知为不知，是知也”，就是一种真实的、老老实实上进和求学的态度，是智慧的态度。

子曰：“由！诲女知之乎！知之为知之，不知为不知，是知也。”这一句除了刚才的解释外，还有另外一种解释。虽然我不太认同，但还是有必要介绍一下：“由！教你一种求知的方法吧。应当知道的，就去知道。不应当知道的，就不用去知道。这就是智慧。”这种解释认为，孔子把人类的知识分为两类，一类是应当知道的，另一类是不应当知道的。所谓不应当去知道的，指的是与宗教信仰有关的知识，如上天以及鬼神的知识。意思是孔子重视现实问题，不重视宗教信仰的知识。钱穆先生、李泽厚先生等，都持这种看法。

这种观点的依据，就是孔子在《雍也》篇中所说的“敬鬼神而远之，可谓知（zhì）矣”这句话。钱穆先生这样说：“如问世界何由来，宇宙间是否真有一主宰，此等皆不可必知。”这种解释很有影响，但我觉得很不妥当。理由如下：

第一，孔子并非一个不关心至高力量的无神论者。钱穆先生把“敬鬼神而远之”解释成不必追究终极问题，不必关心宗教知识，不必关心宇宙主宰力量和秩序的问题，这不符合孔子的精神特征。在孔子的概念中，“鬼神”并不代表宗教意义的主宰力量。宗教信仰意义上的主宰力量，孔子称之为“天”。孔子那个时代，“鬼”主要是指祖先之灵，“神”主要指日月山川等自然神。孔子信仰的最高主宰力量是“天”“上天”，或者叫“皇天”“昊天上帝”。《论语》中用的最多的是“天”。

孔子说君子当“畏天命”，说“天生德于予”，上天把“德”赐予了我，又说自己“五十而知天命”，这些都说明孔子精神上是信靠上天的。也就是说，孔子相信宇宙间有一个至高的主宰力量，他敬畏这至高的主宰力量，称这至高的力量为“天”。“鬼神”不是“天”，不是那个最高的主宰力量，所以孔子说“敬鬼神而远之”，是离开“鬼神”去敬“天”的意思。

第二，孔子并不反对讨论与神祇有关的议题。《述而》篇记载，孔子生病了，子路请孔子向神祈祷。孔子问：“有什么说法吗？”子路说：“有啊。古代悼辞中有这样的句子：要向上方下方的神祇祈祷。”孔子说：“我已经祈祷很长时间了。”子路请求孔子祈祷，孔子顺便就设了一个考题来考子路。显然，孔子与学生之间，对祈祷等与神祇有关的知识有讨论和学习。的确，孔子是说过“未知生，焉知死”——我对生尚不知晓，怎能知道死的问题——这并非指孔子要封杀对宗教的讨论，而是告诉人，重要的是要理解宗教祭祀在现实世界中的作用。一个老师，如果把知识限定在世俗知识，封杀宗教知识，限制学生对未知世界的探索，就不是一个好老师。《论语》中的证据说明，孔子并非这样的老师。

所以，把“知之为知之”解释成去学那些应当学习的知识，把“不知为不知”解释成不去学那些不应当学习的知识，把人类的知识探索划出一个禁区，这种看法首先没有充分的学术证据，其次从教育思想来说是一种专断的封闭。请问，谁有权力和智慧来划定什么样的知识应当探索，什么样的知识不应当探索呢？

孔子没有在知识探索上设定禁区，他教导子路要先求真，再求知，知道就是知道，不知道就是不知道。先求真，再求知，这是学习知识的基本原则。求真是求知之路的基石。

第十二课

子奚不为政？

或谓孔子曰："子奚不为政？"子曰："《书》云：'孝乎惟孝，友于兄弟，施于有政。'是亦为政，奚其为为政？"

《论语·为政·二十一》

本章可这样翻译，有人对孔子说："老师您为什么不从政为官？"孔子说："《书》上说：'孝敬啊，只要孝敬父母、友爱兄弟，影响就会施加于政治。'这就是从政，为什么一定要当官才算从政呢？"

先解释第一句，或谓孔子曰："子奚不为政？""为政"这个说法，在《论语》中出现过六次，前面我们介绍过孔子"为政以德"的说法。"为政"，总的来说就是治国、执政、从政、参政的意思。从本章孔子的回应看，问话人提到的"子奚不为政"，是问孔子为什么不出来从政做官，所以才有孔子解释自己对"为政"的理解。

一般人印象中，孔子周游列国，就是希望被国君们赏识，寻求从政为官，获得权位，以实现自己的政治理想。本句中有人问孔子为什么不出来做官，这么问的前提应当是孔子已经有从政为官的机会，但孔子却不愿意。

有机会却不愿意出仕做官，孔子有这样的时候吗？有，是在鲁国季氏的家臣阳货当政的时期。《阳货》篇记载，阳货曾与孔子有一段对话，内容是阳货邀请孔子出仕做官。阳货问孔子："自己身怀本领却任凭国家混乱，能叫作仁吗？"还问："想做事却不去及时把握机遇，能叫作智慧吗？"阳货是间接责备孔子不出来做官是不仁不智。阳货还说："日月运行，时光流逝，岁月不等人。"孔子只好说："好吧，我准备出来做官。"

"子奚不为政？"这句问话发生的时间，应当是在公元前505年至前502年、阳货控制鲁国政坛期间。这时孔子的年龄在四十六岁到五十岁之间，已经是知名的礼乐专家。阳货是谁？为什么阳货盛情邀请孔子出来做官，却被孔子婉拒？阳货是当时鲁国执政的卿大夫季氏的家臣，孔子并不认可阳货。公元前505年，阳货反叛季氏家族，联合一些人劫持了季桓子，逼季桓子答应让他执政鲁国。这样，阳货就成了季氏家族的乱臣贼子。这种时刻，如果孔子受阳货之邀出来当官，就是表示对阳货的支持。

孔子不愿意这么做。从价值观上，孔子不愿为阳货这样的乱臣贼子站台背书。从政治实力判断，孔子知道季氏家族树大根深，不看好阳货。果然，阳货执政三年后被打败，逃往晋国，季氏家族重掌鲁国大权。孔子没有接受阳货的邀请出来为官，是明智的选择。在阳货与季桓子的冲突中，孔子因为拒绝出仕，没有在阳货手下为官，得到了季桓子的信任。

阳货失败逃走后，季桓子就向鲁定公举荐孔子出来做官，孔子欣然答应，一路做到了鲁国大司寇（相当于司法部长）和代理国相（相当于代理总理）这样的高官。鲁国季氏家族是孔子得以从政的关系背景。那个时候，孔子对是否出来做官有自己的准则，一看执政者是否符合自己的价值取向，二看执政者的政治实力。

孔子曾经有机会在阳货手下为官却不愿出仕这段历史，有助于我们理解“或谓孔子曰：‘子奚不为政？’”这个问话发生的背景。这句问话真实的意思是：你教的周公礼乐之道就是为政之道，你对政治感兴趣，但为什么不愿接受邀请出来为官呢？你这样做，错过时机，而且似乎有点不仁不智呀！面对这样的问题，孔子的回答是含蓄的。孔子引用了《尚书》这部古代典籍中的一句话：“孝乎惟孝，友于兄弟，施于有政。”意思是，我确实关心政治，希望从政，但我对政治、从政的理解跟你不一样。我认为在家孝敬父母、友爱兄弟，其影响就会施加到政治上，也是从政。

一个孝敬父母、友爱兄弟的政治，建立在孝敬父母、友爱兄弟的家庭关系之上。家庭关系可以决定社会关系，我先做好家庭关系。我不出来做官，把家治理好，推动孝悌之道，这不是不仁不智，而是有仁有智。孔子这样回答，既是对别人质疑他不仁不智的回应，也表达了他对政治的真实思考。

孔子对政治，对从政做官，确实有他自己特别的定位。这种特别的定位，是一位思想家层次的定位。为什么这样说？我认为有两点原因。

第一点，孔子是从构建良好秩序的角度来理解政治的。前面我解释过“为政以德”。“为政以德”，就是政治要以“德”为中心。“德”的本义，是生产和养育生命。对孔子来说，“为政”就要行“德政”，就要构建养育生命、有益生命的社会—政治秩序。

讲到政治，人们通常会想到阴暗的争权夺利，认为政治不道德。但孔子心中的政治，是有益生命的美好事业，是建立良好社会秩序的神圣事业。孔子认为，这种以养育生命、有益生命为核心的政治秩序，建立在家庭内部孝敬父母和友爱兄弟的基础之上，可以从家庭做起，然后“泛爱众”，扩大到社会，服务众人，这就是“德”的秩序，有益生命的社会—政治秩序。

第二点，孔子认为人人应有政治意识，人人可承担起社会责任。孔子将政治定位为“为政以德”，要求建立以德为中心、以仁为导向的秩序，所以孔子认为政治是人人可以参与、人人应当去建构的。从自己出发，做好自己就会让社会更好，管好家庭就是管好社会，经营好企业也会让世界变得更好。每个人要建立好自己身边的秩序，从而成为社会共同体秩序的建设者和输出者。

社会是否美好，是否有益于生命养育，在于我们每个人自己，不能仅仅等待君王诸侯来赐予。我们讲过，人与自然的关系和人与人的关系是人类社会的基础关系，在这两大关系上，人类有过两类伟大的贡献者：一是在人与自然关系上，加深了人对自然秩序和自然规律的理解，使人类变得富强，这是科学家、技术发明者；二是在人与人关系上，加深了人对人之间关系的理解，促进了人间仁爱秩序的生长，这类人是宗教创始人、思想家以及部分政治家等。

在中华民族精神史上，孔子减少了人与人之间的残暴，强化了人与人之间的仁爱，对有益于生命的秩序建设做出了贡献。孔子以“德”为中心的秩序，孝敬父母、友爱兄弟的秩序，本质上都是促进人与人之间生命之爱的秩序。

孔子是一个有秩序建构意识的人。在孔子那个时代，他将孝敬父母和友爱兄弟作为构建美好社会秩序的基础。他告诉我们，每个人在家庭生活中孝敬父母、友爱兄弟，就是在构建社会秩序。

在今天这个时代，我们或许可以忽略孔子的具体措施，但我们要重视他这种打通家庭秩序与社会秩序关系的思想方法。我们在日常生活中应有构建社会秩序的意识。不妨问一问，在我们这个时代，可以有哪些价值准则和价值行动，能使我们成为一个美好秩序的建设者和输出者呢?

第十三课

人而无信，不知其可也

子曰：“人而无信，不知其可也。大车无輗，小车无軏，其何以行之哉？”

《论语·为政·二十二》

“人而无信，不知其可也”，一个人如果不能得到人们的信任，就不知道他还可以做什么了。我把“人而无信”翻译为人如果不能得到人们的信任、不能取信于人是有依据的。《颜渊》篇中，也用了“无信”这个概念：“自古皆有死，民无信不立。”自古都有死亡，民众不信任就立不住。所以，“人而无信”中的“无信”，指的是不能取信于人、得不到人的信任的意思。孔子这句话非常重要。做人做事、治理天下，是否能得到人的信任至关重要。

如果你是领导，员工信任你吗？如果你是员工，领导信任你吗？交朋友，朋友信任你吗？与人合作，合作伙伴信任你吗？我们每天都应有一个“信任反省”。随时“信任反省”，就会发现身上常有让人不信任我们的毛病。在世界范围内排序，中国人在“守信”上的形象似乎不令人满意，我们得认真开展“信任反省”。

《论语》中非常重视“信”。“信”字在《论语》中共出现13次，主要有三个方面的意思。第一个是上面讲的“不能取信于人”的意思。第二，有“守信”的意思，如《学而》篇中说的“言而有信”，说话算话、重承诺、为人守信。第三，有“信任”的意思，如《公冶长》篇中的“朋友信之”，朋友信任他、信赖他。此外，还有“相信”的意思，如《公冶长》篇中的“听其言而信其行”，听他这么说，就相信他会这么做。

对“信”这种德行的强调是人类古今中外的普世价值，中国诸子百家中，儒家、道家、墨家无一例外都讲“信”。就算是最讲功利和不择手段的法家，也讲国家法令要取信于民。

“信”既是个人行为规范的问题，也是社会秩序的问题。从个人行为来看，如果你言而无信，就没有人信任你，就会被别人排斥孤立，想做事找不到合作者，难成大事。做事的人都知道，信誉是一个人重要的人生资本，人生就是要不断积累信誉。每做出一件让人不信任的事，都会造成个人信誉的流失。如果信誉破产，会一事无成，所以要像珍惜眼珠一样珍惜信誉。任何人都不能完全自给自足，要与其他人合作。要合作，就得依靠“信”的准则来维系。从整个社会来说，“信”是社会秩序的基础，没有信任，社会无法运行。

孔子高度重视“信”。《颜渊》篇中，子贡问孔子，应如何去治理国家。孔子说：“足够的粮食，足够的军队，有民众的信任。”子贡又问：“逼不得已而减掉一个，这三者中先减掉什么？”孔子说：“减掉军队。”子贡又说：“再减掉一个，从两个中减掉哪个？”孔子说：“减掉粮食。自古皆有死，民众不信任，就无法立足。”孔子认为，民众对君主和朝廷的信任比足够的粮食和军队还重要。

中国古代哲学中，“信”涉及人与自然、人与神、人与人诸多方面。在前面第四讲解释过孔子的“主忠信”，以“忠”和“信”为主，其中“信”这个概念，可以再强调一下。

从人与自然的关系看，古人将恒定的、重复出现的自然现象，如一年四季周而复始的现象，称为信。如果四季变动混乱，没有信，生命系统就会崩溃。

从人与神的关系看，“信”的原意指誓言。例如各国形成盟约、举行盟誓，得向神明发誓，这誓言必须遵守。如同《左传》中说的“忠于民而信于神也”，忠于民众，取信于神。

从人与人的关系看，强调“信”的角度更多。例如在朝廷与民众之间，朝廷法令要公平、稳定，要依法办事、取信于民；朋友之间，要讲信用，如曾子“三省吾身”中就有“与朋友交而不信乎”的自省；同事之间，也必须讲信用，不然没有办法共事；父母子女之间，也有信的问题。

诚实守信，让人信任，这是个人成功的前提，也是良好社会秩序的基础。美国政治学家福山写过《历史的终结与最后的人》这本书，还写过一本名为《信任：社会美德与创造经济繁荣》的著作，里面谈到信任是社会秩序的重要资本，一个缺少信任的社会难以发展。一个社会分工合作发展的程度、发达的程度，可以用这个社会中人与人“信”的程度来衡量。发达国家和落后国家的核心差别之一，就是落后国家的人和制度都比较缺少信用。

言而有信、诚实守信的德性，对个人的成功和社会的发展都非常重要。奇怪的是，日常生活之中我们表扬孩子的时候，喜欢表扬孩子考试成绩好、某方面的专业技能很强、得了什么奖，却很少表扬孩子言而有信。个人能力中，守信是一种核心能力，需要不断反省和训练。社会能力中，守信是一个核心社会资本，也需要不断完善和强化。

“大车无輗，小车无軏，其何以行之哉？”意思是，如果大车没有輗，小车没有軏，还怎么能行路呢？大车，学术界多解释为牛拉的货车。小车，主要指载人马车，如战车就是小车。我们研究了中国古代的马车结构就会知道，要把车辕套住马的肩部位置，马才能拉动车。这样，马的肩部上方就得固定一根横木，车辕搭在这根横木上。车辕和横木的结合处，还得有一个销子，才能把车辕和横木衔接在一起。这个连接车辕和横木的销子，大车上的叫“輗”，小车上的叫“軏”。没有“輗”和“軏”这种销子，车辕会与马肩上的横木脱离，车就无法行走。

请注意孔子所用的比喻，“輗”和“軏”这种连接车辕和横木的销子个头很小，而且主要部分插在车辕和横木结合部位里面，外面只能看到一点露出来的尖头部分，很隐蔽。我们从远处看一辆车，明显的就是车身、车轮、车辕和牛马，很难看见“輗”和“軏”这种销子。孔子为什么不用车轮来形容“信”的重要性呢？为什么不说“人而无信，大车无左轮，小车无右轮”，这不是更形象化吗？孔子专门挑了隐蔽的、不容易被看见的小插件“輗”和“軏”来比喻“信”，有他巧妙的考虑。

孔子的比喻很清楚。“信”，言而守信、取信于人、讲求信用这种德性，平常大家似乎不太在意，不像考试得高分、竞赛得大奖、生意挣到钱这么明显，但孔子认为，这个不明显的“信”的品德，其实是人生车辆或社会车辆得以运行的关键部件。

在儒家强调的仁、义、礼、智、信这些品德中，如果我们把“仁”比作车身，把“义”比作车轮，把“礼”比作车辕，把“智”比作横木，那么是“信”这个小销子把仁、义、礼、智结合了起来。这个微小而不容易看到的德性“信”，是人的各种能力组合的关键连接点，是社会秩序得以运行的关键部件。缺少“信”，不能取信于人，人生就散架了，再有其他优点都没用。缺少“信”，不能建立诚信社会，社会秩序就散架了，其他方面再强也没用。我们每个人要在自己身上强化“信”的能力，要建立一个以信立国的未来中国。

八佾篇

第十四课

人而不仁，如礼何？

子曰："人而不仁，如礼何？人而不仁，如乐何？"

《论语·八佾·三》

子曰："人而不仁，如礼何？人而不仁，如乐何？"这段话可以这样翻译，孔子说："做人不仁，为什么要去制礼呢？做人不仁，为什么要去作乐呢？"这几句话是在批评以季氏为代表的一些卿大夫，他们虽制礼作乐，却违背了礼乐精神。

孔子的意思是，当年周公制礼作乐是为了促进"仁"的精神，敬天爱人，建立以"忠"和"孝"为基础的社会秩序，实现一个上下有序、仁爱的社会。但是一些权臣和卿大夫举办隆重的礼乐活动，采用的规格故意僭越了礼制的等级，这本身就违背了"忠"和"孝"的原则，带来上下秩序的混乱，也就违背了当初周公制礼作乐的宗旨。

周朝礼制规定，八人为一佾。天子乐舞采用八行八列、共六十四人的规格。诸侯是六行八列、四十八人规格。卿大夫则采用四行八列、三十二人规格。鲁国情况特殊，周成王时期尊重周公，不敢以周公为臣，赐权鲁国可以采用天子礼乐，即八行八列、六十四人规格。季氏是鲁国卿大夫，按礼制应当是四行八列、三十二人规格，但季氏却采用了八行八列、六十四人的天子乐舞规格，这在礼制上是以下犯上的僭越，是不忠于国家社稷的表现。

季氏家中采用天子乐舞的规格，这是把自己当天子了，所以孔子对季氏说："八佾舞于庭，是可忍也，孰不可忍也？"这样的事都可以容忍，那还有什么事不可以容忍？忍无可忍！孔子认为，周公制礼作乐本来是要建立忠孝秩序，但以季氏为代表的卿大夫们却以僭越的礼乐来破坏忠孝秩序，这是礼崩乐坏。

春秋时期，在鲁、齐、晋等国都出现了君主势力下降、卿大夫势力上升的情况，与之相伴的是礼乐等级被卿大夫们不断僭越。所谓春秋时期礼崩乐坏，并不是说贵族们不搞礼乐了，而是说随着周天子实力衰退，各诸侯国君和实权卿大夫们大搞超规格礼乐。他们以僭越的礼乐来炫耀自己的实力，礼乐的宗旨被扭曲了。

孔子认为，"仁"是"礼乐"的价值，"礼乐"是"仁"的实现形式，如果没有"仁"的价值来引导，"礼乐"的形式就失去了灵魂。本章的核心，就是"仁"的精神和"礼乐"的形式的关系。

后人把孔子的思想称为"仁"学。"仁"是孔子的核心思想，儒学的基石，学术界高度重视对"仁"这个概念的研究。从考古学的角度看，主流观点认为，"仁"这个概念在甲骨文中没有，说明这个概念并非形成于商朝。在西周的金文中也没有发现"仁"字，说明"仁"这个概念在西周也不流行。但到老子、孔子的春秋时代，“仁”这个概念开始流行起来。“仁”的原意是什么？目前发现最早的“仁”字，是在1977年河北出土的中山王鼎上面，时间是公元前300年左右，内容是纪念中山国战胜燕国的事。从铭文中，我们可以看出“仁”字的意思。铭文中表扬大臣喜“亡不率仁，敬顺天德”，意思是喜没有不作为仁的表率，他是敬畏和顺应上天之德的。所以，最早金文中“仁”字的内涵就是“敬顺天德”，敬畏和顺从上天之德。

上天之德指什么？我前面解释过，“德”的原意是耕种使粮食种子发芽生长，养育生命。上天之德，就是上天好生之德，发育万物，养育生命。所以“仁”的内涵，就是遵循上天好生之德的天命，人要行好生之政，关爱生命，保护生命。“仁”的本意，起源于上天和人的纵向关系，是天人关系。“仁”就是敬畏和顺从带来万物和生命的上天与上天之德。因为敬畏上天、顺从上天、天命好生，所以在人与人的横向关系上，我们要关爱生命、善待万民。

有一种说法，说“仁”字左边是单人旁，右边是二，指两人就是“仁”，两人成“仁”，所以“仁”指人与人的关系。这个说法是按照现代汉语的字形想象出来的，因为中山王鼎上最早的“仁”字的金文写法并非如此，而是一个“尸”字形下有二横。这个字形的意思学界有争议，但都否认这是单人旁和二横的意思。

除了中山王鼎外，还有一个出现大量“仁”字的考古成果，就是1993年湖北出土的郭店楚墓竹简，时间在公元前300年左右，其中有67处出现“仁”字。郭店楚简的“仁”字有三种写法，没有一种与“从人从二”字形有关。其中一个主要写法出现了55处，上面是“身”字，下面是“心”字。郭店楚简的“仁”字，从字形上就可以看出意思，就是用心关爱身体、关爱生命。这与中山王鼎中将“仁”定义为敬顺天德、好生的意思相近。

“仁”字的内涵，大家只要记住郭店楚简的字形，上面是身体，下面是心，就知道其根本涵义了。“仁”就是“用心关爱生命”的意思。也有一些学者认为，其实中山王鼎与郭店楚简中“仁”字的写法是一个意思，都是上面是“身”，下面是“心”，只是中山王鼎中的写法更简略一点。

基于“仁”的涵义，“仁”字演化出来的人际关系方面的准则也是以关爱生命为主线的。例如现代汉语中的“仁”，就是仁爱的意思，指人与人之间相互关爱。

有了“仁”的关爱生命这个核心意思，我们再来看看《论语》中所表现的“仁”这个概念。《论语》中出现“仁”的地方有上百处，如《颜渊》篇中，樊迟问仁，孔子说：“爱人。”郭店楚简中，“仁”字上面一个人字，下面一个心字，就是爱人的意思。《学而》篇中说：“孝弟也者，其为仁之本与！”孝敬父母，顺从兄长，就是“仁”的本。孝，就是爱父母。弟即悌，就是爱兄长。《雍也》篇中说：“夫仁者，己欲立而立人，己欲达而达人。”自己想自立，也要帮助别人自立；自己想有成就，也要帮助别人有成就。这是博爱精神。《颜渊》篇中，颜渊问仁。子曰：“克己复礼为仁。”克己复礼是为了建立上下有序的仁爱世界，也是为了实现对生命的保护和关爱。

除了《论语》，《左传》中也多次出现“仁”字，我们还可以从《左传》的文献中去定义“仁”的内涵。万变不离其宗，“仁”的本质就是关爱生命，从中引申出诸多人际关系方面的意思，例如忠信、孝悌、友爱等。“仁”与“德”关系密切，正如中山王鼎铭文表明的，所谓“仁”，就是对“德”的实践。

讲完了“仁”，我们再来看“礼”。“礼”字的象形，就是人用牺牲和玉串向神献祭的祭礼仪式。祭礼的起源，是求神护佑生命的健康与安全、保佑生命繁盛的仪式，与中山王鼎中“敬顺天德”的意思相通，与“仁”对生命的关爱一致。

“礼”与“仁”一样，都有上天这样的渊源。《左传》中有记载春秋鲁国季文子说的一句话：“礼以顺天，天之道也。”“礼”是为了顺应上天，“礼”就是上天之道。“礼”就是由“仁”这种敬畏上天之德、关爱生命的精神引导出来的国家礼乐典章制度和社会行为礼节规范。正如《学而》篇中所说，“礼之用，和为贵”，运用礼乐，是为了实现人与人的和谐友爱。

春秋时期的战争礼特别能反映出礼制规章这种关爱生命的本质。例如，《左传》中记载宋襄公的话：敌人没有列好队，不能进攻；敌人受伤了，不能再去伤害；不能擒拿头发花白的老人。《司马法》中也说，去追逃跑的步兵，不能追超过一百步；去追兵车，不能超过三舍，也就是九十里路。这是要给敌人逃走的机会，不要赶尽杀绝。这些军礼的规定和限制，目的是要减少战争对生命的伤害，是为了体现仁爱的精神，这就是“以礼成仁”。

第 十 五 课

与其媚于奥，宁媚于灶

王孙贾问曰："与其媚于奥，宁媚于灶，何谓也？"子曰："不然；获罪于天，无所祷也。"

《论语·八佾·十三》

王孙贾问孔子："与其取悦于奥神，不如取悦于灶神，说的是什么意思？"孔子说："不是这样的。如果得罪上天，向任何神祷告都没用了。"从字面上看，这是一个关于中国神学的对话。王孙贾提的是在奥神和灶神之间应该更重视谁的问题，孔子则跳出了奥神和灶神的选择范围，认为比这两个更重要的是不要得罪上天这个最高神。这段对话到底是什么意思，对《论语》研究界来说，一直是个没猜透的谜，这一讲或可解谜。

"奥"指房屋的西南角，也指在西南角祭祀的家神。"灶"指灶神。"奥神"地位高于"灶神"，但"灶神"更管用些。"奥神"比喻的是名义上地位高却没有实权的人，"灶神"则比喻名义上地位不高但掌握实权的人。学界通常认为，本章中王孙贾是在劝孔子，县官不如现管，不要只看人名义上的地位，而要去取悦有实权的人。

就神学层面而言，这段对话讲的是奥神、灶神和至高神上天的关系。孔子认为，至高神上天比奥神、灶神更重要。同时，这段对话也是一种政治隐语，对应地比喻现实中的政治人物。但比喻的是些什么人物，学术界对此有不同看法。

杨伯峻先生和李零先生倾向于认为，“奥神”比喻国君卫灵公，有名无实，“灶神”比喻卫灵公夫人南子这样的实权人物。钱穆先生和李泽厚先生则倾向于认为“奥神”指南子，王孙贾自比有实权的“灶神”。

上面几位先生在解释这些比喻对象的时候，都没能提出证据，且都承认自己的解释不能当成定论，只属于猜测或假说。此处我会提出一个新的观点，超出了过去的解释范围，并用证据和逻辑来支持这个新的观点。我认为，“奥神”指的是南子及其势力，“灶神”指太子蒯聩及其势力，王孙贾是在劝孔子别跟南子走得太近。就我的阅读范围看，这个看法历史上没有人讲过。解释如下，请注意我的证据和逻辑链条。

本章是王孙贾和孔子借用民间谚语的神学话语来讨论政治问题的隐语。要理解这段政治隐语，需要把这段对话放回到当时卫国的政治背景中去思考。《宪问》篇记载，孔子对季康子说：“虽然卫灵公无道，但卫国有三个优秀的大臣，仲叔圉负责外交接待宾客，祝鮀管理宗庙祭祀，王孙贾领导军队。像这样，卫国怎会灭亡？”王孙贾是卫国负责军事的大夫。可以看出，孔子很欣赏王孙贾，认为他是卫国的三位国家栋梁之一。

公元前497年孔子离开鲁国到卫国，公元前495年至493年，孔子在卫国朝廷工作，没有行政职务但享受卫国高规格款待，地位有点相当于国宾级顾问。公元前496年，卫国发生一件重大政治事件。卫灵公的太子蒯聩对卫灵公夫人南子干预朝政和私生活放荡不满，计划谋杀南子。谋杀计划失败，太子蒯聩逃往宋国，之后又去了晋国，得到晋国支持。这样卫国的国内政治就国际化了，成了当时晋、齐等大国政治斗争的一部分。

卫灵公之下，卫国国内政治势力分成了夫人南子和太子蒯聩两派，双方处于高度对立和紧张的状态。南子是宋国人，聪明能干。她能够干预朝政，靠的是卫灵公的信任。但南子在私生活上名声不好，在卫国拥护太子蒯聩的人比拥护南子的人要多。卫灵公是这种对立局面得以稳定的唯一的平衡力量，但他已经没有能力来解决这个国内政治矛盾了。孔子周游列国十四年，其中有十年在卫国，受到卫灵公的款待。孔子又关注政治，所以他与卫国各派政治人物有交往很正常。

面对南子与太子的对立局面，作为分管卫国军事的实权人物王孙贾，不会不焦虑，不会不选择。他对孔子说的这个政治隐语，一方面是劝孔子小心，别在政治上站错队，同时也想请教孔子对卫国这场政治内斗应有的态度。

王孙贾和孔子的这段对话，应当发生在孔子见南子以后。在卫国这么一个南子、太子之间你死我活的政治斗争敏感期，孔子作为一位文化名流，他去见了南子，就成了增加南子政治影响力的一种行为。

孔子的学生子路是卫国大夫孔悝（kuī）的家臣，孔悝后来支持太子起兵，杀死了南子。《论语》中记载子路对孔子去拜见南子很不满，或许我们该从这个角度来理解。子路卷进卫国这场内乱，最终为救孔悝而被杀。

在这样的政治背景下，我们来分析这一章。先来看这句话：王孙贾问曰："与其媚于奥，宁媚于灶，何谓也？""奥"是什么意思？"奥"指房屋的西南角，也指过去在西南角祭祀的神。在《易经》六十四卦中，坤卦是第二卦，代表阴和地。坤卦的方位就是西南方位，所以人们在西南角祭祀门神、户神这些地神。

请注意一个重要信息，《易经》六十四卦第二卦坤卦，在方位上指房屋的西南方位，在人上是指母亲或家里的女主人。直到今天，你去问风水师女主人的床位摆放位置，他一定会建议让女主人的床摆放在房屋的西南方位。

本章中的"奥"，指的是西南方位上的女主人，暗示的就是卫灵公夫人南子。所以把"奥"说成卫灵公是不对的。《易经》六十四卦中，男主人的方位在乾位，乾位在西北角。

理解了"奥"是隐喻南子，我们再来看看"灶"隐喻的是谁。我认为，"灶"隐喻的是太子蒯聩。我的论证如下——

我们首先要确立"灶神"的神位所放的方位。从六十四卦来看，东方为离卦，第三十卦，卦象就是火卦，所以"灶神"的神位毫无疑问要放在东方。今天你去问风水师灶王爷的神位放哪个位置，好的风水师会建议你放在东边的方位。东方就是离位，火卦之位。所以从方位来看，“灶”暗指的就是东方。

“奥”指西南方，西南方是女主人的方位，指女主人。“灶”指东方，那么东方的方位指什么人呢？六十四卦中，东方是第三十卦的离卦，为火卦。东方同时也是第五十一卦的震卦，为雷卦。震卦在人上指谁呢？指的就是长子。对卫国来说，指的就是太子蒯聩。

王孙贾问曰：“与其媚于奥，宁媚于灶，何谓也？”这句话中的“奥”和“灶”，隐喻的都是方位，这样的隐喻，在政治上非常清楚地指向了南子和太子。王孙贾这句隐喻的问话，意思就是：你与其去讨好南子，不如去支持太子，你说呢？

坤卦对应南子，我们读坤卦的卦辞，会发现有这样的句子：“西南得朋，东北丧朋。”这个信息实在太明显了，你成为西南方位女主人的朋友，就会失去东北方位太子这个朋友。卦辞中还有这样的句子：“龙战于野，其血玄黄。”龙在野外作战，血色玄黄。这就暗示南子会面临战争。王孙贾这句话未必是在威胁孔子，应该是作为朋友对孔子的善意提醒。

“震”卦对应长子，在卫国对应太子蒯聩。研究“震”卦，我们会发现，震卦的卦辞有：“震惊百里，不丧匕鬯。”震惊百里，不会失去祭祀用的勺和酒。而《周易·震·象》的最后一句是：出可以守宗庙社稷，以为祭主也。即可以守宗庙社稷，成为祭祀之主。这也是明确的隐喻，太子蒯聩不会丧失继承卫国的权力，他会成为社稷之主、卫国国君。

孔子听到这儿，怎么反应呢？孔子的回应是这样的，子曰：

“不然；获罪于天，无所祷也。”“不然”，不是这个样子。孔子的意思是：我既不讨好奥神，也不讨好灶神。孔子知道，不能得罪的是上天，得罪了上天这个至高神，再向奥神、灶神或者任何神祈祷，都没有用了。

王孙贾问的是一个神学问题，孔子给的也是神学的回答。对孔子来说，他畏天命，敬奉的是上天，这是至高神。同时孔子对其他的鬼神采取的是“敬鬼神而远之”的态度。孔子敬天，因此他对“奥神”和“灶神”都敬而远之，这符合他一贯的神学立场。

一般人理解的政治，首先要分清谁是我们的敌人，谁是我们的朋友。但孔子表示，他要做事，不是建立在敌我划分基础上，而是建立在实践天道准则的基础上。孔子不会为了讨好南子而帮助南子，也不会为讨好太子蒯聩去迎合他。孔子认为自己只是按天道公正仁爱的价值去做事，不是要卷入卫国的宫廷政治斗争。当然，落到现实之中，我们也可以把这个回答视为孔子对王孙贾的建议。这建议就是，不要陷入到南子和太子蒯聩的派系斗争中，重要的是卫灵公的态度。从《史记》和《孔子家语》中可以看出，孔子对卫灵公褒贬参半。孔子认为卫灵公私生活上有问题，但他善用人才，在治国上是贤明的。

王孙贾和孔子都是精通《易经》六十四卦的人。他们俩这场隐语，真是高手过招。这种隐语交流，就算在公开场合进行，外人也未必听得懂。王孙贾的暗示没有错。卫灵公死后，公元前481年，太子蒯聩和孔悝等人在晋国支持下发动兵变，杀了南子，太子蒯聩当上了卫国国君，成为后来的卫庄公。孔子在南子被杀前三年，已经离开卫国返回鲁国。

春秋时期的卫国是一个小国，夹在晋国、齐国、鲁国、宋国、郑国中间，国际政治斗争卷入卫国国内，内政上派系林立，斗争残酷凶险，这种环境中的思考者对人性及政治会有特殊体会。卫国是一个大国政治卷入而内乱不断的国家、一个仰仗大国权力平衡的脆弱的国家、一个没有实力又最渴求实力的国家。孔子以后，中国法家思想的代表人物李悝（公元前455年—前395年）、吴起（公元前440年—前381年）、商鞅（约公元前395年—前338年）皆是卫国人，他们都认定人性幽暗残暴、唯名利是从，厌恶内乱而迷恋强权秩序。

孔子在卫国旁观十年政治风云，应当是他对政治的实际运作有深度认识的十年。从他与王孙贾的政治隐语对话、在南子被杀前三年离开卫国返回鲁国，以及返回鲁国后潜心文化事业、不再对政治实务感兴趣来看，也许他已看出他的政治理想与现实政治之间的巨大鸿沟。

请不要把本章都看成政治阴谋。开创性的思想家们有一个特点，他们有现实关怀，许多思想都是针对现实问题的，源于现实但又超越了现实。在《春秋繁露》这本书中，西汉董仲舒在解释孔子“获罪于天，无所祷也”这句话时是这么说的：“上天，是众神的君主。如果侍奉上天不完备，去侍奉众神就毫无益处。”意思是，上天是众神之神，要超越鬼神，去敬奉上天。

第 十 六 课

子入太庙，每事问

子入太庙，每事问。或曰："孰谓鄹人之子知礼乎？入太庙，每事问。"子闻之，曰："是礼也。"

《论语·八佾·十五》

孔子进入太庙，每件事都发问。有人说："谁说鄹人的儿子懂得礼呢？他进入太庙，每件事都要询问。"孔子听后说："这正是礼呀！"

太庙，是太祖之庙，祭祖之庙。周公是鲁国受封之君，所以学界普遍认为，此处太庙指鲁国周公之庙。《史记·鲁周公世家》记载，周公去世时，暴风雷雨，禾苗倾覆。周成王将这理解为上天动威来表彰周公之德，于是下令鲁国有权郊祭周文王。这样，鲁国就有了天子礼乐。按照礼制，只有家族的嫡长子、宗子能够组织祭祖典礼。周文王的嫡长子姬考去世，周文王立了第二个儿子姬发为太子，姬发就是后来的周武王。周武王是周王族的宗子，按礼制只有周武王可以祭祀周文王。周公是周文王第四个儿子，不能组织祭祖典礼，但周成王特别下令鲁国可以采用天子礼乐，郊祭周文王。

鲁国有权郊祭周文王，那么在宗庙祭祖的时候，祭不祭周文王呢？从《诗经·鲁颂》来看，鲁公祭祀上帝时，配祭后稷和周公。现在山东曲阜周公庙中，祭祀对象有自周公、伯禽以后的34位鲁公的神位，没有周文王。孔子时代的鲁国太庙中是否祭祀周文王，目前没有看到记录。所以，如果我们谨慎一些，将此处的“太庙”解释为鲁国国君祖庙会更好些。

“每事问”，一般都解释为孔子对太庙祭礼非常重视，小心谨慎，不耻下问，非常好学。为了更全面地了解本章，这里先介绍前人的三种观点。

第一种观点认为，孔子少年时曾进太庙，发现鲁公祭礼中有僭越之处，其实孔子什么都懂，却明知故问，意在讽刺鲁公的僭越。孔子的真实意思是：这些算是礼吗？

这种观点并不妥当。按照本章，孔子入太庙时已有知礼的名声，孔子三十岁才完成大学学业，得以三十而立，怎么能说孔子在少年时期就有知礼之名？

鲁公可行天子之礼，这是周成王时期确立的。没有证据说明孔子入太庙发现并讽刺鲁公僭越礼制，明知故问，暗含讽刺，这不符合孔子的性格。从周公制礼作乐到孔子少年时，礼乐文化积累了近五百年，确实比较复杂，且孔子少时生活贫贱，少年时期不可能有机会熟悉太庙之礼，孔子确实就是因为不懂才问。《史记·太史公自序》中也曾这样评价：儒者以六艺为法，六艺经传的内容以千万数，几代人都学不完。

孔子时代鲁国太庙祭祀的完整细节，今天已难考据。但我们能参考清朝太庙的祭礼细节。清朝在北京修建了宏大的太庙祭祖。根据清朝的太庙祭祀制度，祭祀活动分为正祭时享礼、岁暮祫祭礼和告祭礼等，祭器、祭品等都有复杂详细的陈设规制。猪、牛、羊肉放什么位置，各种粮食、蔬菜、果品、香炉放什么位置，先上什么后上什么，祭完以后如何撤下来、如何处理等都有规定，非常详细。比祭品、祭器摆放和祭祀流程这些技术问题更难的是，参加祭礼的众人的排序。祭礼的背后是人际关系安排，在祭礼过程中什么人站什么位置，谁负责什么仪式，都涉及上下尊卑、亲疏有别的秩序安排。即使是很懂得礼制理论的人，如果没有实践，是不可能搞清楚的。

大家或许参加过今天的婚礼，各种亲疏关系、座次安排和仪式，谁坐什么位置、参与什么活动，只有家族内部的人才可能明白。孔子不是鲁公的家族成员，不了解内部血缘等级和亲疏关系，所以进入鲁公的祖庙时，“每事问”是正常的。孔子青少年时期是穷孩子，他上了为普通士人开办的小学、大学，学了基本的礼乐知识，掌握了礼乐的根本精神。但鲁国太庙的祭祀活动是鲁国姬姓贵族的家族活动，对外姓来说，不是谁想进就可以进的。孔子即便很懂礼制理论，但对鲁国公族祭祖的具体祭品、祭器、祭祀流程这些具体实务，不可能有多少实操经验。但孔子好学，他有机会入太庙的时候，不懂就问，这是孔子一贯的学习态度。

第二种观点认为，孔子是在主持鲁国祭祖典礼。这完全不可能。按礼制，祭祖只能是宗主主持，孔子是殷人后裔，不是周人后代，即便他有礼乐知识，也不可能主持鲁公祭祀祖先的大典。

第三种观点认为，孔子是助祭。如果是助祭，那么时间上就只能是孔子当上大司寇和代理国相以后的事了。周王室有邀请外姓重臣助祭的传统。清朝道光年间（公元1821年—1850年）出土的青铜器“天亡簋”，制作于西周初年周武王时期，上有铭文记载，周武王举行以周文王配祭上帝的祭典时，让一位叫天亡的人助祭并且赏赐天亡。天亡为纪念这次助祭大典，铸造了这件“天亡簋”。古文字学家于省吾先生认为，这位制器者天亡就是姜太公。姜太公并非姬姓王族，但有大功于周朝，才得以成为周武王的助祭，这是很高的荣誉。所以，如果孔子是鲁公祭祖的助祭，应当是在孔子政治地位很高，也就是担任大司寇和代理国相的时候。

上述种种，多有引申。引申多了，就可能经不起证据和逻辑的挑战，证据链就容易断掉。我建议大家化繁为简，把“子入太庙，每事问”这句话简单理解为：孔子进入太庙，凡事都询问。

或曰：“孰谓鄹人之子知礼乎？入太庙，每事问。”有人说：“谁说鄹人的儿子懂得礼呢？他进入太庙，每件事都要询问。”或曰，就是有人说。鄹人之子，指鄹那个地方的人的儿子。《史记·孔子世家》中记载“孔子生鲁昌平乡陬邑”，孔子父亲叔梁纥曾任陬邑大夫，孔子也出生在陬邑。这句话带有对孔子身份的歧视之意。按周朝的行政区划，都城以外百里之地称为郊，郊区内再划分为几个乡。鄹人之子指居住在郊区乡下的人的儿子，不属于上层贵族阶层，而属于“士”这样的普通阶层。这句话的意思是：鲁公的祭祀礼乐可是天子级别的礼乐，那个乡下人怎么会懂？孔子在礼乐上不过徒有虚名，你看他进入太庙，什么都不懂，什么都在问。

显然，说这话的人瞧不起孔子。孔子怎么回答？子闻之，曰："是礼也。"听别人说他不知礼时，孔子说道："这正是礼呀！"他的意思是，自己入太庙每件事都询问正体现了"礼"的精神。这句话我们可以从三个角度去理解。

第一，孔子好学，不耻下问。《述而》篇记载，子曰："三人行，必有我师焉。"好学，是礼的要求。

第二，孔子面对未知很诚实。《为政》篇也记载孔子之言："知之为知之，不知为不知，是知也。"真实，是礼的要求。

第三，孔子表达了"孝"的态度。这是之前注家不曾提到的角度。周公制礼，核心精神是敬天法祖，要求后代子孙信仰上天，以德配天，遵从周文王、周武王的传统。"礼"的精神是敬天法祖，这就要求后人尊重传统，不要乱改祖先之道。孔子凡事问，正是对传统的遵奉，是"礼"的精神的表现。

里仁篇

第十七课

唯仁者能好人，能恶人

子曰："唯仁者能好人，能恶人。"

《论语·里仁·三》

这句话的意思是，孔子说："唯有仁者，能喜爱人，能憎恶人。"我们也可以更简洁地翻译为：唯有仁者，能爱人，能恨人。

这句话体现了孔子思想中善恶分明的特征。孔子认为，仁者心中有爱有恨，不仅要有爱心，也应当有恨心。爱恨交织，是仁者生命的两面。

所谓"仁者"，就是以"仁"这种价值为行为准则的人，是有志于在人间推进"仁"的人。"仁"是孔子思想的核心，《论语》中出现"仁"的地方有59章，共109次。我在前面讲"人而不仁，如礼何？"时专门解释过"仁"的原意。"仁"，就是关爱生命，使生命生长，成全生命。本章中的"仁者"，就是遵循"仁"的价值而行动的人，以实现"仁"为目标。《论语》之中，学生向孔子请教什么是"仁"共有7处。孔子总是针对具体学生给予不同的回答。我们从孔子这些不同的回答中，可以总结出他关于“仁”的看法。

《颜渊》篇记载，樊迟问仁。子曰：“爱人。”仁，就是爱人。爱人，是仁的根本，孔子其他关于仁的回答，都是爱人这个原则的运用。颜渊问什么是仁，孔子回答说：“克己复礼为仁。”孔子认为“礼”的核心就是仁，就是爱人。季仲弓问什么是仁，孔子回答说：“使民如承大祭。”使用百姓，如同承办祭天祭祖的大祭典礼，需要敬畏的态度，要慎重、庄重，对百姓怀有敬爱之心。《雍也》篇记载，孔子回答子贡：“夫仁者，己欲立而立人，己欲达而达人。”仁就是自己要立起来，也使人去立起来。自己希望发达，也使别人发达。推己及人，这是爱人的表现。

孔子对“仁”的理解，与中山王鼎和郭店楚简中“仁”的意思相同，以上天好生之德为标准，关爱生命，成全生命，以推行仁爱为己任。上天有好生之德，人当有仁爱之行，有了这样的价值标准，就自然会产生明确的善恶是非准则。关爱生命、成人之美，就是善。伤害生命、成人之恶，就是恶。有了善恶是非的标准，自然就会喜爱那些关爱生命的人和事，也因此会厌恨那些伤害生命的人和事。

《里仁》篇记载，孔子说：“要憎恶那些不仁道的人，要想为仁，去推行仁爱，就不能让那些不行仁道的人强加于自己。”在这个意义上，如果心中对伤害生命、不仁道、不正义的事情产生不出愤怒的情绪，没有憎恨的态度和表现，那么这样的人一定不是仁者，不是仁人，因为他对生命被伤害无动于衷，内心没有正义感。

孔子认为，仁者必须善恶分明，要有爱心和正义感。对不仁道的邪恶之事，要有憎恶之心，不能让恶人把邪恶强加于你，强加于人，强加于社会。在《宪问》篇中，孔子说："仁者，必有勇。"仁者，必须要有勇气，也必然会有勇气。什么是勇气？面对邪恶之事，不苟且，去制止，这就是勇气。

《阳货》篇中记载，子曰："乡原，德之贼也。"所谓乡原，即乡愿，是指那种无是无非的老好人，跟谁都好，跟好人好，也跟坏人好，坏人好人都喜欢他。孔子认为，这种乡愿之人，其实是没有善恶标准之人，是极度自私之人。谁都不得罪的人，表面是好人，其实是胆小鬼，是内心阴暗的人，他们的存在助长了邪恶之人。孔子认为，乡愿之人伤害了道德秩序。因为道德秩序建立在善恶之别上，建立在惩恶扬善上。

没有比较就没有鉴别。有一种人生观认为，人生在世，不要有分别心，不要有是非心，不要讲善恶，要无善无恶，无是无非，这样你内心就平静了。在许多教育场合，这种人生观被当成一种人生修炼，修炼出永不愤怒、永无善恶之心。按照孔子的标准来看，这种人不是心静如水，而是心如死水，一种缺少正义心的死水。这种人心已死，极度自私，其实是不仁之人，是缺德之人。内心无恨之人无憎恶之心，其实也无爱人之心。他们对生命被伤害和世间不公没有共情能力，没有同情心，对邪恶睁只眼闭只眼，这是对世间不仁不义的邪恶之事的放纵。用这种人生观来修炼，会把人修炼成事不关己高高挂起、没有善恶是非和正义感的人，这种人不是社会正义秩序的建设者和维护者，而是社会秩序中搭便车的自私诡诈小人。

任何一个组织系统，都需要有明确的善恶是非观念。我们不能去谋杀、偷盗、做假见证、撒谎和背离协议，对伤害生命之事，要去制止。一个社会，如果不分好坏、不讲善恶、不讲是非，还怎么会有秩序？一个人，不讲善恶、不讲是非，什么东西都可以接受，一切都可以理解，那你内心还怎么可能有秩序？内心没有善恶是非，没有正义与邪恶之分，就意味着你不具有组织社会和领导共同体的能力，就是这个社会中搭便车的人，在破坏社会共同体的正义精神。

第十八课

富与贵，是人之所欲也

子曰：“富与贵，是人之所欲也；不以其道得之，不处也。贫与贱，是人之所恶也；不以其道得之，不去也。君子去仁，恶乎成名？君子无终食之间违仁，造次必于是，颠沛必于是。”

《论语·里仁·五》

本章可以这样翻译，孔子说：“财富与权位，这是人所欲求的，如果不以符合道义的方式得到，君子就不要这种财富和权位。贫穷与低贱，这是人所厌恶的，如果不以符合道义的方式摆脱贫穷和低贱，就不去摆脱这贫穷和低贱。君子离开了仁义，怎么去成名呢？君子不会在一顿饭的时间去违背仁义，仓促匆忙中，要与仁义同在，颠沛流离中，要与仁义同在。”

本章文字虽多，但意思容易理解，讲的是孔子的富贵观。人追求财富和谋取权贵，当遵循“仁义”的价值准则。孔子反对那种只问成败得失、不问善恶是非的做法。

“富与贵，是人之所欲也；不以其道得之，不处也。贫与贱，是人之所恶也；不以其道得之，不去也。”富指有钱、富裕。贵指有权位、有地位。贫指没钱、贫穷。贱指没有权位、社会地位低。富与贫，贵与贱，是意思相反的概念。

孔子认为追求经济富裕和权力名位是人的正常欲望。在《述而》篇中，孔子说：“富而可求也，虽执鞭之士，吾亦为之。”意思是，如果可以求得富裕，就算是当执鞭之士，我也愿意做。所谓执鞭之士，指的是诸侯贵族出行时，在前面持鞭开道的士卒，通常由最低级别的士来充任。孔子表示，哪怕是从事社会地位低下的工作，如果能求得富裕，他也愿意去做。孔子曾在鲁国出仕为官，之后周游列国寻求权位，以实现自己的社会理想。人人追逐财富和权位，孔子也一样。不同的是，孔子特别强调，君子追名逐利一定要取之有道。

《述而》篇中也说：“不义而富且贵，于我如浮云。”以不仁义的方式获得的财富和权位，对我来说就像天空的浮云，我是不会去要的。君子任重道远，要以仁义为己任，建立仁义世界。

看下一句，孔子说：“君子去仁，恶乎成名？”君子离开仁义，还怎么成名呢？君子，是仁义精神的人格表率，君子要成名，就只能成名在仁义上。

为什么孔子认为只能在仁义的价值准则内追求富贵呢？我们说过，“仁”是孔子思想的核心，“仁”的核心就是仁义、爱人，就是发育生命、关爱生命、保护生命、成全生命。孔子教育的目标，就是把学生培养成君子。君子，是仁义价值在人间的人格化代表。君子的人生意义，就是要在世间实现仁义。

《卫灵公》篇记载，孔子说："志士仁人，无求生以害仁，有杀身以成仁。"志士仁人，不要为求生而去伤害仁，而要牺牲自己去成全仁。孔子认为，对仁人志士来说，仁义的价值超越自己的生命，而且随时要为实现仁义的目标而奉献牺牲。也就是说，为了建立仁义社会以保护生命，君子可以舍弃自己的性命。孔子的精神中，有一种价值的力量，阳刚的力量。

贪生怕死，这是正常的人性，但有一种力量会将人提升到保存自我生命这样的本能目标之上，会让人超越生死利害。孔子对仁义有深度认知和执着追求，他认为仁义超越自我生命。

"君子无终食之间违仁，造次必于是，颠沛必于是。"终食，一顿饭的功夫，形容时间很短。造次，指仓促匆忙。颠沛，指困顿挫折。这句话的意思是，君子不会有片刻的时间离开仁义，哪怕仓促匆忙或颠沛流离，都与仁义同在。孔子强调，君子即便遇到困难也会坚守仁义的准则和价值。君子以仁义为生命。在追求富贵的道路上，孔子为人们设定了精神的"交通规则"：寻求富贵的马车，只能走仁义之道。

孔子的学生冉求是鲁国季氏家臣，季氏是鲁国执政国卿。季氏推行新政，提高赋税征收，超过周公礼法传统。冉求帮助季氏推行新政，孔子很生气，认为他不仁不义。孔子说："我不认冉求是我弟子。你们可以鸣鼓攻击他。"

在孔子那个时代，各诸侯卿大夫为谋夺权力不择手段，天下陷入礼崩乐坏的局面，孔子厌恶这种无底线的权力争夺。《先进》

篇记载，季子然问孔子，仲由和冉求是否具备大臣之才干，孔子说："所谓大臣，就是以正道为君主做事，如果不可以行正道，就停止为君主做事。仲由和冉求是能奉公守法之臣。"季子然问："他们能服从命令吗？"孔子说："如果命令他们去杀掉父亲和君主，他们不会听从。"孔子坚信，他的学生仲由和冉求虽然想谋求权力，但他们有价值底线，无论如何不会为了权力去破坏忠孝原则，不会杀父和弑君。

中国历史常常被一种黑色的精神笼罩，那就是：只论成败得失，不问善恶是非。孔子在本章中强调的是，必须先讲善恶是非，再论成败得失。不讲善恶是非的成功，只是表面上的成功，这种成功中会积累毁灭的因素。

孔子为什么在仁义上如此坚持？这与孔子敬畏天命、以德配天的思想有关。孔子并没有把自己当成思想的开创者，而是把自己当成周公之道的继承者。周公之道就是周公继承周文王和周武王而开创的周朝治国之道。公元前1046年，周武王、周公、姜太公等人举兵造反，推翻了商王朝，建立西周王朝。

《尚书》《逸周书》等古籍记载，周武王、周公等人反思商王朝崩溃的原因，认为是商纣王不敬上天、虐待百姓，导致上天震怒，将灾难降到商朝，终结商王朝。上天将天命从商人转移到周人身上，辅助周人创建周朝，由周人来承载天命。《尚书》中记载，周公说："皇天无亲，惟德是辅。"意思是，上天不偏爱谁，谁有德，上天就辅助谁。老子《道德经》上也说："天道无亲，恒与善人。"意思与"皇天无亲，惟德是辅"差不多。

君权是上天所授，如果不敬上天、伤害百姓，上天震怒，天命就会转移，政权就难保了。周公等人吸取商王朝崩溃的教训，反其道而行之，将“敬天保民”确立为国家执政哲学。敬奉上天，上天有好生之德，所以治国就要关爱生命、保护百姓。周公制礼，就是将“敬天保民”的理念转化为一套社会的礼教制度。

以“敬天保民”为目标，要求执政者注意自己的道德修养，约束自己的私欲，敬畏天命，保护好百姓的生命和利益，这叫“以德配天”，以自己的德行来匹配上天的要求。以德治国，推行保护百姓的德政，这样上天降恩，天命稳固，政权才得以稳定。

孔子说要“为政以德”，要以德治国。孔子倡导的“仁”的价值观，其实就是以德治国在人的行为上的表现，就是倡导按照“德”的标准去行动，敬天保民。为什么孔子认为人求富贵不能偏离仁义的道路？因为仁义的道路，是养育生命、爱护生命的道路，是上天爱人之道，是上天正义之道。对孔子来说，国家命运和个人命运之上，有一个正义的上天。上天主宰一切，惩罪扬善，褒奖善行，惩罚恶行。人如果偏离上天之道，走不仁不义之路，伤害生命，破坏生命，就是踏上毁灭之路。

可能有人会说，一些人不仁不义，似乎也取得了成功，这是为什么？对坚信天道正义的孔子来说，他相信上天不会放过这些人。《道德经》中也说：“天网恢恢，疏而不失。”上天之法网很宽容，但不会放过任何一个违法者。

一些不仁不义之人表面的成功背后，一定是他们深层生命的失败。这些人表面上占尽便宜，变得富贵，其实对自己的生命来说很不吉利。不仁不义的行为带来的表面好处，一定是以生命的不吉利为深重代价的，一定会带来深层次的生命亏损。这种不吉利不仅表现在当事人身上，还会延及子孙后代。

现实中我们会发现，杀人多的政治家和军人，他们的后代很少能健康、繁盛。同样，靠欺诈和贪腐挣来不义之财的人，其实在给自己和后代挖掘陷阱，冥冥之中大不吉利。为什么？因为这违背了养育生命和保护生命的准则，违背了上天的好生之德、上天的正义之德。逆天而行者，会引发上天震怒，天理难容，必受天罚。

第十九课

朝闻道，夕死可矣

子曰：“朝闻道，夕死可矣。”

《论语·里仁·八》

子曰：“参乎！吾道一以贯之。”曾子曰：“唯。”

子出，门人问曰：“何谓也？”曾子曰：“夫子之道，忠恕而已矣。”

《论语·里仁·十五》

“朝闻道，夕死可矣。”意思是，早上若能听闻道，即便晚上死去也可以。这句话字面意思简单，却揭示出孔子的一种人生态度。人们可能习惯说，世间之事，除了生死，都是小事、闲事，但孔子不是这样的态度。孔子认为，世间之事，生死是小事，还有比生死更大、更本质的事。什么事比生死更重要呢？在这章中，孔子讲的是“闻道”。

孔子的这种态度奇怪吗？不奇怪。人类许多重要思想家都认为，在人的生命中有比肉体生命更重要的东西，值得人舍生忘死。古希腊思想家苏格拉底比孔子晚八十多年。如果苏格拉底不坚持自己的信念，就可能不会被判死刑。在被判死刑之后，面对可以脱逃的机会，他拒绝脱逃，坚持自己的看法，坦然赴死。比孔子晚五百多年，耶稣被钉上十字架。他早就预知自己的死亡，但没有逃避。耶稣还说："我实实在在地告诉你们，一粒麦子不落在地里死了，仍旧是一粒；若是死了，就结出许多籽粒来。"

孔子、苏格拉底、耶稣都认为，在人的生命中，有比肉体生命更重要的东西，去寻找和发现这超越生死的东西，才是性命中的生命，比性命更有价值。人类历史上的许多伟人都有这样的精神特质，他们愿意为那种超越在性命之上的价值去献身，认为唯有为这超越生死的理想去奋斗，人才会拥有真正的生命。

子曰："朝闻道，夕死可矣。"对孔子来说，闻道是如此重要，如果能闻道，他就能死而无憾了。"闻道"，就是听闻道，耳朵听见道。在象形文字甲骨文中，"闻"字的写法是一个人跪着，张开耳朵，专注聆听。这意味着，"道"是跪着听来的。请注意，汉语中的"道"有"道路"的意思，也有"言说"的意思，例如"说道"。从器官功能来说，我们可以去看道路，但不能去聆听道路。我们可以聆听的，是声音，是言说，是说话。在这个意义上，我们可以把孔子的"朝闻道"理解为早上听到言说。那么是听到谁的言说呢？

我在解释孔子"六十而耳顺"的时候提到，孔子时代，中国思想家们认为听觉和视觉的认识能力是有分别的，耳听为圣，眼见为智。观察让人成为智者，聆听让人成为圣人。圣人，是耳朵大，能聆听。聆听谁的声音呢？就是聆听上天之道、上天之言。子曰："朝闻道，夕死可矣。"指的是听闻上天之言。孔子在说这句话前，可能是觉得自己还没有聆听到上天之言，上天没有对孔子说话。这个时候，孔子是非常渴望能听到上天之道、上天之言的。

《述而》篇记载，孔子说："如果称我为圣人或者仁人，我岂敢！"孔子不敢被人称为圣人或仁人，可能就是因为他没有直接聆听到上天之言。在孔子那个时代，人们认为圣人就是能聆听到上天之道的人。

孔子希望能够直接听到上天之言，这是他说出"朝闻道，夕死可矣"这句话的缘由。但通观孔子一生，他对天道的认识并非通过聆听而来，而是通过观察得来。《阳货》篇记载，孔子后来说了一句有名的话："天何言哉？四时行焉，百物生焉，天何言哉？"上天说了什么话吗？四季运行，万物萌生，上天说了什么话吗？

四季运行和万物萌生，这是自然现象和自然秩序，是可以通过观察认识到的。孔子认为，上天之言就表现在四季运行和万物萌生之中。知上天之言，即圣人。显然孔子认为，不仅能听为圣，能观也为圣。子曰："天何言哉？四时行焉，百物生焉，天何言哉？"虽然这是一个疑问的方式，但我们从中可以体会到孔子想表达的是：上天之言，其实可以通过观察得到。

我们再来看"朝闻道，夕死可矣"。"道"这么重要，那"道"是什么？《阳货》篇记载过孔子的一个解释："君子学道则爱人。"君子学了道，就会爱人。所以，所谓的"道"就是爱人之道。孔子敬畏天命，他理解宇宙万物、生命的创生与维系是上天大爱的表现。生命的来源，在爱的力量中；生命的真相，在爱的力量中；生命的意义，在爱的指向中。上天之道，即大爱之道。所以，要爱人，这就是仁。

孔子的“朝闻道，夕死可矣”，让我想到法国印象派诗人波德莱尔的几句诗：心灵一旦有了收获，再活下去就是苦难，这是人人知道的秘密。（*Quand notre coeur a fait une fois sa vendange, Vivre est un mal. C'est un secret de tous connu.*）这几句诗讲的也是心灵中有超越性命的东西。反观我们的生命，有这样超越的追求和灵魂的收获吗？

接下来看《里仁》篇第十五章。子曰：“参乎！吾道一以贯之。”曾子曰：“唯。”子出，门人问曰：“何谓也？”曾子曰：“夫子之道，忠恕而已矣。”意思是，孔子说：“参啊！我所遵循的道，有一个核心贯穿其中。”曾子说：“是。”孔子出去以后，门人问曾子：“这是什么？”曾子说：“老师之道，就是忠恕而已。”参，指曾子，曾子姓曾名参。吾道，指我所遵循的道。一以贯之，即统一贯穿全部。忠恕，就是忠诚和宽恕，这是曾子对孔子学说的总结。

前面解释过“忠”字，意思是用心于“中”，而中字，指古代立表测影以定时辰节令。立表必须正，才能得到准确信息，所以忠的本义就是忠实于上天运行之道。

恕，上为如，下为心，就是如心，心如同心，就是推己及人、将心比心的意思。《卫灵公》篇中孔子解释过恕字，也就是“己所不欲，勿施于人”。自己不愿意的，不要强加于人，也即将心比心、推己及人。

一个思想体系如同一棵大树，有树根和树干，这就是孔子说的一以贯之的内容。研究一个思想体系，首先要去找这棵思想之树的树根部分，这样才能掌握贯穿始终的统一的线索。曾子用“忠恕”来概括孔子的思想之树，把“忠恕”当成孔子思想的树根，所以中国学术界也常常把忠恕之道当成孔子的思想基础。但这样的理解可能是有问题的，理由如下——

其一，说夫子之道就是忠恕，这是曾子的总结，不是孔子的总结。曾子及其门人承担了《论语》的主要编撰工作，所以《论语》一方面是记录孔子的言论，另一方面也有浓重的曾子思想色彩。

其二，整部《论语》，“忠恕”连用，只出现过一次。“恕”字单独用，也只出现两次。“仁”字出现109次。仅从出现频率来看，“仁”的数量远多于“恕”，所以不能说“恕”也是孔子思想的根本部分。

其三，从“朝闻道，夕死可矣”看，孔子是把天道当成比性命还重要的东西。忠恕很重要，但忠恕是实现天道的做人准则，并非天道本身。孔子讲“朝闻道，夕死可矣”，没有说“朝闻忠恕，夕死可矣”。

所以，对曾子所说的“夫子之道，忠恕而已矣”，我们得有点怀疑精神，明白这是曾子的总结，不是孔子自己的总结。

曾子对孔子的继承，有曾子自己的选择特征，那就是：曾子把孔子以后的儒家从信仰天命的宗教性上引开了，从用礼制来实现天道的制度的重要性上引开了，让人回到个人自身的心性体悟之中。孔子思想中本有的宗教性和制度性被边缘化了。曾子把孔子的儒家思想引向了与孔子不同的另外一条道路。

在孔子的学生中，子夏对孔子制度性的一面有所继承，但对孔子的上天信仰没有继承，子夏主持的“西河学派”已非常接近后来的法家思想。荀子思想接近子夏一派，属唯物主义，反上天信仰，重刑罚制度，已不能再算孔子儒家。曾子一派经子思和孟子，成了儒学正宗传承，子夏一派则不是儒门主流。到西汉董仲舒，才重新尝试把儒学领回到孔子本有的宗教性和制度性统一的层面，但董仲舒没有获得最后的成果。关于孔子以后儒家思想的演变问题，这里先介绍一些，以后我会陆续谈到这个问题。

我认为，孔子一以贯之的精神是孔子敬畏的天命。天命表现在人间，就是仁和爱。忠恕是践行天命仁爱的具体行为规范。所以，我们不能承认曾子所说“夫子之道，忠恕而已矣”。根据对孔子思想的整体认识，我们知道孔子一以贯之的思想就是敬天爱人，我们应当这样说：“夫子之道，敬天爱人而已矣。”

第 二 十 课

君子欲讷于言而敏于行

子曰："古者言之不出，耻躬之不逮也。"

《论语·里仁·二十二》

子曰："君子欲讷于言而敏于行。"

《论语·里仁·二十四》

子曰："古者言之不出，耻躬之不逮也。"可以翻译为，孔子说："古人不轻易说出话来，是耻于说出了而赶不上去履行。"言，指发言、说话。耻，指以什么为耻。躬，指践行、履行。逮，就是赶上，不逮指赶不上。

要注意的是，并不是人对说的所有话都有履行的义务。例如，两个朋友吟诗，一个说："野火烧不尽，春风吹又生。"另一个说："白日依山尽，黄河入海流。"这种对话就只是一种描述，并不需要履行什么，不存在"耻躬之不逮也"，也不存在"讷于言而敏于行"的问题。但是，如果一位朋友说："我们明天出发，去参加地震救灾吧！"另一位朋友说："好。"后者回答"好"的时候，就是许诺，必须去履行。所以，“古者言之不出，耻躬之不逮也”中的言，指的是有履行义务的言语，是许诺之言。言之不出，指许诺之言不轻易说出来。这句话可进一步理解为：古人不轻易说出承诺的话，是耻于不能及时履行。古人之所以不轻易许诺，是因为害怕自己说到做不到。

人一定要履行诺言，才有信誉。许诺之前一定要认真思考、仔细判断是否具有践行诺言的可能性，如果觉得难以履行，就不能轻易许诺。

子曰：“君子欲讷于言而敏于行。”孔子说：“君子说话要谨慎木讷，行动要敏捷迅速。”讷，指木讷，说话深思缓慢、表达迟钝的样子。孔子强调，君子要少说话多做事，勤快做事。这句话中的言就不特指许诺之言了，而是普遍意义上说话的意思。

“古者言之不出，耻躬之不逮也”“君子欲讷于言而敏于行”这两句话似乎都传达出一个共同的信息，就是在言和行上，孔子是以行为主，更重视行动。如果在天平的一端放上言论，另一端放上行动，那么对孔子来说行动重要得多。孔子认为语言只是行动的工具，要以行动的结果来衡量语言本身的价值。在《公冶长》篇中，孔子说，看人要“听其言而观其行”。不仅要听他说话，还要看他的行动。这是强调，重在行而不在言。《为政》篇记载，子贡问君子，孔子回答：“先行其言，而后从之。”意思是，先把说过的做起来，然后继续下去。同样是把行动看得比言语重要。

我们集中看一下《论语》中孔子关于言与行关系的论述。

子曰："古者言之不出，耻躬之不逮也。"《论语·里仁》

子曰："君子欲讷于言而敏于行。"《论语·里仁》

子曰："听其言而观其行。"《论语·公冶长》

子曰："先行其言，而后从之。"《论语·为政》

请注意，如果孔子仅有上面这些关于言与行的论述，那就还只是讲了些处事待人的人生经验智慧。但是，孔子并没有局限在这个层面，他把这种行重于言的看法提升到了形而上的宇宙观层面。这是什么意思？

前面讲过《阳货》篇中孔子的一句话："天何言哉？四时行焉，百物生焉，天何言哉？"这是孔子的宇宙观的表达，对我们理解孔子的人性观、社会观十分重要。

孔子对上天的看法是：上天之言表现在运行之中，不在言语中。人以上天为法则，顺应天命，就必须少说话多行动，把事情做出来，用行动去说话，不用言论去表现。多做事少说话，这就是效仿上天之行、以上天为法、顺应上天之道。《论语》之中，将宇宙观和人生观、将上天的法则与人生的行为规范统一在一起的表达并不多见，但在言和行的关系上，孔子诉诸上天。孔子的精神中有宗教性和超越性的一面，只是他表达不多而已。

敬奉上天，这是周王朝的国家宗教。孔子认为上天无言，上天的旨意体现在运行自然秩序和创生宇宙万物上。这种观念深刻影响了中国读书人的思想，也因此影响了中国人：敬天行道，就得"讷于言而敏于行"。

在中国生活，这确实是重要的人生智慧。正常情况下，沉默少言、勤于做事的人会人际关系好，社会矛盾小，受人信任，容易成功。但是，当我们走向世界、接触不同文明时，会发现这种重行动轻言论的观念并非人类的普世价值，而属于中国特色。

对语言的态度影响了中国人的思维和性格特征，结果就是我们不太敢率真地表达自己。例如，因为持有言多必失、沉默为上的观念，中国留学生在美国大学课堂上很少主动发言，美国学生则喜欢争抢发言机会。在很多国际会议中，中国人都比较沉默，发言小心谨慎，多数情况下就是照着写好的稿子念。压制语言的表达，就压迫了率真的个性发展，也压制了思想的交流和创新。

当我们放眼世界会发现，不同文明对语言有不同的看法和态度。以犹太人的《圣经》为例，开篇《创世记》中讲到上帝创造世界，认为世界是上帝说出来的。“上帝说：‘要有光。’就有了光。”上帝用语言创造世界。在《圣经》的语言观中，语言极其神圣，是上帝创世的工具。

在古希腊哲学中，有一个极为重要的概念，叫“逻各斯”（Logos），主要指宇宙的根本秩序、理性的秩序。逻各斯在古希腊思想史中的地位，相当于“道”这个概念在中国思想史上的地位。逻各斯还有语言、逻辑的意思。这会造成一种观念：人所使用的语言的内在逻辑与宇宙的本源秩序是统一的，语言有宇宙本质的神圣性。为什么古希腊人十分重视辩论、训练辩论逻辑？除了他们的民主制度外，也与他们对语言神圣性的重视有关。

西方文化受古希腊文化和犹太文化影响很深，并不认为语言表达比行动实践的价值低，甚至认为唯有自由的语言表达，才会启动人的深层智慧，人的发现和创造能力才会得以释放。唯有真实深刻的语言，才能带来高质量的行动。犹太人非常喜欢表达和辩论，他们中间出现许多思想家和作家，这与他们对语言神圣性的看法有关。不仅西方，印度文化也赋予语言很高的地位，印度人也喜欢语言表达。

在世界语言观的背景下，我们可以换一个角度再来思考孔子的这几句话："古者言之不出，耻躬之不逮也。""君子欲讷于言而敏于行。"因为许诺必须履行，所以我们不能轻易许诺。从要把事做好做成、用事实来说话这个角度看，这个观点当然是对的，是我们要继承的。但是，在人类语言系统中，必须去履行和行动的语言只是人类语言中的一部分，我们不能因此就否定语言训练和自由表达的重要性。语言之中有自由、创造，有宇宙的本质。我们得超越孔子的语言观，把语言引向真实、自由和创造。

第二十一课

德不孤，必有邻

子曰："德不孤，必有邻。"

《论语·里仁·二十五》

这句话通常翻译为，孔子说："有德之人不孤独，必定会有邻居。""德"这个概念，是孔子思想的根基。我在解释"为政以德"时，已经分析过"德"字的本义，这一讲我们进一步分析"德"的内涵。

"德"这个概念，不仅对理解孔子思想极为重要，对理解中国整个文化精神也极为重要。中国传统文化有五个非常重要的字：天、道、德、礼、法。理解这五个字的关系，就能抓住中国传统文化的要点。

中国古代的词汇有限，许多好的行为准则都被纳入了"德"字的内涵。先秦典籍中关于"德"的内涵，可以统计出三十多项内容，包括爱民、善良、忠诚、守信、守礼、宽恕、谦让、俭朴、敬重、正直、慎重、温和、恩惠等。这就很复杂，如同进入一片原始森林，容易迷路，找不到方向。

在历史的演变中，“德”的概念有一个生长过程。相当于从一粒种子开始，生根发芽，长出树干枝叶，最后成了一棵大树。后人总结出“德”字三十多个方面的内容，就相当于统计了“德”这棵树上不同树叶的特征。要抓住“德”字的核心，我们得先看一下“德”这棵概念之树的种子是什么。

《论语》中多次用到“德”，但没有具体定义。不过先秦其他思想家们早有过定义，当代学者们也有许多很好的研究。1982年，中国先秦史的史学家斯维至先生发表《说德》一文，认为“德”的本义是“生”，生产。国外优秀的汉学家们对“德”字原意的分析也大体类似，美国汉学家安乐哲（Roger T. Ames）认为“德”的本义就是“生长”，美国汉学家艾兰（Sarah Allan）也认为，“德”字的原型就是种子生长。

我在解释“为政以德”时，分析了“德”的甲骨文字形，认为如同人手持耒耜这种农具在耕地，种子发芽生长。所以“德”的原意就是用心从事农耕，生产粮食，养育生命。

先秦典籍中，“德”字多与“生”字相连，如《尚书》中的“好生之德”，即爱好生命的德。《周易》中说：“天地之大德曰生。”天地最大之德，就是生育万物，“德”指创生的力量。《韩非子》中说：“德也者，人之所以建生也。”“德”就是从事生产、搞好生计的意思。《庄子》中也说：“物得以生，谓之德。”万物得以生，就是“德”。这都涉及“德”字的“生”这个本源。

在中国古代，“德”字与“刑”字往往呈相反的对应。“刑”就是刑杀，伤害生命。“德”就是爱护生命。“德”这个概念所对应的问题，就是大地不生五谷、女人不生孩子、战争杀戮生命这些最可怕的灾难，它们导致生命灭绝，是古往今来人类都力求避免的事。

“德”字的原意、周朝的“明德慎罚”、孔子的“为政以德”，指向的都是“生”，即生育、生命的延续。请记住，“德”的原意就是生，本质就是好生之德，热爱生命，有益生命。“德”字的其他涵义，例如爱人、爱民、善良、忠诚、守信、守礼、宽恕、谦让、俭朴、敬重、正直、慎重、温和、恩惠等，都可以视为从“好生之德”这个精神种子上长出来的枝叶。《孔子家语》中，孔子赞美大舜说：“舜之为君也，其政好生而恶杀。”舜为君主，他推行的政治是热爱生命而厌恶杀戮的。“好生而恶杀”，就是孔子“为政以德”的核心意思。

回到“德不孤，必有邻”。这句话如果完全直译，就是有德者不会孤单，他一定会有伙伴。“邻”，原指邻居。《周礼》中说：“五家为邻，五邻为里。”指的是周朝的邻里区划。五家人就是一个邻，五个邻就是一个里，一个里就是二十五户人家。邻居，用现在的话说就是居住在同一个社区的人，处在一个共同体内。孔子认为，有好生之德的人在世界上是不会孤独的，一定会有同道之人。那么“德不孤，必有邻”就可以解释为，有好生之德、致力于服务生命的人不会孤单，他一定会有讲道德的伙伴，会和同道者聚合在一起，形成德的价值共同体。

孔子坚信“德不孤，必有邻”，这是信仰问题。他相信上天有好生之德，生的力量是普遍存在的，“好生”的本性根植人性之中。在德的世界中，大家都是邻居，居住在同一个社区，同属命运共同体。

《史记》中说，《周易》中的《系辞》出自孔子之手。《系辞》中有“天地之大德曰生”这句话，是说天地的秩序就是德的秩序、生的秩序，就是发育生命、养育生命和保护生命的秩序。如果天地万物的秩序是以德为中心、围绕生的本性构建起来的，那么生的秩序就具有支配性。

这种德的力量、生命的力量运行在每个人身上，并具有支配性。德就是每个人身上最主要的力量，所以“德不孤，必有邻”，有德之人一定占绝大多数。换句话说，孔子相信这个世界本质上是一个德的世界，一个养育生命、热爱生命的世界。孔子对这个世界养育生命和维护生命秩序的本质特征有一种宗教般的信仰。

相信宇宙秩序的德性，相信宇宙秩序有益生命，这几乎是人类所有伟大的主流思想家和宗教创始人的共同看法。1969年7月20日下午4时17分42秒，人类登上月球，首次从太空角度看到地球。看到这个蓝色、充满生命的星球如此美丽，会有一种最强烈的人类生命共同体的感受。此后人类继续不断向太空探索，但迄今为止，仍然没有在地球之外发现生命的痕迹。地球生命难得！生与死的问题超越人类的所有问题，对生命的深刻体悟是人类的普世价值。

孔子讲“天地之大德曰生”“德不孤”，老子讲“天之道，利而不害”，都是对源自宇宙深处的生命动能的体悟。

积极心理学也告诉我们，虽然这个世界有许多邪恶的现象，但发现世界的善的本质、相信人性中善的力量、信任这个世界、信任他人，是与人合作的前提，也是积极心理发育和形成的前提。

第二十二课

不患无位，患所以立

子曰：“不患无位，患所以立。不患莫己知，求为可知也。”

《论语·里仁·十四》

“不患无位，患所以立”这句话可以译为：“不要担忧没有职位，要担忧自己靠什么能立在职位上。不要怕没有人了解自己，要去努力使自己被人了解。”

“患”，通常意思是忧虑、担心，例如成语“患得患失”。但对“患”字的本义还有另外一种理解，指为人不忠、有二心而带来祸患。请注意看“患”的字形，下面是“心”，上面是两个“中”，就是忠于两个对象、有二心的意思。有二心就会有祸患。这个说法不是我的发明，是西汉思想家董仲舒（公元前179年—前104年）说的。董仲舒在《春秋繁露·天道无二》中强调上天之道独一无二，他说古人象形造字，心忠于一个对象，就是忠字，如果忠于两个对象，就是有二心，人有二心就是祸患。董仲舒认为《诗经》中“上帝临汝，无二尔心”就是懂天道的人说的。

“不患无位，患所以立”中的“患”，已不是“因有二心而带来祸患”这样的本义，而是引申义，指担忧、焦虑。但这个引申义与本义还是有密切的联系，好比一个人如果不忠心，就守不住职位，无法立在职位上。整部《论语》中，孔子反复强调为人要忠心。曾子“吾日三省吾身”的反省内容中就有“为人谋而不忠乎？”意思是，为人谋事做事，忠心了吗？一个人对职位忠心耿耿，这是在组织中能立住的前提。

“不患无位”中的“位”，指工作职位。孔子这句话是针对士阶层说的。孔子及其学生大多属于士阶层，士属于底层贵族，是天子、诸侯、卿大夫、士这一贵族等级序列中的下层。士中又分不同的等级，而且往往没有自己的土地，凭借知识技能服务于中上层贵族，是当时的专业人士。

士阶层容易为职位焦虑，这种焦虑来自三个方面。第一是财富生计的需要，挣钱的需要；第二是社会地位和社会承认的需要，在传统的政治本位的时代，没有一定的官位职位，就没有社会地位；第三是理想实现的需要，士阶层多是有文化的专业人士，他们有社会理想，但这种理想需要借助权位才能实现。

我们可以用“皮之不存，毛将焉附”来形容贵族和士的关系。控制土地、暴力和拥有权力的贵族是皮，士这种知识分子是毛，毛依附在皮上。知识分子的地位，过去如此，似乎今天的多数知识分子也是如此。

今天我们要超越历史上的知识分子——士的命运。在今天这个“行行可出状元”的时代，要拥有自己的专业技能和独立的财富，这样才有做人的自由和尊严，不成为依附权贵之皮的毛。不要做传统的纯粹依赖官场的“士”，要做“知本家”，这里的“知”指知识，去成为有创造和运用能力的“知本家”，去拓展自己独立的事业空间。

“患所以立”，是指要担忧靠什么立在职位上。任何一项工作都会有职位要求，有对当职者素质的要求，这种素质包括职业道德、团队精神和专业技能等。在孔子那个时代，对“士”这个阶层的普遍要求是才德合一，有才有德，有讲“忠信”的德性和做事的本事。才与德、讲忠信、会团结、技能好，这是在社会中立身、在组织里立位的前提。孔子时代如此，今天如此，未来也会如此。

再来看“不患莫己知，求为可知也”。“不患莫己知”，指不要担心别人不了解自己。这话说得很含蓄。作为士阶层的人，如果别人不了解他们，没有人欣赏他们，没有人给他们工作机会，他们就会很焦虑。士阶层往往无恒产，无恒产者难有恒心，谁都不例外。“求为可知也”，就是努力寻求，让人知道你、了解你。孔子说，如果别人不了解你，你又没有职位，你不要抱怨别人抱怨社会，而要努力去推销自己、让别人了解你。不要躲在家里，心里抱怨：我为人忠诚，讲信用，做事能力很强，但为什么没有人了解我，没有人用我呢？孔子不认同这种心态，认为要走出去，去传播、推销自己，向世界展示自己的德性、能力和才华。

宋明理学之前，注家们对“求为可知也”的理解很正常，意思就是学会推销自己。但到了宋明理学时期，有一些注家认为这一句在道德上有点问题，他们认为一个人要去推销自己，就有所求了，不道德了。如理学家张轼（公元1133年—公元1180年）就认为，君子不外求。他认为，“己有可知之实，则人将自知之”，追求使自己具有值得别人了解的价值，别人自然知道，意思是要反求诸己，不假外求，反对有意展示自己。

今天也还有人沿袭张轼这样的解释，这不妥。孔子很朴实，他强调人要强化自己的道德与才干，同时也要会展示自己。孔子周游列国，就是一次壮观的自我营销之旅。不自我营销，就不能获得社会支持，又如何去实现理想?

“不患无位，患所以立。不患莫己知，求为可知也。”这两句话如果用今天的术语来表达，就是孔子强调：一要能力品质好，二要会营销。生产经营如此，人生管理也如此。放到社会上，一个人就是一个产品，有生产和销售、质量和品牌、性价比的问题，也有市场占有率的问题。

《论语》中的每句话，如同一幅大拼图中的一小块拼图，每句话要放回到大拼图中，我们才能知道准确的涵义。这两句话透露出来的心态是，这个世界是公正的，如果你没有职位、没有地位，就去反求诸己、练好内功、做好传播，最终就会得到应有的职位或地位。从这种心态看，孔子对他所处的时代和世界充满着信心。他认为这个世界的本质是公正的。在一个公正的世界上，要想提升自己的地位，重在反求诸己，自己努力。

我们在上一讲说到“德不孤，必有邻”这句话时，分析过孔子的信心。孔子相信，这个宇宙是以维护生命为中心的道德的世界，是由道德秩序主导的世界。本章的内容仍然表达出孔子对所处的世界满怀信心。我们也许可以从中得出一个结论：春秋时期、孔子时代的中国，虽然有这样那样的问题，但存有基本的正义秩序，孔子对这个时代充满信心，相信只要提升自己的内在品德和才干，就会拥有职位和更高的社会地位。

如果处于一个完全不讲公正，不重视人的德性、能力和才华的时代，孔子还能保持这种正能量的心态吗？从孔子的宇宙观和信仰来看，估计孔子仍然能保持这种信心，因为他信仰上天之爱和上天的公正性，他会把眼前的问题当成可以改善的问题，持续不断地积极努力。孔子是积极心理学的代表人物。

公冶长篇

第二十三课

吾未见刚者

子曰："吾未见刚者。"或对曰："申枨。"子曰："枨也欲，焉得刚？"

《论语·公冶长·十一》

孔子说："我还没见过具有'刚'这种德性的人。"有人回应说："有申枨。"孔子说："申枨私欲多，岂能称得上刚？"孔子感叹自己没见过具有"刚"这种德性的人，显然对他来说，"刚"是一种很罕见的品格。"刚"字有刚硬、刚强、刚正、刚直、刚毅多种意思。此句中的"刚"通常被译为刚强，但其实《论语》通篇并没有出现过一个"强"字，这里的"刚"，我认为翻译成刚毅最为确切。

《子路》篇记载，子曰："刚、毅、木、讷，近仁。""刚"指的是坚定性，"毅"指不动摇，"木"指持重、沉静，"讷"指话不多，"近仁"指接近"仁"。所以，我认为"刚"在此处应该译为刚毅。对孔子来说，"刚"这种品德与实现"仁"的社会理想有关，与坚定地去建立仁政世界有关。也就是说，我们要站在“仁”的价值立场才能真正理解孔子心中的“刚”的概念，在孔子这里，“刚”是实现“仁”的一种德性要求。

一般来说，我们说到“刚”，习惯将其理解为性格刚强。但孔子本章所用的“刚”的概念，与实现“仁”的追求有关，更多地强调坚守“仁”的理想，而不是强调个性上的刚强。

“刚”与“仁”的社会目标挂钩，翻译为“刚毅”就更合适些。刚毅指坚定、不动摇地去实现一个目标。也只有在“刚”与“仁”相关联的背景下，我们才能确定“枨也欲，焉得刚”这句话的意思。“欲”，我翻译为“私欲”，是因为这种“欲”妨碍实现“仁”的社会理想。

那位与孔子对话的人之所以回应说“申枨很刚”，大概是因为他把刚当成一种性格因素，说的是申枨的性格很刚强。孔子立即纠正这种说法，强调申枨私欲多，他的欲望不是指向仁的，不是孔子所感叹的、罕见的刚毅的德性。

这个纠正很重要。因为，一个强盗头子的性格通常也是刚强的，但是他追求的是杀人越货，是不仁不义的目标，这就不是孔子心中的刚。孔子心中的刚，指坚定不移地去实现仁的那种刚毅的品德。对孔子来说，一个强盗头子的性格再坚强，也不属于刚毅，刚毅属于那些为实现仁爱秩序而坚持行动的人。比如，孔子不辞辛劳周游列国，无论如何被人们嘲笑、排斥，也不改初衷，力求实现自己的社会理想，这就是一种刚毅的德性。

所以这一章我们可以重新翻译为，孔子说：“我没有见过刚毅之人啊！”有人回应说：“申枨就很刚毅。”孔子说：“申枨私欲过多，岂能称得上刚毅？”

什么是真正的刚毅？《卫灵公》篇记载，子曰：“志士仁人，无求生以害仁，有杀身以成仁。”意思是，有志向的士和有仁心的人不要为了求取生存而去伤害“仁”，宁愿自己被杀也要去成就“仁”。这就是孔子心中的刚毅之士。《泰伯》篇记载，曾子曰：“士不可以不弘毅，任重而道远。仁以为己任，不亦重乎？死而后已，不亦远乎？”曾子说：“身为士，不可以不培养弘大坚毅的意志，因为责任重大而道路遥远。以实现社会的仁爱秩序为自己的责任，这样的责任不是很重大吗？为实现理想而奋斗，死了才算结束，这样的道路不是很遥远吗？”

本章这个对话，有人总结为无欲则刚。无欲则刚强调的是要想刚毅，就不能有私欲。这种说法仅仅强调了没有欲望、私欲这一方面，但缺失了要坚定地去实现仁、实现社会理想的目标这一方面。因为，不是没有欲望或私欲的人就一定很刚毅，没有欲望的人有可能压根没有社会理想、人生理想，也有可能是天生性格懦弱。只有那些没有私欲、怀抱仁的社会理想，并且坚定去实现这种理想的人，才称得上是刚毅。本章的刚有无欲则刚的意思，但不仅如此，还特指实现仁的社会目标的坚定性。孔子感叹：“我没有见过刚毅的人啊！”其实他感叹的是，他很少见到心怀“仁”的社会理想并坚定地去实现的人。

在孔子所处的时代，他可以说是一个比较孤独的推行“仁”的价值秩序的人。孔子的这句感叹，不仅是对申枨的评价，也是在表明自己“刚”的价值观。《论语》中，孔子经常通过点评人物来传达他的善恶是非观。孔子写《春秋》，也是通过褒贬历史人物来建立自己的政治价值体系。在《公冶长》篇中，记录了很多孔子对他人的评论，通过这些直言不讳的评论，我们可以看出孔子的价值取向。

第二十四课

有君子之道四焉

子谓子产，“有君子之道四焉：其行己也恭，其事上也敬，其养民也惠，其使民也义。”

《论语·公冶长·十六》

孔子评价子产说：“子产有四个方面符合君子之道：他自我行为恭谨，侍奉君主恭敬，养育民众实惠，使用民众讲道义。”孔子对子产的评价很高。除《论语》中记载了孔子三次赞扬子产外，《左传》中也记载了孔子对子产的正面评价。孔子认为子产执政，行的是仁政，能带给百姓实惠。

子产是春秋时期郑国的著名国卿，大约生于公元前584年，死于公元前522年，在郑国执政近二十二年。孔子比子产小三十三岁。公元前543年，子产开始担任郑国国卿，那时孔子八岁。子产去世时，孔子近三十岁。

孔子推崇子产，思想上也受子产影响。孔子“为政以德”的提法就来源于子产，《史记》中记载子产的原话是：“为政必以德。”子产是有改革精神的政治家，也是一位优秀的外交家。从外交上看，彼时北方有大国晋国，南方有大国楚国，郑国处于晋国和楚国之间，要平衡好与两个大国的关系是一件非常艰难的事情。子产当政期间，既维持了郑国的尊严，也尽力保持了与晋国、楚国的和平外交局面，使郑国没有遭受大的战争灾难。

从国内治理来看，子产是一位开创性的改革家。在外部压力之下，子产全力推行国内改革，巩固郑国内部的团结。在土地制度上，重新确立了田界划分，承认了新开垦的私田的合法性，让许多贵族和民众受益。子产最有名的故事有两个：一是子产不毁乡校，另一个是子产不侵犯商人权益的故事。《左传》中记载，郑国人在乡校中聚会，议论和批评时政。有一位叫然明的人建议子产毁了乡校，但子产反对压制批评意见，他说：“他们认为好的，我就去做；他们认为不好的，我就改正。这是我的老师，为什么要毁掉呢？”孔子听说子产不毁乡校的事后，评论说：“由此观之，人说子产不仁，我不相信。”

孔子非常认同子产不毁乡校，认同民众享有参政议政的权利。子产不毁乡校的故事很多人都知道，讲的是执政治国要保护议政自由，但子产不侵犯商人权益的故事，知道的人不多。《左传》中是这么记载的：晋国是春秋大国，晋国的国卿韩宣子是一位实权人物。韩宣子有一只玉环，这只玉环本来是成对的，另外一只在一位郑国商人手中。韩宣子来见郑国国君时，要求得到郑国商人手上那只玉环来配对。一个大国的执政国卿来要一个玉环，我们会想，国家利益高于一切，拿个玉环是小事。但子产对韩宣子说：“这玉环是商人的，不属于我们官府，我们官府给不了。”韩宣子只好自己去找郑国商人买这只玉环，但这位商人不肯卖，韩宣子又来请子产帮忙。有人劝子产说：“韩宣子要的不多，晋国是大国，不要违背。何必为了一个玉环引起大国的仇恨呢？”子产解释出一段特别的历史，他说：“郑国开国者郑桓公曾与商人们有一个盟誓，我们郑国会世代坚守，与商人们相互信任。”春秋时期的人非常重视盟誓。举行盟誓时，要焚烧牛羊牺牲，请神来见证。郑国与商人的盟誓内容是什么呢？那就是：“你们不要背叛我。我不对你们强买强卖，不会对你们索取剥夺。你们有市场利润，有珍贵财货，我并不需要知道。”从这两个故事可见，子产认为民众有批评时政的言论自由，商人的财产权利不能受到侵犯。

讲完子产的情况，再来分析本章。子谓子产，“有君子之道四焉：其行己也恭，其事上也敬，其养民也惠，其使民也义。”“有君子之道四焉”，指子产是君子，子产有四个方面的行为符合君子的行为准则。君子之道，是指君子的行为准则。“其行己也恭”，“行己”指自己行动的时候。“也恭”，指行为恭谨，态度庄重谨慎。“恭”的原意，就是向神献上供品。请想象一下，捧着供品向神献祭时应有的神情和态度。祭神，你得很庄重，也很小心，别让供品掉下来。由此可以想象子产为人处事的这种恭谨的态度了。

子产不毁乡校，除了尊重言论自由外，还有一个原因是在乡校中议政的其实多是贵族子弟，郑国是各大贵族家族联合执政的国家，执政治国要平衡各贵族的势力，不能轻举妄动。子产对毁乡校的建议，是很小心谨慎的。

“其事上也敬”，子产侍奉君主的时候，也很敬重。当时郑国的政坛是被七个卿大夫贵族家族把持，郑国国君并无实权，但子产对国君仍然保持了礼教规定的敬重。

“其养民也惠”，子产养育民众，给予实惠，给民众带来实利。“惠”字的象形文字，是女子用心纺织、给家人提供衣料，所以现代汉语中仍然用贤惠来称呼心地善良和能干的女子。“惠”就是生产财物的意思。朝廷怎么才能给民众带来实惠呢？朝廷工作人员的主要任务是维持社会秩序，并不从事生产贸易，不创造税收和就业，他们是靠从事生产贸易的人们来养活的。所以，真正的养民就是朝廷少收税，这样民众手上留下的财富就多一些。朝廷少管制干预，民众的活路也就多一些。前面讲过子产的经济改革，承认新开私田的合法性，保护商人的权益，这些都会给民众带来实际利益。在《宪问》篇中孔子还称子产为“惠人”，也就是能给民众带来实惠的人。

“其使民也义”，子产使用民众的时候讲道义。在古代，使用百姓的事主要是指从事战争，修建城墙、桥梁、道路等公共工程，当然还有修建君王宫殿和朝廷殿堂等。要做到“使民也义”，第一条，组织民众去做事，这些事得是服务民众公共利益的。这是目标上的正当性。例如，修城墙是为了保护民众，修桥建路是为了民众走路、运输，组织自卫战争也是为了民众不被杀戮和侵犯。不能以为人民服务的名义，来扩大朝廷的权力和朝廷贵族官吏的特权利益。第二条，要衡量民众的力量，不能让民众负担过重。例如，不能在农忙季节去从事战争和修建城墙。这是方法上的正当性。第三条，决策遵循法定程序。如果是在法治国家，还得有决策程序上的正当性，例如决策过程得有一个民众代表参与。总的来说，要做到“使民也义”，就得“三正”，目标正、方法正、程序正，这“三正”子产似乎都有。

我们再看看孔子评价子产的这四句话：“有君子之道四焉：其行己也恭，其事上也敬，其养民也惠，其使民也义。”对自己，行己也恭；对君主，事上也敬；对养民，养民也惠；对使民，使民也义。孔子谈子产的君子之道，涉及三个方面：一是对自己，二是对领导，三是对民众。对自己，强调要严肃谨慎；对领导，强调要恭敬；对民众，强调要造福于民，使用民众得符合道义。

人生永远要面对四个方面的关系：人与自我、人与人、人与自然、人与神。孔子本章所谈的子产的君子之道，讲的是人与自我、人与人的关系，没有谈到人与神、人与自然的关系。

这会造成一个影响，有人认为君子之道只涉及人与人，不涉及人与神、人与自然的关系。但这样的君子之道，是不完整的。其实《左传》中记载的子产的言行中，人神关系是一组很重要的关系，子产是敬奉天命的。子产认为，执政治国就是敬奉天命、助天行政。如果考虑这一点，我们可以在孔子评价子产的君子之道上再加上敬天的内容：“有君子之道五焉：其敬天也诚，其行己也恭，其事上也敬，其养民也惠，其使民也义。”

第二十五课

老者安之，朋友信之，少者怀之

颜渊、季路侍。子曰："盍各言尔志？"子路曰："愿车马、衣轻裘，与朋友共。敝之而无憾。"颜渊曰："愿无伐善，无施劳。"子路曰："愿闻子之志。"子曰："老者安之，朋友信之，少者怀之。"

《论语·公冶长·二十六》

"颜渊、季路侍。"颜渊、子路在一边陪着孔子。季路是子路的另一个字。子曰："盍各言尔志？"意思是，你们何不说说各自的志向？"盍"，何不。

子路说："愿我有车马，有轻巧的皮衣，与朋友共享，用破旧了也不遗憾。"

春秋时期，名贵的裘皮衣服有狐裘、鹿裘，普通的有羊裘等，狐裘最轻巧暖和。春秋时期也有"车马、衣裘"的概念，如《国语·齐语》中的"奉之以车马、衣裘"。"车马、衣裘"相当于现在所说的豪华汽车、名牌衣服，是富贵人士的标配。《雍也》篇中也有类似提法，孔子说公西赤"乘肥马，衣轻裘"。《论语》

研究界认为，“衣轻裘”的“轻”字，在明朝之前的《论语》版本中并没有，估计是宋朝抄写的时候加上的。宋以前的版本是：“愿车马、衣裘，与朋友共。”愿我有马车有裘皮衣，与朋友共享。“敝之而无憾”，用破旧了，我也不可惜，不遗憾。

子路的志向是什么？富贵不忘朋友。春秋时期，能够乘坐马车、穿裘皮衣的，只有贵族、大官或大商人。子路说“愿车马、衣裘”，有马车坐有皮衣穿，事业成功，出人头地，仍然不忘记朋友。子路的人生志向，讲的是成功后如何对待朋友的问题，讲的是分享的原则。子路所希望的人生，是成功而能与朋友分享的人生。美国家长、老师教育小孩子习惯说“Share is fun”，分享是开心的事。子路提到的分享价值观，是人类的普世价值。

颜渊的志向是什么呢？“愿无伐善，无施劳。”颜渊说：“愿我不吹嘘自己的善行，不放大自己的功劳。”“伐”，吹嘘、自夸。“施”，放大。子路表达志向有一个对象，就是朋友。颜渊表达志向，有没有潜在对象？有。从颜渊口气看，主要是针对君主和朝廷同僚。一个人有善行和功劳，最容易犯的毛病就是向君主表功，与同僚争功。颜渊的志向是成为朝廷贤明忠贞的重臣，能行善于万民，有功于国家，但谦虚谨慎，不自夸不争功。

子路和颜渊各自讲完志向，子路就说：“希望能听到老师您的志向。”孔子的教育方法是老师与学生对话交流式的。这种方法很好，比孔子晚生八十多年的古希腊哲学家苏格拉底也采取对话交流的教育方式。这种方式也为现代教育所强调。今天哈佛大学的课堂，尤其是小型课的课堂，仍习惯采取对话的交流形式。

子曰："老者安之，朋友信之，少者怀之。"孔子回答说，老人能够安心，朋友能够信任，孩子能够想念。这就是孔子的志向。孔子这几句话讲得很温馨，与子路、颜渊的志向表达，有两点不同。

第一点不同，是同理心问题。子路、颜渊的表达，主语都是明确的自我，是表达我的志向。但孔子这句话主语却模糊了，似乎成了老者、朋友、少者。子路是从自我去看朋友，颜渊是从自我去看君主和同僚，孔子则是从老人看自己、从朋友看自己、从孩子看自己。孔子跳出了自我，进入他人的立场，设身处地反观自己，从别人的愿望中来反观自己的价值。孔子有更高的同理心和更高的共情能力。

从孔子思想看来，要让老者安心，子孙就得孝顺，天下就得太平，子孙就得安全。反过来，就是对自己提出了要求：得对老人孝顺，供养老人、尊重老人；得使天下太平，没有战祸杀人；同时也得注重自身的安全，如果把自己置于危险之地，家里老人也就无法安心了。

第二点不同，是善行的条件问题。子路、颜渊表述志向时，都是"愿"字开头，有一个前提。子路的前提是富贵，再去与朋友们分享马车和皮衣。颜渊的前提是在朝中有权位可以做事，可以有功劳，再来谈谨慎谦让。孔子讲的"老者安之，朋友信之，少者怀之"，是绝大多数人在自己的生活中都可以去努力的。从身边的情况来看，让自己家的老人安心，让自己的朋友信任，让自己的孩子想念自己，并不是一件很艰难的事，而是只要有心就能做到。

从社会的视角来看，治理一个国家，不也一样是要做到让老人安心、让成年人之间有信任、让孩子能与父母相亲相爱吗？不就是老有所安、幼有所养、壮有所为？社会之中，老人和孩子是弱者，成年人承担着照顾老人和孩子的责任；成年人之间需要彼此信任，能够合作而不是战争，这样才能够照顾老人和孩子。

孔子的思想，表达出来非常简单质朴，背后却有深层的情感，表达了他对人际关系的友爱、对人生命的保护和对养育的深层追求。孔子内心有大爱。师生三人谈志向，子路和颜渊讲的都是自己成功后，如何对待别人。孔子所讲的，呈现了一种很朴实的社会理想。“老者安之，朋友信之，少者怀之”，成年人是讲信用能合作的，老人是得到很好照顾从而心安的，孩子能受到非常慈爱的养育，从而想念他们的父母和亲人。一切社会制度的探索，一切道德伦理的追求，最终不过就是要实现孔子这样的目标：人人处于和平、友爱、合作的社会之中，生命受到最友爱的对待。

第二十六课

邦有道则知，邦无道则愚

子曰："宁武子，邦有道，则知；邦无道，则愚。其知可及也，其愚不可及也。"

《论语·公冶长·二十一》

孔子说："宁武子这个人，国家有道，他就表现聪明；国家无道，他就表现愚笨。他的聪明，别人可以赶得上；他的愚笨，别人赶不上。"

孔子时代，所谓"邦有道"指的是国君有道，所谓"邦无道"指国君无道。宁武子是卫国大夫，经历卫文公和卫成公两朝。卫文公是明君，他在位时期（公元前659年—前635年）宁武子聪明正直，才华出众，为治理卫国做出了贡献。卫成公是个昏君，他在位的时候（公元前631年—前600年）政治混乱，宁武子装聋作哑，明哲保身，躲避矛盾。

从孔子评价宁武子，我们可以看出孔子的价值取向。国君有道，就做有才智的正直的官，开拓进取；国君无道，就做愚笨的官，明哲保身。对这种为官态度的赞美，孔子类似的话讲过不止一次。

《公冶长》篇记载，孔子赞美南容："邦有道，不废；邦无道，免于刑戮。"意思是：国君有道，他不会被废而没有官做；国君无道，他能免于被刑杀。

《泰伯》篇中说："天下有道则见，无道则隐。"意思是：国君有道，则出仕表现才德；国家无道，就隐藏起来。

《卫灵公》篇中，孔子赞美蘧伯玉："邦有道，则仕；邦无道，则可卷而怀之。"意思是：国家有道，则做好官；国家无道，则把才华卷起来藏在怀里。

孔子对宁武子的态度使我想到两个问题。

第一个问题，官场之道与人生之道。孔子赞赏的取向是，遇上开明领导、有道明君，就表现自己的正直与才干，去努力做事。因为明君有道，以国家利益为导向，能容忍你的正直，欣赏你的才华。要是遇上昏君暴君，如果你还继续坚守正直，积极为你理解的国家利益去做事，就可能与昏君暴君冲突，这样就很危险。所以遇上昏君暴君，就要学会小心谨慎、明哲保身，少说话，少做事，做一个平庸懒政的官员。庸官无危险，懒官最安全。这是君主治下典范的官场文化，也是君主治下官吏利益最大化的选择。

这让我意识到孔子在心态上既是臣子又是学者，他判断问题的立场，有时会发生位移。有时他是一位学者和思想家，关注社会的德性和国家制度建设，这时他会想到历史、未来和更永恒的事，感到人应当为仁爱德性、为天下而奉献牺牲。例如《卫灵公》篇中记载他的话："志士仁人，无求生以害仁，有杀身以成仁。"这与本章明哲保身的态度可不一样。这并非孔子虚伪，孔子说志士仁人要"杀身以成仁"的时候是真诚的，因为这时他处在一位有社会理想的知识分子心态中。而我们看本章的时候，孔子就不再是"志士仁人"和有理想追求的学者，而是一个官场老臣的样子，会在复杂的官场矛盾中装傻装蠢、玩大智若愚，以求保官位和生命。

孔子有这种学者的价值追求与臣子的利害权衡的双重心态，他的价值判断不断在两者之间发生位移，就会造成一个精神陷阱，就是把君主治下的为臣之道，当成学者的人生之道。官场中人，生杀利害由君主决定，臣子为保位保命，得迎合君主。当君主是昏君时，对昏君的错误行为往往不敢批评指正，最多保持沉默。这个陷阱让不少中国知识分子掉了进去，造成他们的臣仆脸嘴：唯君主权力是从，不敢主张正义，软弱虚伪，凡事避免矛盾，把明哲保身当成智慧。大智若愚这种成语在社会上的流行，就说明了这已成为主流的社会文化心理。

为什么本来都明白却一定要装傻呢？这是把为臣之道与为人之道相混了。孔子赞美君主制度下的臣仆之道，会导致读者把这种官场臣仆之道当成人生之道来学习，这就容易把知识阶层、民族心态塑造成君主制下的臣仆心态，人人像君主之下的臣仆。为保官位和性命，为求利益，臣子们揣摩君主心态来决定自己的行为，没有理想价值坚守，虚伪软弱，回避矛盾和风险，不敢真实表达。一些中国知识分子身上，就算是那些没有当过官的知识分子，也总有一种对权变欣赏有加的官场臣仆的味道。

第二个问题，是人与道的关系问题。中国文化中有两个最高的概念：一个是天，神圣意义的天，至上神意义的天；一个是道，又称天道，是源自上天的至上法则。天人合一，遵循天道而行，这是最高的人生准则。用今天的话来表达，道就是终极真理，是宇宙、社会、人生的根本依托。因为道如此重要，所以孔子说："朝闻道，夕死可矣。"孔子还说，要"志于道"，人生一定要有志于行道。闻道而行道，使天下行于道上，这是孔子最大的志向。

但是，本章又出现了一个精神陷阱。君主有道，以道治国，宁武子就表现出行道的智慧；君主无道，国家无道，宁武子就假装糊涂，明明知道君主错了，国家偏离了道，但采取装聋作哑的态度，宁愿让国家走在偏离天道的方向上。国家是君主的，宁武子没有国家责任感，也不愿意为道承担起责任来。国家有道无道，决定人都是君主，不是宁武子。宁武子并不以道为己任，不为道承担任何风险。是否按真理办事，得先看自己安全不安全。不安全的时候，就把真理放一边。

所以说到底，个人安全超越真理、超越道，个人利益超越国家利益。这样的知识分子和官员，明明知道真理所在，但可以为了自身安全和利益算计而故意装得不懂真理、不明道理。这种态度下，人与道、与真理的关系，就以个人利益为上了。因为他们多少是有些社会理想的读书人，所以他们多少懂道理；但因为他们是官场心态，所以又只会明哲保身。《论语》赞美这种态度、这种为官之道，其实暗中符合了君主臣子个人利益最大化的算计，所以影响很大。这样的社会，难有真正的公共精神和公共领域。

从《论语》这章中，我想到这两个精神陷阱。一个就是君主制度下的学者—臣子双重身份和双重心态的问题，容易把君主制度下明哲保身的为臣之道当成普遍的人生真理，这就塑造了官场化的明哲保身的国民性格。每个人的心态都是朝廷臣仆的感觉，人生的选择是对君主价值取向的反应，而不是坚守自己心中的社会价值。

第二个是人与天道的关系。知道天道的重要性，但同时认为天道完全没有个人的利益和安全重要，这种心态造成中国人不是不懂善恶是非，而是没有承担公共责任的正义精神。孔夫子是中国读书人的优秀代表，他老人家尚且如此，何况其他人。但正因为《论语》中这种"杀身成仁"与"明哲保身"合在一起的两张脸精神，所以它缺一点感动人的强大力量。不用去比为真理而喝毒酒的古希腊哲学家苏格拉底和为信仰上十字架的耶稣，就与屈原相比，我们就知道孔子缺少一种精神的牺牲与超越。以一个全国性的节日来纪念的历史人物，只有屈原一个人，因为他的伟大感动了人。

雍也篇

第 二 十 七 课

知之者不如好之者

子曰："知之者不如好之者，好之者不如乐之者。"

《论语·雍也·二十》

孔子说："知之者不如好之者，好之者不如乐之者。"意思是，了解它不如爱好它，爱好它不如以它为乐。各位注家在解释"之"这个对象时，通常会具体化。例如杨伯峻先生就把"之"定义为"学问和事业"，这样就变成：对求学问和做事业，知道不如爱好，爱好不如以之为乐。

这样，我们就可以把本章理解为求学问和做事业的三重境界：第一重境界是了解，第二重境界是爱好，最高境界是乐在其中。境界上升的过程，就是学问和事业越做越好的过程。最能释放我们的才华的事情，是我们能乐在其中、为之沉迷的事情。所以，人生在世，不仅要做事，还要做自己热爱的事，只有做自己非常热爱、乐在其中的事，这样我们才能不计得失、不在乎成败地去努力，最终获得大成就。我们可以把孔子这几句话理解为人生成功的三个层次，从了解和认识，到爱好这种学问或事业，再到把这种学问或事业当成自己的理想，并乐在其中。

什么是成功学？一点不复杂。成功学，就是做自己最热爱的事、能乐在其中的事，这样人才会有内在的驱动力，能自我驱动，然后目标明确、集中精力用各种最有技术含量的方法长期不懈地去奋斗。请想想，你有什么爱好？你爱好现在的学习和工作吗？你有不计成败、乐在其中的理想吗？对此我们需要不断自我反省，不能长期做自己没兴趣、不热爱的事。

请注意一个问题，当把本章中“知之”“好之”“乐之”的“之”具体解释为“学问和事业”时，这样的解读一方面有利于联系实际，另一方面也可能限制我们对孔子思想的理解。孔子并没有明确把本章的“之”定位为“学问和事业”。这个“之”是一个泛指的对象，相当于它。但这个泛指的“之”可能指什么？让我们回到《论语》本身的思想坐标中来理解它。

我们来对比《论语》中出现的“知之”这个概念。《季氏》篇记载，孔子说：“最上层的，是生而知之；其次，是学而知之；再次，是遇到困难，才去学习；遇到困难也不学，这是最低级了。”孔子认为，求学做事总有一个时间积累的过程，天生就知道学问和事业的人毕竟是少数。孔子所用的“知之”这个概念中，可能包括非学问和非事业层面的内容。再看《述而》篇中，孔子用了很简洁的概念来总结人生准则。孔子说：“志于道，据于德，依于仁，游于艺。”人生要有志于道，以德为依据，依靠在仁上，以艺术为游乐。孔子人生的四大基点是道、德、仁、艺。道，指上天之道。上天之道创生天地万物，并赋予天地万物以秩序，使生命得以生长繁荣。德，指上天之道在人心中的表现，表现为人养育生命、保护生命的德行。仁，孔子讲得很清楚，就是爱人，就是顺从上天之道，实践德的要求，去爱人和服务人。艺，指艺术，但不是纯艺术，而是服务于礼乐之道的艺术。孔子喜爱艺术，《述而》篇中记载，孔子在齐国听到了韶乐后，三月不知肉味，说没有想到音乐能演绎到这样的境界！孔子对音乐，完全能够沉迷其中，乐在其中。对孔子来说，艺术也是表达道的，艺以载道。

回到本章。子曰："知之者不如好之者，好之者不如乐之者。"有了孔子"志于道，据于德，依于仁，游于艺"这样的说法，以及孔子在齐国听韶乐而三月不知肉味的参考，我们就会理解，再把"知之、好之、乐之"的"之"仅仅解释为"学问和事业"，就有些局限了。这句话包含了学问和事业，但又超越了学问和事业。因为对孔子来说，一切学问和事业都是学道和行道的过程和手段，一切都是实现"道、德、仁、艺"的工具。孔子开办私学教诗书礼乐，他强调诗书礼乐的本质就是传达上天之爱，即仁爱。对孔子来说，一切学问和事业的意义都在爱人和服务人这个目标上。

当分析到这一步，我们对"知之者不如好之者，好之者不如乐之者"就会有另一层的理解。这里的"之"，有学问和事业的意思，但更深层次的是孔子所强调的"道、德、仁、艺"，是学道、体道、行道，是在人间建立仁爱世界。这样的事业才是真正值得乐在其中、可以献身的事业。

人生有种种快乐，可能大家会说快乐都一样，其实快乐的含量是不一样的。饿的时候吃到一只鸡，当然快乐，但这种生理的快乐难以持续。发现宇宙的规律、给人间带来光明、创造一个更美好的世界，也快乐，这种快乐是更深、更本质的。孔子揭示的正是生命中一种更深层的快乐。

我们可以把“知之者不如好之者，好之者不如乐之者”这句话理解为求学问、做事业的三个精神层次，一个层层上升的过程：由知道和掌握，到爱好，再到乐在其中，这是事业越做越好的过程。同时，我们更应当理解这里“知之”“好之”“乐之”的对象是“道、德、仁、艺”，这是生命层面的问题，是对上天之道的体认和实践的问题。总之，要学知识、做事业，更要把学知识和做事业当作实现理想的手段，要爱好理想，并乐在理想的实践过程中。热爱生命，服务生命，这才是高质量的快乐和生命。

这里我再介绍一种犹太人的观念，那就是：快乐是一种责任。美国波士顿地区有一位犹太教的拉比，名叫亚瑟·格林（Arthur Green）。我曾向他请教犹太教的哲学，他送我一本小书，叫《犹太教十大最好的观念》（*Judaism's Ten Best Ideas*），书中总结了他认为犹太教中最有价值的十大观念，其中之一就是人必须以生命为乐。书中还引了《圣经·旧约》中的《箴言书》：“喜乐的心乃是良药，忧伤的灵使骨枯干。”我问亚瑟，为什么要将快乐视为犹太教一大观念？他说：“我们被无中生有创造出来，生存在一个有益生命的环境中，这已经是上帝创造的奇迹了。快乐，是对上帝的感恩。忧伤，是对上帝的不满。”

在孔子的生命中，有哭有闹，他是一个性情中人。孔子一生挫折不断，但总的来说，他的生命是平和、快乐的。他认为最高的境界是以学业为乐，以事业为乐，以理想为乐，以艺术为乐，以生命为乐，乐在生命中。在某种程度上，快乐是真智慧、真感恩，是生命义务。

第二十八课

贤哉，回也！

子曰：“贤哉，回也！一箪食，一瓢饮，在陋巷，人不堪其忧，回也不改其乐。贤哉，回也！”

《论语·雍也·十一》

孔子说：“颜回是贤人啊！有一箪食物，有一瓢喝的，住在简陋的巷子里。别人都不堪忍受这种忧困，颜回却不改变他的快乐心态。颜回是贤人啊！”孔子赞美颜回能在贫穷中保有快乐。

“贤”的象形字是一位能干的大臣，后来就用于形容人善良而能干的品质。“哉”是感叹词。“贤哉，回也！”这一句是孔子赞叹颜回是位贤才。“一箪食，一瓢饮，在陋巷”，“箪”是一种竹子编的盛饭容器，像一个有盖子的竹碗，是普通人家盛饭用的。“食”具体指什么食物？不清楚。在孔子时代，中国北方的主粮是小米，估计这里的“食”主要指小米饭。“一瓢饮”，指一瓢喝的。把一个葫芦切成两半，就成了两个瓢，可以当成勺用来舀水舀汤。“饮”，指喝的东西。具体喝的是什么？不知道。一般译为水，但不一定，也可能指菜汤。“一箪食，一瓢饮”，指有一箪吃的、一瓢喝的。

“在陋巷”，指居住在简陋狭小的巷子里，“陋巷”是穷人居住的地方。“人不堪其忧”，指一般人都不堪忍受这种贫困的忧虑。意思是，对颜回这种贫困艰难的生活状态，人们会以此为忧，难以承受。从“一箪食，一瓢饮，在陋巷，人不堪其忧”的描述看，颜回虽然算是有吃、有喝、有住处，但他没钱，很贫困。

人通过物质消费满足多层次的需求，最基本的是生理消费，其次是竞比消费。生理消费是为了满足生存需要，不饥饿，不干渴，可以睡觉。颜回贫穷，他的消费属于生理消费的底线。竞比消费，是通过物质消费品的质量、价格和品牌来显示社会地位，比如通过高品质的消费品来显示有钱、有地位。古往今来，这种竞比性消费无处不在。从颜回“一箪食，一瓢饮，在陋巷”的状况看，他属于贫困底层，谈不上什么竞比性的消费。

如果一个社会只有财富这一个竞比内容和尊严点，那么人的尊严、人生的意义就只能以财富的多少来划分。按此标准，富人最有尊严，富人的人生最有意义，大家的喜怒哀乐都与金钱数量等级直接挂钩。如果一个社会只有单一的财富标准，许多事可能就失去意义了，例如老子写《道德经》、孔子学生们编撰《论语》、屈原的诗篇、耶稣基督上十字架、爱因斯坦发现“$E = mc^2$”这样的数学公式，就都没有意义了。

我们不能用金钱这种标准来衡量老子、孔子、屈原、爱因斯坦这样的人所创造的价值。他们都算不上有钱人，但没有一位心态正常的有钱人会认为自己比他们伟大。财富很重要，但财富只是衡量人生价值的一个方面。一个好的社会，应当是有多个赛场、多重价值点和多种尊严的社会。

一般来说，有知识有文化、但在经济条件上处于社会底层的人往往容易焦虑。这种焦虑不是因为吃饱穿暖这样的基本生理需要得不到保障，而是因为缺少社会承认，没有社会尊严。不过，颜回没有这种焦虑，他好学上进，心情平静，心态超好。颜回是贫穷的，但他是快乐的。显然颜回没有用财富来衡量自己的价值，他的喜怒哀乐似乎没有与贫富问题挂钩，他有财富之外的价值取向、尊严基础和生命意义取向。

颜回没钱，但有尊严。颜回的尊严从哪里来？《论语》全篇中提到颜回的次数很多。《论语》中记载了曾子、有若等人的深刻言论，也记载了子贡、子路等人的事迹，但很少看见颜回出众的言论和行动。我们除了能看到颜回对孔子的赞美和顺从之外，基本看不出颜回本人的表现有什么优秀的地方。但是，颜回却是孔子最喜爱和表扬得最多的弟子。孔子表扬颜回“好学”，同一个错误不会犯两次，不迁怒于人。孔子甚至说自己不如颜回。

《公冶长》篇记载，孔子问子贡：“你和颜回谁更优秀？”子贡说：“我哪敢和颜回比！颜回听到一点，就能知道十点。我听到一点，只能知道两点。”孔子说：“你是不如他。我和你都不如他。”颜回不仅举一反三，而且举一反十。在孔子眼中，颜回的聪慧程度超过子贡，超过孔子自己。子贡是孔子最能干的学生，后来在商业和外交上都有成就，也是编撰《论语》的一个重要组织者。

曾子、子贡这些学生们编撰《论语》的时候，孔子已去世，颜回已先于孔子去世，但《论语》中仍然记载了孔子、子贡对颜回的高度评价，说明颜回确有过人和感人之处。

《雍也》篇记载，孔子认为颜回“不违仁”。不违背“仁”的价值准则，这是很高的评价。“仁”是孔子的核心价值观，“仁”就是努力建立一个以礼制为制度基础的人与人相爱的世界。孔子都不敢称自己为“仁”，却认为颜回“不违仁”。孔子说：“颜回呀，他能做到三个月心不违仁，其他人能做到一天、一个月也就终止了。”

在《论语》中，我们只能看到孔子对颜回“不违仁”的高度评价，看不到颜回本人的表达。仅仅看《论语》，我们难以理解为什么孔子对颜回评价这么高，从《孔子家语·致思》中颜回的言论，我们可能多少能理解一些。

《孔子家语·致思》中记载，孔子让子路、子贡和颜回谈自己的理想。子路的理想是带兵作战，子贡的理想是外交谈判，颜回的理想是：“在民众间展开五教（指父义、母慈、兄友、弟恭、子孝），用礼乐来教导他们。使民众不用再修城郭，不用越过城池，把剑戟铸为农具，把用于战争的牛马放回原野，亲人不再分离，千年无战争患难，这样的话，子路不必用他的勇气，子贡不必用他的外交辩才。”颜回讲完自己的理想后，孔子赞叹说：“真美啊！这就是德啊！”

颜回的理想是，用礼制去实现人与人之间的相亲相爱，各国铸剑为犁，天下太平。颜回表达的这个新世界的理想，比孔子平常的理想显得更为宏大。颜回为人仁爱，遵循礼制，虽身处贫困，却不怨天尤人，身体力行，静候天命。孔子学生中，只要颜回在，气氛就很友好。孔子认为，颜回有内在德行，是一位大才。

颜回大约在四十一岁时去世，孔子极其悲伤。《史记·孔子世家》记载，鲁哀公十四年春天，有人猎杀了一头奇怪的动物。孔子去看，发现是一只麒麟，就非常绝望，说："黄河不出图，洛河不出书，我完了。"颜回去世，孔子说："上天要我命啊！"等见到被猎杀的麒麟，孔子说："我的道完了！"麒麟现身，是天降圣人、天下太平的吉兆。麒麟现身了，却被猎杀，孔子认为这是天意，意味着他所求的仁道终结了，他将一生看不到天下太平。司马迁把麒麟被杀和颜回去世放在一起写，这是一种隐喻。在孔子心中，颜回就如同人中麒麟，他有推动仁政的潜能，但上天却让颜回早逝，所以孔子感到悲伤、绝望。孔子老了，天下出现麒麟这样的祥瑞奇兽却被人猎杀，深懂孔子能传孔子之道的人只有颜回，但颜回又早于孔子去世，所以孔子绝望感叹："我的道完了！"

铸剑为犁，天下太平，这是颜回的理想，也是人类的普世理想，永恒的理想。这种理想很难实现，但从来都是塑造人类和平的重要力量。

第二十九课

敬鬼神而远之

樊迟问知。子曰："务民之义，敬鬼神而远之，可谓知矣。"

《论语·雍也·二十二》

樊迟问，什么是治国智慧。孔子说："务必使民众致力于道义，敬重鬼神但要远离鬼神，这就是智慧。"孔子的这句话非常著名，但如何理解，差异巨大。这句话对我们理解孔子整个思想体系非常关键。

"知"指治国智慧，"樊迟问知"的意思是，孔子学生樊迟问孔子，什么是治国智慧？

樊迟是孔子一个比较特别的学生，他最有名的地方就是曾被孔子说成是"小人"。《子路》篇中记载，樊迟向孔子请教如何种庄稼："老师，您能教我怎么种粮食吗？"他这是把孔子当成农学院教授了，孔子就有点生气，说："吾不如老农。"意思是，种庄稼我比不上老农民。

樊迟这学生，可能反应有点慢，他居然没听出孔子这是气话。他很执着，还接着向孔子请教怎么种蔬菜：“老师啊，能教我怎么种蔬菜吗？”这回孔子真生气了，孔子说：“你真是个小人，樊迟！上面的人爱好礼乐之制，民众就不敢不敬重上面的人。上面的人爱讲道义，民众就不敢不服从。上面的人重视信用，民众就不敢不讲实情。如果能这样，四方百姓就会背着孩子来归顺，还有必要去种庄稼吗？”言下之意是，你从我这儿要学的是治国之道、做官之道。治国之道，就是要讲道义、讲礼制，不是教你怎么种粮食、种蔬菜。

请注意，孔子说樊迟是“小人”，并不是从道德伦理上说他品德很坏，而是说他关心的是小老百姓关心的事。“小人”指普通百姓。孔子办私学，不是为了培养农民，而是训练士，即职业官员。孔子认为，种庄稼、种蔬菜，不是这些作为官员后备军的学生所应当关心和学习的。不过，孔子虽然说樊迟是“小人”，其实他很喜欢樊迟。孔子坐牛车，驾车的就是樊迟。樊迟与孔子关系很亲近，《论语》中出现樊迟的地方共有六章。樊迟问过孔子许多问题，例如三次问什么是“仁”，每次孔子的回答都不太一样。

本章中，樊迟问的是“知”。什么是“知”？从孔子的回答来看，应当指治国的“智慧”。所以孔子是从治国的角度来回答的。第一句“务民之义”注家们分歧不大，大意就是使民众致力于道义。“务”，指使人致力于什么。“义”，指道义。《论语》中提到“义”的地方有24处，基本意思就是道义，重礼守义。比如“君子义以为质，礼以行之”（《论语·卫灵公》），“君子喻于义，小人喻于利”（《论语·里仁》），“君子义以为上”（《论语·阳货》）。《礼记·礼运》中把人应当遵循的“义”总结为十项内容：父慈、子孝、兄良、弟悌、夫义、妇听、长惠、幼顺、君仁、臣忠。孔子说，治国的智慧就是务必使民众遵礼守义，致力于父慈、子孝、兄友、弟悌、友信、君仁、臣忠、父义、妇顺这些内容。

“敬鬼神而远之”，学界对这句话的理解分歧很大，最流行的解释是：敬重鬼神，但远离鬼神。这说明孔子并不否认鬼神，但对鬼神的态度有些疏离和暧昧。这种解释也带来迷惑。说孔子不信鬼神，那他为什么说要敬重鬼神？说他相信鬼神，他为什么要让人与鬼神保持距离？我们今天带着求真的心态，去探寻一下这句话的本义。

首先，按照《礼记·表记》的记载，“敬鬼神而远之”的观点并非孔子的发明，它本来就是周朝执政的做法，周朝是“事鬼敬神而远之”。孔子不认为自己是开创性思想家，只承认自己是继承周文王、周武王、周公之道，遵从周朝礼乐之道。那么，周王朝“事鬼敬神而远之”是什么意思？《左传·成公十三年》中说，“国之大事，在祀与戎。”周王朝治国有两大特点，就是两手抓：一手抓军事，一手抓祭祀。军事好理解，祭祀指什么？周王室通过推动一套祭祀制度，如祭天、祭祖、祭自然神，以人和神的关系来确立人与人的关系和建立国家制度。周朝的祭祀制度分为三大等级。一是祭祀上天、上帝，配以祖先灵位，这是周天子的特权，是大祭。二是祭祀高山大川等自然神，这是周天子和诸侯都有权的。但在自然神中又分出等级，祭祀太阳、月亮这些没有地域限制的自然神是周天子的权利，诸侯只可以祭祀封国之内的山川河流这些地方自然神。神，主要指这类自然神。三是祭祖，这是周天子、诸侯、士、庶民阶层都可以做的。祭祖，就是祭鬼。这样，周王朝通过宗教等级制来巩固政治等级制。

周王朝同时规定，只有宗子，也就是嫡长子才有权主持祭祖仪式，从而维护嫡长子的权利。周朝的制度是宗法制，是以家族统治为中心的，而祭祖是培养家族凝聚力的重要方法。对周天子、周王室来说，周王朝的治国哲学就是“敬天法祖”。所以，祭祀制度是周朝制度的重要部分，周王朝体制是政治、宗教、生活方式完全合一的制度。在这样的背景下，再来理解“敬鬼神而远之”这句话。“敬鬼神”好理解，就是要敬重鬼神。“鬼”就是祖先之灵，“神”就是自然神。所谓敬重鬼神，就是要按照礼制的规定去祭祀鬼神。

孔子对祭祀是高度肯定和重视的，这从《论语》《孝经》《礼记》《孔子家语》中都能看出来，他绝不会说不要去祭祀鬼神。孔子既要祭祀鬼神，又要“远之”，这个“远之”是什么意思？从周朝和商朝祭祀鬼神的差异来看，这个“远之”可能有三层意思：一是宗教思想层面，二是政治思想层面，三是祭祀组织仪式层面。下面逐一分析。

第一，宗教思想上的“远之”。殷人重祭祀，崇拜的对象中，除了至上神上帝之外，还有非常多的自然神和祖先之灵。自然神中，有日、月、山、川、风、雨、云、雷等；祖先之灵中，有上甲以前的远代高祖及上甲以后的先王、先妣等。男女祖先之灵皆在祭祀之列。

相比商朝，周朝的祭祀对象大大减少。从《诗经》的祭祀诗篇来看，周人突出了上帝、上天的位置，边缘化了众自然神，用以配祭上天的祖先之灵也减少到只有后稷、周文王等极少数开国君主。鲁国在祭祀上帝时则配以后稷和周公。所以，相比殷人，周人的祭祀对象中远离了众自然神，也减少了祖先之灵的祭祀数量，这是一种“远之”。

第二，政治思想上的“远之”。商朝以宗教立国，王权源于祭权，又服务于祭权，这就是《礼记·表记》中说的“殷人尊神，率民以事神”。周灭商后，改变了商朝一定程度上宗教具有支配性的状态，而是以宗教服务政治。周人的礼乐、祭祀、宗教，目的是建立人间的王权秩序，用宗教等级形式服务于政治权力的等级安排。对周朝来说，宗教不再是根本，天子、公、侯、伯、子、男的权力系统的稳定才是根本。宗教祭祀是服务于宗法制政治秩序的工具，所以周朝在一定程度上远离了宗教的本质，这是一种“远之”。请注意，这种远离并不是指不再用宗教，而是积极运用宗教，以神道设教来治理国家。《论语》之中充满这种积极用宗教来服务政治秩序和社会秩序的思维。孔子相信天命鬼神，他不否定天命鬼神，这与周公之道一致。但孔子的宗教情怀又不太强烈，这是因为他把天命和鬼神祭祀视为治理天下的工具，这也与周公之道一致，这是一种“远之”。孔子先说“务民之义”，要把民众导向道义，敬鬼神也是为了把民众导向道义，而要远离鬼神的宗教含义本身。

第三，祭祀组织仪式上的“远之”。从祭祀组织仪式上，商朝和周朝的祭祀活动都是围绕着“尸”这种特殊的宗教角色展开的。“尸”是祭祀过程中，选出来代替祭祀对象来享受祭祀的活人。以祭祖为例，祭祖的时候是看不到祖先之灵的，所以要选出一个人来，让他作为祖先之“尸”，让祖先之灵附体在“尸”上，享受祭品，与活人沟通。

周朝选“尸”仪式是这样的，按照一定程序，祭祀前三天选出“尸”，让他沐浴斋戒。祭祀时，祭祀的主人将“尸”迎入宗庙，巫祝开始实施降神仪式，召唤祖先之灵降到“尸”上，附体到“尸”上，这样“尸”就成了祖先之灵的载体。“尸”会吃祭品，喝祭酒，有时还说上几句话。在祭祀过程中，就算是君主，也要以面对先王之礼向“尸”敬献相关祭品。《诗经》《礼记》等文献中有不少关于“尸”的活动描写。这种文化在今天的主流文化中消失了，但在边远地区的地方宗教中还有留存，比如目前湘西地区还保留有跳大神、让鬼神附体的仪式。这个“大神”会以你祭祀的对象的名义讲话，这就是“尸”这种仪式的变种。

在这个背景下，“敬鬼神而远之”中“远之”的一层重要意思就是，对这个被选出来的“尸”要敬而远之。这是针对商朝的“尸”所扮演的政治角色而说的。商朝时，从事祭祀的巫师们逐渐成了“尸”的职业候选人，他们介入政治生活很深，会代祖先、祖灵发言。对沉浸在祖灵崇拜中的商王朝来说，这些巫师们的发言影响巨大。巫师们通过这种方式，有时甚至可以控制商王朝的正常运转。整个商朝，王权和祭权之间的矛盾一直很深。这就出现一个问题，如果这些“尸”阶层拥有宗教和政治影响力，那他们有欲望要满足时怎么办？君王会向代表祖先的“尸”进献酒食美女。《史记》上说，商纣王建酒池肉林，让男女裸身在其中追逐，其实质就是这种以“尸”代祖灵的祭祀仪式到商朝后期已经腐败靡烂了。商朝这种祭祀活动淫乱化的情况，到了周朝仍有影响，因为商人遗民还是周王朝人口的主体。所以，过去的注家在解释孔子“敬鬼神而远之”这句话的时候，经常暧昧地用“渎神”“亵渎”“淫祀”这些概念。这是因为这些“尸”的祭祀活动与现实物质享受和男女关系太近了。

《仪礼》《周礼》《礼记》这些与祭祀礼制有关的著作，都强调对这些被选出的“尸”要敬重，同时规定“尸”不是专业职业，而是从被祭者的孙子辈甚至一些贤臣中选择，过了祭祀仪式阶段后就恢复原有角色。这就是“敬鬼神而远之”的一个重要内涵。祭祀活动虽然需要“尸”这种角色，但要让“尸”远离吃喝和男女生活，不能干预朝政。

总之，从宗教思想、政治思想和祭祀仪式这三个方面，周朝相比商朝都表现出了“敬鬼神而远之”的特征。孔子的基本观点是：执政治国的目标是将民众导向道义，鬼神祭祀活动要服务于这样的政治目标，并与政治生活保持距离。

第 三 十 课

仁者先难而后获

（樊迟）问仁。曰："仁者先难而后获，可谓仁矣。"

《论语·雍也·二十二》

樊迟问孔子，什么是仁？孔子回答："仁者，先去艰难地做事，然后再讲收获，这就可称为仁了。"同样的意思《颜渊》篇中也有表达。孔子说："先事后得，非崇德与？"意思是，先去做事，去侍奉，然后再讲能得到什么，这难道不是尊崇道德吗？"先难而后获"的意思与"先事后得"差不多。《礼记·儒行》中也说："先劳而后禄。"先努力劳作，然后再领俸禄。先干活，再讲工资。

"仁者先难而后获，可谓仁矣。"孔子这句话讲的是付出与回报、奉献和收获、义务和权利的关系。对孔子来说，什么是仁者？就是那些先付出再讲回报、先奉献再讲收获、先承担义务再讲获得权利的人。中国人受这种观念的影响很大。一些海外留学生回国后，在职场上会遇到不少人际关系方面的困难，其中一个原因就是他们受西方文化影响，比较注重权利，习惯先把权利讲清楚，在工作中也比较重视争取自己的权利。但中国人似乎通常不太喜欢这样的人，会认为：你刚入职，贡献没这么大，却动不动就讲你的权利，你这种人自私、不可靠、不地道。

中国人的这种反应是从传统文化心理中来的。孔子就认为，要先承担义务再讲权利，要先付出再求回报，要先讲贡献再讲收益，这样的人才是仁德之人。什么是仁者？你得先把事做起来，先贡献、先牺牲、先承担义务，而后给你的回报、收益、权利自然会来。你要信任领导一定会回报有贡献的人。你喜欢争取权利，就等于信不过领导，等于与领导不同心同德。孔子这种“仁者先难而后获，可谓仁矣”的态度，在社会里普遍存在。

1861年，英国古代法学家亨利·萨姆奈·梅因（Henry Sumner Maine，1822—1888）出版《古代法》（*Ancient Law*）一书，这本书是古代法学极为重要的著作。梅因提出，人类从传统社会转向现代社会，经历了一个“从身份到契约”的转型运动（the Movement from Status to Contract）。在传统的君主贵族等级制时代，强调的是下对上的忠诚和义务。到了身份平等的现代社会，强调的是权利和契约关系。孔夫子这种“先难而后获”的思想，就是传统的等级身份时代的思想，重在强调下对上的忠诚和义务。

讲权利和契约，这是现代社会人际法治关系的基础，但如果简单化地用这种办法去待人处事，在中国就会有问题。我们所面对的中国人，仍然是讲义务和奉献的传统心理的中国人。你若讲权利优先，就有文化冲突。作为个人，我们很难去改变大众文化，首先要做的是理解。做事，懂文化很重要。孔子这种义务先于权利、付出先于收获的观念，其实是传统的社会观念。中国人的心理多数仍处于传统社会中，所以与中国人交往，就要重视中国人的心理反应。

面对处于过渡期的中国社会和处于过渡状态的中国人的心理模型，我们得有一种双重态度。一方面，我们要理解现代社会的价值和制度，要知道现代社会的人际关系建立在权利和契约上。我们要学会谈判、争取权利、严守契约，否则就不是一个现代人。这是一个面向现代性、面向未来的态度。但同时，我们也一定要知道，我们目前仍然是从传统社会向现代社会过渡的一代人，从讲义务向讲权利过渡的一代人。

中国人，尤其是中国的领导人，特别重视人的奉献精神和承担义务的精神。我们在学校加入社团，或者长大进入职场、团队，要想成为团队的重要成员，就得讲付出、讲贡献、主动承担义务。与中国人合作，就得在懂得契约的情况下，注重先做事、贡献和主动承担义务，这样才能赢得好感和信赖。

第三十一课

己欲立而立人

“夫仁者，己欲立而立人，己欲达而达人。”

《论语·雍也·三十》

子曰：“仁远乎哉？我欲仁，斯仁至矣。”

《论语·述而·三十》

上面两段话的内容有承接性，先看第一段。“己欲立而立人，己欲达而达人”，很多年前，我最初对孔子产生认同就是因为看到了这句话。那时刚读完商鞅的《商君书》，对比之下，我觉得孔子是个充满善意的人，心态明朗，不阴暗。

“己欲立而立人，己欲达而达人”的意思是：自己想立业，就要帮人立业；自己想显达，就要帮助人显达。“立”，指立业，可指学业，也可指事业。人生要有保障、有尊严，就得立业。“达”，原意是达到，后来引申为发达、显达。正常人都求事业发达，人生显达。

孔子的这句话是回应子贡关于“仁”的提问。子贡问：“如果有人能广博施惠于民众，能救济民众，如何？可称为仁吗？”孔子回答说：“岂止是仁，这是圣了。尧舜这样的圣人也会觉得难以做到。”然后，孔子就说了“夫仁者，己欲立而立人，己欲达而达人”这句话。

如果按子贡关于“仁”的理解，施惠于民、救济民众是仁，那就只有当政者才能行仁道了，这提高了实践“仁”的门槛。孔子认为，子贡所言是“圣人”的层面了，尧舜这样的人也会感到为难的。

孔子认为人人皆可行仁道，不赞成提升“仁”的台阶，而把“仁”理解为“己欲立而立人，己欲达而达人”，一种将心比心、去成全人的愿望和行为。这句话，我们也可以理解为孔子对自己教学生涯的一种总结。孔子开办私学，教育学生，他的人生关系主要是老师和学生的关系。通常来说，师生关系是什么？就是老师教学生，希望学生学习好、成绩好，今后事业有成。孔子不仅帮助学生在学业上、德性上立起来，也向诸侯贵族们举荐学生，帮助学生找工作，力求让学生事业有成。孔子对学生的态度，就是立人和达人的态度，让学生能够立业、显达。

孔子老师致力于立人达人，得到社会认同，所以名声愈来愈大，学生愈来愈多，诸侯贵族对孔子办学的捐赠也愈来愈多，孔子自己也能安身立命，并且得到社会的尊重。孔子和学生之间是一种良性的相互认同、相互帮助、相互成就的关系。孔子所说的“己欲立而立人，己欲达而达人”，是他本人和学生之间师生关系的体现，他将这种师生关系提升为普遍的社会人际关系来思考。

把良性的师生关系提升为理想社会的准则，理解这一点对理解孔子的思想非常重要。一定程度上，孔子对君王与民众的关系、官民关系、父子关系、兄弟关系，都是按良好的师生关系来进行思考的。

喜欢孔子思想的，从中看出他的善意与温情。不喜欢孔子的，从中看出等级尊卑。师生关系再好，也是有等级尊卑的，是教育者和被教育者的关系。现代社会就不把官民关系当成师生关系，而认为是平等的契约关系。孩子成年以后，要面对的父子关系、兄弟关系当然就更不是师生关系，因为父亲未必是儿子的老师，哥哥未必能当弟弟的老师。

从“夫仁者，己欲立而立人，己欲达而达人”这句话，我看出的是孔子对人际关系准则的一种洞见：人与人的关系应当是一种相互助益、相互成就的关系，帮助别人就是帮助自己，成就别人就是成就自己。

孔子的思维是伦理式的思维，他是位伦理学家，讲的是应该怎么去做人的道理。他并没有从哲学上讲清楚为什么要这样。为什么要从帮助人中求自立、从成就人中求显达呢？老子与孔子有同样的洞见，但老子是哲学家，他的论述方式不同。《道德经》第八十一章中说：“既以为人己愈有，既以予人己愈多。”意思是：越是为众人服务，自己越能拥有；越是给予别人，自己拥有的越多。服务别人就是服务自己，给予别人就是给予自己。在人际关系上，老子这个思想和孔子完全一致。

为什么越给予别人，自己拥有的越多？老子的回答是：“故天之道，利而不害。”意思是，上天之道创生出宇宙万物和生命，就是要有利于宇宙万物和生命，要成就而不是伤害宇宙万物和生命。这是上天之道，是宇宙的法则。按照老子的标准，孔子所说的“己欲立而立人，己欲达而达人”的伦理原则顺应了上天之道，是对上天之道的理解和实践。万物在相互效力、相互成就，人类也在相互效力、相互成就，这样的客观规律，人类社会不少思想家都发现了并有论述。

1776年，英国的亚当·斯密出版经济学名著《国富论》，里面提出“看不见的手”的概念。他说在市场上，每个人都在努力工作以谋取自己的利益，但有一只看不见的手引导他去服务公众利益。例如，一位面包师傅烤面包出售，他并不是做慈善，而是要赚钱。但他要想赚钱，就得先服务好消费者，消费者才会买他的面包。大多数人做企业是为了赚钱，但要想赚到钱，就得提高产品质量，降低价格，提高性价比，这样才能占有市场。市场秩序的背后，有一只将个人利益和公众利益统一起来的“看不见的手”，有一个深层的规律将人和人的利益统一在一起。

成就大事业，一定不是靠占人便宜或偷窃盗取，而是靠服务好他人。对孔子来说，是“己欲立而立人，己欲达而达人”。对老子来说，是“故天之道，利而不害”，人与人相互成就的规律背后是上天之道。对亚当·斯密来说，这是上帝爱人的“看不见的手”。上天之道，利而不害；为人之道，“己欲立而立人，己欲达而达人”。什么是仁者？就是能明白并且努力去立人和达人的人，是去帮人立业、助人有所成就的人。

再看第二段话，子曰："仁远乎哉？我欲仁，斯仁至矣。"孔子说："'仁'离得远吗？我想'仁'，'仁'就到了。"这句话的意思是，"仁"的取向和能力就在每个人的身上，想做出"仁"的行为，马上就可以做。

什么是仁？"仁"的核心就是爱人。学生樊迟问孔子什么是"仁"，孔子回答：爱人，爱人是"仁"的本质。孔子其他关于"仁"的回答，例如要讲礼制、克己复礼，都是孔子理解的爱人的方法。"仁"就是爱人，是人人可为的。帮助人、服务人，只要有心就可以行动。父母帮助孩子学习，孩子帮助父母做家务，这都是"仁"的行为；老师教好学生，交通警察维持好交通秩序，这也是"仁"。因为这都是在爱人、帮人。有仁心就能做仁事，所以"仁"离我们远吗？不远。我们可以从身边的事情做起，只要帮人、服务人，我们就行动在"仁"的精神中了，"仁"就到了。

结合刚才讲的《雍也》篇第三十章，"仁"又有了更进一步的含义。"仁"就是"己欲立而立人，己欲达而达人"，"仁者"就是立人和达人的人。

"仁"离我们任何人都不远。只要去帮助人立业，就走在"仁"的路上了；只要去成就人，使人发达，"仁"就已经在你心中了。立人达人，帮人助人，随时随地，每个人都可以做。能力大多做，能力小少做，没有不可以做的。

我认真写这本书，为大家的精神成长服务，有助于大家立业和发达，"仁"就在其中了。企业做好产品，服务好消费者，"仁"就在其中了。母亲让孩子吃好、休息好、运动好，再关心孩子的心理健康，“仁”就在其中了。官员不奴役民众，不贪污腐败，而是保护民众的权利，“仁”就在其中了。

每个人，都可以行仁道。每个人，也应该行仁道。仁道，是上天之道的表现，是上天好生之德、上天创生万物和保护生命的表现。行仁道，是顺乎天意，行乎天命。

述而篇

第三十二课

德之不修

子曰："默而识之，学而不厌，诲人不倦，何有于我哉？"

《论语·述而·二》

子曰："德之不修，学之不讲，闻义不能徙，不善不能改，是吾忧也。"

《论语·述而·三》

孔子说："默而识之，学而不厌，诲人不倦，何有于我哉？""默而识之"，指默记下来。"识"，通常读为"zhì"，指记住。默记和背诵，这是两种学习和记忆的方法。背诵有助于记忆，但背诵要发出声来，所以过程中难以深思。默记是在心里记忆、回味，有助于思考。"默而识之"的"识"，除了记忆，也有思考、认识的意思。看来孔子研究古代经典时，更喜欢默记。

"学而不厌"，意思是热爱学习，永不满足。"厌"，就是餍足、满足的意思。孔子好学，永不满足。孔子喜好的，就是古代文化、周公礼乐之道。在《述而》篇中，孔子说自己是"信而好古"，信从并爱好古代文化。

孔子对自己好学的能力很有信心，《公冶长》篇记载，孔子说："有十家人的地方，必定有像我一样讲忠信的人，但不会有像我这样好学的人。"

孔子教育学生，"诲人不倦"，从不疲倦。现代汉语把"教""诲"连在一起用，但请注意，在古代"教"和"诲"有区别。"诲"的象形字，是母亲对孩子说话，是温柔可亲的。"教"的象形字，是老师提着鞭子或棍子管教孩子，是体罚式的。孔夫子是伟大的教育家，他没有用教人不倦，而是诲人不倦，这背后有他的教育思想。孔子的教育是温柔引导，不是体罚强制。按理说，今天我们不应该用"教育"，而应当用"诲育"二字。

"何有于我哉？"这对我来说有什么问题吗？意思是，这对我来说算不了什么，没什么问题，我全都能做到。"何有"这个表达法在《论语》中出现多次，意思多是有什么问题吗？

"默而识之，学而不厌，诲人不倦，何有于我哉？"这几句话是孔子对自身优点的总结。他认为自己善于用默记的方式思考古代经典、热爱学习永不满足、诲育学生永不疲倦，在这三个方面做得很好。孔子是一个善于总结的人，他对自己优点的总结，无论是意思还是文字，都挺到位。孔子这个人挺可爱。

子曰："德之不修，学之不讲，闻义不能徙，不善不能改，是吾忧也。"上一章里，孔子分析了自己的优点，在这一章，孔子分析了对自己的忧虑，总结了对自己没有把握的方面。

"德之不修"，没有修好"德"，这是孔子担心的第一条、也最重要的一条。“修德”是孔子教育别人的核心，也是他自己修身的核心。我在“为政以德”中专门分析过“德”字的来源，“德”字的原意就是种子发芽、养育生命。“上天有好生之德”，“德”就是好生。

周王朝取代商王朝，周人对此的解释就是《尚书·周书》中所说的“皇天无亲，惟德是辅”，认为上天并不固定偏爱谁，只会辅助那些有好生之德的人。孔子遵从周公，周公的修身之道就是“修德以配天”，修好自己的德以配得上上天的要求和选择，赢得上天的支持，保有国家政权。如果缺德，如同商纣王，就会引发上天震怒，导致政权崩溃，天下易主。“修德”是基于对上天、天命的敬畏。孔子追随周公，敬畏天命，强调修德。在《为政》篇中，孔子讲“为政以德”，认为治理天下要以“德”为准则，以敬天保民为本。此后“德”的内涵逐渐扩大，变成了有德性、讲道德这种泛泛的意思，但敬天保民、爱护生命是“德”这个概念的基础。

“德之不修”，指“德”修得不好，对敬天保民、爱护生命的取向把握得不好。“为政以德”一讲中，孔子认为自己从事教育，也是在从政。孔子教育的核心是引领学生成为有德之人，这对老师本人的“德行”要求就很高。作为老师，不能一方面教学生修德，一方面自己缺德，失去表率作用。面对学生，面对社会，孔子内心对自己的“德”是有压力和担忧的。

“学之不讲”，学业没讲好，这是孔子担忧的第二件事。孔子热爱教育，他特别担心讲不好学问，误人子弟，有负上天。孔子的教育精神本质上就是修德，下学而上达，帮助学生成为有德之君子。

“闻义不能徙”，听到了仁义但不能走向仁义，这是孔子没有把握的第三件事。“徙”，指迁徙和移动，这里指走向仁义。不知道这事是不是符合仁义，这属于无知；知道它是符合仁义之事，但却不去做、做不到，这是性格上的胆怯、意志上的软弱，是没有勇气。《为政》篇中，孔子说：“见义不为，无勇也。”见义不为，是没有勇气。孔子对自己能否见义勇为内心没有把握。

“不善不能改”，有不善的地方，却不能改正，这也是孔子担忧的一点。所谓不善，指的是言行上不好的地方，不是刑法上犯罪的地方。如果有不善的言行，孔子担心自己缺少改正的自觉和自制。“是吾忧也”，意思是这些都是我担心的。

孔子善于总结。他总结自己的优点，是“默而识之，学而不厌，诲人不倦”，主要涉及研究、学习和教学。孔子也总结了自己想做好、但没有把握和担忧的方面，是“德之不修，学之不讲，闻义不能徙，不善不能改”。

“修德”的前提是有所敬畏，认识到自己的弱点，明白自己的缺陷，然后努力改正弱点，克服缺陷，修德以配天。从孔子的担忧来看，他的反省能力很强。人都有缺陷，认清并承认自己的缺陷是修德的前提。我们每个人都被软弱所困，所以要敬天修德，修德以配天。

第三十三课

久矣吾不复梦见周公

子曰："甚矣吾衰也！久矣吾不复梦见周公！"

《论语·述而·五》

子曰："志于道，据于德，依于仁，游于艺。"

《论语·述而·六》

先看《述而》篇第五章，这章内容很特别，孔子说："我衰败极了！我很久没再梦见周公了！""甚矣吾衰也"这句，我没有翻译成"我衰老极了"，而是译为"我衰败极了"，是因为这个"衰"字在此更多指没有梦见周公而造成的精神生命的衰败，不是身体衰老的意思。

从这句话来看，孔子过去是常梦见周公的。但到生命最后几年，孔子不再能够梦见周公，这令孔子很沮丧。孔子不是一位喜欢说谎的人，他这个时候也没有必要向谁说谎。这句话，就是孔子发自内心的一句悲叹。为什么孔子以前常梦见周公？为什么周公入梦对孔子如此重要？我们先讲一下周公，再来讲孔子时代的梦文化。

孔子崇敬周公，孔子之道就是对周公之道的继承。今天我们讲的儒家礼乐之道，在中国唐朝以前，常被称为周孔之道，即周公、孔子之道。孔子晚周公约五百年，儒家的创始人首先是周公，然后才是周公思想的继承者孔子。

周公是谁？周文王和他的正妃太姒生有十个儿子，周武王排行第二，周公是第四个儿子。周公，姓姬，名旦，生卒年不详。大约生活在公元前1082年至公元前1010年前后，距今3000多年。

周公是开创历史的重要人物，可以说是中华文明的设计师。我用十二个字来概括周公的主要业绩：辅助开国、东征平叛、礼乐制度。

先看周公辅助开国。周公辅佐周武王灭除商朝，建立周朝。《史记》记载，公元前1046年，周人推翻商朝。周武王砍下商纣王的头以后，去参加登基仪式。周公手持大斧，毕公手持小斧，护卫周武王。周公是一位手提大斧的开国武人形象。周朝建立以后，周公、召公、姜太公为周王朝的三公，是周武王以下最重要的三位人物。

再看周公东征平叛。西周建后不到四年，周武王去世，周武王儿子姬诵只有约十三岁。周公当了摄政王。虽然周人征服了商人，但周人的人数少于商人，治理周朝是非常艰难和高风险的事。周武王去世，很快叛乱四起。这场叛乱之所以威胁性大，是因为周公的三位亲兄弟和商纣王儿子武庚联合叛乱，周公可以说是内外交困。但周公赢得了周朝主流贵族如召公、姜太公等家族的支持，他率军东征，用两年多的时间平定叛乱，巩固了周王朝的江山。

最后看周公制礼作乐。东征平叛结束后，周公修建洛邑，把周王朝的统治中心从陕西西安一带移到河南洛阳，加强了周人对东方的控制。周公再次分封功臣子弟，通过制礼作乐来规范政治和社会关系。

周公礼乐制度的灵魂是什么？即“敬天保民”。这是从对王朝更替的历史思考和解释中来的。为什么商王朝被推翻、周王朝建立？背后的原因是什么？周公的解释很清楚，他认为君权天授，天下政权源于上天，上天只辅助有德之人，灭除无德之君。

天命因德而转移，有德就天助，无德就天灭，周公这样解释了王朝更替的原因，凸显了“德”的重要性。人的成功与失败，原因就在“德”上，所以人要想成功，就得修德，修德以配得上天命。

怎么才能修德以配天呢？就是遵循礼乐制度。所以周公之道，就是敬畏上天、以德为导向的礼乐之制。在公元前300年前后的战国文献《清华简》中，记载有周公的一首颂歌，开篇就是：“明明上帝，临下之光。”意思是，光明的上帝，光辉照耀大地。《史记·鲁周公世家》中记载，周公礼敬天下贤士。洗个澡，三次停下来绾起头发；吃一顿饭，三次吐出食物，这是因为有人来了，周公要起身去迎接人。曹操在《短歌行》中也表示自己要以周公为榜样：“山不厌高，海不厌深。周公吐哺，天下归心。”

这样的一个周公，怎么会常常进入孔子的梦中？通过梦境，周公之灵给孔子什么样的启示？这个问题属于孔子生命中的神秘事件，外人难以知道。我们能知道的是，周公入梦对孔子极为重要，孔子将它视为自己精神生命的力量来源。

梦很奇异。一些久远的人和事会在梦中出现，一些未来的事会提前出现在梦中，给人一种神秘感。梦的来源是什么？迄今人类科学还没有弄清楚。孔子时代，人们认为梦与上天相通，天意通过梦境传达。孔子时代非常重视梦，有占梦之学，据《周礼》记载，周朝的官职里面就有专门的占梦官。奠定周朝开国基础的周文王，就是史上有名的占梦大师。

周朝留下的青铜器铭文及文献中，都提到周文王受命于天。上天传达天命给周文王，就是通过周文王正妃太姒的一个梦传达的。《逸周书》记载，周文王的王后太姒做了一个奇怪的梦，她梦见商朝宫廷长出荆棘，太子发（就是后来周武王）取周人宫廷的梓树种在宫里，结果梓树变成了四种树：松树、柏树、棫树、柞树。太姒惊醒过来，把梦告诉文王。周文王马上把太子发召来，到祭祀的明堂去占卜。占卜的结果是大吉，内容是："受商之大命于皇天上帝。"意思是，从皇天上帝那儿接过商朝的天命，上帝将商之政权转移给周人了。皇天上帝传达天命，天命由商转向周，这样重大的信息就是通过梦境和占梦知道的，周朝文献也是这样记载的。在这样的氛围下，孔子讲周公入梦于他，听的人不会觉得奇怪。

梦境是神意传达的一个路径，这是古代人类的普遍看法。《圣经》中，上帝或天使也常常通过梦境来传达旨意。雅各就梦见一个梯子立在地上，梯子的头顶着天，有神的使者在梯子上，上去下来。约瑟能从奴隶变成埃及宰相，就是因为他能解读法老的梦。

《史记·鲁周公世家》记载，周公多才多艺，能通神、侍奉神。先知可出入神界与人界，周公常入孔子的梦境，这可能是孔子传承周公之道的使命感的来源。孔子说："甚矣吾衰也！久矣吾不复梦见周公。"这句话能把我们带回到一个特殊的时代，一个相信人和神能通过梦境沟通的时代。人神通过梦境相通，这样的文化原型出现在几乎人类一切古文明之中。人类是不是真有过这样一个时代？

孔子思想源于周公之道，但与周公之道也有很大差异。从《尚书》《诗经》这些周代典籍中，我们可以发现孔子对周文化的继承是有选择的。孔子没有充分继承的主要有三个方面：

一是宗教性。周公思想中的宗教色彩仍然比较重，上天、上帝在周公精神中有重要影响力。相比起来，孔子虽然也保有一定的宗教精神，但宗教色彩相对平淡。

二是生产性。周人的开国文化非常重视生产活动。周人始祖后稷是农业开拓者，周文王和周武王都亲自从事生产。《逸周书》记载周武王认为后稷能搞好农业生产，是因为顺从了上帝之言，因此把生产活动提升到对上帝之言的宗教信仰的高度。又例如《诗经》中的《生民》《思文》等都赞颂后稷的农德，赞颂周人能搞好生产。但孔子是反对君子自己从事生产的。

三是征服性。周人崇尚武德与征服，这在《诗经》中有充分的表达。《诗经·大雅·皇矣》歌颂周文王征服密人、崇人。《诗经·大雅·大明》歌颂周武王在牧野之战中击败商军，但孔子是反对征服性战争的。

我同意一些学者的看法，儒家最正宗的应当是周孔之道，也就是周公、孔子之道。周孔之道与后来的孔子、曾子、子思、孟子的孔孟之道不同。周孔之道敬天宗教色彩重，注重国家制度建设，而从孔孟之道往下，直到王阳明，逐渐丢失了宗教色彩，也丢失了制度关注，失去了周公之道的精神。

再看《述而》篇第六章，孔子说："志于道，据于德，依于仁，游于艺。"意思是，有志于天道，以德为根据，以仁为依靠，游心于六艺。

"志于道"，就是有志于去聆听和探寻上天之道，在人间推行上天之道。当然，对孔子来说，这个上天之道已表现在周公之道中，所以孔子有志于重新恢复周公之道，这就是"志于道"。什么是上天之道？《阳货》篇中记载，孔子说："天何言哉？四时行焉，百物生焉，天何言哉？"上天无言，运行四季，创生万物。上天之道，就是创生万物和维护世界秩序。所以，孔子说"志于道"，就是要在人间实现养育和保护生命的仁爱秩序。

"据于德"，指以德为根据，坚守在德上。《为政》篇中记载，孔子说："为政以德。""德"的本义是种子发育、养育生命。"德"是上天好生之德在人心中的表现，是上天创生之德在人本性中的存在，天德化人德，就是人的好生、热爱和服务生命的道德本性。

"依于仁"，就是依托在"仁"上。"仁"是什么？《颜渊》篇记载，孔子回答樊迟问仁，说："爱人。""仁"就是爱人，爱护生命。"依于仁"就是行动以爱人为依托。

“道”“德”“仁”三者的关系是什么？“道”，是上天创生万物的力量和秩序。“德”，是上天的力量和秩序在人性中的存在。“仁”，就是去按德的要求行动，去践行上天之道，去爱人和服务人。

“游于艺”，指游心于“六艺”。“六艺”本指周朝的礼、乐、射、御、书、数。六艺是周王朝的制度文化，也是贵族要掌握的技艺。学习六艺有一个循序渐进的过程，从礼到乐，再到书、数等，这是一个“游”的过程。同时，“游”也有游乐的意思，即游心于六艺，以六艺为乐。这里六艺是形式，六艺背后的精神就是前面所讲的“道”“德”“仁”，六艺是实现上天之道、践行上天之德的制度和技术工具。

在孔子时代，重视概念和逻辑的名家流派还没有发展起来，《论语》中缺少对概念进行清晰定义的习惯。本章谈到的“道”“德”“仁”“艺”这些概念及相互间的关系，孔子并没有进行清晰的定义。他自己心中可能是清楚这些概念的，但由于没有准确定义，我们只能根据《论语》中它们出现的情况来进行定义和总结。

再重复一下，天道超越于人，人只能去认识、去顺从，这就是“道”。天生德于人，人得认知并实现自己的德性，这就是“德”。将“德”的准则诉诸行动，以同理心去爱人助人，这就是“仁”。“仁”的实现，依赖的不仅仅是个人的主观行动，更是一套制度规范，这就是“六艺”。学“六艺”以治国、治身。总的来说，孔子的表达还是复杂了一点，让人难以记忆。后人习惯将儒家治国思想称为“德礼之治”，德为本质，礼为形式。“德礼之治”的提法似乎更简洁一些。

孔子对自己的总结是“志于道，据于德，依于仁，游于艺”，这对今天的我们仍然有启发性。我们可以套用这个句型，对自己的人生取向进行一个总结。

第 三 十 四 课

子之所慎：齐，战，疾

子之所慎：齐，战，疾。

《论语·述而·十三》

“子之所慎：齐，战，疾。”这句话的意思是，孔子最慎重的就是斋戒、战争和疾病这三件事。这章虽然简短，但透露出来的信息对我们了解孔子的思想非常有价值。

“齐”，通“斋”，指斋戒。这是孔子最慎重的第一件事。古代向神明献祭之前，献祭者要沐浴更衣、整齐身心，戒酒戒荤戒色戒娱乐等，在斋房中闭门静心、反省思过，称为斋戒，以示对神明的虔诚。《孟子·离娄下》中说：“齐戒沐浴，则可以祀上帝。”斋戒沐浴之后，就可以祭祀上天。《乡党》篇记载，斋戒沐浴时要用布做的浴衣，斋戒时要改变平时的饮食和住处。

依据献祭者的身份及献祭对象的重要性等的不同，斋戒的时间有三天、五天、七天不等。《孔子家语》中记载：“季桓子将祭，齐三日。”季桓子祭祀前，先斋戒三天。《黄帝内经·素问·刺法论》中记载："令七日洁，清净斋戒。"讲的是七天斋戒，令身心洁净。

在古代，斋戒是很重要的一件事情，也是孔子最为慎重的事情之一。斋戒所反映的是人和神的关系，是人对神的虔诚。重视人和神的关系，保有对神的敬畏，这是孔子精神的重要部分。

放到世界上看，最重视斋戒的民族是信犹太教的犹太人和信伊斯兰教的阿拉伯人。犹太人每周要过安息日，时间大约是周五日落后到周六日落后，这是摩西十诫的规定。安息日是献给上帝的，有许多仪式，例如沐浴更衣、白天不准工作、不准开火做饭吃饭、去会堂敬拜上帝、唱诵经文、讲解历史、反省过失等。严格执行的家庭中，大人小孩都这样。但为了幼小孩子的身体健康，会给孩子提前准备好一些流质性营养饮料。

穆斯林每年会有一个斋月。斋月的开始和结束都以新月牙的出现为准，时间一般在公历的五月至六月前后。斋月期间要封斋，穆斯林男女在每日黎明至日落前唱诵经文，敬拜真主，戒除饮食、娱乐、男女房事等，直到日落才开始进餐等。基督教的仪式相对宽松，但也规定每周要参加一次教会礼拜。从现代心理学、医学、社会学来看，放下繁忙的工作，每周有一天、每年有一个月的集体性的信仰精神生活，对个人身心成长和族群凝聚力都非常重要。

斋戒的核心是控制肉欲和物欲，静养心灵，提升精神。斋戒是古代中国人生活方式的重要组成部分，但今天多数人把这个传统丢了。总有人说中华文明是世界上唯一几千年延续至今、没有断裂的文明，这个说法不妥。犹太人信的犹太教、印度人信的印度教、基督徒信的基督教，都是千年流传至今，仍然是精神生活的重要部分，他们的文明传统一直延续发展至今。相反，中国古代文化与现代人的日常生活有相当的脱离了。例如，中国的斋戒文化就没有延续下来，而世界上其他主要民族如犹太人、印度人、阿拉伯人等，大多都把严格的斋戒文化延续了下来。

来看孔子所慎重的第二个“战”字，孔子对战争也极为慎重。斋戒关注的是人和神的关系，是人对神的虔诚。而战争关注的是人和人的关系，是人对人的伤害。孔子认为仁者爱人，他致力于在人间建立友爱和平的“仁爱”秩序，重视保家卫国，反对侵略战争。

《卫灵公》篇记载，卫灵公向孔子请教排兵布阵，孔子回答说：“军旅之事，未之学也。”意思是，军事方面，我没有学过。然后孔子就离开了卫国。但孔子知道有时战争难以避免，所以他慎战，强调备战，怕战争伤害生命，毁灭国家。《子路》篇中记载，孔子说：“以不教民战，是谓弃之。”用没有受到军事训练的民众去从事战争，这是抛弃民众。对于战争的看法，孔子与老子一样，他们都反对侵略战争，重视自卫战争，对战争持高度慎重的态度。他们都认为人命关天，生命价值高于一切。

斋戒与祭祀有关，军事也与祭祀有关。周朝时期的军礼规定，军队出征前一定要有祭祀活动。例如要向上帝献祭，向上帝说明自己的出征是正义的，祈求得到上帝的护佑，这种祭祀称为“类”。

《左传》记载：“国之大事，在祀与戎。”治理国家最大的事，就是祭祀和军事。孔子所慎重的斋戒与战争，其实就是周王朝“国之大事，在祀与戎”的国家治理特征。所以，我们可以将“子之所慎，在齐与战”看作是“子之所慎，在祀与戎”。

孔子所慎重的第三件事是“疾”。“疾”指疾病。“慎疾”，这是对自己身体的态度，关注自身的生命健康，这背后其实关注的也是人与神的关系。为什么这么说？

孔子重视疾病问题，不能简单理解成他重视养生，有病就去看医生。我们要回到孔子那个时代去分析人们对“疾”的看法，去考察“疾”的来源。从考古发现的商朝甲骨文看，商王经常为疾病问题向神明献祭祈祷，商王自己或亲人生病，都要向神明献祭和祈祷。这种行为的心理前提就是，认为是神明在决定人的疾病和健康。

周王朝敬天，认为人的疾病是上天所降，是上天的安排。《尚书·顾命》中，周成王去世前，召众臣留遗言时提到：“今天降疾。”意思是，现在上天把疾病降给了我。可见周朝时期的观念是，疾病发生在人和神之间。

孔子对疾病的看法也是如此。《述而》篇中记载，孔子病了，子路请孔子祈祷。孔子就问子路：“你有依据吗？”子路说：“有。悼词文献中说：‘要向上下神祇祈祷。’”孔子说：“我已经祈祷很久了。”显然，孔子认为生病与神祇的力量有关，所以要想恢复健康，就得向神祈祷。

疾病的根源在超验的世界中，疾病的治愈依靠神明的介入，这种观念是人类的普世观念，在各大文明中普遍存在。今天人们更讲医疗科学了，但这种认为治病的路径在神的观念仍然有很大影响。

“子之所慎：齐，战，疾。”“齐”“战”“疾”这三个字对我们理解孔子的精神世界非常重要。

孔子所慎重的事，首先是斋戒，涉及人与神的关系，表达对神的虔诚，也就是《季氏》篇中孔子所说的“畏天命”。其次是战争，涉及人与人的关系，表达孔子对生命的重视。战争伤害民众的生命，这是孔子所极度慎重的。再次是疾病，这是如何对待自己生命的问题，关注的也是人神关系。孔子对自己的生命也有一种极为慎重的心态。这三个字概括来说，就是对神的敬畏和对生命的珍爱。

第三十五课

用之则行，舍之则藏

子谓颜渊曰："用之则行，舍之则藏，惟我与尔有是夫！"

子路曰："子行三军，则谁与？"

子曰："暴虎冯河，死而无悔者，吾不与也。必也临事而惧，好谋而成者也。"

《论语·述而·十一》

先简单翻译上面这段话。孔子对颜渊说："有人用我，我就行道于世。没人用我，我就把道收藏好。只有我和你是这样的吧！"子路说："老师您率领上中下三军，您和谁在一起呢？"孔子说："徒步斗老虎，过河不用船，这样死了都不后悔的人，我不和他在一起。我想共事的人，必须是临事而慎重，喜欢谋划而能成事的。"

孔子最喜欢的学生是颜渊。颜渊是一位生活贫困但有雄心壮志的学生。《孔子家语》中记载，颜渊的梦想是"铸剑为犁，千年无战争"。《论语》中孔子对颜渊表扬最多，某种程度上视颜渊为自己的精神传人。

“用之则行，舍之则藏”是孔子自己的生活写照。孔子周游列国，就是希望能被君主朝廷所用，以实现自己的仁政理想。没有人重用，孔子就自己讲学，在生活中坚守他理解的周公之道。这句话要表达的是，孔子不会改变自己的价值准则，去逢迎社会，去迎合这个世界。如果有机会拥有权位，就在国家层面实现自己的治国之道，推行仁政理想；如果没有机会从政，就在生活中坚守好仁义礼制，不为眼前利益而丢失礼义原则，不拿礼义原则去交换富贵，不拿灵魂交换好处。

《里仁》篇记载，孔子强调“士志于道”。意思就是，身为士，要以道为志向。无论荣华富贵或颠沛流离，都不能失去道的方向和行道的志向。孔子之道是对周公之道的继承，即仁义礼智的礼乐政治之道。

孔子对颜渊说：“有人用我，我就行道于世。没人用我，我就把道收藏好。只有我和你是这样的吧！”孔子这样表扬颜回，子路在旁边听着，也想求表扬。子路挺会绕弯子，他暗贬颜渊，表扬自己，所以他问孔子：“子行三军，则谁与？”意思是，如果您指挥三军，您和谁在一起呢？“行”指指挥、统帅。“三军”，孔子时代的齐国、鲁国都称上中下三军。子路言下之意是：老师您这么表扬颜渊，虽然他思想境界很高，但弱不禁风，能帮您什么呢？如果您指挥三军，颜渊用处不大，您还得用我吧？子路是武人性格，直率粗糙，勇敢好武。子路暗中贬低颜渊，明着表扬自己，孔子很明白。但孔子要压压子路的锐气，调调子路的性格，所以他说：

“暴虎冯河，死而无悔者，吾不与也。必也临事而惧，好谋而成者也。”

“暴虎冯河”出自《诗经·小雅·小旻》：“不敢暴虎，不敢冯河。”指不敢跳下战车、徒步持戈与虎搏斗，不敢过河不乘船。意思是做事要慎重小心、有勇有谋。裘锡圭、李零先生都认为，“暴”指徒步持戈。古代贵族狩猎，主要是在马车上放箭。如果跳下战车，手提戈去和老虎搏斗，虽然勇敢，但太过鲁莽，不注意安全。现在流行的解释多把“暴虎”解释为空手打老虎，类似武松那种打法，这不合常理。所以还是将“暴虎”理解为不依赖战车、徒步持戈与虎搏斗，这样更妥当些。“冯河”中的“冯”，读píng，指不用船渡河，直接游过去。在古代，“河”常指黄河，也指河流，估计这里指的就是黄河。黄河太宽，游过去风险太大。

孔子对子路说：“暴虎冯河，死而无悔者，吾不与也。”意思是，这种敢徒步持戈搏虎、只身游过黄河，而且死而无悔的人，这种鲁莽冒险之人，我不跟他在一起。看来孔子对子路勇猛鲁莽的个性是担心的。子路后来果然因鲁莽冲动而被人杀死。

孔子反对“暴虎冯河”、过于冒险的行为，是针对子路所说的率领三军的问题。三军统师肯定不能鲁莽冒险，这关系到战争胜败、国家兴衰，是生死存亡的问题。而战争，是孔子最慎重的事情之一。

“必也临事而惧，好谋而成者也。”对孔子而言，统帅三军时愿意一起共事的必须是临事慎重、喜欢谋划而能成事的人。“惧”，就是惧怕，引申为慎重。战争是生死大事，当然得以警惧之心慎重对待，同时得有好的思考和战争计划，尽量考虑周全。孔子讲仁，仁者爱人。孔子厌恶战争，认为战争伤生害命，但他也知道战争不可避免，所以强调治国要慎战。

阅读本章，我有两点思考。第一，要恢复孔子的对话式教育。从本章对话中可以看出，孔子讲学更多是对话式讲学。孔子的课堂氛围轻松亲切，学生没有压力、心态自由、表达自由。比如本章中子路就自由释放了一次。

孔子这种对话式教育，今天在哈佛大学研究生教育中能看到，但国内很少看到。哈佛大学就有许多小课堂，讲课就是对话。教授事先把资料发给学生，学生上课就谈体会，教授只是引导和提问。教师与学生对话，学生之间也对话，有一种师生平等交流的轻松氛围。

孔子的师生对话教育模式非常有价值，但在今天的中国几乎绝种了，命令式教育、应试教育成了主流。孔子这种古代的教育哲学，其实是最现代、最好的教育哲学。孔夫子这种对话式教育的传统不能丢，应该恢复为中国教育的重要方式。师生之间要对话，父母子女之间要对话，领导与下属之间要对话。对话交流是精神沟通和思想升华的有益方式。

第二点思考是，我们要超越孔子教育的“士”的精神。孔子认为，“士志于道”，士要以实现道为志向。孔子也说过“杀身以成仁”这种比较有性格强度的话，但在本章，似乎“道”又是一个可行可不行的东西，似乎孔子并不要求士一定要为道的实现而舍生忘死。孔子倡导要坚守道，但似乎并不要求必须去实现道，要求的是尽力而为，这就失去了一种理想的强度。

请注意，孔子说：“用之则行，舍之则藏。”有人用我，我就行道；没有用我，我就藏好道。用或不用孔子，决定权在君主贵族，不在孔子。国家行不行道，决定权在君主贵族，不在孔子，孔子也不强求国家一定要以道治国。这造成中国知识分子的一种心态：该说的我说了，做不做是你的事。这种心态本质上是没把自己当国家主人。

孔子表扬颜回的这句话背后隐藏着一个社会阶层问题，表达出当时士阶层的心态，也就是职业经理人的心态。士阶层没有自己的土地、军队和严密组织，他们是散沙一盘，靠知识和技能服务君主贵族，所以他们的个人理想能否实现，要看是否能得到君主贵族的认可和支持。

“用之则行，舍之则藏”，说明孔子并没有把自己定位为国家社会主人的一分子，也就意味着心理上似乎并不承担国家社会的命运。国家的主人们能用我，我就好好干，按我的理想干；不用我，我就走人，管好自己。《公冶长》篇中也记载，孔子说：“道不行，乘桴浮于海。”意思是，道实现不了，我就乘船去海外。

孔子的这种精神状态与屈原不一样。屈原是贵族出生，他并不认为自己是受雇于楚王室的专业人士，屈原内心与楚国命运一体。楚王用自己，就发挥所长；不用自己，就抱怨和批评，最后自沉汨罗江，把自己献祭。屈原不是“用之则行，舍之则藏”，而是“用之则行，舍之也行”，因为他有一份国家主人的责任感。屈原这种精神，才能激发出一种人人有尊严、人人有担当的民族精神。

第三十六课

子在齐闻《韶》，三月不知肉味

子在齐闻《韶》，三月不知肉味，曰："不图为乐之至于斯也。"

《论语·述而·十四》

子在齐闻《韶》，三月不知肉味，曰："不图为乐之至于斯也。"意思是，孔子在齐国听了韶乐，沉浸在韶乐之美中，有三个月时间，吃肉时不知肉的味道。他说："没想到为乐能达到如此地步。"在孔子时代，吃肉是贵族的权利，普通人吃到一顿肉不容易。孔子三月不知肉味，可见孔子对韶乐的痴迷。孔子受过良好的诗书礼乐教育，三十多岁以后办学，主要教学内容即《诗》《书》《礼》《乐》。"乐"是孔子生命的重要部分。不同的人，生命空间不同。有的人有多层生命空间，孔子是一个代表。孔子的生命中，有一个"乐"的艺术精神空间。孔子能痴迷于艺术之中，他有内在的艺术生命。

教育之道，除了教学生谋生技能之外，还应开拓学生的精神生命空间，帮助他们开拓几个兴趣世界，如同孔子的艺术世界，使他们今后享有丰富的人生。

孔子在齐国闻韶乐的时间，大约在公元前517年，那时孔子三十五岁。今天在山东临淄还有孔子闻韶乐处的纪念碑。孔子为什么闻韶乐而三月不知肉味？孔子自己有过解释，他说韶乐是“尽美矣，又尽善也”，意思是韶乐尽美尽善，不仅在艺术之美上达到极致，在善的精神上也达到极致。看来，美和善是孔子评价乐的两大标准。

这个令孔子“三月不知肉味”的韶乐，是什么样的“乐”？为什么孔子会评价韶乐尽善尽美？孔子时代的“乐”，是诗篇、歌唱、舞蹈、配乐一体的，往往称为乐舞。韶乐的舞蹈配乐已失传，今天的人已很难进行美学上的判断，还好其中的部分诗篇内容可能留存了下来，我们可以从中感受那种善的精神。

《竹书纪年》中记载，大舜创作《大韶》之乐。《礼记·乐记》说：“昔者，舜作五弦之琴以歌《南风》，夔始制乐以赏诸侯。”《南风》可能是《大韶》之乐的内容，我们来看看《南风》。

“南风之薰兮，可以解吾民之愠兮；南风之时兮，可以阜民之财兮。”意思是：南风的薰香啊，可以化解我人民之不满；南风按时节而来啊，使我人民财富丰盛。“薰”，指香味。“阜”，指增多。南风吹来，带来了雨水，带来了盛开的鲜花和青草的芬芳，带来了充满香气的春天。民众顺利春耕，有了丰收的可能，内心的焦虑和不满就消除了。南风按时而来，意味着风调雨顺，民众粮食丰收，财富增多，生活有了保障。

传说中舜的这首《南风》，表达的是对南风带来雨水和丰收的赞叹，是对生命之爱的感慨，对善的精神的咏叹。孔子评价韶乐是“尽美尽善”，我们从《南风》中仍能体会这种真切的善的精神，这是生命之爱。《史记·乐书》中说：“舜歌《南风》而天下治，《南风》者，生长之音也。”大舜歌唱《南风》而天下大治，《南风》是热爱生命之乐。

《史记》讲得很好，《南风》是生长之音。这表现了大舜对生命生长的关爱。人们唱诵生长之乐，内心有生长之爱，这符合上天的好生之德。孔子闻韶乐而三月不知肉味，不仅是被艺术之美打动，更是被内含的生命之爱感染。韶乐引发了孔子强烈的精神共鸣，所以孔子三月不知肉味，认为韶乐不仅尽美，而且尽善。只有善与美完美结合的艺术，才具有感人至深的力量。

《史记》中说《南风》是“生长之音”，茫茫宇宙之中，浩然天地之间，最令人感动的就是这神秘的生长的力量，生的力量。所以，与其说孔子是被韶乐感动，不如说是通过韶乐被这超越宇宙万物的生的力量所感动。这生的力量，创生万物，超越万物，又运行在万物之中，是万物得以出现和存续的前提。人类最伟大的思想作品都是生的力量的结晶，都是通往这宏大的生之力量的通道。这生的力量，通过韶乐打动孔子，使他体会到这至善至美的生的存在。

人类社会虽纷繁复杂，但根本问题就是生死问题，背后是生之力量与死之力量的博弈。有的思想作品是从生的力量中来的，如《论语》，有的思想作品则充满死的精神。我们读书要注意辨识，不要沉迷于那些把人带向死路的作品。

第三十七课

不义而富且贵，于我如浮云

子曰："饭疏食饮水，曲肱而枕之，乐亦在其中矣。不义而富且贵，于我如浮云。"

《论语·述而·十六》

孔子说："饭疏食饮水，曲肱而枕之，乐亦在其中矣。不义而富且贵，于我如浮云。"意思是，吃粗食，喝生水，弯着胳膊当枕头，我也能乐在其中！以不义手段取得的富贵，对我来说就像天上飘浮的云彩。

先看"饭疏食饮水"。"饭"，吃饭。"疏食"，指粗食。粗食是什么？学界有不同看法，但综合来看，大体上谷子、麦子、小米这些谷物属于精粮，豆类、杂粮、瓜菜甚至豆叶等就是疏食。《里仁》篇提到"恶衣恶食"，指很差的衣服和食物。这里"疏食"就相当于"恶食"，指粗糙低劣的食物。"饮水"中的"水"指没有烧过的生水、凉水。在孔子时代，烧开的水称为汤。所以，"饭疏食饮水"的意思是，吃的是粗食，喝的是凉水。

下一句“曲肱而枕之”。“曲”，弯曲。“肱”，胳膊。“枕”，就是当枕头。弯曲胳膊当枕头睡觉。困了爬桌上，以胳膊作枕头睡觉。“乐亦在其中矣”，并不是指吃粗食、喝生水就是快乐，而是指自己有物质生活之外的快乐源泉。精神上的快乐并不因物质生活贫困而改变，孔子承受得住贫困而“不改其乐”。

孔子一生不算富贵，但他传承周公之道的理想、编辑古代文献、讲学传道授业、有艺术和弟子们的陪伴。孔子一生不算顺利，但他活得有意义，保有一种快乐的心态。

《雍也》篇记载，孔子赞美颜回，说颜回是贤人。一箪食，一瓢饮，在陋巷，人们承受不了这种贫穷，颜回却不改变自己的快乐（回也不改其乐）。“乐亦在其中矣”这句话，最恰当的参照就是“回也不改其乐”。

“不义而富且贵”指通过不正当的手法、以违背道义礼法的手段攫取权力和财富。思想家的思考离不开他的生活经历，在孔子的生活中有没有“不义而富且贵”的典型呢？有。按孔子的礼义标准，与孔子同期的鲁国权臣阳虎就属此类。

《史记·孔子世家》中记载，季氏宴请士人。那时孔子大约十七岁，想去参加宴会，但被季氏家臣阳虎排斥，阳虎说：“季氏是宴请士人，不敢宴请你。”随后孔子就走了。

在孔子时代，鲁国的最大家族是季氏家族。公元前505年，阳虎玩弄手段，囚禁和控制了自己的家主季桓子，又控制了鲁定公，执掌鲁国政坛三年多。按当时礼教强调的忠义准则，阳虎属于乱臣贼子。孔子反对权臣不忠不义、当道掌权。

“于我如浮云”，这句话一般解释为与自己无关，不在乎。李泽厚先生就是这样解释的，他说：“天际浮云，与我无关也。”这样的解释脱离了当时的历史背景。我想以阳虎与孔子的关系作为参考来理解这句话。

阳虎执政鲁国期间，他深知以背叛家主获取执政鲁国的权力缺少公信力，于是想多笼络人，其中一个笼络对象就是孔子。大约公元前505年，阳虎力邀孔子出仕，要给孔子官做，意思是要孔子来为自己站台。那时孔子大约四十七岁。

《论语》中称“阳虎”为“阳货”。《阳货》篇记载，阳虎想见孔子，孔子不愿见他。阳虎派人给孔子送去一只熟乳猪。孔子选阳虎不在家的时候去回礼拜见，没想到在路上遇见了阳虎。阳虎劝孔子出来做官，并且说：“有一身本事却让国家处于混乱，这是不仁。想做大事而不能抓住机会，这不算智慧。时光流逝，岁月不等人，别错失机会。”

孔子最终没去阳虎手下为官。孔子并不否定追求财富和权力的合理性，他很想有权位去实现自己的社会理想。阳虎盛情邀请孔子去当官，孔子只要答应，马上就可以得到官位和富贵。但孔子却婉拒了阳虎的邀请，其中有两层意思。第一层意思是，这样的富贵，我不该要。第二层意思是，这样的富贵，我不能要。

所谓不该要，是因为孔子认为阳虎是乱臣贼子，违背了忠信礼义的价值观，孔子不愿为眼前的富贵好处而抛弃忠信礼义准则。所以“不义而富且贵，于我如浮云”这句话的第一层意思是表达价值取向，是该不该的问题，是对与错、善与恶的取舍问题。通过不义而得来的富贵，就像天上的浮云，不属于我，我不该要。第二层意思是，通过不义而得来的财富和权力，长不了，如同天上无根的浮云，飘浮而过，瞬间变幻，没有稳固的根基。

阳虎以权谋手段和不义手法获取了控制季氏和执政鲁国的权位，但这只是天上的浮云，没有牢固的根基，终会随风而去。依靠不义手段获得富贵的人，孔子根本不看好，所以不会接受阳虎给予的富贵。阳虎这朵飘在鲁国政坛上的浮云，孔子不想去沾他的好处，不想把自己的命运和阳虎这样的无义之人捆绑在一起。

果然，阳虎执政鲁国三年多后，也就是公元前501年，季氏家族反击，阳虎失败，逃往晋国。孔子拒绝阳虎的邀请出来做官，价值观清晰，政治立场明确，因此取得了季氏家族的信任。季氏家族重掌鲁国大权后，全力举荐和支持孔子出来做官。于是孔子开始了他人生的政治生涯。孔子被季氏安排从小官做起，四年之内很快做到了鲁国大司寇和代理国相的高位。

根据上面的分析，我们可以重新理解这句话。孔子说："饭疏食饮水，曲肱而枕之，乐亦在其中矣。不义而富且贵，于我如浮云。"这句话有两个意思，一是孔子贫穷，二是孔子有富贵机会却拒绝了。这两个因素集合在一起可以推断出这句话的背景，应当是阳虎当政邀请孔子入仕的时候，时间大约在公元前505年至公元前501年之间。

孔子大约在公元前516年开办私学，到阳虎开始当政的公元前505年，孔子已经过了十一年左右的民办学校老师的生活。这段时间孔子的文化名声渐起，但物质生活并不富裕。《论语》中孔子有名有姓可查的学生也就二十七人，而且多是穷学生，这样的学生规模和家庭特征不可能支撑一个财力丰厚的民办学校。

孔子一生中第一次有富贵的机会，就是阳虎邀请他为官。但这个机会，孔子觉得不应该去要，不能去要。孔子给学生讲学十多年，讲的都是诗书礼乐、忠信礼义的价值，孔子不能打自己的脸，不能为了富贵就违背忠信礼义原则。孔子不从阳虎处拿富贵，除价值观冲突外，也因为孔子对鲁国政治势力有清醒的判断，他知道阳虎这样的乱臣贼子没有道义基础，受到各大有实力的家族反对，不可长久。

这短短一章给我们两点启发。第一，先讲对错后讲利害。做事首先要讲对错，基于价值观去判断，然后再考虑利害。许多人做事只有利害分析，不管是非对错，唯利是图。对孔子来说，唯利是图而来的富贵只是浮云，会随风消失。我们也看到，无数为官为商的人从人生顶峰跌落，崩溃粉碎，他们曾有的荣华富贵如天空的浮云而过，根本问题就是只问利害得失，不问是非对错。所以，一个人无管多有钱多有权，要看他这一切是怎么来的，如果来路不正，不用欣赏和羡慕，他们只是过眼浮云。我们做事，首先要判断对错善恶，不做不符合道义、违背法律之事。

第二，相信这个世界深层的公正性。孔子对这个世界的道义准则有内在的信任，他相信这个世界的深层秩序是道义的、公正的、有益于生命的，这个世界终是在公正的基础上运行，不公正、伤害生命的行为终会被清除。在贫困之中坚守正道，会走出路来。

这种信念与孔子相信天命有关，孔子畏天命。《尚书》有言，“皇天无亲，惟德是辅”，皇天不偏爱谁，只辅助有德之人。孔子对上天充满信心，因此对人间正道充满信心。

第三十八课

子不语怪，力，乱，神

子不语怪，力，乱，神。

《论语·述而·二十一》

“子不语怪，力，乱，神。”孔子这句话非常有名，许多人用它来说明孔子不信神，没有宗教信仰。能这样理解吗？本章虽然就一句话，但对准确理解孔子的思想很重要，我们逐字分析一下。

先看“子不语”。“子”指孔子。“不语”是什么意思？杨伯峻、李泽厚先生都译为“不谈”，李零先生译为“不喜欢讲”，钱穆先生译为“平常不讲”，总结起来，今天代表性的注家们的解释大致就是孔子不谈、不讲。

“子不语”指孔子不谈、不讲，这样理解大体也没什么错，但是不够细致。要想体会语义上的微妙之处，需要更细致的辨析。请注意，此处用的是“子不语”，而不是“子不言”。现代汉语中，常用“语言”或者“言语”这样的复合词，似乎“言”和“语”是同义词，但在孔子时代，“言”和“语”是有区别的。这种区别很细微，但很重要。

“言”的甲骨文和金文是，一个人用舌头说话，意思是主动发言。“语”的金文，左边为舌头，右边有五字，形容许多舌头在议论。“语”更多指回应问题、共同讨论、相互辩论。

《说文解字》上说：“直言曰言，论难曰语。”个人直接主动表达出来，称为“言”。与人讨论辩论，称为“语”。简而言之，“言”是自己主动讲，“语”指回答别人、与人议论或者辩论。“言”和“语”的这种区别，对我们理解“子不语”及本章内容很重要。

“子不语”，指孔子对“怪、力、乱、神”的问题不太回应、不太讨论、更不辩论。在《论语》中，孔子可是多次主动地谈到“乱”“神”这些问题，对这些问题他并非不主动谈、主动讲，而是不回答这些问题、不与人议论、不参与辩论这些问题。

“怪”，指怪异、妖孽。《论语》中，确实看不到孔子与人讨论怪异妖孽这类事情。《史记·殷本纪》中记载，商朝第九任君王太戊在位期间出现了怪异之事，朝堂上同时长出两棵树，一棵是桑树，一棵是构树。两棵树一晚上长得很粗，两手都合抱不过来。君王太戊非常恐惧，问相国伊陟。伊陟回答说：“我听说妖不胜德，妖孽战胜不了有德之人，出现怪树，这是因为您执政上有缺点吧？您好好修德。”太戊听从伊陟，怪树就枯死了。

丞相伊陟所说的“妖不胜德”很重要，在中国历史上很有影响。这种观点认为，只要君王有德，行德政，妖孽就会消失，德行能够战胜妖孽。这种观点又称为“以德禳灾”，以德行、德政来消除妖孽灾祸。中国人信德不信邪的传统，历史悠久。

孔子不讨论这些怪异妖孽之事，与孔子以德治国的思想有关。这种以德治国的思想，商朝伊陟等人就已明确强调，到周朝周公时已成为国家执政哲学。孔子遵从周公之道，当然对怪异妖孽的现象不感兴趣、不在乎，他相信德可以驱妖禳灾。

“力”，指暴力、武力。孔子强调的是以德治国，德就是善待生命、保护和养育生命。关于孔子对暴力的看法，《论语》中两则记载可以参考。《宪问》篇记载，一位叫公伯寮的人在季孙氏面前指控子路。子服景伯把此事告诉了孔子，并且说：“季孙氏被公伯寮所迷惑，我有力量去杀了他，将他陈尸街头。”孔子说：“道如果能够得到实行，是天命所定；道如果得不到实行，也是天命决定的。公伯寮能把天命怎样呢？”这里孔子对子服景伯表示要去杀公伯寮的反应，就属于“子不语”，不讨论这事。孔子认为，一切由天命决定，公伯寮决定不了天命。《八佾》篇记载，孔子评价文治的“韶乐”和武功的“武乐”，他说“韶乐”是“尽美矣，又尽善也”，说“武乐”是“尽美矣，未尽善也”。孔子是和平主义者，认为暴力不善，所以他不和大家讨论暴力问题。

“乱”，《论语》中出现15次，孔子主动讲“乱”的时候比较多。“乱”，主要指不忠不孝、犯上作乱，尤其是子弑父、臣弑君。孔子坚决反对犯上作乱。《八佾》篇记载，孔子对季氏采用八列六十四人这种天子规格的乐舞感到非常愤怒，认为这是对礼制规定的天子权威的冒犯，是一种“乱”，所以孔子说“是可忍也，孰不可忍也？”

“神”，本来只指神，但注家几乎都注成了鬼神，说孔子不讲鬼神之事，这样的注解不够细致。现代汉语喜欢把“鬼神”当成复合词用，似乎鬼和神意思差不多，其实在孔子时代，鬼和神所指不同。鬼就是鬼，神就是神。鬼指的是祖先之灵，祭祖就是祭鬼。

《论语》中，孔子用鬼和神的概念时是有区分的。例如《为政》篇记载，孔子说：“不是自己家的鬼而去祭祀，这是谄媚的行为。”显然，孔子用“鬼”这个概念的时候，指的就是祖先之灵。而“神”，主要指自然神，尤其是指天空中掌管自然现象之神。《说文解字》中说，“神”指天神，天上的自然神。

如果你去北京天坛参观，会看到在祈年殿南边的东配殿和西配殿中供有各种自然神的神位。我专门去研究过，东配殿有：大明之神（太阳）、北斗七星之神、二十八宿之神、周天星辰之神、木火金水之神；西配殿有：夜明之神（月）、风伯之神、雷师之神、云师之神、雨师之神。天坛建于明朝，是明清两朝君王祭祀上天以祈祷丰收的场所。天坛祭祀的礼仪源自上古。古代中国宗教语汇中的“神”，指的主要是天上的自然诸神。

所以，孔子不语“神”，主要指孔子不太与人议论与自然神有关的问题。孔子的这种态度与周公之道有关。周公礼乐之道是敬天法祖、敬奉上天、效法祖先，在祭祀上的表现就是祭天和祭祖最重要，自然神的地位已被边缘化。这种宗教结构，从北京天坛的布局也能看出来，天坛中心是皇天上帝，其次是祖先之灵配祭，外围才是自然诸神配祭。

按照“语”主要是回应和辩论的意思，我们看《论语》会发现，孔子是“语鬼”而“不语神”的，他回应对“鬼”的提问而不回应对“神”的提问。《先进》篇记载，子路问侍奉鬼神的事，孔子回答：“还没有能侍奉好活人，怎么能侍奉好鬼呢？”子路又说：“我大胆请问死是怎么回事。”孔子回答：“尚不知生的道理，怎么会知道死的道理呢？”

请注意，季路问的是侍奉、祭祀鬼神的事，但孔子避而不谈神，只谈鬼。他说“未能事人，焉能事鬼”，意思是你如果侍奉不好活着的亲人，就侍奉不好死去的祖先。活人死人的问题，是与鬼相关的问题。

季路问的“死”，也是人和鬼的关系问题。按照孔子时代的生死观，人死并不消失，而是成为鬼。孔子回应了季路关于死、关于人与鬼关系的提问，所以孔子是“语鬼不语神”。

孔子对鬼和神的概念，是小心分开使用的。如果现在我们笼统把“神”解释为“鬼神”，就不符合《论语》中孔子对“鬼”和“神”两个不同概念的使用特征。本章讲“子不语怪，力，乱，神”，但据《论语》记载，孔子多次讲到“乱”（违礼作乱）、“神”（自然神）、“鬼”（祖先之灵），也针对“力”（暴力）的问题表达过看法。《论语》中孔子没有讲到“怪”，但在孔子所著的《春秋》以及《史记·孔子世家》中，孔子讲到“怪”的事不少。所以，对“子不语怪，力，乱，神”这一章中的“子不语神”，我们绝不能简单理解为孔子没有信仰对象和宗教情怀，而应理解为孔子不怎么与人议论自然神的问题。周公礼乐之道，祭祀是重要方面。对孔子来说，关于神的祭祀问题并没有多少讨论和辩论的余地，克己复礼、遵行礼制就可以了。

本章讲到鬼神问题，我们可以讨论一个问题，就是孔子的至上神信仰。孔子是信天的，信天命的。周王朝的宗教结构是：祭天、祭祖、祭自然神。最高神是上天，也称上帝，经常合称“皇天上帝”“昊天上帝”。请记住这个事实：孔子是信仰上天的，是重视祭祖祭鬼的，也不排斥祭祀自然神。儒家《礼记》《孔子家语》这些古籍中也多次讲到，孔子对上帝祭祀的重视。

我对一些研究《圣经》翻译的朋友建议，不要用“神”这个概念来翻译《圣经》中的至上神（God），因为在中国古代的宗教术语中，“神”主要指自然神，神位并不高。在中国的宗教概念中，与《圣经》中的至上神类似、处于同一至上神位的，是“上帝”“上天”“天”等概念。明末清初的耶稣会士利玛窦用“上帝”“天主”来翻译《圣经》中的至上神，这是对的。

“子不语怪，力，乱，神”可能还有另一个原因。孔子开办私学，目标是培养士，使弟子们能够在君主贵族那儿找到工作。君主贵族对士的首要要求就是忠诚，讲信用，有执行力。所以孔子教育的首要内容就是训练学生讲忠诚、重信誉，训练学生“讷于言而敏于行”，让学生为人可靠能做事。例如《子罕》篇中，孔子教育学生要“主忠信”，做人以忠信为主。如果孔子不是“不语怪，力，乱，神”，而是带着学生天天讨论怪异妖孽之事，商议武力暴力之事，研究叛乱造反之事，而且不断分析如何祭祀太阳、月亮、雷神等自然诸神，这就不是一种培养士的教育了。试想若是这样古怪凶险的学校，家长还敢把学生送来？君主贵族们会容忍这样的学校或者从这里招揽人才吗？

第三十九课

天生德于予

子曰："天生德于予，桓魋其如予何？"

《论语·述而·二十三》

孔子说："天生德于予，桓魋其如予何？"意思是，上天把德生在我身上，桓魋他能把我怎么样呢？这是《论语》中非常重要的一句话，表达了孔子的天命观，对上天的信仰。

《史记·孔子世家》记载，大约在公元前492年孔子约六十岁的时候，孔子离开曹国去宋国。宋国的司马、掌管军队的负责人桓魋不愿孔子师徒一行人到宋国，就派人驱逐孔子。当时孔子和弟子们正在一棵树下练习礼仪，桓魋的人来威吓驱赶他们，把他们避阴的那棵树也拔倒了。

这似乎是孔子周游列国中最危险的一次经历。但桓魋的人只是用拔树来威吓孔子，目的只是赶走孔子，不是真想杀他。后人总觉得春秋是一个乱世，其实孔子周游列国没有遇到什么生命危险。春秋时代的中国，各国虽不断有小冲突，但天下整体太平。

因为宋国司马桓魋的武力阻挠，孔子和弟子们只能离开宋国。有弟子说："我们走快点！"弟子们被吓着了，怕出事，希望跑快点。孔子却不担心，很从容，说出了这句话："天生德于予，桓魋其如予何？"

孔子为什么这么从容？为什么会认为桓魋不能拿自己怎么样？孔子自己的解释是"天生德于予"，上天把德生在我身上了。为什么"天生德于予"孔子就有了安全感，认定桓魋伤害不了自己？这就涉及孔子的宗教信仰了。孔子认为，上天创生宇宙万物，主宰人类命运。孔子信仰上天、敬畏天命。孔子认为上天赋德于自己，上天拣选了自己，因此自己天命在身，有上天护佑。孔子内心有上天的依靠，他对自己的命运有信心。

孔子"天生德于予"这句话有三个环节，分别是"天""德""予"。

第一个环节是"天"。"天"指上天，这是孔子信仰的最高创世神、主宰神。孔子认为上天选择了自己、赋天命于自己、了解自己，他说："知我者，其天乎！"意思是，了解我的，只有上天啊！

第二个环节是"德"。"德"字，我在讲解孔子"为政以德"的观点时专门解释过。"德"这个概念，指养育生命的力量和规则，总与生命的养育和保护相关，所以又称"好生之德"。

有一部重要的古代文献，叫《逸周书》，是三千年前西周初年的文献。其中有一篇名叫"商誓解"，记录的是周武王灭除商纣王后对殷商遗民发表的一次讲话。周武王开篇即说："在过去，周人的祖先后稷，唯上帝之言是从，播种百种谷物，功绩达到了大禹的程度。”后稷是北方农业开创者，是周人的祖先。周武王借此说明：我们周人之所以拥有天下，是因为自后稷以来周人在农业上培育粮种、养育生命、保护生命，有大德于天下，上天便把天命从商王室转到周王室，是天命选择了我们。

周人推翻商朝建立周朝，周人解释天下政权替换的原因是商纣王失德，被上天抛弃，失去天命。周人有德，被上天拣选，天命转移。正如《尚书·周书》中说的：“皇天无亲，惟德是辅。”上天不偏爱谁，谁有德就辅助谁。周王朝的执政哲学就是修德以配天，修炼自己的德性以配得上天命的要求。

孔子说“天生德于予”，是宣告上天降德于自己，自己得到上天护佑。“德”，今天的人习惯理解为一种人际关系，但“天生德于予”中的“德”指的是一种天佑的力量。

第三个环节是“予”。“予”，指我。这个“我”比较特别，与上天有特定关系。因为上天把“德”这种力量和规则放在“我”的心里，赋予“我”特定的使命，也就是在人间推动德政的使命。“我”是被上天选择的，是上天的使者。

孔子之所以说“天生德于予，桓魋其如予何”，是因为他相信“皇天无亲，惟德是辅”，认定上天生德于他，将天命赐给了他，所以上天会保护他。受上天保护的人，人间的力量是伤害不了的。这位桓魋，在宋国骄横跋扈，后来与宋国的宋景公发生矛盾，最终兵败逃出宋国。看来孔子对上天有信心、不畏惧桓魋是有道理的。

人在危难或困境的时候，最需要精神力量的支撑和依靠。每个人在遭遇危难和困境时，在没有家人、朋友和同事能依靠的时候，在精神上会寻求什么支撑呢？在这种情况下，有信仰和没有信仰的人完全不一样。

我注意到孔子的一种特殊心理。一旦遇到危难，孔子在精神上就会回到自己的使命中去，会诉诸上天、依靠上天。本章就是这样，在宋国被桓魋威胁的时候，孔子说："天生德于予，桓魋其如予何？"当身处危难之中，孔子在心理上立马回到上天，从天命选择的意识中获取精神力量，从而可以从容面对危难。他知道上天跟自己在一起，内心有一种安定的信靠。

《子罕》篇记载，公元前496年，孔子一行路过匡地，匡人把孔子误认为是阳货。匡人跟阳货有仇，于是包围了孔子一行。在这种被围困的状态中，孔子精神上立即回到上天，向上天寻求依靠，孔子说："文王死后，他开创的文化道统难道不在我这儿吗？如果上天要灭绝这个文化道统，那就不会让我这个后来人掌握这个文化了。如果上天不愿灭绝这个文化道统，匡人能拿我怎么样呢？"

孔子的意思很清楚。因为上天不让从周文王以来的这个文化传统灭绝，所以才有我来掌握了周文化。如果上天不愿让这个文化灭绝，上天就会保护我，不让我出事。我的使命是上天赋予的，我的命运是上天决定的。匡人虽然包围我，其实不能拿我怎么样，一切都要听天由命，只有上天才能决定。在孔子精神中，最了不起的突破就是孔子有一种天命感。他认为上天选择了自己，赋予了自己传承周公之道的使命，所以他是上天护佑的人，是有来头的人。

在孔子之前，这种以德配天、天命选择的提法只会用在周文王这样的国家缔造者身上，用在开国的君王身上。孔子三岁丧父，跟着平民母亲长大，但他却有“天生德于予”的体验，有天命在身的感受。一个母亲身份低贱、母子两人被父亲家族抛弃和排斥的孩子，内心却拥有一份天命拣选的文化王者的尊严。孔子在精神上完全超越了社会等级，达到了当时社会可以达到的最高精神尊严、与上天相通的尊严、从上天获取使命的尊严。出身低微的人仍然可以得到上天选择，这是孔子在中国精神史上的最大突破。

《宪问》篇中孔子说自己是“下学而上达”，通过下面的学习，上达天命。孔子走通天命，是通过学习完成的，所以对孔子来说，学习就是通往上天之路、获得天命之路，学习是神圣的事业。孔子说：“知我者，其天乎！”意思是，能理解我的，只有上天。

孔子有着对上天的信仰和来自上天的使命感，孔子的内心是强大的、安全的。重读本章，就能体会到孔子在危难时的精神依靠，以及由之而来的从容与自信。

第四十课

三人行，必有我师焉

子曰：“三人行，必有我师焉：择其善者而从之，其不善者而改之。”

《论语·述而·二十二》

孔子说：“三人行，必有我师焉：择其善者而从之，其不善者而改之。”我们可以这样理解：三人走在路上，其中一定有我可以学习的老师。选择他们善的地方学习，看到他们不善的地方就自己改正。孔子的意思是，只要有三人或几个人，无论是好是坏，我都能从他们那儿学到东西。看到好的地方我就跟从学习，不好的地方我就反省改正。

在现代汉语中，“善”常常与“恶”相对应，但在孔子那个时代，“善”常常与“不善”相对应。“不善”这个概念的内涵没有恶、罪恶、邪恶这么严重，意思接近于不好、有缺点。

重要的思想家都有一个特点，他们不仅是思想的高人，还是语言的高手，会创造出一些流行语，“三人行，必有我师”就是孔子创造出来的流行语。子曰："三人行，必有我师焉。择其善者而从之，其不善者而改之。"这句话有三个知识点。

第一，孔子拥有德性能够完善的理想。孔子教育的人性假定就是，人如同一颗内藏美丽德性的宝石，要不断打磨才能磨出德性的光彩。所以我们应当不断地完善德性，把德性的提升和完善当成一个终身需要学习的科目。

第二，孔子认为自己在德性上是有缺陷的。后人称孔子为圣人，但孔子从来不敢称自己是圣人，他连自己是仁人都不敢承认。孔子认为自己在德性上有不足和缺陷，需要去学习和提升。

第三，孔子有一种道德上的平等主义。后人把孔子当圣人、导师，孔子却把普通人当老师。孔子学无常师，人人都可以成为他的老师。他认为普通人身上就有他可以学习和取法的东西，普通人身上也有德性之光。一般人认为孔子讲等级、尊卑，忽视了孔子对普通人有一种尊重的态度，其实孔子有一种平等感。

人无完人，没有人在德性上是完人。人都有不足和缺陷，所以要开放自己，不断地学习、充实和完善自己。没有人是完美的，也意味着每个人都有改进的空间。

《论语》一书以"学而时习之，不亦说乎？"开篇，以"不知命，无以为君子也。不知礼，无以立也。不知言，无以知人也"收尾，表明孔子教育的目的，是让人知命、知礼、知言、知人，成为君子。孔子出生时社会地位卑贱，自言"吾少也贱"，他的命运是通过学习改变的，他的精神是通过学习而上升的。孔子深知学习是升华命运之道，学习，使他超越血缘阶层的禁锢、德性日趋完善，令他的精神生命浸润天命之光。“三人行，必有我师焉”，孔子的学习不仅仅是古代礼乐的书斋之学，也是人际现实的社会之学，是随时随地之学，是心胸开阔、广纳吸收之学，他将生命中遇见的每一个人都视为启发自己智慧、砥砺自己德性的对象。孔子的生命，有一种对学习的紧迫与自觉、对学习改变命运的深深信赖。这种对学习的信赖或说信仰，深刻影响了中国精神。

泰伯篇

第四十一课

士不可以不弘毅

曾子曰："士不可以不弘毅，任重而道远。仁以为己任，不亦重乎？死而后已，不亦远乎？"

《论语·泰伯·七》

前面我们专门介绍过曾子。曾子是孔子的学生，他有四个方面的贡献：主编《论语》这本书、撰写《孝经》、记述孔子的教导写成《大学》、照顾和教育孔子的孙子子思（后写成《中庸》。南宋朱熹在《四书章句集注》中将《大学》《中庸》《论语》《孟子》合称儒家新经典"四书"。"四书"中除《孟子》外，另外三本都与曾子相关。曾子一派也成了孔子的道统传人，定义了中国历史上的儒家学派。

曾子说："士不可以不弘毅，任重而道远。仁以为己任，不亦重乎？死而后已，不亦远乎？"意思是，士不可以不弘大坚毅，因为他任务重大而且道路遥远。以天下归仁为己任，不也是很重大吗？到死以后才停止，不也是很遥远吗？

我介绍过“士”这个概念。周王朝的社会等级有天子、诸侯、卿大夫各级。周朝实行嫡长子继承制，长子继承贵族爵位成为天子或诸侯。诸侯又分公、侯、伯、子、男等级。长子继承爵位，其他儿子们则担任卿大夫，掌管国家要务。士属于贵族中的低等级，其主要职务就是给天子、诸侯、卿大夫当家臣，分为武士和文士，都是靠知识和技能谋生的专业人士。

《说文解字》中说：“士，事也。”士就是做事的人，是贵族阶层中的最低等级，但地位高于农民和工商业者。当时的社会排序为士、农、工、商。

来看“士不可以不弘毅，任重而道远。”“弘”，指宏大，有宏大理想。“毅”，就是坚毅。为什么要弘毅？因为重任在身，道路遥远。重任在身，没有理想，就无法走向远方；不坚毅，就难以坚持。这里的士是一种肩扛重担、走向远方的形象。

请注意一个细节。有人会说，士不就是家臣吗？那么，士忠于主人、做事有效率不就够了吗？孔子讲的“主忠信”原则非常符合士阶层的社会定位。但是我们看到，曾子却赋予士一种坚忍而壮美的形象。

曾子“士不可以不弘毅，任重而道远”的提法，已经完全超越了家臣这种角色形象。“任重而道远”，肩挑重担走向远方，似乎已经不是主子安排家臣所做的工作了。果然，从后面一句看，这里的士完全不是家臣的心态，不是被动地接受主人的命令去做事，而是追随宏大的社会理想去奋斗的自主心态。

下一句“仁以为己任，不亦重乎？”意思是，士以“天下归仁”为自己的任务，不是很重大吗？“仁”是《论语》的核心概念。我们分析过，“仁”的根本内涵就是爱人。“仁”的社会理想，就是建立一个以“爱”为价值中枢的社会秩序，建立人与人相亲相爱的社会伦理和制度。

曾子超越了士原本的家臣定位。注意，曾子讲以仁为己任，目标是“仁”，是仁政，是天下归仁。也就是说，士的根本目标不是侍奉主人、迎合主人，而是忠于仁、实现天下归仁的社会理想。

多数士是为贵族卿大夫工作、忠于职守的，但这是士阶层的手段而不是目标，其目标是“天下归仁”。“仁以为己任”这种观点深刻塑造了中国读书人的理想主义心态：我们从事各种职业，在不同职位上工作，虽然忠于职守，但不是奴才或家臣，而是为了实现社会的理想，为了“天下归仁”而奋斗。

曾子重新定位了士阶层的价值取向，他认为，士应当是“以仁为己任”的，应当忠于“仁”的社会理想，是具有忠信品格的优秀专业人才。确立了“士”的价值目标，自然就确立了“士”的善恶是非标准。如果君主为政不仁、贵族卿大夫无恶不作，“士”就不能去忠信于这样的君主和贵族卿大夫。

曾子用自己的行为展示了他的价值坚守。大约在曾子五十岁前后，齐国聘他为宰相，楚国请他为令尹，晋国请他为上卿，曾子都拒绝了。曾子宁愿忍受贫穷，也不愿与当时的诸侯们同流合污。

《说苑·立节》中记载，鲁国君主看曾子穷，想赐给他一座城邑，曾子可拥有那里的税赋，但曾子拒绝了，他不愿因为受恩而受制于人。所以《庄子》中赞美曾子说：“天子不得臣，诸侯不得友。”意思是，天子不能把他当臣子，诸侯难以成为他的朋友。

曾子使“天下归仁”的方式是保有自己的独立和自由，从事以仁为价值中枢的思想理论建设，率领孔门弟子和自己的弟子编辑《论语》，撰写《孝经》和《大学》以及教育子思。同时，曾子在日常生活中非常守信用，以身作则，把自己的言行视为教化社会的组成部分。

在这样的背景下，我们重新来看“士不可以不弘毅，任重而道远”这句话，可以这么理解：任重而道远的这个“道”字，既有肩挑重担、道路遥远的意思，也可能有一种寓意，那就是天下离“道”很远，使天下归“道”是遥远的目标，必须一生坚持下去。

再看下一句，“死而后已，不亦远乎？”“已”，指停止。“死而后已”，指死了以后才停止。“士”以实现天下仁爱为自己的重任，虽任务沉重，仍坚持前行，直到咽下最后一口气。“不亦远乎”意思是离死还远，人生还有很长的路要走，这说明曾子讲这句话的时候不是老年人，而属青壮年。“士不可以不弘毅，任重而道远”，这是曾子的青春大志。

本章给我们三点启示。

第一，“士不可以不弘毅，任重而道远。仁以为己任，不亦重乎？死而后已，不亦远乎？”曾子的这段话可称为中国士阶层的独立宣言。尤锐先生在他《展望永恒的帝国》一书中，对春秋战国期间士阶层的兴起及其自我意识的觉醒有清晰的描述。从曾子这段话可看出，士阶层已完成了阶层意识的自我提升和自我锻造。曾子心中的“士”，在精神上已经完全不是家臣、家奴，而是以仁为己任、把实现天下归仁当成自己的人生目标。这种独立的精神和自主的尊严超越了当时贵族世袭制的社会等级。

其次，曾子是一位行动者，是秉持自己的价值准则、为了理想价值而行动的独立个体。一个人精神独立的前提是，他真诚地拥有社会理想，会积极地为理想而奋斗，而不是为君主贵族这些主人而奋斗。拥有价值准则、坚守正确的事，这是一个人生命自尊的前提。

再者，士阶层的独立还需要两个条件，即经济独立和法律独立。我们说本讲是士阶层的独立宣言，指的是精神层面的独立。从现实层面看，“士”的独立还需要两个重要条件：一是经济上的独立，要拥有自己的财富；二是法律上的独立，要有保护自己权利的法律制度。这种精神、经济和法律上的“三独立”，历史上的士阶层做到了吗？

第 四 十 二 课

可以托六尺之孤

曾子曰："以能问于不能，以多问于寡；有若无，实若虚，犯而不校——昔者吾友尝从事于斯矣。"

《论语·泰伯·五》

曾子曰："可以托六尺之孤，可以寄百里之命，临大节而不可夺也——君子人与？君子人也。"

《论语·泰伯·六》

先看《泰伯》篇第五章。曾子说："有能力的人却向没能力的人求教，知识多的人却向知识少的人求教；拥有如同没有，充实如同空虚，被冒犯了也不计较——从前我有位朋友就已经这样做了。"

如何理解"以能问于不能，以多问于寡"？能干、知识丰富的人向不能干、知识少的人请教，前提是认识到没有任何人是全知全能的，当然，也不会有人是完全无知无能的。再能干和有知识的人也可能有某种不足，再愚笨和无知识的人也可能有某种长处。正因为没有人是全知全能的，所以要想提升自己的能力和知识，当然就要开放自己、放空自己，把所有人当成老师。所以孔子说：“三人行，必有我师焉。择其善者而从之，其不善者而改之。”《论语·述而》

再看“有若无，实若虚”这一句。“有若无”中的“有”，意思是拥有，指拥有前面提到的能力和知识。拥有能力和知识，但如同没有；内在充满能力和知识，但如同空虚。其中蕴含的智慧是，不倒空杯子，就不能再装水。如果我们不虚心，就不能再学习新的知识，吸纳别人的优点。

曾子这种把“有”和“无”、“实”和“虚”对立处理的句式，更接近老庄道家的思维特征。道家最喜欢讲“虚”和“无”。“虚”，就是放空自己以接纳外物。“无”，就是不妨碍外物，任外物自然运行。

在孔子的学生中，曾子及其父亲曾皙都颇有些道家特征。《先进》篇记载，子路、曾皙、冉有、公西华等几位学生与孔子交流，孔子要他们分别谈一下自己的志向。子路、冉有讲的都是入世有为的事，曾皙的回答却是：“莫春者，春服既成。冠者五六人，童子六七人，浴乎沂，风乎舞雩，咏而归。”意思是，暮春三月，穿上春天的新衣，五六个成年人相约而行，带上六七个童子，在沂水边沐浴，在祭雨台上吹风，一路歌咏而回。听后孔子感叹说：“我跟曾点的想法一样。”说明孔子也向往这样的逍遥人生。

曾子的道家态度也表现在他拒绝了齐、楚、晋国邀请他去做大官的请求。曾子甚至拒绝了鲁国君主赠他城邑的好意，他只希望当个自由人，不受干预，做自己认为有价值的事。

曾子讲“有若无，实若虚”，讲的就是一种接纳和吸引的态度。一个人开放自己，放低自己，不以为自己全知全能，而是以一切人为老师，这样才能使自己不断广博、强大起来。

下一句“犯而不校”，指被冒犯而不计较、不报复。这里的冒犯不是指那种在根本原则上的侵犯，也不是犯罪式的侵犯，更多指对方态度上的不礼貌等。“昔者吾友尝从事于斯矣”，意思是从前我有朋友曾这样做。钱穆先生认为“吾友”指的是颜回，但缺少证据，我们不必具体到某人。

《泰伯》篇第六章中，曾子说：“可以托六尺之孤，可以寄百里之命，临大节而不可夺也——君子人与？君子人也。”这段话可以这样翻译：可以将孤儿托付给他，可以把国家托付给他，遭遇生死关头却临危不惧的人——这就是君子的为人吗？这就是君子的为人。

“可以托六尺之孤”，指可以将身高六尺左右的孤儿托付给他。尺，古代计量单位，六尺约等于1.38米左右，大致是十岁左右的少年。曾子之所以专门提到托孤的问题，可能与传说中孔子曾把自己的孙子子思托付给曾子照顾有关。孔子儿子叫孔鲤，孔鲤先于孔子去世，留下尚未成年的孤儿子思。孔鲤去世后三年，孔子也去世了，之后是谁在照顾和教育子思？《礼记》中有记载曾子对子思的教育，那么是不是孔子临终前把子思托孤给了曾子？不管怎么说，临终前留下孤儿是最让人放心不下的事。若要托孤，一定会选择非常信任的人，所以可以“托六尺之孤”

的人一定是品德和能力上可靠的人。此处李泽厚先生有另外一种解释，他认为，“可以托六尺之孤”可能指周公辅佐周成王的这种精神。周武王去世后，周成王登基，但那时周成王还未成年，所以周公辅助周成王治国。周成王成年后，周公归政于周成王。“可以托六尺之孤”，指的是周公受托辅佐幼君。李泽厚先生的这种解释是把“六尺之孤”具体到年幼的小君主了，我们可以参考，但不建议这么去翻译。“六尺之孤”的内涵远比“六尺之君”更广泛，更有包容性。

“可以寄百里之命”，先解释一下“百里”。周朝封建制度下，君主按照公、侯、伯、子、男这样的爵位等级将土地赐封给子弟或功臣，让他们去独立建国。《周礼》上说，公的封地为五百里，侯的封地为四百里，伯的封地为三百里，子的封地为二百里，男的封地为一百里。《史记》上又说，其实在周武王、周成王和周康王时代所分封的数百个国家中，多数只有一百里左右。这里说的“百里”，代指封国、国家，不一定指具体的一百里，也可能是二百里或五百里。所以“可以寄百里之命”的意思是，可以将国家的命运寄托给他。

本章第一层讲可以“托六尺之孤”，可以将孤儿托付给这个人，这是大信任；第二层讲可以“寄百里之命”，可以把国家命运寄托给这个人，这也是大信任。总之，身为君子最重要的品格就是值得信任、靠得住，要按照可以“托六尺之孤”“寄百里之命”的要求去磨炼自己。

“临大节而不可夺也。”节，指关节。竹子有竹节，骨头有骨节，都是重要的关节处。“夺”，指夺走。结合前面讲的“可以托六尺之孤，可以寄百里之命”，这句话的意思是，在危急之际或关键时刻，人们不能从他那儿夺去孤儿的生命、夺走国家的政权。因为他有坚定的气节，遇到重大选择时，他宁愿牺牲自己来保卫受托的孤儿和国家，这就是“临大节不可夺也”。

“托六尺之孤”“寄百里之命”，这些都是重任。能承担这样的重任，能在关键时刻顶得住，不让孤儿的生命被剥夺，不让国家的政权被颠覆，这就是君子人格。君子人格的核心就是可信任，靠得住，生死关头临危不惧，能承担重任。

这种可信任、靠得住的德性是普世的，在任何时代、任何国家、任何文明都会被肯定。假如一个人不可靠、不可信任，那么放在世界上任何一种文明中也难以立足。过去如此，今天如此，未来也如此。

第 四 十 三 课

笃信好学，守死善道

子曰："笃信好学，守死善道。危邦不入，乱邦不居。天下有道则见，无道则隐。邦有道，贫且贱焉，耻也；邦无道，富且贵焉，耻也。"

《论语·泰伯·十三》

孔子说："深深地信从并爱好学习，誓死坚守善道。不进入危险之国，不居住在动乱之国。天下有道就出来做事，天下无道就隐居。国家有道，自己贫贱，是耻辱；国家无道，自己富贵，也是耻辱。""笃信好学"中的"笃信"，指深深地信从。孔子"笃信"什么？《述而》篇中孔子说自己"信而好古"，也就是相信和热爱古代周公的治国之道。孔子是一位对世界有信心的人，他相信上天之道、宇宙的秩序是向善的，相信周公礼乐之道是天道秩序的表现。"好学"，学的主要是诗书礼乐。孔子认为，诗书礼乐传达的其实就是上天之道，就是上天好生之德，所以学习的本质是学习上天之道，践行上天之德。"守死善道"，指坚守善道，以死相守。"善道"，就是仁道，就是敬天爱人、有益生命，这是周公之道的核心思想。

“笃信好学，守死善道”这句话我们可以这样理解：孔子对世界的深层秩序有信任，他深信天地之间有“善道”。“好学”，指热爱学习善道，学会以善待人。“守死”，指以死守住善道，顽强坚守善道。孔子的信仰、学习和坚守，都以善道为中心。

“危邦不入，乱邦不居”，意思是，危险的国家不进入，动乱的国家不去居住。在孔子生活的春秋时期，诸国林立。孔子周游列国，是想争取诸国政治权力的支持以实现自己的主张，但他对要去的国家是有所选择的。如果这个国家的国君大臣治国无道，危险动乱，即使去也不安全，成不了什么事，所以孔子说“危邦不入，乱邦不居”。

公元前497年，孔子五十五岁，他离开鲁国周游列国近十四年，六十八岁才返回鲁国定居。现在看来，在春秋诸国林立的时期孔子还算幸福，他有选择国家的权利。在周游列国途中，孔子没有遇到严重的危险，可见当时的中原大体是和平与宽容的。民众有国家选择权，各国需要竞争才能招来人才，某种意义上这也对各国君主形成一定的压力，他们不能把坏事做绝。

对待百姓太坏的国家，民众就会用脚投票，迁徙到其他国家。一旦人口流失，国力就会衰败。不仅读书人，普通民众也有一定条件做到“危邦不入，乱邦不居”。所以，春秋时期各朝廷面对民众相对宽容且有底线。

“天下有道则见，无道则隐”，指天下有道就出来从政做事、兼济天下，天下无道就退隐回家、独善其身。可以说是“有道则兼济天下，无道则独善其身”。类似的话，孔子讲过不止一次。《公冶长》篇记载，孔子说：“道不行，乘桴浮于海。”意思是，如果我的道得不到推行，我就乘船浮海而去。

“天下有道则见，无道则隐”这句话给前面的“笃信好学，守死善道”加了一个边界、一个限制。“守死善道”，孔子讲的以死坚守善道在此更多是指独善其身、不改变自己的价值观，并不是指一定要去改变世界。

“天下有道则见”，天下有道就出来当官做事，这是锦上添花。“天下无道则隐”，天下无道、困苦时就隐退，独善其身，不参与无道朝廷去作恶。我们可能会质疑，天下无道的时候，万民不是最需要有道之士去行动吗？为什么不去制止朝廷之无道呢？我们可以这样提问，但孔子不这样想，他不是这样的人。孔子时代奉行的是封建贵族世袭制，各国政权由封建贵族们共同拥有，国家的主人是各贵族家族。孔子不是贵族，他的心态是“士”的心态，或多或少是服务君主贵族的心态，类似今天所说的职业经理人的心态，而不是国家主人翁的心态。这与屈原不一样，屈原是贵族，有国家主人意识，是愿意与国家共存亡的。

本章展现了孔子独善其身的坚定，以及他面对天下无道时的退隐心态。孔子似乎并不是以天下为己任，不是国家兴亡人人有责的心态。他有推行仁爱秩序的社会理想，但也有明哲保身的一面。

《卫灵公》篇记载，孔子说：“志士仁人，无求生以害仁，有杀身以成仁。”这是强调杀身成仁的牺牲精神。这句话强调，不能做有害于“仁”的事，而宁愿杀身以成就“仁”。与本章结合起来看，这同样是指对自己的高要求，是“君子求诸己”，而不是去改造外部世界，不是一定要去把一个无道之世界变为有道之世界。请注意孔子身上所体现的这个特殊的分寸。孔子有理想追求，有价值原则，但也有明哲保身的一面，他的个性比较复杂。孔子这种中庸的取向对中国的知识分子影响很大。

今天的我们是全球化时代面向世界的人，要有全球的视野和心胸，在人类文明的参照系上来定位国学、看待《论语》和孔子。我把孔子与人类文明史上的三位大思想家来做一个对比。

第一位是摩西。公元前1400年前后，摩西率领以色列奴隶从埃及逃出，渡过红海，走入荒野。在以色列人遭受奴役之苦时，摩西救以色列人出埃及，九死一生，没有后退。摩西不明哲保身。第二位是苏格拉底。公元前399年，比孔子约晚一百五十多年，古希腊哲学家苏格拉底听从自己内心神的声音，不愿违心承认错误，被判处死刑。最后苏格拉底自己喝了毒酒，为坚守原则而死。苏格拉底不明哲保身。第三位是耶稣。公元30年左右，犹太人耶稣为坚守自己对信仰的理解，被钉上十字架。耶稣不明哲保身。

摩西、苏格拉底、耶稣都有一个特点，就是他们都“守死善道”，他们没有独善其身，而是要改造世界，为此不惜与世界发生矛盾，不惜自我牺牲。他们的力量不仅在于表达的思想，还在于他们不惜自我牺牲的人格力量。

摩西、孔子、苏格拉底、耶稣都是重要的精神传统的塑造者，相比之下，孔子既追求理想也珍惜生命，不愿去硬碰硬。熟悉摩西、耶稣和苏格拉底等人物精神的人容易觉得孔子精神的强度偏小，对此我们也可以理解成孔子的态度比较温和。

不同的文化创始人往往塑造不同的国民性。中国的家长多数会采取孔子的态度，不会让孩子为了宗教信仰、世界正义或国家兴亡去奋斗牺牲，但会要求他们做个好人，独善其身。西方的家长可能会更认同孩子以摩西、苏格拉底或耶稣为榜样，为真理和正义舍生忘死。因此，我们拥有不同的传统、不同的社会。

“邦有道，贫且贱焉，耻也。”这是说，如果国家有道，自己却处于贫贱的状态，这是令人羞耻的。“贫”，指经济贫困。“贱”，指没有社会地位。国家有道，政治开明，就意味着有做正事的机会，读书人认同朝廷的价值观，就得出来做官，服务国家。如果遇上了好朝廷读书人还处于贫贱之中，那就是羞耻的，说明这读书人没学问、没本事。

“邦无道，富且贵焉，耻也。”如果国家无道，读书人却拥有富贵，这也是令人羞耻的。国家无道，你出仕为官，又有钱又有权，说明你的富贵来路不正，是无道而来。你所行并非善道，是个无道之人，一个不能独善其身的人，一个与无道的朝廷同流合污的坏人。这种情况下得来的荣华富贵，孔子深以为耻。

“邦无道，富且贵焉，耻也”这句话，孔子说到做到。大约在公元前505年，季氏的家臣阳货控制了鲁国政坛，阳货盛情邀请孔子出仕为官，但孔子认为阳货以家臣身份反叛季氏并控制鲁君的行为属于无道，所以拒绝了阳货的邀请。

相比摩西、苏格拉底、耶稣这些历史人物，孔子是一位有社会理想的人，他守得住自己的价值底线，能独善其身，但不是那种以人类为己任、为真理和改造世界而舍生忘死的人。孔子是一位小心、温和的理想主义者。

可能有人会说，别太高要求了，能做到孔子这样独善其身、坚守价值底线，已很不容易。这说得不错。我们要像孔子那样有个人的基本价值坚守，但也要放眼世界，学会对自己、对社会有更高的期望和追求。

第四十四课

不在其位，不谋其政

子曰：“不在其位，不谋其政。”

《论语·泰伯·十四》

孔子说：“不在其位，不谋其政。”这句话今天仍然很流行，可翻译为：不在这个职位，就不谋划这个职位的政务。任何一个职位，都有相应的职权和职责。“不在其位，不谋其政”，大意就是在什么职位，就思考这个职位的事，运用这个职位的职权，承担这个职位的责任。凡思考和做事，我们要各守本分、各司其职，不要越权，要遵守组织管理的层级秩序，这是孔子的一贯思想。

《颜渊》篇记载，齐景公就治国问题请教孔子，孔子的回答是：“君君，臣臣，父父，子子。”意思是，君主有君主的规矩，臣子有臣子的规矩，父亲有父亲的规矩，儿子有儿子的规矩。例如君仁、臣忠、父慈、子孝，各有各的行为规范。

任何一个组织，都有命令与服从的层级制，都有分层级的岗位职权和职责的规定，不然无法运行。十九世纪后期到二十世纪初期，德国重要的思想家马克斯·韦伯用“科层制”的概念来说明这种官僚制度，他认为伴随着职业官僚制度的出现，这种“命令—执行”的科层制度提高了政治组织运行的效率，是人类社会的进步。

“不在其位，不谋其政”反映了孔子早期科层制的管理思想。孔子把朝廷内部的命令和服从进行了科层制的处理，后来法家商鞅和韩非对这方面更是高度重视，认为职位必须有明确的职权和职责划分，严禁越权。法家认为越权会造成内耗，降低组织运行的效率。即便在今天，科层制管理仍然是主流。任何组织都会要求每人做好自己岗位职责所要求的任务。员工不能自己的工作没做好，却一天到晚越权谋划领导层的工作。同样，领导也不能不做好自己层级该做的事，而去干预下属的事。

需要注意的是，孔子讲的“不在其位，不谋其政”从组织管理学上看是正常的，也可以说是中国政治管理职业化的表现，是一种管理学上的进步，但是这种分层管理的思想经过曾子和孟子解读后，也容易变成一种负面的思想。在此解释一下。

“不在其位，不谋其政”这句话，在《论语》中出现过两次，一次在本讲《泰伯》篇，另一次在《宪问》篇。《宪问》篇中还有曾子对这句话的说明，曾子说：“君子思不出其位。”孔子讲的是“不在其位，不谋其政”，谋划，指一种行动，一种在组织中的越权行动。曾子则更极端，直接认为“君子思不出其位”，意思是君子考虑问题从不超过自己的职权范围，不只是行动不能越权，就连想法都不能越位。

如果按曾子这么极端的解释，那就完全不符合孔子的思想和行为特征。孔子是一位平民，却心忧天下事，与学生讨论的多是朝廷政治的管理问题，还经常批评时政，所以孔子肯定是“思出其位”的。孟子比曾子更过分，《孟子·万章下》中说：“位卑而言高，罪也。”地位卑贱而谈论地位高的人负责的事，这是罪过。这完全封杀了越出社会地位去思考和表达的可能。

事实上，“思不出其位”并非孔子的思想特征，也不符合曾子、孟子的行为特征。孔子、曾子、孟子三位都是平民，都关心天下大事和国家治理，考虑的都是王公贵族们所考虑的事，都是“位卑而言高”的。

《为政》篇记载，有人问孔子：“老师您为什么不去从政？”孔子说：“孝敬父母，友爱兄弟，就会影响到政治。”意思是，我孝敬父母、友爱兄弟，这就是从政，为什么一定要当官才算从政呢？孔子并没有政治职位，但他认为自己在家也可从政。在家孝敬父母、友爱兄弟，就能影响别人去孝敬父母、友爱兄弟，家庭中的孝悌是社会仁爱秩序的基础，是一种能影响社会政治的行为。

季氏使用天子礼乐，违背礼制，孔子就公开批评季氏“是可忍，孰不可忍”。孔子是一位平民，之所以操心卿大夫和天子的关系，是因为他关心社会秩序，担心社会混乱造成生灵涂炭。很显然，孔子没有朝廷职位时仍然关心社会、思考政治。所以曾子所说的“思不出其位”，不是孔子的思想，孟子所说“位卑而言高，罪也”，更不是孔子的思想。孔子是“思出其位”“位卑而言高”的。我们不能因此说孔子不是君子，更不能说孔子是罪人。

孔子每讲一句话，都有具体针对性，但《论语》中常常没有把他讲话时的场景写清楚，以至于后人有时难以理解他的针对性。孔子讲“不在其位，不谋其政”，当时具体针对的是什么事？我们已不了解。但如果把它当成一个普遍性的标准，就与孔子本人的言行不符。如果不与孔子的其他思想整合起来思考，就容易造成一种误解，认为孔子要求只管好自己分内的事，不去想职位外的任何事，不去关心朝廷的运行和社会的整体问题。

孔子的特点是：不在其位，胸怀天下；从自己做起，去影响天下。但从朝廷治理来看，他有科层制的思考，认为人人要坚守职责，不能越权，要“不在其位，不谋其政”，他关注的是组织运行中必要的科层秩序。不仅朝廷如此，社会也如此，都有一个孝敬父母和友爱兄弟的秩序问题。

从管理思想来看，孔子具有宏观思考、科层行动的特征，这是一种比较好的状态。最好的管理学是让全体员工有共同的理想和信念，有对全局的了解和思考，但在行动中又能严格遵守职权和职责的边界，各司其职，做好自己分内的事，从而实现全体协作的最佳效果。

下面这个故事最能说明什么是好的管理学。一个建筑工地上，一群工人在砌墙。有人前去问：“你们在做什么？”一位工人回答：“你没看见？我在盖房子。”这是一位普通工人。另一位回答：“我们在盖一幢最好的房子。”这是一位有技术追求的工人。还有一位工人回答：“我们共同在为上帝建设他的圣殿。”这位工人就是能当领导的工人，因为他把具体工作当成信仰在做，有工作全局感和意义感，他会更为投入和用心，能感染和激励团队，同时他也会专注于自己的技术工种，做好自己的事。

这三位工人都是“不在其位，不谋其政”的，因为从行动上看他们都在砌墙，在履行他们的层级职责。但是，那位认为自己在为上帝盖圣殿的工人才是有整体思考的，工作对他有更高的意义，他对工作的激情和投入更高，工作效果也会不一样。我们读“不在其位，不谋其政”时，不要误解为别去操心别人的事和不承担责任，而要理解为科层管理，做事不要越权，以免制造混乱，要按职位的职权和职责规定去把事做好。

孔子心怀天下，是一个有宏大理想并为之奋斗的人。无论做什么事、身处什么社会地位或职位，他都着眼于敬天爱人、建立一个仁爱的世界。对孔子来说，具体的工作是有神圣性的，是宏大理想的具体落实和仁爱世界的具体推进。

第四十五课

民可使由之，不可使知之

子曰："民可使由之，不可使知之。"

《论语·泰伯·九》

研究《论语》我有一个很深的印象，就是如同走进一片大森林，林中有各种高大的树木，有河流和美丽的鲜花，有蝴蝶和飞鸟，但也有毒草和蛇，还有危险的沼泽地——而这就是大自然。每个人都如同大自然，有美好的地方，也有不美好、危险的地方。

孔子是我特别喜欢的思想家，他的优点很明显，有天命意识和社会理想，追求君子人格，追求上下仁爱的社会秩序。孔子的缺点也很明显，而他可贵的是，他的优点缺点如同大自然一样，都能坦然地表现出来。

"民可使由之，不可使知之。"这句话译过来就是，可以让民众照着安排好的路走，不可以让他们知道为什么要这样做。也就是说，朝廷为了国家利益制定好政策后，让百姓按政策去做就行了，不必让他们知道为什么要制定这样的政策。

近代以来，民主思想进入中国，孔子这句话被批判很多。批评者认为孔子在朝廷与民众关系上剥夺了民众政治参与的权利。一些喜欢儒家的学者为保护孔子，开始重新解释这句话。

例如，康有为把这句话重新断句成："民可使，由之。民不可使，知之。"这样断句后就成了：民众认为可以做的，就去做；民众认为不可做的，就要向民众解释清楚。孔子这句话因此就被理解为民主价值的表达，但这样的解释并不符合学术求真的原则。

周王朝是一个贵族统治的社会，主流的治国哲学是"敬天保民"。孔子所讲的一切，都是对周朝"敬天保民"治国之道的继承。孔子强调，统治贵族要成为好的、有德性的统治者，就要敬畏上天，为人民服务。但孔子并不认同民众的参政议政，他认同的是一个与民为善的贵族等级社会。

《季氏》篇记载孔子的话："天下有道，则庶人不议。"君主贵族治国有道，以德治国，善待民众，民众就不会议论政治。如果民众纷纷议论政治，说明天下无道。孔子认为，执政治国要为人民服务，但如何服务才好，不必让民众明白背后的道理。孔子这种思想，在人类同期的古代思想史上并不少见，甚至可以说是主流思想。

当代美国有一位特别的思想家施特劳斯，对美国的政治保守主义思想有深刻影响。在研究古希腊哲学时，他提出这样一个观点：古希腊哲人认为，大众是接受不了真相的，直接把真相写出来对思想家来说是危险的，所以古希腊哲人们采取了"隐微式写作方法”。“隐微式写作方法”相当于孔子写《春秋》时的春秋笔法，也即隐微地表达。

例如，大众永远是要被少数智者统治的，不同的社会制度只是选拔统治者的方法不同。如果这是真相，在民主社会的古希腊就不能被说出来，因为揭示这个真相的人会被大众仇恨而陷入危险的境地。大众愚蠢，却不能直接对大众说：你们是愚蠢的，因此你们必须由智者来严格统治。

孔子为什么说“民可使由之，不可使知之”，我想了很久，觉得它与孔子另外一句话有密切关系。这句话记载在《论语·阳货》中：“唯上知与下愚不移。”意思是，唯有上等人的智慧和下等人的愚蠢，是永远不会改变的。

孔子既然将人群分成“上知”与“下愚”，当然就会得出结论“民可使由之，不可使知之”。上知者安排一切，下愚者听从就是，这就是最好的社会。

愚蠢的人能听懂高智慧者的想法吗？听不懂。如果非讲给他们听，反而搞乱了他们的想法。孔子有这种想法，除了他本来就身处贵族等级社会之外，也与他当老师有关。凡当老师的都知道，一个班上，少数人是优等生，少数人是差等生，多数人是中等生。这种层级很难改变。

孔子认为这种分级状态是上天的安排，是天道秩序。在这个意义上，孔子是平等主义的反对者。他反对赋予不同的人同等的权利。当然，孔子是复杂的，他也不完全是平等的反对者。这与孔子对社会等级的形成有自己特别的看法有关。

孔子并不认为，上智者与血缘有关系，它与学习和修德相关。如何选择出上智者并赋予他们治理的权力？孔子认为，通过文化和德性，可以识别和选拔出优秀者来进行领导。某种程度上，孔子是一位“教育机会均等”和“德性机会均等”的支持者。孔子生活在血缘贵族的等级社会，他要寻求贵族的支持，就不能说得太明白。他“德性机会均等”的观点表达得很隐晦，是隐微式的。

孔子认为，这个社会不可能是一个平等的没有等级的社会，在这个意义上，他反对极端化的平等主义。但同时，他也认为社会等级的形成，应通过学习和修德，这又使他超越了传统的血缘等级社会。可以说，孔子倡导的是一种德性竞争、开放的等级社会。社会是等级制，必须服从等级权威。但等级的形成，应通过学习和修德，是可以通过开放竞争而形成的。这就是孔子的中庸之道。

但是，孔子“民可使由之，不可使知之”的思想在社会实践中会被扭曲为：政治上的输家不能过问政治，国家政权全部属于赢家。所谓赢家，就是战场上的赢家以及他们的后代，属于打江山坐江山的家族。今天的人们已经完全不可能接受这种思想。中国的宪法规定国家属于人民，既然属于人民，人民当然就应该有参政议政的权利。

孔子这种否定民众参政权的思想，不仅在今天倡导平等的民主价值观下是不可接受的，与孔子之前的思想家比较，相对来说也是保守的。例如，《尚书》记载周武王的话：“天视自我民视，天听自我民听。”意思是，上天通过民众来看，上天通过民众来听。

上天的旨意，在民心之中。既然天命在民心中，为什么不让民众表达和参与呢？

老子对民众的看法则更为积极肯定。《道德经》第四十九章写道："圣人恒无心，以百姓心为心。"意为，圣人没有自己固定的成见，圣人以百姓之心为自己之心。既然百姓之心应当是当政者顺从的对象，如果不让民众议论和表达，百姓之心如何呈现呢？从这个意义上，老子对周武王的思想继承比孔子还要多。

"民可使由之，不可使知之"这句话，在古代贵族社会是普遍的看法，但今天看是很有局限性的。上天是公正的，并不会把人才的种子只撒在贵族阶层，而是撒到各阶层中，一般民众的家庭，也会有人才产生。

孔子从小生活贫贱，但心态上一直以贵族统治者自居，这使他把民众当成不成熟的小孩子而不是有尊严的成年人，这是孔子政治思想中潜在的最大问题。与孔子不同，老子虽身为贵族，在政治哲学上却把民众当成成熟的有自主能力的成年人。而现代社会的政治制度，前提就是要把每个人当成能自立的有尊严的成年人。

"民可使由之，不可使知之"的思想，没有把民众当国家的主人，没有为民众参政议政开放通道，使他们的政治能力得到训练和提升，整个国家的政治因此被垄断，而垄断导致了腐败和落后。在今天，这是要批判的。

子罕篇

第四十六课

匡人其如予何？

子畏于匡，曰："文王既没，文不在兹乎？天之将丧斯文也，后死者不得与于斯文也；天之未丧斯文也，匡人其如予何？"

《论语·子罕·五》

孔子被围困于匡地，孔子说："周文王已去世，文化不就在我这儿吗？上天若要让这文化灭亡，以后的人就不会了解这个文化了；上天如果不让这文化灭亡，匡人又能拿我怎么办呢？"这章极其重要，它揭示了孔子精神中最重要的层面和中国传统精神中最重要的部分——孔子的上天信仰、中国传统精神中的天命信仰。

"子畏于匡"中的"畏"，指围困。"畏"和"围"古音相近，此处是被包围、围困的意思。"子畏于匡"相当于"子围于匡"。孔子被匡人围困一事，大约发生在公元前496年。当时孔子和弟子们从卫国去陈国，经过匡地。鲁国阳货曾率军攻打过匡人，匡人误认孔子是阳货，就包围了孔子一行。《庄子》中也提到孔子被匡人围困的事，说"宋人围之数匝"，意思是宋人包围了孔子，包围他的人有好几圈。《淮南子》记载，孔子在匡地被围困后，神态镇定，弹琴歌唱不断（然而围于匡，颜色不变，弦歌不辍），用的也是“围于匡”。

“文王既没，文不在兹乎？”文王，指周文王，是周武王和周公的父亲。周文王是周王朝的奠基人，他奠定了周人推翻商朝的力量基础。“文王既没”中的“没”，通“殁”，指死亡，“既”就是已经，这一句意思是文王已经去世。“文不在兹乎？”中的“文”，通常翻译为文化或文明。“文”往往与“武”相对，即所谓文武之道，武力之外的国家文化、制度和政策等都可称为“文”。习惯上又连称“文德”，“德”是“文”的价值源泉，“文”是“德”的具体表现。

孔子认为，周文王以来“文”这个辉煌的文化传统就在自己身上，自己是周朝文化的传承者。孔子有一种特殊的自信，来源于他对上天的信仰和他的天命选择感。孔子认为自己被上天拣选并赋予了传承周文化的使命。

使命感对生命很重要。但什么是使命感？使命，意思就是出使去完成旨命。使命由两大元素构成，一是命令的发出方，二是命令的执行方。从执行的角度来说，孔子执行的使命是传承周文化。从命令的角度来说，这个命令来源于上天，是天命，孔子是受命于天去执行上天的命令。

“天之将丧斯文也，后死者不得与于斯文也”，这句话中的“天”指上天，又称上帝，即有意志的最高人格神，是宇宙万物、历史命运的主宰，也是个人命运的主宰。“丧”，即“使之丧”，使之灭亡的意思。“与”，指知道、了解。“后死者”，指后来死的人，但具体指谁呢？以杨伯峻先生为代表的一种观点是，“后死者”指孔子自己，以李泽厚先生为代表的一种观点则认为指孔子以后的人。

如果把“后死者”理解为孔子本人，“天之将丧斯文也，后死者不得与于斯文也”的意思就是：如果上天要灭亡周文化，那我这个周文王以后的人就不应该能掌握周文化。但我掌握了周文化，所以至少从周文王到我这儿，上天要让这文化存续下去。如果把“后死者”理解为孔子以后的人，这句话的翻译就不同了，意思就变成：如果上天要灭亡周文化，就会让我这个周文化的传承者被匡人杀死。我死了，周文化就断了、灭亡了，我以后的人就不会再知道周文化了。

我认同李泽厚先生的看法，认为应当把“后死者”理解为死在孔子后面的人。因为本句的核心，讲的是孔子与周文化这种生死共同体的关系：如果上天让孔子死了，周文化也就死了。上天要灭亡周文化，孔子以后的人就再也没有可能了解和掌握周文化了。

“天之未丧斯文也，匡人其如予何？”这句话的意思是，上天如果不打算让周文化灭亡，匡人又能拿我怎么办呢？孔子认为，上天拣选自己来传承周文化，自己的命运就与周文化的命运是一体的。所以，如果上天并不想让周文化灭亡，要让他把周文化传播下去，那么上天就会保护他这位周文化的传人。

孔子的逻辑很简明，上天要让周文化传下去，就会用我，我有上天护佑，就会很安全。反之，如果上天不想让周文化传下去，我这个懂周文化的人就没有存在的必要了，上天就会灭除我。

孔子认为，自己的命运由上天决定，与匡人没有关系。上天要周文化存续，就会让孔子活下去，匡人就无法伤害孔子；上天不要周文化存续，匡人就会杀了孔子。无论是孔子还是匡人，其实都是上天的安排。所以孔子面对上天，是完全的听天由命、完全的信靠。

面对危险时，孔子在精神上就依靠上天，这是孔子最强大的心理防卫机制。信仰，是最强大的心理防卫机制。除了本章之外，《述而》篇中也表达过几乎相同的内容，孔子说："天生德于予，桓魋其如予何？"孔子认为，上天把德生在自己身上，上天赋德于我，上天选择了我。被上天拣选的人有上天护佑，凡人伤害不了。我的命运是上天决定的，不是宋国的司马桓魋可以决定的。

今天我们日常语言中所用"德"的概念，更多指善待他人，指人与人的关系。但从孔子"天生德于予"的表达来看，"德"是上天与人的关系，是天人关系，是上天护佑人、赋予人的力量。有上天赋德，才有以德待人，天人关系决定人际关系。在这样的背景下，如果一个人不敬天，就无德可言了。

"天生德于予"和本章"文不在兹乎"有内在的联系。"文德"是一个常用的复合性概念，《诗经·大雅》中赞美周天子"矢其文德"，是指周天子实施文德之政。"德"是"文"的本质，"文"是"德"的形式。"德"，指上天好生之德，指朝廷保育万民。"文"，就是人类用"文"的精神、制度和习俗去实现"德"的要求。孔子强调"以德治国"，以诗书礼乐教弟子，其中德为教育的本质，诗书礼乐即为形式。因为"天生德于予"，所以孔子在危难之际，心理上有上天可依靠，相信上天对自己的护佑，由此拥有超越现实困难的精神力量。

第四十七课

固天纵之将圣

太宰问于子贡曰："夫子圣者与？何其多能也？"子贡曰："固天纵之将圣，又多能也。"

子闻之，曰："太宰知我乎！吾少也贱，故多能鄙事。君子多乎哉？不多也。"

《论语·子罕·六》

《子罕》篇记载，太宰问子贡："孔夫子是位圣人吗？他怎么会有这么多方面的才能呢？"子贡说："这本是上天让他成为圣人，又使他拥有各种才能。"孔子听说后，说："太宰知道我呀！我小时候贫贱，所以会做许多社会下层做的事。当君子需要多方面的技能吗？并不需要多方面的技能。"

来看第一句"太宰问于子贡曰"。"太宰"是个官名，具体指谁《论语》中没有说明。本章中涉及三个角色，一是太宰，二是子贡，三是孔子，三人角色不同，看问题的角度也不同。弄清太宰这个官职的职位特征对理解本章很重要。

太宰在商朝时是总管君主家务的官，相当于大管家，主要负责君主家庭的衣食住行及祭祀用品的安排。《说文解字》中将“宰”解释为在家里做事的罪人。商朝时君主家庭的勤杂家务主要由奴隶担任，太宰就是这些家务奴隶的主管。

商朝以后，太宰这个官职的职责有所扩大，但负责君主家务一直是本业。太宰负责君主家庭成员的衣食住行、祭祀用品、医疗娱乐等事务，所以一般是有多方面才能、懂各种勤杂事务的人。太宰向子贡问话，就有特定的职业角度。

这位太宰问子贡：“夫子圣者与，何其多能也？”孔夫子是位圣人吗？他怎么会有这么多方面的才能呢？注家习惯把“多能”译为多才多艺，这不妥当。多才多艺往往指比较高雅的事，例如琴棋书画，但“多能”并非指高雅之事，而是指做具体事务的能力。

从这个问话内容看，这位太宰不可能是鲁国太宰。孔子从小家庭贫穷，为谋生做过各种下层工作。孔子最初在季氏家当小家臣，从事粮草和畜牧管理，懂得各种杂活。后来孔子学业有成，出仕为官，也是季氏家在后面支持。如果这位太宰是鲁国太宰，他不可能不了解孔子的情况。孔子曾周游列国，这位问话的太宰可能是卫国的，也可能来自齐国或周王室。

“多能”，指有多方面的能力。对太宰来说，什么是圣人？圣人意味着多能。太宰是君主家臣的头目，有实权地位，但他的主要工作又是与家务和仆人奴隶打交道，所以得不到很高的社会尊重。太宰会问子贡这个话，应当是子贡向太宰赞美自己的老师孔子，说孔子老师是位圣人。这位太宰很敏感，因为孔子有一个特征跟太宰很像，就是孔子也懂得许多社会下层人干的勤杂事务。这些杂事，比如放牛赶羊、宰杀牛羊、做饭做菜等，都不是贵族君子们懂的，而是下人们才懂的。

子贡又说孔子是位圣人，这意味着圣人和社会下层事务并不矛盾。懂得各种社会底层的勤杂事务，懂得如何去服务人、伺候人，也能同时成为圣人。如果拥有多方面能力的人也能成为圣人，那么太宰当然就可能成为圣人，因为太宰的职业特征一定是“多能”。太宰对子贡的问话背后的想法就是：多能等同于圣人，圣人等同于多能。太宰很开心，孔子身上的圣人之光照亮了自己，太宰也感到一丝圣人的尊严：如果孔子会干这么多下人的活也能成为圣人，那我比孔子更会干下人的活，是不是也有成为圣人的可能？

子贡知道，一个人是否能成为圣人与他是否具有多种技能没有直接关系。多能不等于圣人，圣人不等于多能。成为圣人是因为有德性，有美德，一种由上天赐予的美德，一种关怀生命、服务生命的美德。如果按今天的术语，是否是圣人主要涉及价值观的问题，而“多能”指多方面做事的具体能力。

子贡很聪明，他明白太宰这种“多能等同于圣人”的背后想法。子贡要照顾太宰的面子，又要分清楚圣人与多能的差别，他的回答很巧妙。子贡说：“固天纵之将圣，又多能也。”上天本来就要他成为圣人，同时又使他具有多方面的技能。“纵”，就是放纵、放任的意思。“固”，指本来。“将”，指必定。

子贡这个回答很有技巧，他委婉否定了圣人德性与具有多种技能的必然联系，但同时又强调圣人德性与掌握多种技能并不矛盾，圣人与多能是可以统一的，子贡的回答给了太宰面子。

子贡后来是一名成功商人，他有商人思维。各国太宰负责君主的家用采购，是子贡的大客户，子贡不会伤他们面子。看来子贡的情商和社交能力很高，即使不同意对方的观点，也不会伤害对方自尊。

孔子似乎就远没有子贡那样会交际。孔子是一位质朴而真实的人，他不太会绕弯子，也不会藏着掖着。我们来看孔子的回答。子闻之，曰："太宰知我乎？吾少也贱，故多能鄙事。君子多乎哉？不多也。"孔子听说这事后说："太宰他也知道我吗？我从小生活在贫贱中，所以能做那些社会下层的事。身为君子，要有多方面技能吗？不必有多方面技能。"

"太宰知我乎？"意思是，难道太宰他也知道我？太宰是君主管家、宫廷内臣，一般是不问外事的。孔子在鲁国为官曾做到大司寇，这是鲁国高官，鲁国太宰肯定是知道孔子的。孔子离开鲁国周游列国，他在鲁国之外并非重要人物，其他国家的太宰不知道孔子是正常的，所以孔子才会有这样的说法。

孔子解释说："吾少也贱，故多能鄙事。""少"，指小时候、青少年。"贱"与"贵"相对，指社会地位低。"吾少也贱"的意思是，我小时候是一个贱民，社会地位低贱。

我很喜欢孔子，他质朴率真，毫不掩饰自己低贱的出身。后代儒生就没有孔子这种质朴，喜欢把孔子家世追溯到五百年前的商朝贵族，希望用贵族家世来抬高孔子的地位。他们其实不懂孔子。孔子的伟大，并非是因为他出身富贵家族，而是因为孔子虽然出身贫贱，但好学上进，通过自己努力而成长为文化圣人。孔子是底层士人通过好学上进而改变命运的榜样，他开启了学习改变命运的道路。

“故多能鄙事”，所以会做许多社会下层做的事。孔子解释自己之所以有多方面技能、会做当时社会下层做的那些事，是因为自己家里穷，需要谋生打工，因此干过各种杂活。“鄙事”，指社会底层人做的事。孔子年轻时放过牛羊，做过粮草仓库管理员，这些都属于鄙事。这些事贵族子弟是不做的，他们学习的是统治的本领，是礼、乐、射、御、书、数这六艺，也就是礼乐、射箭、驾驭战车、读史书、学计算等。贵族学的是文化、军事和管理，不做养牲口、管仓库、盖房子、做菜饭这样的事，这些事都是社会底层人干的“鄙事”。

“君子多乎哉？不多也。”这句话的意思是，当君子需要多方面的技能吗？并不需要多方面的技能。子贡和太宰讨论的是圣人与技能的关系问题，孔子不认为自己配得上圣人标准，所以只敢讲君子。孔子否定了君子与多种技能的必然关系，他认为君子，是一种德性问题，是价值观问题，君子的德性与多种技能不是一个层面的问题。一个人并没有多方面技能，但他德性高尚，也是一位君子；一个人即便拥有多方面技能，但德性恶劣，就不是君子。

孔子的话，一点没有给太宰留面子。孔子说自己之所以有多方面的技能，会做那些下人们放牛羊、管仓库之类的鄙事，都是因为生活所迫，跟自己是不是君子没关系。是不是君子，是价值观、德性的问题，与所掌握的生活技能无关。

反过来也可以说，无论你做什么具体工作，都可以通过学习修身提高自己的德性，走上君子之路。要想当君子，太宰不必证明自己多么能干，有多丰富的技能，而是要去提高自己的德性，去敬天爱人。

第四十八课

吾有知乎哉？无知也

子曰："吾有知乎哉？无知也。有鄙夫问于我，空空如也。我叩其两端而竭焉。"

《论语·子罕·八》

孔子说："吾有知乎哉？无知也。有鄙夫问于我，空空如也。我叩其两端而竭焉。"孔子这段话的意思是，我很有知识吗？我不算有知识。有没文化的人问我，我空空的一无所知。我探寻问题的本末而竭力去了解。

"吾有知乎哉？无知也。"要准确理解这一句，我们先参考《论语》中的其他句子。《述而》篇记载，孔子说："我并非生而知之，而是因为热爱古代文化，勤勉地去追求。"对孔子来说知识是存在的，但一个人之所以能拥有知识，是勤勉追求的结果。

《季氏》篇记载，孔子说："生而知之者，上也；学而知之者，次也；困而学之，又其次也；困而不学，民斯为下矣。"孔子认为，知识是客观存在的，但人们获取知识的方法不同。孔子把拥有知识的人分为三类：一是生而知之者，天生有知识的人，天才的知识因天启而来，这是上等；二是学而知之者，学习以后拥有知识的人，属于次等；三是困而学之者，有困惑而后努力去学习的人，这是再次等；第四类就是困而不学者，有困惑而不去学习的人，这种人孔子称之为下等。

孔子从来不认为自己是生而知之者，而认为自己的知识是勤奋好学得来的。在这样的背景下，我们能更好理解本章的“吾有知乎哉？无知也”。这句话的意思可能有两层：一是我并非生而知之者，我的确拥有不少知识，但这些知识并非我天生就有；第二层意思是，我能掌握一些知识，是由于我努力学习和思考。

人类认识论史上有一种不可知论，这种思想不仅认为人类的知识永远有限，而且认为人类已有的知识也与世界的真相有距离，人在本质上是无知的。中国老子、庄子和古希腊苏格拉底都属于不可知论者。

老子说：“知不知，尚矣。”《道德经·七十三》意思是，知道自己本质上的无知，这是值得崇尚的。庄子说：“吾生也有涯，而知也无涯。”《庄子·养生主》意思是，我的生命是有限的，但知识是无限的。苏格拉底也说：“我是比此人智慧。我与他本来同样是一无所知，可是他以不知为知，我以不知为不知。”《苏格拉底的申辩》

与老子、庄子、苏格拉底相比，孔子并不属于不可知论者，而只属于“有限知识论者”。孔子认为世界可知，但人的知识有限，学习就是增加知识的过程。人通过学习，可以不断掌握更多知识，不断接近真相。孔子平常所强调的不是人的无知性，而是人对知识要诚实，即所谓“知之为知之，不知为不知”《论语·为政》。

下一句“有鄙夫问于我，空空如也”。“鄙”字的原意，就是郊野、乡下。“鄙夫”，指没知识、没文化的乡下人。孔子解释自己不是生而知之而是知识有限，他举了一个例子。有一位没文化的乡下人问他问题，但对这个问题，孔子完全没有现成答案，没有这类知识储备，所以他说自己空空如也。一个没有知识的人的提问，问出了孔子的无知。

孔子很可爱，他并不炫耀自己学识丰富，而是老实承认自己的知识不足。《八佾》篇记载，孔子进入太庙，每件事都请教。孔子不怕承认自己的无知，是一位坦诚并好学的人。孔子是一位优秀的教师，他以这种态度以身作则来激励学生学习。在他看来，人不怕无知，就怕不学；不怕空空如也，就怕不去填充知识。

再看“我叩其两端而竭焉”。这句话的意思是，我叩问这个问题的两端，竭尽全力去了解。“叩”，就是询问。这个“两端”指什么？学术界有不同看法。朱熹解释说，“两端”就是两头，比如始终、本末、上下、精粗，指无所不尽，穷尽各种可能的角度。我认同朱熹的看法。

当别人向我提一个问题，我虽一时不知道答案，但并不简单地回答说不知道，而是努力去想答案。我想的过程就是从不同方面去思考的过程，这个“两端”，大意就是从不同角度去竭力思考。

“竭”，就是竭尽全力，朱熹解释为“不敢不尽耳”，意思是不敢不去穷尽各种可能的答案。这是孔子可爱的地方，遇到不懂的问题，他拼命思考，穷尽各种角度来寻找可能的答案。“我叩其两端而竭焉”，这是一种学习态度。

孔子表达了自己好学深思的学习态度，凡遇上不懂的，就竭尽所能从各个不同角度去思考。孔子教育学生，重要的不在于知识的有无，而是全力求知的态度。人不怕没知识，就怕不学习。一个人只要竭尽全力去思考和学习，就会积累知识量，对世界的理解就会逐渐加深。

第四十九课

凤鸟不至，河不出图

子曰："凤鸟不至，河不出图，吾已矣夫！"

《论语·子罕·九》

孔子说："凤鸟不至，河不出图，吾已矣夫！"这句话的意思是：凤鸟不飞来了，黄河也不出图了，我这一生已经完了！"凤鸟"是一种神鸟、灵鸟。孔子的思想中有些后人很难理解的远古神秘文化，他对凤鸟和麒麟的看法就属此列。

按古代文献记载，商朝和周朝的开国都与神鸟有关。《诗经·商颂》中用这样的诗句描述商朝的兴起："天命玄鸟，降而生商。"意思是，上天命令神秘的鸟降下来，于是诞生了商朝。

商朝因神鸟降临而兴起，周朝也是如此。周朝的出现与神鸟凤凰有关，《诗经·大雅》中说："凤凰鸣矣，于彼高冈。"意思是，凤凰鸣叫啊，在那高岗之上，讲的是凤鸣岐山的故事。《国语》中记载，周人兴起的时候，凤凰鸣叫于岐山。屈原在《惜誓》中也说，凤凰高翔于天，环顾四周，唯有当见到有盛德之人，才会降下来。

所以，凤鸟是祥瑞。凤鸟的出现是上天让有德的圣王出现的征兆，预示着新世界将要建立、天下太平、众生灵得以护佑。如果“凤鸟不至”，则意味着天下无圣人，天下无德，世间不会太平，战乱不已，生灵涂炭。

“河不出图”怎么理解？学术界对此有不少争议。河南洛阳有个龙马负图寺，背后有一则中华始祖伏羲时期的故事。传说有白龙马在黄河兴风作浪，但这白龙马见到伏羲后却爬上岸来，伏在伏羲面前。伏羲看出白龙马身上有一种神秘图案，这就是后来的伏羲八卦。人们认为这是上天派白龙马给伏羲传知识，以此来启蒙人类。

《周易·系辞》中也说：“河出图，洛出书，圣人则之。”黄河中出图，洛河中出书，圣人以之为准则。凤鸟降临，圣人出世。黄河出图，圣人就有了法则。圣人之德和神圣之法源于天命。凤凰是神鸟，河图是神图，都源于上天，是祥瑞，是圣人出现以及天下太平的象征。

所以“凤鸟不至，河不出图”讲的就是上天没让凤凰降临，也没让黄河出图，说明没有圣王出世，天下无德，难以太平。为此孔子感到绝望和悲哀，感叹“吾已矣夫”，我已经完了。

为什么凤鸟不至、河不出图，孔子就觉得一生的使命实现不了呢？凤鸟河图与孔子是什么关系？学界围绕这些问题有不少争论，主要有两种解释：一种认为“凤鸟不至，河不出图”说明天下无圣君，没有圣君用孔子，孔子的理想就实现不了；另一种观点认为，“凤鸟不至，河不出图”针对的就是孔子自己。

孔子认为“天生德于予”，天命选择是对自我命运的最高认定。在孔子之前，上天选择这种表达是用在大舜、周文王这些具有开创性业绩的君主身上。孔子认为上天选择自己，自己肩负上天使命，能建立“为政以德”的社会，给天下苍生带来太平。

本章中的凤鸟与河图是指孔子自己还是另外的圣君呢？虽然提供的信息有点模糊，但我认为应当是指孔子自己，理由有四。

第一，孔子认为麒麟预示自己。《史记·孔子世家》记载曾有麒麟出现，但被猎杀了。孔子发现麒麟被杀，就悲伤地说：“吾道穷矣！”意思是我的道到头了。麒麟和凤凰一样，都预示圣人出世。麒麟已出现，但被猎杀了，这预示孔子虽在人间，但孔子之道行不通，所以孔子认为自己到头了。这里孔子明显是把麒麟现世当成预示自己了。

第二，《论语》中已经用凤鸟来称呼孔子。《微子》篇记载，楚国狂人接舆唱着歌经过孔子身边时说：“凤鸟啊凤鸟！你的德性为何如此衰败啊！”

第三，孔子不认为在自己和上天之间还需要通过明君这样的第三者，孔子与上天是直接沟通的关系，这是最重要的一个理由。孔子说“天生德于予”，明确表示上天直接降德于自己。

《尚书·周书·蔡仲之命》上说：“皇天无亲，惟德是辅。”上天不偏爱谁，只是辅助有德之人。显然孔子坚信自己是有德之人，是上天辅助之人。

《子罕》篇记载，孔子被匡人围困时说：“文王既没，文不在兹乎？”文王去世后，这个行德政的文化不就在我这儿吗？孔子直接把自己和周文王对接，认为自己是周文王的继承人。《宪问》篇记载，孔子说：“知我者，其天乎！”能了解我的，就是上天了。这些都说明孔子直接依靠的对象是上天，不是别人。

第四，从句法上看，“凤鸟不至，河不出图”的表达是与“吾已矣夫”直接关联的，中间并没有“圣王不出”这个圣人中介存在。

基于这四个理由，我认为本章“凤鸟不至，河不出图”的说法是针对孔子自己的。那种认为此处凤凰、河图指圣君而非孔子的观点并没有证据，只是认为这违背了孔子倡导的“忠”原则，认为孔子没有这么大的雄心把自己当圣王。

其实，孔子认为“天生德于予”、自己是周文王的直接继承人的说法，就已违反了礼制。孔子这样想问题并非不忠的表现，这涉及对孔子的“忠”的不同理解。对孔子自己来说，他忠于上天，忠于源于上天的礼制秩序，而不是忠于某个具体的君王。孔子有强烈的使命感，也极其自信，他认为上天赋予了自己实现德政的历史使命，至于这种使命是通过辅助别人来实现还是自己受命来实现，在孔子心中是不加分别的。

正因为孔子有这种受命于天的感受，才对“凤鸟不至，河不出图”感到绝望：上天既然拣选了我，但为什么我都已经老了，却一直没有拥有权位，心中的德政理想仍然无法实现？天下眼看要大乱、生灵涂炭，为什么凤鸟还不飞来、河图还不出现？

孔子悲伤的不仅是自己的命运，更是社会的命运。孔子希望实现以德治国、保护生命的政治，但国家正走向恶的政治、残暴杀戮的战国政治。

没有上天托起这个世界，这个世界会沉沦。孔子知道仅靠自己抵制不了这个世界的沉沦，他需要上天的支持，但上天的征兆一直没有出现，所以孔子内心充满无奈的悲凉。孔子并不抱怨上天，他只是伤感上天没给自己机会，没给这个世界机会。

第五十课

匹夫不可夺志也

子曰："吾自卫反鲁，然后乐正，《雅》《颂》各得其所。"

《论语·子罕·十五》

子曰："三军可夺帅也，匹夫不可夺志也。"

《论语·子罕·二十六》

《子罕》篇记载，孔子说："吾自卫反鲁，然后乐正，《雅》《颂》各得其所。"大意是，我从卫国返回鲁国，然后鲁国的"乐"就正了，雅归雅，颂归颂，都有了适当的安置。

"吾自卫反鲁"指孔子从卫国返回鲁国。大约公元前484年，孔子六十八岁时结束十四年周游列国的经历，从卫国返回鲁国。孔子周游列国，是希望实现自己的政治志向，但孔子不受各国君主信任，政治上一事无成。

"然后乐正"，孔子说自己返回鲁国之后，鲁国的"乐"就正了。《史记·孔子世家》中有记载孔子正乐，说《诗经》三百零五篇，孔子都一一弹琴歌唱，使之符合《韶》《武》《雅》《颂》

的音乐规范。这里的“乐”不仅指音乐，而是融诗篇、音乐、舞蹈、礼仪于一体，类似今天的交响乐和歌舞。“乐正”，不仅指规范了乐曲，还指规范了诗篇、音乐、舞蹈等，使之符合传统礼乐的规范要求。孔子是一位礼乐大师，他对《诗经》三百零五篇的“乐”进行了规范，这不是一件小事。

孔子返回鲁国，“乐”就正了，背后的潜台词是，之前的“乐”是不正的。为什么说之前的“乐”不正？春秋时期是所谓“礼崩乐坏”的时期。礼崩乐坏并不是指没有“礼”“乐”了，而是说贵族卿大夫们不按传统的礼乐等级规格来兴礼作乐了。贵族卿大夫们僭越礼制，享用原本属于天子的礼乐规格，例如季氏是鲁国执政的卿大夫，却用了八列六十四人的天子规格的乐舞，这是对礼制的僭越，属于“乐”不正。所以孔子说：“八佾舞于庭，是可忍也，孰不可忍也？”《论语·八佾》

孔子说“吾自卫反鲁，然后乐正”，因为他是一位礼乐专业人士，在专业上有自信。以专业能力为基础的自信，是坚实的自信。

“雅颂各得其所”意思是雅归雅，颂归颂，都有了适当的安置。《诗经》分为“风”“雅”“颂”三个部分，“风”主要是各诸侯国的地方诗歌，“雅”主要是周王室都城的贵族诗歌，例如历史颂歌或宫廷宴会时的诗歌，“颂”主要是祭祀上帝、上天和祖先的诗歌。

《诗经·大雅》这样唱颂：“文王在上、于昭于天。周虽旧邦、其命维新。有周不显、帝命不时。文王陟降、在帝左右。亹亹文王、令闻不已。陈锡哉周、侯文王孙子。文王孙子、本支百世。凡周之士、不显亦世。”意思是，文王之灵在上，闪耀在天上！周国虽是旧国，天命周人维新。周人得以显荣啊，承受了上帝天命。勤奋的文王啊，他的美名永存。文王之灵上下，就在上帝身边。上帝封赐周人啊，封赐文王子孙。文王子子孙孙啊，代代绵延不绝。周国之士人啊，我们显荣于世界。

“雅颂各得其所”，指《诗经》的雅、颂部分的诗篇、音乐、舞蹈规范了，符合了礼制的标准。孔子六十八岁以后，潜心整理《诗经》礼乐，恢复传统，建立了雅和颂的礼乐规则。

鲁国礼乐传统中有天子礼乐、诸侯礼乐，也有卿大夫礼乐，是当时礼乐文化最完备的国家。孔子使鲁国礼乐归正，就等于使天下礼乐有了符合周公礼教的礼制标准。

孔子调正礼乐的标准是什么？除了诉诸传统的周公礼乐之道外，孔子同时还直接诉诸天地自然秩序。《为政》篇记载，孔子说：“为政以德，譬如北辰，居其所而众星共之。”意思是，以德治国、以养育和保护生命为中心来治国，就如同天空中的北极星所标明的北天极，众星都拱卫、环绕它。孔子心中的宇宙秩序是中央—边缘结构的秩序，是由中央控制的级差秩序。人间的礼乐秩序与天空的星象秩序相吻合，成为有中心和边缘区分、上下等级差异的秩序。

孔子这种中央—边缘的等级秩序观，与老子竞争平衡的太极图秩序观不同，但孔子这种宇宙观和礼乐秩序影响了中国的社会制度和社会心理几千年。

孔子有一个优点，就是他很会总结自己的优点。在认识自己的优点上，他一点不谦虚，该自我表扬就自我表扬。同时，孔子也正视自己的不足，承认自己的不足。孔子是一位对自己比较实事求是的人，有什么就说什么。孔子这个态度值得学习，能发现并直面自己的优缺点，就是一种长处。

讲完《子罕》篇第十五章，来看第二十六章。把两章结合起来看，两者之间有逻辑可以联通。子曰："三军可夺帅也，匹夫不可夺志也。"这句话很有名。"三军"，指春秋时期军队部署中的上、中、下三军。"三军可夺帅也"，指三军作战可以直接夺其主帅。为什么不说"三军可杀帅也"？因为春秋时期的战争多是贵族战争，双方作战很讲礼仪，战争的核心是输赢，而不是生死。所以战争中很少去直接杀死主帅，而是活捉主帅，甚至有时遇到主帅还会避让。

例如，公元前575年，晋国和楚国之间爆发鄢陵之战，楚国战败。《左传》中记载，战场上晋军主帅郤至每次遇到楚王的战车，都会从自己战车上下来，向楚王敬礼，然后再上车去作战。所以孔子说的是"三军可夺帅也"，不是"三军可杀帅也"。"夺帅"，更多指夺取和俘虏主帅，不是要对方主帅的命。这和《三国演义》中赞美关羽在白马坡直接斩首对方主帅的战争观完全不一样。

下一句"匹夫不可夺志也"。匹夫，就是普通人、一般人。这句话有两种理解。通常解释是，匹夫的志向不能被人剥夺，匹夫也应该或能够坚守自己的志向，不被人剥夺志向。还有一种理解是，不可剥夺普通人的志向。我喜欢第二种解释。

杨伯峻先生持第一种观点，他这样解释：一国军队，可以使它丧失主帅；一个男子汉，却不能强迫他放弃主张。杨伯峻先生把“匹夫”翻译为“男子汉”，然后再讲“男子汉”不能被强迫放弃主张，这样的解法不妥。因为“匹夫”没有“男子汉”这样赞美性的意思。

第二种观点认为，孔子在此讲的是国家的治理。治理国家、面对战争或三军，可以勇敢进攻，去夺取敌人的三军主帅。但是，面对一个普通百姓，君主朝廷不能去强制剥夺他的志向。也就是说，治理国家可以去夺取三军之帅，却不能剥夺匹夫之志。这是一种很深刻的思想。

这与孔子的教育思想有关。孔子教育学生，立志是重要内容。“志”字从来代表正能量。《述而》篇中说要“志于道”，《里仁》篇说要“志于仁”。激励、成全人的志向，这是孔子的教育理念，也是孔子的治国理念。

两军对垒，要有直取对方主帅的勇气。但面对普通人，要爱护、成全他的志向。每个人的志向的集合，就是国家的志向、国家的力量。破坏普通百姓的志向，就是破坏国家的力量。

《宪问》篇记载孔子之言：“君子成人之美。”君子成全人的美好志向。《雍也》篇中说：“己欲立而立人，己欲达而达人。”有仁德的人，自己想要立起来，要助人立起来；自己想发达，要助人发达。要想成全人，就不可夺匹夫之志，是不是？

把“匹夫不可夺志也”解释为匹夫的志向是不可能被剥夺

的，这不符合事实。人是软弱的，别说普通人，即便是大人物的志向也是有可能被剥夺的。如果把“匹夫不可夺志也”解释为“一个普通人，你也无法强迫他放弃主张”，这就不符合人性的事实。

孔子的“匹夫不可夺志也”，讲的是国家治理要珍惜民众向善的力量，保护民众有志于道、有志于仁的志向，不要去剥夺、破坏。管理自己的生命，要形成自己的志向，并且一生为之努力。失去这自主的志向，生命就没有了灵魂，就垮台了。治理一个国家，就是要建立一个有志向的国家，要激励、保护和成全民众自主的志向，而不是用强权去剥夺民众的志向。在敌人面前，要表现勇敢；在民众面前，要表现爱护。

第五十一课

吾谁欺？欺天乎！

子疾病，子路使门人为臣。病间，曰："久矣哉！由之行诈也，无臣而为有臣。吾谁欺？欺天乎！且予与其死于臣之手也，无宁死于二三子之手乎！且予纵不得大葬，予死于道路乎？"

《论语·子罕·十二》

《子罕》篇记载"子疾病"，指孔子病重。在古代汉语中，"疾"和"病"是两个词，"疾"指小病，"病"指大病。如果放在一起使用，"疾"则是形容"病"的，在本句中是严重的意思。

孔子病重之后，"子路使门人为臣"，学生子路就使孔门弟子组成了"臣"。"臣"类似今天丧礼中的治丧委员会。在孔子时代，"臣"这种形式的治丧委员会在礼制上规格很高，是诸侯君主才能享有的规格。子路准备按君主的规格给孔子安排丧事。"臣"这种组织详情如何，现在已难以了解，但估计是要让一定数量的人当成家臣，穿上特定的治丧服装，还要有一定的礼仪行动。

"病间"指孔子病好了，没事了。"间"指病好了。然后孔子说："久矣哉！由之行诈也，无臣而为有臣。"意思是，很久了！子路的行为是欺骗呀，我不该享有臣这样的治丧委员会，他却给我安排臣。孔子得知子路给他安排臣，很生气。孔子素日教学生要坚守礼制，但子路却僭越礼制，按诸侯君主的规格给孔子准备臣。

孔子接着说："吾谁欺？欺天乎？"我欺骗谁啊？去欺骗上天吗？这句话很重要，凡涉及自己，孔子常常回到天人关系之中来定位，因为孔子认为自己是被上天拣选的人。孔子不是诸侯国君，子路为孔子安排臣这样的做法不符合礼制，孔子认为这是欺诈行为。孔子敬畏天命，他知道上天看在眼中，所以孔子急了，说难道上天能被欺骗吗？上天不可欺。"吾谁欺？欺天乎？"这句话说明孔子敬畏上天。在人间不敢行欺诈之事，是因为敬畏上天的惩罚。

现在人们常说国人公德差，欺诈多，追根溯源是因为丧失了敬畏心。敬畏心是有对象的，孔子敬畏的对象就是上天。失去信仰对象，就不会有敬畏心了。孔子有信仰对象，有敬畏心，所以对子路的欺诈行为很生气。

从子路的行为来看，子路是出于尊敬老师，希望把孔子的丧礼办得规格高些、隆重些。从中我们也能看出，虽然孔子天天苦口婆心讲要"克己复礼"，但对学生似乎影响不算大。

子路仅小孔子九岁，追随孔子时间长，算是孔门大师兄。但他为了表达对孔子的崇敬之心，一心想拔高孔子的治丧规格，并不在乎是否僭越礼制。或者说，孔子开办私学，私学之中的教师和学生的关系是一种新的关系，这种关系在丧礼上如何处理，子路也不太明白。

总之，自己身边关系亲密的学生尚且如此不遵奉礼制，又怎么去劝卿大夫们遵守礼制呢？孔子一生推行“克己复礼”，看来并不成功，但他临死仍在坚持礼制，知其不可为而为之。孔子很执着，精神可贵。

孔子说：“且予与其死于臣之手也，无宁死于二三子之手乎？”我与其死在治丧之臣的手中，不如死在你们这些学生的手里。“二三子”，指弟子们。孔子的生活圈主要是学生圈。孔子与学生如同家人，他不愿意和学生的关系变成诸侯国君和家臣的关系，而希望是一种亲密的师生情谊。孔子又说：“且予纵不得大葬，予死于道路乎？”况且，就算我得不到诸侯国君那样规格的大葬礼，我会死在道路上吗？孔子认为自己比上不足，比下有余。能终身教育学生，死时还有学生陪伴，孔子已经很满足，不奢求什么诸侯国君的丧礼待遇。

从这章看，孔子认为丧礼要按社会等级进行。孔子的礼教观受他的宇宙观影响，他认为天地秩序是一个中心—边缘的等级秩序，如同太阳系，卫星围着太阳旋转，各有各的轨道，不能越轨，一越轨就乱套。君君、臣臣、父父、子子，君臣父子各有各的轨道和规矩，君仁、臣忠、父慈、子爱，各按规矩行动，天下就太平。

这种宇宙观，孔子不是用太阳和卫星的关系来比喻的，而是用北极星所标志的北天极和北斗星的关系来比喻的。一年四季，北斗星环绕北极星旋转。孔子说：“为政以德，譬如北辰，居其所而众星共之。”以德治国，以爱护生命的原则来治理国家，就如同北极星这个中心，众星环绕它旋转。

孔子认为自己并非国君，绝不能用属于国君的丧礼规格，这是越轨、违礼的行为，他只愿意真实地按一位教师的身份和地位来安排自己的后事。对孔子来说，丧礼制度是国家制度的一部分，维持社会等级秩序，就要维护丧礼等级制度。不能攀比，攀比就是僭越礼制。

其实，不同规格的礼制对财富的要求不同。现在没有丧礼的礼制要求，农村的丧礼攀比之风严重，破财很厉害，这与其说是死去的亲人需要，不如说是活着的人要借丧礼的隆重来彰显自己的社会地位和财富。

孔子坚持礼制，不愿弄虚作假来僭越礼制等级，他做事坚守自己原则，值得赞扬。但是孔子儒家思想中，生生死死都必须贯彻等级秩序，这在追求人与人平等的现代人眼中很难接受。

丧礼礼制有没有可能采取人人平等的模式呢？儒家没有，中国传统中似乎没有。世界上有没有？有。例如犹太教规定，犹太人去世后一律采用一种专用的手工制作的便宜、简单、洁净的白布包裹身体，布料主要是亚麻布或细棉布。木头棺材也是统一规定的式样，由原木做成，不能有装饰，非常简单。

无论生前地位如何，死后不能讲特殊，生前的社会等级不带入丧礼。这背后有一个宗教观念，死者的灵魂将去见上帝，在上帝面前，你在人间无论是大官还是平民，是富人还是穷人，都毫无意义。重要的是信仰、洁净、善良。犹太教这种上帝面前人人平等的观念表现在丧礼上就是丧礼仪式的平等，这就清除了丧礼上的财富秀和社会等级攀比。基督教继承了这个精神传统，同样坚持了生前社会等级不入丧礼的大原则。

在这个意义上，移风易俗并不是管理和技术层面的，而是信仰和观念层面的。如果认定上天面前人与人不平等，在丧礼上就应有等级性的表现。如果认定上天面前人人平等，那么在丧礼上也应有平等性的表现。

从未来看，相信上天面前人人平等，规定简易、平等的丧礼形式，把大家从财富与社会等级攀比的竞争中解脱出来，这不仅是死人的丧礼问题，更是活人之间的关系问题。如果孔子和子路他们认定上天面前人人平等，人死去之后要去见上天，丧礼的礼制人人一样，他们之间这场小矛盾就不会发生了。

第五十二课

譬如为山，未成一篑

子曰：“譬如为山，未成一篑，止，吾止也。譬如平地，虽覆一篑，进，吾往也。”

《论语·子罕·十九》

孔子说：“譬如为山，未成一篑，止，吾止也。”“譬如”，与现代汉语譬如的意思一样，指比如、好比。“为山”，就是堆土成山。“未成一篑”，指堆土为山还没建成，就差一筐土了。“篑”，古代装土的一种竹筐，类似现在的撮箕。“止，吾止也。”停止了，这是我自己要停止的。

堆土成山，就差一筐土了，为什么要停止呢？这不是要“功亏一篑”吗？孔子说：“吾止也。”这是我自己选择的，我就愿意功亏一篑。这是什么意思？一件事快做成了，别人看着都觉得大功将要告成，但是我忽然发现这件事不应该做，这件事做错了，我就断然停止。孔子讲的是，不要迎合世俗的功利标准，而要遵循内心的道德准则，要看善恶是非，如果发现事情不对，哪怕看来事情就要成了，掌声就要响起来了，自己也要决定停下来，承受别人的不理解甚至嘲笑。因为，善恶高于成败，是非高于得失。

“譬如平地，虽覆一篑，进，吾往也。”这句话的意思是，比如在平地堆山，虽然只是刚倒了一筐土，若需要继续前进（指继续倒土），我也会去做。“覆”，就是倒土的意思。平地堆山，只倒了一筐土，离成功还远，但这是正确的事、行善的事、符合道义的事，那我也愿意做下去，这是我自己选择的。

“譬如为山，未成一篑，止，吾止也”，这句讲的是如果发现事情不对，违背了道义，我就情愿功亏一篑，不去要这个成功。“譬如平地，虽覆一篑，进，吾往也”，这句讲的是，走向仁爱之道、公义之道，就算仅仅只走出第一步，离目标很远，看不到此生成功的可能，甚至几乎是无功而行，但我愿意，我就这么坚持下去。

孔子自己就是这样，他所追求的社会理想，在他活着的时候没人理睬，被人嘲笑，但孔子一生坚持。政治理想实现不了，他就去做民间教育。教育理想在现实中实现不了，他就去做思想学术。总之，孔子一直是按照自己的选择在行动，他总在路上。

人生有两种态度，一种是只讲成败得失，不讲善恶是非。人间诸多邪恶，就是这种态度下产生的。还有一种态度，先讲善恶是非，先看事情是不是符合道义，然后才讲成败得失。孔子强调先讲善恶是非，认为人生首先应当是价值导向，其次才是功利导向。《论语》其他篇章中有不少类似的句子。

《里仁》篇记载，子曰：“富与贵是人之所欲也，不以其道得之，不处也。”富与贵是人的欲望，但如果不以正道获得富贵，我就不这样做。《述而》篇记载，“不义而富且贵，于我如浮云。”以不义之道取得的富贵，对我来说如同天上的浮云，不应当属于我，这样的富贵没有根基，转瞬即逝，不可去追求。

人就应该这样生活。做人做事，首先要考虑善恶是非，考虑这样做对不对、是否符合道义和正义。如果方向是符合道义、正义的，是善的事业，那么再难、再没有成功的希望，也先做起来。如果这事不对，不符合道义准则，不是善事、正义之事，哪怕已经快成功了，也必须放弃，不能为了世人认为的成功而不择手段。《子罕》篇记载，子在川上，曰：“逝者如斯夫！不舍昼夜。”孔子在河川上感叹说：“时光流逝，如同这河水，不舍昼夜地流逝。”历史虽如同流水，但只是把没有价值、邪恶的东西带走，有价值的东西会被保留下来，光明的东西会更加闪亮。

孔子讲善恶是非，比孔子小一百五十六岁的商鞅则只讲胜败得失。历史会选择什么？历史充满邪恶，但仍然有一条主线，历史深处有善恶是非的准则。孔子善终，他的精神价值在历史上慢慢被人认识，他的历史地位也慢慢上升，成为圣人，在遍布东亚的孔庙被后人祭祀。商鞅功业赫赫，但被五马分尸，有谁会修建商鞅庙来祭祀商鞅呢？

《子罕》篇记载，子曰：“岁寒，然后知松柏之后凋也。”天寒冷了，然后才会知道松柏是不凋零的。历史是寒冷的，会让一些东西凋零，但历史也是温情的，会让有永恒价值的东西留存。

杨鹏解读论语

下

杨鹏——著

上海社会科学院出版社
SHANGHAI ACADEMY OF SOCIAL SCIENCES PRESS

目录

先｜进｜篇

颜｜渊｜篇

子｜路｜篇

宪｜问｜篇

卫｜灵｜公｜篇

季｜氏｜篇

阳｜货｜篇

微｜子｜篇

子 | 张 | 篇

尧 | 曰 | 篇

先进篇

第五十三课

未知生，焉知死？

季路问事鬼神。子曰：“未能事人，焉能事鬼？”曰：“敢问死。”曰：“未知生，焉知死？”

《论语·先进·十二》

本章对中国读书人产生了深刻影响，常常被引用，到今天也常常被曲解为人要务实而不要信神的意思。是这样吗？我们逐句分析。

季路，名仲由，字子路，又字季路。子路小孔子九岁，是孔子年龄最大的学生，追随孔子多年，地位相当于孔子学生中的大长兄、班长。子路好勇力、直率，孔子经常批评子路，但其实孔子喜欢、信任子路。孔子曾说：“道不行，乘桴浮于海。从我者其由与？”意思是，假如不能在天下推行我遵循的天道，我就乘船去海外，愿跟随我的就是子路吧？

“季路问事鬼神”指子路请教孔子侍奉鬼神之事，也就是鬼神祭祀的礼仪。从《论语》记载看，子路是一位比较关注神明祭祀的人。一次孔子病重，子路请孔子向神祈祷。孔子问子路有何依据，子路解释说："古代祭文中有这样的话：'你要向上下神祇祈祷。'"孔子说："我已经祈祷很长时间了。"

子路重视向神祷告，也关注死亡的问题。《先进》篇记载，孔子学生颜渊去世，学生们要厚葬颜渊。孔子不同意，但学生们还是厚葬了颜渊。子路是大长兄，热爱孔子但又经常顶撞孔子。学生们敢不听孔子的话，执意厚葬颜渊，只可能是子路在组织。从子路在孔子病中建议孔子向神祈祷，以及执意组织同学们厚葬颜渊来看，子路是一位对祭神、死亡问题非常重视的人。

针对子路问鬼神侍奉之事，孔子的回答是："未能事人，焉能事鬼？"意思是活人都没能侍奉好，怎么能侍奉好鬼呢？孔子告诉子路，你得先把活人侍奉好，再去想侍奉鬼的事。请注意一个重要细节，子路问的是鬼神祭祀，但孔子只回答了"事鬼"的问题。

孔子时代，"鬼"和"神"是两个不同的概念。鬼是人死后之灵，祭祖就是祭鬼。神主要指天空中的自然神，例如太阳、月亮、星辰、风、雨、雷等。

有一种流行的解释认为，从"未能事人，焉能事鬼"这句话，可见孔子不重视鬼的祭祀。这是一种曲解。祖先祭祀就是鬼的祭祀，不能说孔子不重视祖先祭祀。《论语·为政》记载，孔子认为应该这样对待亲人：活着时要以礼侍奉，死了要以礼安葬，祭祀时要以礼祭祀。在本章中，"事人"和"事鬼"并不是一对矛盾，而是并列关系，指既要侍奉好鬼，也要侍奉好活着的人，而且侍奉好活着的人是侍奉好鬼的前提。

请注意，孔子与学生的对话都是有针对性的，孔子大体是按照中庸之道教学，从中寻求平衡。学生胆小，孔子鼓励他勇敢；学生鲁莽，孔子要求他讲谋略；学生不重视鬼神祭祀，孔子要求他重视；学生过于重视鬼神祭祀，孔子则要求学生重视现实。例如，孔子的学生子贡不太重视祭祀，鲁国祖庙里每月初一告祭祖先要用活羊，子贡就认为不必再用。孔子说："赐呀！你爱惜那只羊，我爱惜祭礼。"意思是，你不能因为爱惜羊而废弃了祭祀礼仪。对不重视鬼神祭祀的子贡，孔子强调重视祭祀；对过于重视鬼神祭祀的子路，孔子则希望他先重现实。这是孔子教育上常用的中庸之道。

本章内容在《论语》的篇章排序中，排在孔子学生厚葬颜渊这件事之后。颜渊去世，学生们违背孔子意愿厚葬了颜渊。我们甚至可以猜测，孔子"未能事人，焉能事鬼？"这句话有可能是针对子路这些学生不听孔子话、一定要厚葬颜渊后所说的气话。意思是，你为什么不听我的意见，一定要厚葬颜渊？这不符合礼制要求。颜渊生前，你并没有很好的侍奉他，为什么要在他死后如此侍奉他？

当然，这种理解纯粹只是一种猜测，可以作为一个理解的视角。总之，我们不能把孔子"未能事人，焉能事鬼？"理解为不必去侍奉鬼，这不是孔子思想。

在孔子说了"未能事人，焉能事鬼？"后，子路马上接着问死亡的问题。孔子学生中，子路并不怕孔子，他有什么说什么。子路说："敢问死。"孔子说："未知生，焉知死？"子路问："我冒昧再问一个，死是怎么回事？"孔子回答："还没有理解生的道理，怎么能理解死的道理呢？”

孔子对死的问题有自己的理解，他认为人之死是上天决定的，也是人无法弄明白的。《先进》篇记载，颜渊去世，孔子哭着说：“哎呀！上天要让我死！上天要让我死啊！”《颜渊》篇记载子夏之言：“死生有命，富贵在天。”这是子夏的看法，也是孔子的看法。孔子认为上天是主宰者，在根本上决定人的生死富贵。死的问题，没什么好问的，问也问不清楚，这是上天命定，听天由命就是。

孔子挡住了子路对“死”的询问，因为他认为这个问题不可探询，是由上天决定的，天意不可测，顺从天命就好了。看到孔子这样回应子路，我还是感到有点遗憾。生死问题，是人生最本质的问题。子路从询问鬼神祭祀开始，进入到对死亡问题的询问，这是一种哲学思维的萌芽。但孔子教育的内容和目的是培养“出则事公卿，入则事父兄”的士，在外侍奉公侯卿大夫，回家就侍奉父母和兄长。孔子不培养思想家，所以他拒绝了子路提出的哲学层面的一个真问题。

除子路就死亡问题问过孔子外，《孔子家语》中也记载了子贡问死亡的问题。子贡问：“人死后还有知觉吗？”孔子回答说：“如果我说死者还有知觉，我担心孝子顺孙们就会隆重送终，会妨碍生活。如果我说人死后无知觉，我又担心不孝之子们完全抛弃死去的亲人不安葬了。你想知道死后有无知觉，不是今天着急的事，你以后就知道了。”子贡的问题很清楚，人死后是否还存在？是否还有知觉？孔子避开这个问题，说这不是今天急于回答的问题，你以后自己死了就知道了。孔子关注的不是人死后是否继续存在这一真相的揭示，而是从不同答案引发的社会影响来思考问题。孔子追求的不是真相，而是社会关系的和谐。

在这种思想探索的层面，如果子路、子贡遇上的是古希腊哲学家泰勒斯或毕达哥拉斯这样的老师就好了。泰勒斯和毕达哥拉斯一定会与子路、子贡认真讨论死的问题、鬼的问题。就算不一定能揭示出真相，他们也不会压抑学生的真困惑和真问题，不会阻挡学生对未知世界的好奇和探询。

孔子这种避开探讨死亡问题的态度，对中国读书人影响很大。中国人对生死问题避而不谈，造成了对死的去向没有深度的思考，以及直面生死的超越性的精神被窒息，没有充分发展起来。中国诸子之中，从宗教、哲学深思的层面看，能达到人类宗教、哲学思想一流层面的思想家，大概只有老子和庄子两位。

人类有影响力的主流宗教都必须直面生死问题，都有对死后世界的探索和表达。由于中国主流知识界避开了生死问题的探索，使中国思想史上欠缺生死问题的深度思考，以至于到今天，凡对中国有大影响的宗教，例如基督教和佛教，都是外来的而不是内生的。

子路开始关心死亡的问题，似乎是因为他有些预感，所以这个问题才浮到他心里来。大约就在子路问死亡是怎么回事的问题之后约一年，子路在卫国被杀。孔子似乎早知道子路难得善终，他说过子路“不得其死”。死亡问题是子路真实的困惑，是子路生前问孔子的最后一个问题。孔子也并非对死亡问题不了解，他对子路之死也有预感，但是当子路认真向他询问死亡问题时，他却把子路的问题堵回去了。看来孔子追求的不是作为思想家揭示真理，而是作为政治家治理好社会，孔子是政治家导向而不是思想家导向。

在这一章中，孔子并没有把“事人”（侍奉活人）和“事鬼”（侍奉包括祖先之灵在内的死者之灵）、“知生”（理解生命）和“知死”（理解死亡）对立起来。我们不能因此理解为孔子倡导只管人不管鬼，只管生不管死。但是，面对子路这位重视鬼神祭祀、关注死亡问题的学生，孔子确实强调要先侍奉好人才能侍奉好鬼，要先理解生命才能理解死亡。

从漫长的精神发展史来看，孔子的这种态度被演绎成了重生不重死、重人不重神的中国精神，关闭了中国精神对生死和神的追寻。今天来看，这种表面上务实的态度导致精神超越性的丧失，使中国人在宗教、纯科学、纯思想上落后了。从民族思想能力的历史生长来看，这种务实不是优点而是缺点。

第五十四课

季氏富于周公

季氏富于周公，而求也为之聚敛而附益之。子曰："非吾徒也。小子鸣鼓而攻之，可也。"

《论语·先进·十七》

"季氏富于周公"，季氏，指以鲁国正卿季康子为代表的季家，当时季康子掌控了鲁国政坛。季康子、季氏在《论语》中出现多达15次。孔子时代，鲁国政治由季氏、孟孙氏、叔孙氏三大家族控制，时人称之为"三桓"。所谓"三桓"，是因为这三大家族出自鲁桓公（约公元前731年—前694年）的三个儿子。

鲁桓公有四个儿子，嫡长子继位成为鲁庄公，是孔子时代鲁国的国君公族，其余三个儿子担任国卿。庶长子庆父家族就是孟孙氏，庶次子叔牙的家族就是叔孙氏，嫡次子季友的家族就是季氏。季氏是三大家族中势力最强的。鲁国国君公族与三桓是亲戚关系，他们有矛盾但又水乳交融。

孔子一生与季氏关联。他年轻时当过季氏的家臣，在季氏家粮库管过账，还养过季氏家的马，季氏是孔子的主人家。后来孔子学业有成，官至司空、大司寇，背后都是季氏家族的支持。季氏是孔子在鲁国的政治靠山。

孔子当大司寇的时候，触动了“三桓”这三大家族的权力和利益，孟孙氏、叔孙氏反对孔子，季氏也对孔子不满，孔子才辞官离开鲁国周游列国。孔子的学生冉求、樊迟是季氏家臣，子路也曾当过季氏家臣。

鲁哀公十一年（公元前484年），齐鲁两国发生稷曲之战。当时率领鲁军左师的冉求在危急之时率军反击，消灭了八十名齐军，齐国军队撤退。冉求立下军功，深受季康子信任。值得一说的是，春秋时期是贵族战争，战争次数不少，但规模较小，死伤不多。齐鲁之战，齐军损失了八十来人就撤军了，稷曲之战结束。

冉求在齐鲁之战中立功的这一年，不希望自己的老师孔子继续在外流浪漂泊，他向季康子建议，从卫国接回了已经六十八岁的孔子。孔子由此回到鲁国家乡安顿下来，安心著书立说，教育学生。

孔子回鲁国以后，季康子与孔子有不少交往，在《论语》中有15次记载。1994年出土的战国楚简中，记载有更多季康子与孔子关于政治问题的讨论。

“季氏富于周公”，字面上看是季氏家比周公还富裕。周公是谁？学术界有四种观点。第一种观点认为指周公旦，即周王朝的开国丞相周公。第二种观点认为指当时在周王室做卿士的周公黑肩、周公阅等人。第三种观点认为，指当时鲁国国君公族。第四种观点承认不知道周公所指是谁，李零先生持这种观点。我认为上面这四种观点都不对。我认为“周公”指的是周公之典或周公之籍，周公留下的礼法。

季康子在位期间，在鲁国推行一项新的田赋政策。这项新田赋政策的执行负责人，就是孔子的学生冉求。季康子还专门派冉求去征求过孔子对新田赋政策的看法。本章的内容就发生在这个背景下。

这个田赋新政是什么内容？下面我们来分析一下。

周王朝实行的是井田制。所谓井田制，就是把田分成九份，如同一个井字。中间一份为公田，产出归公家。四周八份为私田，产出归农户。农户要先将公田种好，再去种自己家的私田。这个制度在春秋时出现了危机。危机表现在两个方面：

一是农户没心思种好公田，只有心种好私田，这样公田的产出就很少。为了保证公田收益，公家要派出农官监督指挥，这样生产组织和监督的成本就很高。二是诸侯贵族们在其封地内不断开垦农田，诱使农户逃离井田公社来耕种私田。这些贵族私田不按井田制管理，而是收取粮租。而且贵族们并不把这些新开垦的私田纳入朝廷赋税范围。农户逃离井田制公社，进入贵族私田耕种，这是春秋时期最大的经济—社会转型。

公元前594年，鲁国在鲁宣公时代率先进行初税亩改革，逐渐放弃井田制，一律按田地征收税收，税率是10%，一方面承认贵族们新开垦的私田的合法性，一方面将私田统一纳入朝廷税赋范围，朝廷赋税得以增加。鲁国实行初税亩税制改革已有一百多年的历史了，为什么季康子又要搞田赋新政呢?

这有两个重要背景。第一，按田亩计赋税，就得掌握土地开垦情况，所以得先有土地普查，以确定税基。全国的土地都属于公族和卿大夫家族所有，所谓的土地普查，其实主要就是针对卿大夫家族。季康子要做这件事，需要孟孙氏、叔孙氏这样的大族配合。第二，除了粮税问题，还有兵赋问题。兵赋除了服兵役，还要按一定田地数量交纳牛马草料等。

季康子时期，鲁国北有齐国、南有吴国，夹在齐吴两个大国之间，很受欺辱。季康子执政鲁国后，希望扩充财力和兵源，但孟孙氏、叔孙氏两大家族很不配合。因为季康子强行推动的新田赋政策有很强的针对性，他要借战胜齐国的威势，从孟孙氏、叔孙氏等大族手上收取更多的赋税。冉求作为季康子的家臣，全力执行这个政策："而求也为之聚敛而附益之"。

冉求为季氏聚敛赋税，显然不仅是基于家臣职责而努力，也因内心认可季氏的田赋新政，积极主动增加国家军力。但是，在季氏以外的人看来，这是季氏在扩张家族势力。《左传》《国语》专门记载，季康子为寻求舆论支持，专门让冉求三次来征求孔子意见。

按常情常理，季康子刚把孔子从卫国接回鲁国安顿下来，出于感恩，孔子也应多少配合一下季康子。但孔子是一个有书生气的人，他坚持自己的原则，不配合宣传季康子的新田赋政策。

《左传·哀公十一年》记载：季康子派冉求来问孔子，孔子说自己不懂田赋之事。冉求以官方身份三次来问，孔子都不回答。

在冉求不在公务的时间，孔子才私下对冉求说："君子之行，要依礼而行。按礼来度量，施予的时候要讲丰厚，做事的时候要中正，收赋税的时候要尽量少，如果这样，按照传统的兵赋（指每十六井出马一匹牛三头），就已经够了。如果不按传统的礼制，贪得无厌，就算是按新田赋政策征收更多，仍是不够用的。如果季氏要遵行传统礼法，自有周公之典在，如果行苟且之事不顾礼法，为什么又派你来访问我呢？"

《国语·鲁语》也记载了这件事，内容和《左传》差不多，讲的主要是收取兵赋中的草料问题，文字表达略有不同，用的不是"周公之典"，而是"周公之籍"。典籍，指周公礼制的典籍。

《国语·鲁语》内容如下：季康子打算按田亩增收田赋，派冉求征求孔子的意见。孔子不作正式答复，私下对冉求说："冉求，你没听说吗？先王按照土地的肥瘠分配土地，按照劳力的强弱征收田赋，并根据土地的远近来对田赋加以调整。征收商税按照商人的利润收入，而且估量其财产的多少来对商税加以调整。分派劳役则按照各家男丁的数目，而且要照顾那些年老和幼小的男子。对鳏寡孤疾之人，有战事时才征他们的田赋，无战事时就免除。有战事的这年，每一井田要出一稯粮、一秉禾草、一缶米，不超过这个标准。先王认为这样就足够用了。如果季康子想按法办，那已有周公的田赋法了。如果要不顾法规办事，就随意征田赋好了，又何必来访问我呢？"

我们不知道季康子和冉求推进的新田赋政策要按亩加收多少牛马和粮草的军赋，但显然，这项新田赋政策是开始执行了，孔子知道了很生气。

到这里，我们就明白了“季氏富于周公”的意思，就是季氏收取的田赋已经超过了周公之典、周公礼法的传统标准。季氏的新田赋政策违背了周公典章，僭越了传统礼制。因此孔子说：“冉求不再算我门徒。你们这些学生鸣鼓去攻击他，是可以的。”（非吾徒也。小子鸣鼓而攻之，可也。）当然，鸣鼓而攻之，并不是指动员学生去杀死冉求，而是指舆论上要谴责他。

孔子真的是一位很可爱的人。学生冉求劝说季康子把他从卫国接回鲁国，让他晚年得以安心著书教学。季康子希望实施新田赋政策，增加国家赋税，增强国家实力。冉求要落实新田赋政策，也认为国家应当加强军事力量。季康子和冉求想请孔子在理论解释和舆论宣传上帮个忙，但孔子却拒绝回应。孔子私下告诉冉求说新田赋违背周公礼制，还鼓励学生公开反对。他的原则就是，实行仁政的国家，不能违背传统，征收高赋税。

《大学》继承了孔子的态度，说：“与其有聚敛之臣，宁有盗臣。”意思是，与其有善于聚敛赋税的臣子，宁肯有偷盗国库的臣子。一个正直的善于聚敛赋税的臣子对民众和国家的伤害，超过贪官污吏。按孔子的标准，赋税是朝廷和民众的核心关系。赋税低，就是仁政；赋税高，就是暴政；赋税持续增高，就是持续暴政。

季康子和冉求不顾孔子劝阻，强行推行新的田赋政策。孔子生气，要断绝和冉求的师生关系，要学生们对冉求鸣鼓而攻之。孔子有自己的价值坚守，是一位不迎合权力的人。

第五十五课

以道事君，不可则止

季子然问："仲由、冉求可谓大臣与？"子曰："吾以子为异之问，曾由与求之问。所谓大臣者，以道事君，不可则止。今由与求也，可谓具臣矣。"

曰："然则从之者与？"子曰："弑父与君，亦不从也。"

《论语·先进·二十四》

"季子然问"，即季子然问孔子。季子然问孔子对学生仲由和冉求的评价，可能涉及季氏对子路和冉求任用的问题，类似今天的人事尽职调查。这位季子然应当是季氏家有一定地位的人，有可能负责人事任免工作。

季子然来问孔子对仲由和冉求的看法，这与仲由和冉求在季氏家里当家臣有关。《雍也》篇中，季康子本人也问过孔子对仲由、冉求和子贡这三位学生从政的看法。

"仲由、冉求可谓大臣与？"季子然问孔子，仲由、冉求这两位，可称得上是大臣吗？"大臣"指辅助君主的高官重臣。孔子时代，诸侯国的重臣主要是司徒、司马、司空、司寇。司徒主要负责户籍和各种劳役和军役的组织，司马主要掌管军队，司空主要负责土地管理和规划，司寇负责司法判决。春秋时期，这些官职一般都由世袭贵族担任。孔子平民出身，在季氏支持下曾做过鲁国司空和司寇，成为鲁国重臣，这种情况并不多见。

季子然问“仲由、冉求可谓大臣与”，意思是问仲由和冉求是否具备大臣的水平，是不是大臣之才？而从孔子后面的回答看，他并不认为这两位具备大臣应有的才德。

季子然来拜访孔子，孔子没想到他是来问自己对仲由和冉求的评价，所以他说：“吾以子为异之问，曾由与求之问。”意思是，我以为你是来问别的事，原来你是来问我对仲由和冉求的看法。“异之问”指问的问题与预想的不一样。

孔子说，所谓大臣应当“以道事君”。“以道事君”，指以符合天道的准则去侍奉君主。出仕侍奉君主的目的是奉行天道，使国家走上符合天道的道路。也就是说，君子侍奉君主，不是侍奉君主本人，而是借侍奉君主来实现天道准则。“不可则止”，指如果不能按天道的价值去做事，那就不要去当这个官。

孔子这句话说明了孔子的君臣观，其核心是忠于天道而非忠于君主本人。如果君主的行为符合天道准则，那么就应该忠于君主、侍奉君主。如果君主的行为违反天道，做事不仁不义，不遵礼重信，君子无法说服、改变君主，那就得主动辞职，不能服务于无道之君。孔子讲下对上要“忠”，但并不是愚忠，是忠于天道法则，不违背天道价值。

人有组织性，得组织起来才能完成许多公共事务。有组织，就会有权力等级，有决策、命令、服从、执行、监督和惩罚这些组织问题。没有基本的命令和服从程序，组织就无法运行。孔子是很认同这种组织层级的必要性的，但他对君臣之间、上级和下级之间，有自己的道德定位。他认为在上天之道面前，君臣之间、上下级之间是一个分工问题。大家的共同任务是推行天道、实现仁政、爱护民众，不能违背天道法则，谁也不能不仁不义。

世界上的许多恶事，例如我们生活中的毒奶粉、问题疫苗事件，药品、食品安全问题，这些罪恶事件的产生，都不是一个人的罪恶，而是有组织的罪恶，许多人都卷入其中。只要有几个人对这些罪恶行为说不，这些成规模的罪恶就可以停止。但是，正因为没有人心中有基本的道德底线，没有“以道从商”的准则，这些罪恶行为才蔓延开来。孔子的态度是，我制止不了君主做坏事的时候，我就离开，我决不配合做坏事。孔子这种独善其身的态度，虽然缺少以公义为己任的牺牲精神，但已经能减少许多坏事的发生。

世界上的事情，有比较才有鉴别。《圣经》中记载许多先知，面对君主的邪恶，他们不是退守一边独善其身，而是公开指责和抗议，为此不惜自我牺牲、以命殉道。

犹太历史上有一位著名的大卫王，出生时间比周王朝的周公大约晚四五十年。大卫王爱上了女子拔示巴，就使计谋害死了拔示巴的丈夫，娶了拔示巴为妻。先知拿单去见大卫王，对他说：“在一座城里，有两个人，一个是富人，一个是穷人。富人有许多牛群羊群，穷人除了一只小母羊羔之外，别无所有。一次富人家来了客人，富人舍不得用自己的羊，就抢了穷人的羊羔，宰了给他客人吃。”大卫王听了很愤怒，对拿单说：“我指着永生的上帝起誓，行这事的那个富人该死。他必须偿还四倍的羊羔。他行这事，没有怜恤心。”大卫王说完，拿单就对大卫王说：“你就是那个抢人羊羔的富人。上帝必在你家中兴起灾难攻击你，惩罚你。”大卫王说：“我犯罪了。”

大卫王杀人如麻，但先知拿单并不畏惧他，当面指责他邪恶、是罪人、要受上帝惩罚。拿单不是“以道事君”，而是“以道制君”，以道的原则制约君主，这比孔子在精神上又上了一层。

中国人中像拿单这样的人少，如果能像孔子独善其身，拒绝配合做坏事，就已很值得表扬了，社会中的坏事也就少多了。能做到孔子这样，已经很不容易。如果能像拿单这样，公开指责作恶之君，就更值得敬仰，社会中的坏事就更少了。缺少一种殉道传统，缺少一种为正义献身的精神，这是中国读书人精神上的缺陷。

“今由与求也，可谓具臣矣”的意思是，孔子不认为仲由和冉求具有“大臣”的品质，但认为他们具备“具臣”的品质。“具臣”的意思有些争议。杨伯峻先生和李零先生都解释成做事能干的臣子，这是肯定的意思，大方向不错。钱穆先生按照朱熹的说法，解释成“备位充数之臣”，是否定的意思，我认为不妥。

《雍也》篇记载，季康子问孔子对仲由和冉求从政素质的看法，孔子是欣赏和肯定仲由和冉求的，认为他们能从政。孔子不会在季康子面前故意把属于优等生的仲由和冉求贬低为“备位充数之臣”。《前汉纪》中有对“具臣”的定义，指的是奉法守职之臣。

杨伯峻先生和李零先生都解释成做事能干的臣子，方向正确，但细节不准确。

孔子认为，身为大臣，要能坚守上天之道、仁义礼制的传统。如果君主做得不对，要去匡正君主。如果君主一意孤行要做违反道义礼义的事，就得辞职离开。不能为了个人名利去配合君主的恶政。孔子并不认为他这两位学生仲由和冉求具备这种大臣的品质。

《公冶长》篇记载，一位叫孟武伯的人问孔子，仲由和冉求是否有仁爱之心、能去实行仁政。孔子回答："我不知道。"实际上是一个否定的回答。但孔子认为仲由可以去做征收军赋、为军队提供粮草牛马及服兵役这些事，冉求可以当大管家。当管家和收军赋这些事，都属于执行层的具臣做的事，不是决策层的大臣要做的事。

冉求后来担任"季氏宰"，也就是季氏的管家。大约在公元前484年，冉求配合季氏推行新的田赋制度改革，来征求孔子的意见。孔子认为，收取田赋的数量，周公礼制传统有规定，要以少收为原则。但是后来季康子和冉求推行的新田赋制度，增加了征收军赋的数量。对孔子来说，季康子和冉求推行的田赋新政，违背了传统礼制和仁政的原则。孔子表示不再承认冉求是自己的学生，让学生们对冉求鸣鼓而攻之。

"然则从之者与？"季子然听明白了，有了人事尽职调查的结果：仲由和冉求不适合做决策层的工作，但适合做执行层的工作。所以季子然就说："这样他们就能服从上级吗？"执行层的素质要求，首先是忠诚和服从。这是在问，仲由和冉求的本事属于执行层，那么他们是不是就应该有服从上司的心态呢？

孔子的回答是："弑父与君，亦不从也。"

如果要让仲由和冉求去杀掉君主和父亲，他们不会服从。他们虽然做不到大臣级别的"以道事君"，但在大是大非问题上是有价值原则和底线的，他们不会做不忠不孝之事。弑君为大不忠，弑父为大不孝，这种大逆不道之事，仲由和冉求不会去做。

颜渊篇

第五十六课

克己复礼为仁

颜渊问仁。子曰："克己复礼为仁。一日克己复礼，天下归仁焉。为仁由己，而由人乎哉？"颜渊曰："请问其目。"子曰："非礼勿视，非礼勿听，非礼勿言，非礼勿动。"颜渊曰："回虽不敏，请事斯语矣。"

《论语·颜渊·一》

"颜渊问仁"，颜渊向孔子请教什么是仁。颜渊，名回，字渊，是孔子最喜欢的学生。颜渊崇敬孔子，非常好学，有实现天下太平的雄心大志。

"克己复礼为仁"这句话很有名，概括了孔子思想中"仁"的目标和"礼"的方法这两个要点，也就是用"礼"的制度来实现"仁"的价值。"克己"就是克制自己、约束自己、战胜自己。"复礼"就是回归礼制。"复"有回归的意思，也有践行的意思。"礼"指的是周公开创的周礼、周朝的政治制度和文化。"克己复礼为仁"的意思是：克制自己，回归礼制，践行礼制，即为仁道。

"仁"是孔子的核心价值。《论语》记载，有六位学生曾向孔子请教“仁”的内涵。孔子因材施教，针对不同学生给出了不同的回答。本章是针对颜渊的回答，讲的是要遵循“礼”以实现“仁”，但并没有谈“仁”的内涵。

不过在回答学生仲弓对“仁”的提问时，孔子说了“己所不欲，勿施于人”这句名言。自己不愿意的，不要强加于人；要有同理心，要设身处地为人着想。在回答学生樊迟关于“仁”的提问时，孔子回答的是“爱人”。孔子“仁”的概念，核心就是爱人，是“己所不欲，勿施于人”，是做有益于他人的事。

“仁”是价值，“礼”是实现“仁”的文化和制度。“礼”不仅仅是一套仪式，更是一套完整的制度。中国自商朝以来三千六百多年的历史中，创立过两种重要的社会制度。一种是周朝的制度，可称为周制，一种是秦始皇统一中国后建立的制度，可称为秦制。孔子说的“礼”，指的是周朝的制度和文化。

周制是封建制度。所谓封建制度，又称分封制度，周王把土地分封给功臣子弟，由他们建立独立、世袭的诸侯国。诸侯国对周王室承担上贡和保卫的义务，形成一个以周王室为天下共主、各诸侯国内部自治的封建制度。周王与诸侯贵族分权治理国家，这是一种贵族共和制。

在中世纪的欧洲，类似的封建制度也有上千年历史，直到近代资产阶级大革命建立宪政民主政体以后，才逐渐结束。今天的英国、荷兰、西班牙的君主立宪制，是欧洲封建制度的部分残留。

秦制与周制的差异在于，秦制采取的不是分封制，而是郡县制。君主把国家分成郡县，直接任免各地郡县官员，以中央集权的方式治理国家。欧洲没有被统一的王权统治过，因此没有长期的大一统的秦制出现，没有经历中国式的君主中央集权制。欧洲更多的是从封建贵族社会，直接过渡到了近现代资本主义宪政民主社会。

从公元前1046年周朝建立到公元前256年周王室被秦国所灭，共790年，习惯上说周朝八百年。从秦统一中国建立秦制到现在，君主中央集权的制度控制了中国2240多年。周制，是从政治制度到社会制度、从宗教制度到生活伦理的一整套制度。孔子开办私学所教学生的诗书礼乐，就是周朝制度和文化的重要组成部分。

孔子时代，是周王室开始衰败、各国卿大夫侵犯周天子权力和僭越礼制、周朝制度处于动摇的时期。孔子热爱周制和周文化，他认为周制是文明的仁政，周制动摇就会天下大乱。孔子认为必须克制自己，返回周制，坚守与践行周制，才能天下太平，实现仁爱社会。

“克己复礼”的“礼”今人已不太了解，《论语》中有些表现。例如，周礼中规定要服从上天和君主，所以《论语》中讲“忠”。周礼中规定嫡长子继承制，所以《论语》中强调“悌”的伦理，“悌”就是顺从长兄。

例如《左传》记载，战场上，追逃兵不能追出一百步。逃兵逃出战场百步远，就安全了，所以《孟子》中才有“五十步笑百步”的说法。只跑了五十步，敌方还可以追杀，还不安全。所以只逃跑了五十步的逃兵，嘲笑已逃跑到百步距离外的逃兵不勇敢。

例如周礼规定收取赋税，以低为原则。所以孔子学生冉求帮助季氏推行田赋新政，增加了民众田赋的负担，孔子就很生气，让弟子们对冉求鸣鼓而攻之。

关于周制的具体内容，目前留下的古代典籍有《仪礼》《周礼》《礼记》，但哪些是原始周礼，哪些是后人编的，学界有不少争论。

在治国哲学上，周制以“敬天保民”为原则，要求统治者修炼好道德，保护民众。从实践上看，周制下各国自我管理，相互竞争，重礼守信，经济发展，文化繁荣。今天我们知道的诸子百家，老子、孔子、墨子、庄子、孟子等思想家，都出自周朝制度下，属于周制思想成果。秦制以后，君主中央集权，思想大一统，除了对佛教进入有一些思想的回应外，中国再无原创思想家。

周制之下，战争次数多但规模小，上万人的战争极少，伤亡人数不多。总之，周朝封建制度下，贵族之间相互约束，人充满自尊的德性，孔子喜欢周制不是没有道理。

“一日克己复礼，天下归仁焉”的意思是，有一天能做到克己复礼，天下就归向仁了。人人敬天爱人、遵守礼制规定，就会建设出仁爱世界。用孔子的话说，就能够“胜残去杀”了——战胜残暴，去除相互残杀。“一日克己复礼”，如果有这么一天，人人克己复礼——上面的国君和卿大夫克己复礼，敬天爱人，依礼办事，不侵犯百姓；下面的平民百姓也克己复礼，谨守忠孝悌信义，那么就会天下太平。

“为仁由己，而由人乎哉？”为仁，去推进仁政，去实现仁爱，去爱人，这是由我自己选择的，难道要由别人来规定吗？追求“仁”的目标，使天下建立在“爱”的基础上，这是我自己内心的追求，是我的自选动作，并不是听从别人的命令。做个好人去帮助人，是我自己的意愿，不需要别人来安排。

颜渊曰："请问其目。""目"指要目，意思是"请问有些什么要点吗？"

孔子回答："非礼勿视，非礼勿听，非礼勿言，非礼勿动。"就是：眼睛不看非礼之事，耳朵不听非礼之言，嘴上不说非礼之话，行动不做非礼之事。也就是将生活礼制化，按礼的规定来生活。

上海博物馆的战国楚简中记载了这次对话，但内容有所不同。上面说，孔子说完这些话以后，颜渊就想离开，但被孔子叫住。颜渊觉得太难了，很难全部做到。

"礼"的规定非常详尽，《中庸》上说："礼仪三百，威仪三千。"中国曾经是一个非常有仪式感的民族，而现在可能是世界上仪式感最少的民族。

犹太人生活中的仪式极多。《圣经》上有摩西所传的上帝十诫和相关律法。多数犹太人迄今仍然坚持613条戒律，其中包括不吃猪肉、不吃血。历史说明，能够自律的民族都比较强大。美国人很自由，但仍有仪式感。不少美国人每周日上午要去教会，教会的活动是诗书礼乐一体的。"诗"是《圣经·诗篇》，"书"指《圣经》，"礼"是教堂仪式，"乐"是管风琴和唱诗班唱诵等。

犹太教、基督教、印度教、伊斯兰教都有完整的诗书礼乐。我常问一些自称儒生的朋友：儒家被称为礼教，今天中国人日常生活中还用的诗书礼乐在哪儿？

任何价值取向，都需要一定的社会制度和社会伦理来保障实现。孔子所追求的仁的价值、爱的社会，都具有永恒性、普世性。但孔子实现“仁”的具体办法——“礼”这个手段，却具有历史性，是根据历史变化在调整的。孔子所说的“礼”的诸多细节，我们今天的生活中已经消失了。从文化的角度看，中国应有适合今天国民生活和精神需要的新的诗书礼乐。

从制度的角度看，今天我们仍然需要建立“仁”和“爱”的社会，但与之相匹配的“礼”应该是什么呢？

维持好秩序，做到人人安全；建立好低保制度，保障基本的食物、住房和医疗；建立良好的教育制度，使人人有学上，有好学上；建立好的经济制度，保障公正的自由竞争，释放人的财富创造力；建立好的政治制度，保护好人的合法权利；同时，给人文化的自由，让自由释放创造。这或许应当是今天的“礼”的目标，但其表现形式应当是什么呢？

颜渊曰：“回虽不敏，请事斯语矣。”意思是：“我虽然不聪明，但请让我去践行你说的这些话吧。”事，就是侍奉、落实、实行的意思。任何价值追求都需要一套制度方法来落实。机构层面的价值，要通过机构制度来落实。个人层面的价值，要通过自我进取的德性和保护个人权利的社会制度来落实。

第五十七课

内省不疚，夫何忧何惧？

司马牛问君子。子曰："君子不忧不惧。"曰："不忧不惧，斯谓之君子已乎？"子曰："内省不疚，夫何忧何惧？"

《论语·颜渊·四》

司马牛问什么是君子，怎样才能成为一个君子。

司马牛是孔子的学生，《颜渊》篇三次记载司马牛，其中两次是司马牛请教孔子。一次问什么是仁，一次问什么是君子，还有一次，司马牛伤感地说："人皆有兄弟，我独亡。"意思是，别人都有兄弟，唯独我没有。子夏回答他说："四海之内，皆兄弟也。"

"君子"是孔子的重要概念。甚至可以说，孔子教育的目标就是要把学生培养成君子，他办的学校就是"君子人格"培训学校。

"君子"原义是"国君之子"，后指有权势的世袭贵族，贵族为君子，君子以外为小人。如果君子只是世袭贵族，就意味着非贵族永远当不了君子。在孔子之前，“君子”这个概念已开始有了道德品质的含义，开始指有文化、品德高尚的人。把“君子”从世袭贵族的概念中彻底解放出来，成为一个纯粹的有德性的概念，主要是在孔子思想中完成的。

孔子有道德权利平等的意识，他认为平民子弟可以通过学习和修身而成为君子，成为有德性尊严的人，这是对传统世袭贵族制的精神突破，是孔子的历史贡献。

司马牛问怎样才能成为君子，孔子回答说：“君子不忧不惧。”也就是说，当你成为一个不忧虑、不恐惧的人时，你就成为君子了。

孔子的教育有个特点，他回答问题是为了培养提问者的人格，所以都是有针对性的。不同学生的同一个提问，孔子回答往往因人而异、因材施教。有点像老中医，望闻问切，看病下药，每个病人情况不一样，所开的药方也不一样。

孔子的教育是个性化教育。个性化教育的好处是有具体针对性，麻烦是特殊性有余而普遍性不足，缺少概念的普遍性定义，以及以此为基础的逻辑推理。例如“君子”这个概念到底怎么定义？不同的学生不断问孔子，得到的答案都不相同。

与孔子同时代的古希腊思想家，他们的思想方法更像西药。西药的结构是化学方程式，数理清楚，人人都有标准答案。古希腊思想家讨论问题时，首先要对运用的概念进行充分讨论，形成标准定义。例如，如果提出“君子”这个概念，他们就要先讨论清楚什么是君子，确立规范的定义，然后再用这个概念，这样人人都明白。

《论语》不是这样的理性思维习惯。孔子心中有自己关于“君子”概念的标准，但学生不明白。学生问的时候，孔子针对不同学生的特点进行有差别的回答，学生们分别得到了关于君子的不同答案。但对“君子”的概念，难以形成一个系统、抽象的认识。

古希腊思想家们重视概念，中国春秋战国时期的名家们也在探索。老子思维习惯中就有名家的特征，注重对特定概念的反复阐述。名家对概念的重视和孔子这种因人而异的个性化教育方法，这两种思想一定要结合。要在古希腊哲学家和中国名家重视概念标准化定义的基础上，再考虑概念具体化、个性化的运用。不然，概念的标准由老师个人掌握，学生听到的只是针对自己的具体运用，这样培养不了学生理性、抽象的逻辑思维能力。

估计司马牛这个人平常比较忧虑、胆小怕事，所以孔子对他的回答是“君子不忧不惧”，意思是你要想当个君子，就得改掉你忧虑和惧怕的缺点。司马牛从孔子关于君子的定位中，只听到与自己有关的“不忧不惧”。君子难道就只是不忧不惧吗？显然不是，“不忧不惧”只是针对司马牛而发。

《为政》篇中记载，子贡也问孔子什么是君子，孔子的回答是：“先行其言，而后从之。”把想说的先做了，做了然后再说。估计孔子认为子贡的缺点是说得多做得少，用“先行其言，而后从之”来教育子贡要“讷于言而敏于行”。

面对司马牛和子贡关于“君子”的提问，孔子的回答完全不同。背后的标准是由孔子掌握的，学生只知道针对自己的具体运用。现代教育不会这样，首先要把基本标准教给学生，再考虑个性上的差异。

对孔子老师的解释，司马牛似乎有点不太满意，所以就追问了下面一句："不忧不惧，斯谓君子已乎？"意思是："难道不忧不惧，就可称为君子了吗？"

司马牛可把孔子想简单了。孔子从来是深入浅出，他简单的表达后面常常有深意。孔子这样回答司马牛："内省不疚，夫何忧何惧？"内省自己，反省自己，没有让自己愧疚的事，还有什么忧虑和恐惧呢？如果自己做过亏心事，成为自己的心结，就会愧疚。愧疚在心里，人就会有忧虑有担心。

这背后有一个心理学问题：人的忧虑和恐惧源于人的愧疚心理，而人的愧疚心理又源于人做过坏事。君子不做坏事，内心没有愧疚，心态坦然，就不会有忧虑和恐惧。《述而》篇中记载了孔子同样意思的话："君子坦荡荡，小人长戚戚。"君子坦坦荡荡，小人总是忧愁。做坏事的人，即便一时占了点便宜，也不会安宁幸福。

为什么没做过坏事的人就心地坦然舒畅，做过坏事的人内心总有解不开的忧虑、驱不散的恐惧？我们只能说，冥冥之中有上天公义的法则，会从内心深处惩罚那些做了坏事的人。所以孔子首先敬畏的，是天命。

孔子时代有一个重要概念，叫"天罚"，即上天的惩罚。《尚书·周书》记载，周武王指责商纣王"上帝弗顺"，不顺服上帝，所以他要"恭行天罚"。当君王不顺上帝，涂炭百姓时，上帝会拣选敬天行道者对暴君施行“天罚”。上天惩恶扬善，所以不能做恶事。心中相信天罚，是有道德敬畏的重要前提。

天命无处不在，惩罚行恶者。这种惩罚，看得见的是犯罪以后被司法部门依刑惩罚，看不见的是自己内心的良心惩罚。正常情况下，当一个人有忧虑和恐惧的时候，要反省自己，去恶从善。所以说到底，君子不忧不惧只是表面现象，背后的原因是君子不做坏事、不行恶。

孔子这样回答司马牛，是不是提醒司马牛要反省一下自己做过些什么亏心事？内心忧虑恐惧，说明内心有黑暗的心结。身为君子，内心是光明的，会被上天护佑。

梳理一下《论语》中孔子关于“君子”的说法，可以大体概括为四个方面。

第一个是“仁”。君子以“仁”为己任，不违背“仁”的准则。“仁”就是爱人，就是“己所不欲，勿施于人”。君子想的和做的，都是爱人、服务人的事。君子不伤害人。

第二个是“礼”，君子严守礼制。“礼”是实现“仁”的制度和行为规范。要以“仁”为己任，就得遵“礼”而行。

第三个是“学”，君子非常好学，是通过学习不断来提升和完善自己的人。

第四个是“行”，君子不仅好学，更重要的是好实践，践行仁义忠信这些道德准则。

第五十八课

四海之内，皆兄弟也

司马牛忧曰："人皆有兄弟，我独亡。"子夏曰："商闻之矣：死生有命，富贵在天。君子敬而无失，与人恭而有礼。四海之内，皆兄弟也。君子何患乎无兄弟也？"

《论语·颜渊·五》

本章出现了两句流行语，一是"死生有命，富贵在天"，一是"四海之内，皆兄弟也"。经典的特点之一就是能创造出经久不衰的流行语。

司马牛身世不明。司马迁《史记·仲尼弟子列传》记载了司马牛，但没有讲他的身世。学界关于司马牛身世问题有争议。一种观点认为这位司马牛就是《左传》中记载的宋国司马桓魋的弟弟。桓魋举兵造反，被宋景公击败，全家出逃，弟弟司马牛避难到鲁国。另一种观点认为，虽然都叫司马牛，但不是一个人。这里我们只把司马牛当成孔子的一位学生。

司马牛忧伤地说：人皆有兄弟，唯独我没有。"亡"即

“无”，意思是没有。

子夏回答他：“商闻之矣：死生有命，富贵在天。”子夏和曾子是孔子在学术上最有成就的两位学生。孔子以后，曾子一派成为儒家正统，开创注重心性修养的一派。子夏一派形成魏国西河学派，开创儒学中注重制度规范的一派。子夏没有著作留存下来，但我们从《论语》中可看出子夏的思想路径。从本章看，子夏似乎比曾子更有超越性。

“商闻之矣”，“商”是子夏的名。子夏时代，人有名有字。自称的时候，称名；同辈称别人，称字。“死生有命，富贵在天”，意思是：人的生死，由天命安排；人的富贵，由上天决定。这句话表达的是对天命的顺从。与今天我们日常用语“听天由命”的意思相同，听从上天，顺从天命。《论语》信仰上天，敬畏天命，认定上天主宰着命运。

“君子敬而无失，与人恭而有礼”，理解这句话的关键是要理解“敬”的对象。“敬”什么呢？敬畏上天。“无失”，指不要失去对上天的敬畏，不要迷失上天之道。这与孔子所说的“畏天命”是一个意思，也与周王朝“敬天保民”的宗教—政治传统一致。“与人恭而有礼”意思是与人交往恭敬而有礼。

“死生有命，富贵在天”是“君子敬而无失，与人恭而有礼”的前提，这两句不能分开来理解。由于上天决定人的生死富贵，所以“君子敬而无失”，人必须敬畏天命，不能失去敬畏心而迷失上天之道。上天之道就是孔子讲的“仁”和“爱人”。上天创造万物和生命，上天的力量和法则有益于生命。敬天行道，敬奉天命，要坚守爱人助人的仁义之道。“君子敬而无失”讲的是纵向的天人关系，“与人恭而有礼”讲的是横向的人际关系。

“死生有命，富贵在天”，要改善命运，得对上天“敬而无失”，敬畏天命，不失天道。上天向善，天命爱人，所以要善待生命，有益生命，对人要“恭而有礼”。这几句逻辑关系环环紧扣，非常清楚。如果能做到对上天“敬而无失”，对人“恭而有礼”，敬天爱人，那么四海之内的人都是你的兄弟，何必担心没有兄弟呢？

请大家注意这段话之间的因果关系。“四海之内皆兄弟”是一个结果，这个结果是从一个前提展开的，即相信“死生有命，富贵在天”，认定对上天要“敬而无失”，对人要“恭而有礼”。做到敬仰上天和尊重他人，四海之内的人就都是兄弟。

反过来看，如果不相信上天主宰一切，不相信上天有好生之德，就不必对上天“敬而无失”，也就不必去对人“恭而有礼”，四海之内也就不会是兄弟了。简化一点，不信上天，四海之内的人就不会是兄弟关系。

这背后有一个理论问题。司马牛忧伤的是自己没有血亲兄弟，没有血亲的兄弟之情。他认为兄弟之情对生命非常重要，他渴求并信任兄弟之情。父亲和子女之间，兄弟姐妹之间，这种血亲情感和血亲信任，超越其他情感和信任，这是一种自然现象。春秋时期，社会的组织核心是家庭和家族，靠血亲纽带凝结在一起。春秋各国内部，都建立在大家族之间的联盟上。家族内部也非常依赖兄弟血亲情感来团结。推崇宗族情感，强调血亲信任，这是春秋时期的主流价值观。《诗经·小雅·常棣》中写道："兄弟阋于墙、外御其务。"兄弟之间在自家围墙内会有矛盾纠纷，但若遇到外人来欺负，兄弟们会团结起来，共同去抵抗。

兄弟是血亲共同体，内部虽有矛盾，但对外会团结抗敌。司马牛没有兄弟，感到孤独无助，而子夏却在精神上超越了这种血亲情感构建的信任，他的精神升华了，升向一种基于共同信仰上天的信任。

从"死生有命，富贵在天"的信仰出发，强调对上天"敬而无失"，对人"恭而有礼"，这会建立起一种信仰上天、以尊奉天命为核心的新型人际关系，一种基于上天信仰的兄弟关系，一种因敬天而形成兄弟情的关系。

子夏认为，只要做到敬畏上天、尊重他人，四海之内就是兄弟。这种新型的兄弟关系超越了血亲之上的信任，是一种基于信仰的兄弟关系，这就从共同血缘的关系升华为共同信仰的关系。这种信仰关系既拥有亲兄弟之间相互信任的特征，又超越了血亲边界，可以在陌生人之间构建起来，这是中国精神史上很重要的一次精神突破。

子夏的这个观点非常重要，可惜在后来儒家的发展中，以孝的伦理为代表的血亲关系仍然是基础。也就是说，司马牛这种渴求血亲兄弟、追求血亲信任的立场，仍然占据儒家思想的主导地位。而子夏基于上天信仰的信任关系，并没有能够在儒家中发展起来。这样，中国人的信任半径比较小，往往超不出血亲信任的范围。今天中国人的一个缺陷仍然是：只信家人，不信外人。华人在世界上多数只能管理家族企业，建立不了世界级跨国企业。在西方社会，在保有血亲信任的同时，因为有基督教信仰的基础，因此拥有一种基于信仰的信任关系，这就可能超越血亲信仰，扩大信任半径和合作半径。犹太教、基督教、伊斯兰教、印度教等，都是如此。

信任半径就是合作半径。信任半径小的人，是缺少合作能力的人。人与人之间，要建立多层信任关系，不能只有狭窄的血亲信任关系。子夏提到的天命信仰下的新型兄弟关系，属于信仰层面的信任关系，可惜这种精神后来没有发展起来。子夏的精神升华在历史上缺少后续的跟进，子夏的“信仰—信任”的精神之光闪了一下，没能照亮中国的心灵，就黯淡了下来。这是中国精神的遗憾。

中国没有建成一个以信仰为中心的社会，更多只是基于血亲的信任关系，背后的重要原因就是，周王朝的政治—宗教文化中有一个对中华民族发展来说非常致命的缺陷：天子垄断上天祭祀权。以后历朝历代，皇家天子们也都垄断了祭祀上天、上帝的权力。

北京的天坛是明清时期修建起来的，祈年殿祭祀的对象是“皇天上帝”。但天坛祭祀是皇家天子独占的，官吏和民众不能自行去祭拜。民众不能祭拜上天，就意味着皇家禁止民众去直接信仰上天和敬拜上帝，因此上天、上帝信仰就不再是民众信仰，民众也没办法基于共同的上天信仰而建立起新型的以信仰为纽带的兄弟之情。民众只能祭祀自己的祖先，只能保有家族血亲关系的凝聚力。这种血亲凝聚力是有血亲限制的，不可能扩展到陌生人的非血亲世界。以孝治国，以家族祭拜为中心的信任链，到了陌生人就断了，

“四海之内皆兄弟”的理想自然就实现不了。只信自己的亲人，不信外人，怎么能做到“四海之内皆兄弟”呢？

曾子一派后来成了儒家正统，曾子写《孝经》强化了“孝”的地位，将儒家思想奠定在血亲信任基础上。后世儒家讲“忠孝悌”，对君主之忠、对父母之孝、对长兄之悌，都是纵向服从关系，是下对上的义务关系，不是横向的陌生人之间的兄弟关系。虽然子夏一派的思想可能更深远博大，但遗憾的是完全没有成为主流。

从本章看，子夏一派应是以上天信仰为中心的，是以信仰的兄弟关系为中心的，颇有横向平等感，但没有足够的文献留下来。是不是被有意识地毁灭了？如果能有考古发现，出土子夏一派的著作，将会是中国精神史上的大事。

我们可以说，子夏很了不起，他知道要在血亲信任之上寻找更高的信任关系，也就是基于上天信仰的信任关系。但是，历朝历代天子对上天、上帝祭拜的垄断，破坏了子夏梦想实现的可能，也造成中国人的信任精神中缺少血亲关系以外的信任能力，信任半径太小，自发性的社会合作能力不强。

第五十九课

自古皆有死，民无信不立

子贡问政。子曰："足食，足兵，民信之矣。"子贡曰："必不得已而去，于斯三者何先？"曰："去兵。"子贡曰："必不得已而去，于斯二者何先？"曰："去食。自古皆有死，民无信不立。"

《论语·颜渊·七》

子贡向孔子请教政治问题：如何执政？如何治理国家？

子贡（公元前520年—前456年）复姓端木，名赐，字子贡，他是孔子学生中很有成就的一位，主要表现在经商和外交上。《史记·仲尼弟子列传》中对子贡的记载字数最多，说他善于外交和经商，常在鲁国和卫国担任国相，而且经商有成，家累千金，成了大富翁。

孔子去世以后，弟子们相聚在一起完成《论语》编撰，这是需要时间和资金支持的，我猜想资助人可能是子贡。孔子学生多是穷书生，只有子贡经商有钱。也许，资助和参与组织《论语》编撰，是子贡最重要的历史贡献。子贡的名和字在《论语》中出现次数很多，仅次于子路，但远高于颜回和曾子。

子贡问治国之道，孔子认为重在三点：有粮，有兵，取信于民。也就是“足食，足兵，民信之矣”。“兵”，原指兵器，以后泛指军事力量。所以仅译为军队是不够的，军备更妥。军备，包括了军人、兵器及军事设施。

子贡又问：“如果迫不得已，要去掉一个，在有粮、有兵、取信于民这三者之中，先去掉什么？”子贡希望在粮、兵和取信于民这三者之中，排出一个轻重顺序来。孔子的回答很简洁：“去兵。”孔子认为军事力量对保护朝廷很重要，但迫不得已的时候可先去掉军备。

子贡又问剩下的两个：有粮食和取信于民，如果要去掉一个，应该去掉什么。孔子回答：“去掉粮食。自古都有死亡，不能取信于民，国家就无法立住。”即：“去食。自古皆有死，民无信不立。”

到这里，表面上似乎很清楚了，但追问一句：孔子讲的是去掉谁的粮食？是去掉民众家里的粮食，还是去掉朝廷的粮食储备？是让百姓饿死，还是让朝廷粮库空虚？本是简单的问题，但注家们出现了完全对立的解释。一种观点认为，宁肯饿死老百姓，也不能让老百姓不信政府。这种解释下的孔子，可是非常残酷了。不怕让老百姓饿死，就怕老百姓不信朝廷，这态度可怕吧？这是谁解释的呢？钱穆先生。

钱穆先生在《论语新解》中解释说：“惟遇不得已，则教民轻食重信。”如果不得已，要教育民众看轻粮食、重视对政府的信任。教民轻食重信，轻视粮食，信任政府，这不是教育老百姓饿死不要紧，但不能不信政府吗？是不是有点浑身冒冷汗？但钱穆先生这种解释不是孤例，而是前有古人后有来者的。

东汉经学家郑康成（公元127年—公元200年）就是这样解释的，要民众宁可饿死也不可失信于朝廷。钱穆先生这个观点还后有来者，李零先生也持这种观点。李零先生在《丧家狗》中还这样发挥："但历代统治者都认为，如果能取得民众的信任，这个信任不动摇，即使死上点人、甚至死很多人，天也塌不下来。"

按钱穆、李零先生的解释，孔子讲仁与爱人全是虚伪，是要用手法让百姓无论如何信任政府。是孔子如此阴暗残暴呢，还是这些注家的角度问题呢？如果钱穆、李零先生的解释是正确的，那《论语》已经可以归入《商君书》一类了，而且比《商君书》更虚伪和残暴。这样的注解，不仅强调必要时可以饿死民众，更残忍的是还要教育挨饿的民众，饿死也不能放弃对朝廷的信赖。连商鞅也不敢这么想这么说。

还好有另外一个正常的解释。西汉的孔安国认为，死是正常的，人人都要死，但"治邦不可失信"，意思是治理国家宁死而不可失信于民。

孔安国认为，"去食"是针对朝廷自己的。这是很正常的理解。本章子贡问的是为政之道，里面孔子回答的"足食，足兵，民信之矣"这三个条件，都是指向朝廷自己。

兵，军备，是指向朝廷的。取信于民，也是指向朝廷的。怎么一到"粮食"，就转而指向民众，把孔子说的"去食"理解成去掉民众的粮食呢？如果当政者都这样读《论语》，会出台什么样的政策呢？

清代学者刘宝楠在《论语正义》中，把本章中的“食”解释为“食政”，指政府财政，这是常识。今人徐复观先生也论证过，“去食”指的就是朝廷去掉自己的粮食储备。我认为“食”指的就是粮食税收。《道德经》第七十五章说：“人之饥，以其上食税之多，是以饥。”民众饥饿，是因为上面朝廷食税太多。这足以说明“去食”，指不向百姓征收粮食，宁愿承受朝廷无粮可用的情况，宁死不负百姓。取信于民，比征收众多粮食更重要。

是去掉老百姓的粮食还是去掉朝廷的粮食储备，在这两极之间，还有一些中间态度。例如朱熹，他认为朝廷既要取信于民，民众也要取信于朝廷，双方都要宁死不失信于对方。这个中间观点也让我感到不可思议，总留一个尾巴，就是一定要强调民众宁死而不可负朝廷的义务。

分析到这儿，我们重新来看一下本章，全文翻译一下——

子贡问为政之道。孔子说：“足够的粮食储备，足够的军备，取信于民。”子贡说：“迫不得已而去掉一个，这三者中先去掉什么？”孔子说：“去掉军备。”子贡问：“迫不得已再去掉一个，粮食储备与取信于民两者中，去掉什么？”孔子说：“去掉粮食储备。自古都有死亡，可一旦失去民众信任，国家就立不住。”

第六十课

君君，臣臣，父父，子子

齐景公问政于孔子。孔子对曰："君君，臣臣，父父，子子。"公曰："善哉！信如君不君，臣不臣，父不父，子不子，虽有粟，吾得而食诸？"

《论语·颜渊·十一》

近现代以来，《论语》中被批判最多的莫过于此章。批评者认为，这就是汉代以来"三纲"伦理的源头。"三纲"的提法首次出现在西汉《礼纬·含文嘉》中，表达为"君为臣纲、父为子纲、夫为妻纲"。臣以君为纲，子以父为纲，妻以夫为纲，批评者认为，"三纲"是君权、父权和夫权的专权思想，奴役了中国人，破坏了中国人的平等、自由和创造精神。

但把孔子理解为"三纲"源头，还真是冤枉了孔子。本章中的"君君，臣臣，父父，子子"，并非后来的"君为臣纲、父为子纲、夫为妻纲"这"三纲"的意思。我们得帮孔子老师澄清一下。

"齐景公问政于孔子。"齐景公向孔子询问为政之道。齐景公是齐国国君，公元前547年至公元前490年在位。齐景公在位的57

年间，齐国大体上国泰民安。公元前517年，孔子三十五岁左右，他去齐国见到了齐景公。

孔子虽然年轻，但他热爱周礼，学业有成，有知礼的名声。齐景公是姜太公后代，姜太公与周武王和周公等人共创周王朝。周礼是周王朝的治国之道，对齐景公来说也就是先祖之道。对懂周礼的孔子，齐景公礼遇有加，向孔子请教为政之道。

孔子对曰："君君，臣臣，父父，子子。"

钱穆先生采用宋朝朱熹的译法，这样翻译："君要尽君道，臣要尽臣道，父要尽父道，子要尽子道。"译得很典雅。对比起来，杨伯峻先生的翻译比较口语化。杨伯峻先生译为："君要像个君，臣要像个臣，父亲要像个父亲，儿子要像个儿子。"

我认为，钱穆先生译为君道、臣道、父道和子道，杨伯峻先生译为像个君、像个臣、像个父亲、像个儿子，都不错，但还不够理想，主要是没能利用1993年考古发现的战国郭店楚简。

郭店楚简《六德》是目前发现的最早对"君君，臣臣，父父，子子"这组概念进行完整解释的文献。其中专门讲了六种德性，也即君、臣、父、子、夫、妇所应有的德性：君德、臣德、父德、子德、夫德、妇德。

《六德》篇认为，君主的德性应当是"义"，兴礼乐、制刑法，使父子相亲，使大臣团结，保卫国家，君德为"义"。臣子的德性应当是"忠"，勤于工作，为国家献身，臣德为"忠"。父亲之德性应当是"圣"，生养和教育好孩子，父德为"圣"。儿子的德性应当是"仁"，指孝敬父母，子德为"仁"。丈夫的德性应当为“智”，智慧地处理家庭关系。妻子的德性应当是“信”，让家人相互信任。这“六德”可以概括为“义忠圣仁智信”，君义、臣忠、父圣、子仁、夫智、妇信。但在后来的历史演化中，流行的说法变成了“君仁臣忠父慈子孝”。

按郭店楚简《六德》的内容，我们重新翻译一下孔子所说的“君君，臣臣，父父，子子”：君主要有君德，臣子要有臣德，父亲要有父德，儿子要有子德。

君主应有君主的德性，例如用人做事要讲“仁义”。臣子要有臣子的德性，例如对君主和国家要“忠诚”。父亲要有父亲的德性，例如要讲“慈爱”。儿子要有儿子应有的德行，例如要讲“孝敬”。这就是本章中孔子所讲“君君，臣臣，父父，子子”的意思。君要仁、臣要忠、父要慈、子要孝，各有轨道。父子之间、君臣之间，有一个对等的关系，并不是“君为臣纲、父为子纲、夫为妻纲”这“三纲”一边倒向君权、父权和夫权的关系。

这种对等、相互要求的关系，在《论语》中已有表现。《八佾》篇谈到君臣关系，鲁定公问孔子：“君主支使臣子，臣子侍奉君主。怎么样？”鲁定公的问话中，强调了君主对臣子的支配地位和臣子服从、侍奉的地位，但孔子并不同意鲁定公的说法，他回答说：“君使臣以礼，臣事君以忠。”

君主按礼来管理臣子，臣子就以忠诚对待君主。臣子对君主的忠诚有一个前提，就是君主要依礼待人。孔子曾在鲁国为司寇，鲁君和季氏对他无礼，孔子就辞职离开了。说到底，臣子不是忠于君主，是忠于礼制。

孔子所说的“君使臣以礼”，就应当是本章所说的“君君”的内容之一。君有君德就是要遵循礼制，使臣以礼。臣子忠于君主，这是臣子之德。臣子行臣子之德是有条件的，那就是君主使臣以礼。君臣之间，相互要求，这与后来“三纲”中的“君为臣纲”意思不同。如果君主不能做到使臣以礼，要大臣做不仁不义之事，臣子还能继续忠于这样的无道昏君吗？孔子的回答是否定的。

《先进》篇记载孔子之言：“以道事君，不可则止。”按照天道的准则去侍奉君主，如果做不到，就停止侍奉这样的君主。君主有权解除大臣职务，大臣也有权辞去职务。

孔子对曰：“君君，臣臣，父父，子子。”注意，本句中孔子并没有讲什么是君德、臣德、父德和子德，但好像齐景公知道这句话，他不用孔子解释具体内容，自己就开始解释了。估计这些话在当时大家都知道。

《国语·晋语》中提到：侍奉君主没有二心，这就是臣德。不改变自己的好恶，这就是君德。臣子之德是忠心无二，君主之德是好恶价值观的稳定。而且还说“君君臣臣，是为明训”。君有君德，臣有臣德，这是很清楚的规矩。

这位齐景公这样解释“君君，臣臣，父父，子子”：“善哉！信如君不君，臣不臣，父不父，子不子，虽有粟，吾得而食诸？”可这样翻译：很好啊！假如君无君德，臣无臣德，父无父德，子无子德，就算有粮食，我还能吃得到吗？

“粟”，有壳的时候叫谷子，去壳以后叫小米，是孔子时代北方农业的主要粮食。“粟”在此指代粮食。齐景公很质朴，他理解的“君君，臣臣，父父，子子”，大概就是忠孝。臣子忠于君王，儿子孝敬父亲，这样身为君主就有吃的了。如果臣不忠，子不孝，天下大乱，无人供养，君主就没饭吃了。

齐景公在治国上善用人才，听得进批评意见，国家治理得不错，同时这位齐景公又纵情酒肉声色、寻欢作乐。孔子一说“君君，臣臣，父父，子子”的治国之道，齐景公马上就想到保障自己的吃饭问题。他理解的“君君，臣臣，父父，子子”，主要是臣子对君主的义务。齐景公这么一解释，就把孔子“君君，臣臣，父父，子子”的含义给定格了。

对齐景公这样的理解，孔子没有再解释，人们因此容易认为他所讲的“君君，臣臣，父父，子子”这一套，说白了就是给君主弄吃的，是保障君主特权利益的。可能也有人会想，《论语》编撰者用齐景公吃粮食这句话收尾，把孔子的思想拉低了。但从传播学来看，这句话非常容易传播，市场导向明显，相信历代君主看到了，都会认为孔子的学说对保障他们吃粮食很重要，这样朝廷就成了儒家思想的主要消费者。齐景公喜欢孔子，想把齐国一个叫尼却的地方赐封给孔子，但被齐国大夫晏婴劝阻了。

我们分析《论语》中孔子关于君臣关系的论述，能看到他强调的是君臣相互承担义务的对等关系。在君臣观上，儒家这种权利和义务对等的追求，后来在孟子那儿有更明确的表现。孟子告诉齐宣王说：“君主把臣下看成自己的手脚，那臣下就会把君主看成自己的腹心；君主把臣下看成狗马，那臣下就会把君主看成一般人；君主把臣下看成泥土草芥，那臣下就会把君主看成仇敌。”

孟子这段话很有名，以下是原文：

> 孟子告齐宣王曰："君之视臣如手足，则臣视君如腹心；君之视臣如犬马，则臣视君如国人；君之视臣如土芥，则臣视君如寇雠。"
>
> 《孟子·离娄下》

总结一下，我们要为孔子正名的是，他所说的"君君，臣臣，父父，子子"，并不是汉代以来倡导的"君为臣纲、父为子纲、夫为妻纲"这"三纲"思想的来源。最早表达出"三纲"思想的，是法家的韩非。《韩非子·忠孝》中说："臣事君，子事父，妻事夫，三者顺则天下治，三者逆则天下乱，此天下之常道也，明王贤臣而弗易也。"明确表达了君与臣、父与子、夫与妻的主从关系。

西汉时的《礼纬·含文嘉》已提到"三纲谓君为臣纲，父为子纲，夫为妻纲"，东汉《白虎通义·三纲六纪》中提到"三纲者何谓也？……君为臣纲，父为子纲，夫为妻纲"。这"三纲"是汉代儒生们引法家思想进入儒家的产物，不能完全等同于孔子的思想。

权利与义务的对等是重要的社会正义原则，不同社会层级，权利不同，义务也不同。孔子"君君，臣臣，父父，子子"的提法，表达的就是等级性的权利—义务对等原则。但在现实之中，君与臣、父与子的关系中，君主、父亲具有比较优势，属于主导性力量，臣与子属于依附性力量，双方不具备相互制约的均衡条件，君主、父亲自然会强化自己的特权，最终会将“君君，臣臣，父父，子子”的定义扭曲为“君为臣纲，父为子纲，夫为妻纲”。这正如齐景公与孔子的关系，当齐景公表达出以君主为中心的定义时，孔子没有再回应，沉默了。孔子不具备制约和平衡齐景公的力量。

第六十一课

君子成人之美，不成人之恶

子曰：“君子成人之美，不成人之恶。小人反是。”

《论语·颜渊·十六》

“君子成人之美”这句话，已成为流行语。有意思的是，本来是“成人之美，不成人之恶”，但真正流行开的却是“君子成人之美”，“不成人之恶”不流行，为什么会这样？这反映了中国人一种什么样的心理？

“君子成人之美”，杨伯峻先生把“美”翻译为“好事”，把“恶”翻译为“坏事”，译文是：君子成全别人的好事，不促成别人的坏事。小人却和这相反。

这种把“美”“恶”理解为好事、坏事的译法，并非杨伯峻先生首创。杨伯峻先生继承的是南宋理学家朱熹的说法，朱熹把“成人之美”解释为“成其事也”，使人做成事情。这种理解有点偏，下面再解释。钱穆先生把“美”解释为“美处”，把“恶”解释为“恶处”，谈不上错，但似乎过于空泛。

“君子成人之美，小人成人之恶”，讲的是君子与小人的区别。准确理解“美”和“恶”这两个概念，是理解本章的关键。

《论语》中“美”字出现14次，有美丽、美好、美德等意思。与“恶”相对出现的时候，主要指美德。例如《尧曰》篇中提到“尊五美，屏四恶”。所以君子成人之美主要指成就人的美德。

美德的内容，主要是仁。如《里仁》篇中所说：“里仁为美。”邻里仁爱，这就是美。所以成人之美等于成人之仁。人性中有仁爱之心，使这种仁爱之心得以实现的人，就是君子。《卫灵公》篇中说，子曰：“志士仁人，无求生以害仁，有杀身以成仁。”朱熹解释为“成其事也”，杨伯峻先生解释为“君子成全别人的好事”，都不错。但好事是德性的产物，有仁爱之心，才有仁爱之事。

孔子讲以德治国，讲杀身成仁，孔子教育的核心是德性、品行和仁爱，而不是如何具体去做事。对孔子来说，德是本，事是末，解释“成人之美”要从德性入手，而不能偏到做事上去。“成人之美”就是成就人的美德之事，“不成人之恶”指不帮人去做邪恶之事。

《论语》中“恶”字也有多重意思，有不好、厌恶和作恶的意思。本章的“成人之美”相当于成人之仁，成就人的美德之心与仁爱之事。“成人之恶”与“成人之美”对立，此处的“恶”就指不仁，无仁爱之心，做违反仁爱之事。

《里仁》篇记载，子曰：“苟志于仁矣，无恶也。”一旦有志于仁，就不会去作恶了。孔子明确把“恶”与“仁”相对立，认为当人追求“仁”的理想时，就不会去作恶。

值得注意的是，孔子思维上有阶层特征。孔子眼中的人不是普遍的抽象的人，而是处于阶层中的人。例如本章中的“君子”就有特定的阶层特征。《论语·子罕》记载，孔子说自己“出则事公卿，入则事父兄”：出门在外去工作，好好侍奉公卿；回家以后，好好侍奉父亲兄长。《论语》中孔子的教育对象是在社会上服务于公卿的“士”，他希望把“士”培育成“士君子”，即有君子德性的士阶层。

本章针对的就是“士君子”。士君子们“出则事公卿，入则事父兄”，一定要有德性底线，不能帮助公卿和父兄们去做不仁不义的事情。侍奉他人，要忠诚勤奋，但如果被命令去做不仁不义、不忠不孝、伤天害理之事，就必须拒绝。

《先进》篇记载，孔子对季氏家人赞美子路和冉求，认为他们为人忠诚，会成为忠臣，但如果季氏让他们去做“弑父与君”这种不忠不孝之事，他们是不会服从命令的。这就是“不成人之恶”的意思。

前面讲过，孔子因为学生冉求帮助季氏推行新赋税政策，增收赋税，超出了周公礼制，孔子很生气，不再承认冉求为自己学生，并让弟子们对冉求“鸣鼓而攻之”。孔子认为，仁政建立在低赋税基础上，冉求帮助季氏增收赋税，这不是“成人之美”，而是“成人之恶”，促成了季氏的不仁，这样冉求就不再是君子而成了小人。

请注意一个细节，孔子只说“不成人之恶”，但并没有要求去制止“人之恶”，也没有要求“君子禁人行恶”。假如公侯卿大夫行恶，孔子只要求君子不去配合，但似乎没有坚决要求君子去制止。孔子的精神取向是：自己不参与作恶，但对公侯君主卿大夫作恶采取回避的态度。孔子有不作恶的德性底线，但没有反抗和抵制作恶者的德性高线。

人性之中，有美有恶，由美而生好事，由恶而生恶事。克制内在之恶，实现内在之美；自己不作恶，也不回避作恶者，坚决抵制恶行，这才是对今日君子的要求。总之，我们应从“君子成人之美，不成人之恶”这条路继续往前走，走向“君子成己成人之美，克己克人之恶”。成就自己的美德和他人的美德，克制自己的恶行，抵制他人的恶行，这才是未来的君子。

第 六 十 二 课

子帅以正，孰敢不正？

季康子问政于孔子。孔子对曰："政者，正也。子帅以正，孰敢不正？"

《论语·颜渊·十七》

子曰："其身正，不令而行；其身不正，虽令不从。"

《论语·子路·六》

"季康子问政于孔子"，季康子向孔子请教执政之道。

季康子是当时鲁国执政国卿。季康子在历史上做过一件善事，他把六十八岁的孔子从卫国接回鲁国，孔子得以结束周游列国的漂泊，回到家乡安度晚年。

《论语》中孔子批评最多的执政者就是鲁国季氏家族。与孔子同时代的季氏三代执政者，从季平子到季桓子再到季康子，孔子都表示过不满。孔子是他那个时代的公共知识分子，关心并批评时政。他的名言"是可忍，孰不可忍"，就是抨击季平子的"八佾舞于庭"，即在家中用了天子规格的六十四人编队的乐舞。

孔子批评季平子，但季平子的儿子季桓子却提拔重用孔子，让孔子先后做了鲁国的司空、大司寇的高官。后来孔子对季桓子失望，辞职周游列国。季桓子去世后，儿子季康子当政。孔子批评学生冉求，要弟子们对冉求“鸣鼓而攻之”，是因为冉求帮助季康子推新政，增收了赋税，这等于是在批评季康子。季氏祖孙三代因为在《论语》中被孔子批评而恶名流传至今。

鲁国季氏家族有恩于孔子。孔子批评季平子，季平子并没有打压孔子，季桓子还重用他为官。孔子对季桓子不满而离职走人，周游列国，公元前492年季桓子临终还留下遗言，要继位的季康子今后把孔子接回鲁国。公元前484年，季康子派人把孔子从卫国接回鲁国安度晚年。孔子批评季氏，但季氏自始至终很珍惜、包容孔子。也许，孔子批判季氏并非知恩不报，而是他认为自己直言不讳才是对季氏的真正报答。

你也许会想，季氏这样的执政者很了不起。如果中国几千年的执政者都这样，那中国的政治史和中华文明会有更多人性美好的温度！其实，季氏对孔子这样的行为，在春秋时代并不少见。尊重并包容士子，是当时执政者们的普遍行为。为什么会这样呢？

除了当时敬天爱人、以德治国的传统礼乐政治文化影响之外，一个重要因素就是当时没有君主中央集权，春秋各国是独立国家，人才在国家之间自由流动。国与国之间竞争需要人才，都争相表现出礼贤下士的风尚。如果国家内政黑暗残暴，会造成人才流失，严重影响国家声誉和外交关系，国家利益会受损。

春秋时期，执政者对知识分子的尊重和包容是普遍现象，知识分子的言论和教育非常自由，这是老子、孔子、墨子这些对时政有批评的思想家得以兴起的社会环境。

季康子向孔子询问执政之道，孔子怎么回答的呢？孔子对曰："政者，正也。子帅以正，孰敢不正？"意思是："政字的意思是要走正道。您率领大家走正道，谁敢不走正道呢？"

孔子对"政"字进行定义，他说"政"指的就是"正"，要以"正"的标准来执政。其实，这是孔子自己的一个新定义。

甲骨文中"政"字的字形，像是拿着武器去征讨不好好祭祀的不义之人的样子，这与《左传》中讲的"国之大事，在祀与戎"接近。国家大事，就是祭祀与军事。"政"字原义，与征伐有关，大意是用武力实现正义的意思。现代汉语里正义也常与军事相关，例如正义之师。

孔子讲的"正"是什么意思呢？这里并没有定义，这就成了一个需要猜测的内容。仅仅译为正直、正派、端正、正义，其实是空泛的，因为大家对这些概念的详细定义可以完全不同。例如，老子《道德经》第五十七章中也说"以正治国"，但老子对"正"的理解与孔子很不相同。

孔子的理想政治是"为政以德"，"德"的内涵就是养育和保护生命。怎么去实现"德"的执政目标呢？孔子认为要坚守尊卑有别、上下有等的周公礼制传统，用"礼"的方法去实现"德"的目标，历史上称为"德礼之治"，这就是孔子"正"的标准。

孔子批评过季平子，是因为季平子僭越了礼制规格，身为卿大夫却使用天子规格的礼乐，这是不正。孔子不满季桓子，是因为后者没有按礼的传统来礼遇他，这是不正。孔子批评冉求和季康子，是因为季康子新政收取的赋税超出了周公礼制的传统标准，这是不正。

鲁国是周公的封国，孔子坚守的德礼之道就是周公之道，是鲁国的传统治国准则。按照孔子“正名正礼”的标准，季氏家族架空鲁公，把持朝政，在“正”上是有问题的。季康子当然很清楚，所以他和孔子之间说话只是点到为止，相信两人心里都明白。

孔子在鲁国做官时，政治上做的最大的事是“堕三都”，拆掉季孙氏、孟孙氏和叔孙氏三家僭越礼制而修建的城墙，孔子认为这是端正礼制应有的行为。“堕三都”受到反对而失败，孔子才离开鲁国周游列国。

从对季康子的回答看，周游列国14年后的孔子仍然是当年那个坚守礼制传统的孔子，并没有变。季氏对孔子的态度也没有变，还是礼贤下士，宽容优待。

请注意，正义、正直、端正、正道这些概念，听起来都让人感到美好，但其实每个人心中的标准并不一定一样，要深入到具体定义才能理解。对孔子来说，“正”的标准就是“德”和“礼”，是“以德治国”和“以礼治国”的结合，是“德礼之治”。

分析了孔子对“正”的具体定义，再来理解下面这段话就比较容易了。子曰：“其身正，不令而行；其身不正，虽令不从。”可以这样翻译：领导人本身行为正当，不用命令，别人也会去做；

领导人本身行为不正，就算命令别人，别人也不服从。

从这句话，我们可以看出孔子对领导力的看法。孔子认为领导力的核心是公正，是以身作则去遵循正道的能力。如果我们不看“正”的具体内容，孔子这句话就放之四海而皆准。

人类所有的领导力学，核心准则之一就是人格公正，做事公正。老子也说“以正治国”。一个不公正的人，率领不了团队。有些人一想到领导力，就会联想到阴谋诡计，这是对领导力毫无体验的人才会这样想。就算是领导黑帮，在内部也必须公正。公正是领导力的基础。孔子强调的“其身正，不令而行；其身不正，虽令不从”，是放之四海而皆准的领导力学准则。

但是，我们不能满足于表层的“公正”概念，还要深入分析，看孔子对“正”的具体理解和定义。领导力建立在公正基础上，有了这个前提，接下来就要看领导人对公正本身的理解。老子的“以正治国”讲的是司法公正，要保护好民众的自主和自由。孔子的“其身正，不令而行；其身不正，虽令不从”，讲的是朝廷推行德政，君臣以身作则，遵礼守义，君仁臣忠父慈子孝。

这一讲中孔子这两段话讲的都是领导力的问题。他认为领导力的核心就是以身作则、行为公正。公正的准则又是什么呢？孔子的准则是“德礼之治”，老子的准则是“无为而治”。

第六十三课

子为政，焉用杀？

季康子问政于孔子曰："如杀无道，以就有道，何如？"孔子对曰："子为政，焉用杀？子欲善而民善矣。君子之德风，小人之德草。草上之风，必偃。"

《论语·颜渊·十九》

季康子向孔子询问执政之道。季康子问："如杀无道，以就有道，何如？"意思是，杀掉无道之人，亲近有道之人，怎么样？

季康子其实是以提问的形式表达自己的执政之道：杀掉无道的坏人，亲近有道的好人。这也是治理鲁国的正常手段，但孔子给予了否定的回答。

"子为政，焉用杀？"孔子回答，意思是：你治理国家，为什么要靠杀人呢？季康子认为，治国首先要杀无道坏人，而孔子认为依靠杀人来治理国家，思路就不对。接着孔子解释："子欲善，而民善矣。"如果你想求善，民众就会向善，也即执政者向善，民众自然向善。

孔子进一步解释说："君子之德风，小人之德草。草上之风，必偃。"君子的德性是风，平民小人的德性是草，风吹草低，草顺风倒。"君子"指贵族执政者，"小人"指庶民、平民，"偃"指倒下。

从孔子的这个解释中，我们可以总结如下两点：

第一，孔子认为，社会的道德是有主从关系的。君主贵族执政者是道德主导人，民众是道德追随者。或者再用一个比喻，道德分为水源和水流，君主贵族执政者是道德水源，民众是道德水流。水源清澈，水流就清澈；水源混浊，水流就混浊。

第二，道德败坏的根源在执政者。民众出现道德问题，一定是执政者道德败坏在先。因为民众在道德上不是主导者而是被动追随者，所以，当民众德性败坏，本质上不是民众的问题，而是执政者道德败坏在前，君主贵族没有做好德性榜样，是君主贵族的无道恶行造成了民众的无道恶行。

现代的刑法中有主犯、从犯和胁从犯三种区分。主犯指在共同犯罪中起主要作用的犯罪分子，从犯是起次要或辅助作用的犯罪分子，胁从犯是被威胁利诱而被迫参与犯罪的，罪行比较轻。按孔子的标准，民众的德性是草，随着执政者德行之风改变方向，如果说执政者是犯罪的主犯，官吏就是从犯，民众连从犯都算不上，只能算胁从犯。

孔子认为，季康子是鲁国执政国卿，对鲁国的道德与刑事犯罪状态负有最高责任。如果鲁国无道、罪恶盛行，那么季康子就是主犯，民众最多是胁从犯。按孔子思想的逻辑，一个犯罪主犯向他请教如何诛杀犯罪胁从犯，他认为追责主体完全不对。孔子认为，当社会道德败坏，老百姓缺德犯法，主要责任在执政者而不在老百姓，执政者应当首先反省和改正自己。

前面讲过，孔子时代各国竞争，对人才比较宽容爱惜。正因为有这样言论和思想宽容的环境，孔子说话才这么直来直去，不给季康子面子。

《颜渊》篇的第十八章，季康子与孔子还有一段对话，有助于我们理解这里的意思。季康子患盗，问于孔子。孔子对曰："苟子之不欲，虽赏之不窃。"季康子忧虑盗贼的问题，求教孔子，孔子回答："如果你不贪求过多，就算是你奖赏盗窃，民众也不会去盗窃。"这等于是指责季康子贪求和剥夺财富，造成民众贫困而走上盗窃之路。

孔子这么说是有针对性的。孔子学生冉求帮助季康子推行新政，增收赋税，超过了周公礼制规定的比例，孔子对此表达了反对。孔子认为，盗贼之所以成为大问题，是因为民众穷困；民众穷困，是因为朝廷征收赋税过多。所以，当季康子问孔子是否应该首先诛杀无道犯罪之人时，他马上表示反对，认为首先要反省因执政者缺德而导致民众违法的问题。

讲到这儿，我们分析一下本章的三个问题。

第一个问题是孔子与当政者的关系。季康子是当政者，孔子直截了当地批评季康子。孔子有批评当政者的态度，季康子有听取批评意见的雅量。孔子忠于国家的方式之一，是公开批评执政者不合理的地方。孔子讲"忠"，是忠于上天之道，忠于周公之道，忠于以德治国的准则，孔子并不是无条件地盲从当政者。

第二个问题是德治与刑法的关系。德治，指行德政，善待民众；刑治，指以刑杀治国。季康子认为治国首先要杀掉无道恶人，这是重视刑杀，以刑治国。从中国思想史上看，季康子偏向法家思想了。

孔子反对以刑杀为治国基础，与周公之道有关。在处理德和刑的问题上，周公之道采取的是“明德慎罚”的态度，执政的任务是彰明人的德性，在惩罚人上要谨慎，后人总结为“德主刑辅”，即以德政为主，以刑罚为辅助。

以刑杀、刑治为主，就等于把每个人视为坏人，并以对待坏人的方法来治理国家，这样就把执政者和民众的关系定位为刑警和盗贼的关系，这会伤害人性中本有的明德的一面，造成国家的黑暗和人性的败坏。

孔子有敏感的政治嗅觉，他对季康子要以“杀无道”来主导鲁国的政治感到紧张，孔子是有预见的。后来的商鞅法家就彻底走上了完全依靠杀戮和刑罚来治国的黑暗道路。有孔子这样对德治的坚持，对法家的法制形成一种制衡，以后的中国法律史演化才基本定调在“德主刑辅”的大方向上。

弘扬人性中善良光明的一面，控制人性中邪恶黑暗的一面，这是国家治理的两个方面。如果社会上邪恶黑暗横流，原因不是老百姓天性就这样，而是执政者的德性败坏了。

执政者对国民的道德、法治有重要责任。要想拥有一个充满爱和正义的社会，首先要管住执政者，使执政者不能变得邪恶黑暗。孔子讲等级，在道德责任上也分等级，他要求执政者承担更重要的道德责任。

第三个是道德平等的问题。孔子认为，人和人之间有道德差异。社会不同阶层形成的背后，有一个隐含的等级差异，这就是道德、德性上的等级。孔子认为执政者、高阶层的人，在德性上应当是更好的人，应该承担更多的道德责任。孔子讲的权力、名位上的等级制度，背后有一个道德上的等级作为支撑。权力大者必须承担更多道德责任，对自己德性的修炼应更下功夫。

孔子这种看法，与我们今天讲的道德人格平等是不同的。虽然我们每个人的道德会有差异，但治理国家不能建立在领导者的道德比普通人要高的假定上，不能相信领导者要比普通人应承担更高的道德责任。这种把道德分等级、用道德等级来赋予权力等级以合法性的看法是不妥的，背后隐含的前提就是：上天面前，人人道德不平等。

如果上天面前人人平等，每个人就都是道德的能动主体。普通老百姓的道德追求，并不能因为领导者的道德变化而变化。不能说领导者讲道德，我们就讲道德，领导者不讲道德，我们就不讲道德。普通老百姓在善恶是非选择的问题上，不能只是跟着领导者来。如果领导者做邪恶的事，老百姓为什么要跟着他去做邪恶的事呢？为什么就不能去制止领导人，告诉他们这样做是不对的？不承认上天面前人人平等，否定平民百姓也是道德主体，这是孔子的局限性。

总之，孔子认为，谁执政，谁就应该是道德和法律责任的最高承担者。孔子坚守以德治国，倡导以爱护和保护生命为中心来治理国家，他保有对人性善良和德性的信任。在历史上，孔子这种思想平衡了法家的以刑治国的思想倾向。孔子身上有我们可以继承的东西，例如他认为责任和权力应当是对等的。孔子忠于国家，但他批评具体的当政者，并不愚忠，这也是我们可以继承的。

我们要超越的，是孔子提到的道德等级的问题。任何人，无论社会地位如何，都应有自己坚守的价值准则，个人的道德不能跟着领导者道德的变化而变化。领导者有道德，我们要讲道德；领导者没有道德，我们也要坚守道德，而且还要制止领导者不道德的行为，这才是有尊严的人。

子路篇

第六十四课

樊迟请学稼

樊迟请学稼，子曰："吾不如老农。"请学为圃。曰："吾不如老圃。"樊迟出。子曰："小人哉，樊须也！上好礼，则民莫敢不敬；上好义，则民莫敢不服；上好信，则民莫敢不用情。夫如是，则四方之民襁负其子而至矣，焉用稼？"

《论语·子路·四》

最初研究本章的时候，我有两个困惑。第一个是，樊迟向孔子请教学习种庄稼和蔬菜，孔子根本不教种植技术，樊迟为什么要提出这样不合适的问题？第二个是，孔子不贬低给人赶马车挣钱，为什么要贬低农业生产？

让我们带着这两个困惑来研读本章。

樊迟向孔子请教种植庄稼的事，孔子说："我不如老农民。"婉拒了樊迟的请求。樊迟又请教种植园圃的方法，孔子说："我不如场圃管理员。"樊迟出去后，孔子就说："小人啊，这个樊须！”“小人”通常解释为平民百姓，这里是说樊迟的想法和平民百姓一样。

批评了樊迟请教种植庄稼和园圃以后，孔子进一步说：“上好礼，则民莫敢不敬；上好义，则民莫敢不服；上好信，则民莫敢不用情。”意思是：上面的人爱好礼制，民众就不敢不尊敬上面的人；上面的人爱好道义，民众就不敢不服从；上面的人讲信用，民众就不敢不依实情做事。

“夫如是，则四方之民襁负其子而至矣，焉用稼？”如果君主卿大夫们重礼守信，四方的民众都会用襁褓背着小孩子（拖儿带女）来投奔了，还有什么必要去考虑种庄稼的问题呢？

到这里，我的第一个困惑产生了。“樊迟请学稼”通常解释为请教如何种庄稼，但如果把这句仅理解为樊迟向孔子请教种庄稼的技术，就等于认为樊迟向孔子提出了一个完全不合适的请求。孔子办的是礼乐学校，教学内容主要是诗书礼乐，没有农业技术的教育科目。樊迟是孔子学生，他给孔子驾车，对孔子很了解。整部《论语》中樊迟提出过不少好问题，他肯定知道孔子并不教农业技术，为什么要向孔子请教种庄稼和种菜的技术呢？难道是他智力有问题？但樊迟不仅智力没问题，还是个智勇双全的人。

《左传》记载，公元前484年，齐鲁两国爆发稷曲之战，孔子学生冉求和樊迟都参战了，冉求率领鲁国军队的左师，樊迟有勇有谋，他观察鲁军和齐军情况，果断要求鲁军越过壕沟主动进攻，鲁军听从樊迟的建议最终获胜。

那么，樊迟明明知道老师不教农业技术，为什么要向他请教呢？很可能不是樊迟有问题，是我们的理解有问题。“樊迟请学稼”这句话，如果我们不从种植技术而是从种植管理和农政的角度来思考，那么樊迟提出的就是一个正常请求。所谓“农政”，指朝廷的农业政务。

农政、农官的事，本来就在君子治理国家的范围内。孔子所教的诗书礼乐，其中的《尚书》高度重视农业稼穑问题。周公告诫周成王，治国不可求安逸，要“先知稼穑之艰难”。樊迟读书读到稼穑的内容，想再深入学习一下农政管理，这很自然。

在传统的农耕社会，农政管理是大事。夏、商、周朝廷都设有负责农业组织管理的农师或农官，到周朝时农官职务内部又细分成许多分支，例如“司空”负责农田水利、“司徒”负责农田规划及赋税管理等，其下的“农正”就负责教农民如何稼穑。樊迟本人给季氏当家臣，他的工作中会不会要面对农田、种植园的管理和赋税征收？我们似乎应把“樊迟请学稼”理解为请求学习对农业种植进行管理的学问，请教农政之学、稼穑之道。

曹魏时期，何晏（？—公元249年）在《论语集解》中这样解释：“何用学稼以教民乎？”指樊迟并不是自己要去种植，而是要“学稼以教民”，樊迟学习稼穑的目的，是想教民众搞好农业。这样解释就好理解孔子的回应了。从孔子的回答来看，他并不是从农业技术方面去回应樊迟的。他理解樊迟问的是国家治理方面的问题。

把樊迟的请求理解为请求学习朝廷农官之学、组织农业之道，第一个困惑就解决了。我的第二个困惑，是孔子对农业生产的态度。

当我们把樊迟的问话理解为询问农政和农官的事，“吾不如老圃”指的就不是种菜技术，而是场圃和园圃管理。“圃”指场圃或园圃，官办的花园、种植园、菜园都在其中。

井田制下，朝廷贵族不仅要从农民那收取粮食，还建有一些官办花园、经济作物种植园，也种蔬菜瓜果等。《周礼》中记载得很清楚，这种场圃或园圃有专职官员负责。这些种植园中的工作由农民提供无偿劳役。

大家知道，老子之后著名思想家庄子的职业是漆园吏，也就是管理官办漆树园圃的小官。《诗经·豳风·七月》中记载：“九月筑场圃，十月纳禾稼。”九月份要建筑场圃，十月份要交纳庄稼。樊迟请教的，正是《诗经》所提及的“禾稼”和“场圃”之事，属于农官管理范围。

孔子这样回答樊迟：种庄稼的事，我不如老农民；管园圃的事，我不如园圃管理员。种粮食和经济作物这类事，农民比我懂，也比你懂，农民自己会搞好，不用你瞎操心。

孔子不让樊迟操心农官的事，让他操心什么呢？去辅助君主卿大夫们，帮助执政者创造一个重礼守义、讲求信用的政治环境。“上好礼，则民莫敢不敬；上好义，则民莫敢不服；上好信，则民莫敢不用情。”朝廷要管理的事，是建立一个重礼守义、讲求信用、上下和谐的社会秩序。

这里涉及一个重要问题，孔子对朝廷经济职能有新的定位，那就是农业生产上农民自主，不需要朝廷农官们来组织。这样第二个困惑也解决了。原来孔子的回答，可能并不是贬低农业生产的重要性，而是讲朝廷不必介入农业微观管理的问题。在《子路》篇第九章中，孔子认为，治理国家首先要人口众多，其次是民众富裕，再次是文明教育。孔子重视经济发展和民众富裕，不存在不重视农业的问题。

孔子对朝廷经济职能的新定位，对朝廷不介入农民生产微观组织的新定位，在思想史上可能是一个突破。

周王朝的经济制度是井田制，要求农户先共同耕种好公家的田，再分户耕种自己家的田。可以想象，农民耕种自家的田很用心，耕种公家的田就不太用心，这样公家田的收成就不会好。所以，朝廷贵族就得派出农官去指挥和监督农民把公家的田种好。于是就形成了一支数量不小的农官队伍。这些农官就像中国六七十年代人民公社的公社书记和干部。

可以想见，无论如何指挥、监督，农民关心的还是自家的自留地，而且还会千方百计开垦新土地。有了铁制农具后，家庭生产能力上升，在土地资源紧张的地方，农民就可能拖家带口离开原来的井田制公社，逃往有土地的政策宽容的地方。

对这种情况，各国执政者有两种态度，一是维护井田制，抓捕和惩罚外逃的农民；二是顺应时势，不再坚持井田制，改为按耕地数量收取赋税。

公元前594年，鲁宣公十五年，也就是孔子出生的前43年，鲁国就已经实行了“初税亩”改革，规定不论公田私田一律按田亩收税。这是一场革命，井田制终结了，依附在井田制上的农官群体也就集体失业了。

显然，孔子对井田制没有丝毫留恋，因为本章中他对农民劳动力的自由流动持肯定看法。虽然说孔子遵循周朝制度，井田制是周朝宗法制的重要经济组织基础，但他并不愿恢复井田制。他对周朝的继承也是有选择的。

孔子不留恋井田制，写《道德经》的老子更不留恋。老子在《道德经》第七十九章中说："有德司契，无德司彻。"意思是，按亩收税（契）是有德的行为，按井田制那种比例分成收税（彻）是缺德的。老子把这个问题上升到了道德层面，认为井田制的经济制度是缺德的。

老子骂井田制这样的公社制度缺德，和孔子在本章中批评樊迟为"小人"有点大同小异。为什么这么说呢？从樊迟的问话中，孔子感到樊迟想学的是农官之学，对农民的生产有过多的管制和干预。在孔子看来，朝廷应该管好社会秩序，不要干预农民的生产经营。他对樊迟为季氏考虑经济增收反感，也反对朝廷强化农政、管制农民生产。

孔子之所以持这样的观点，除了井田制开始崩溃和鲁国实行"初税亩"的社会原因外，还与孔子自己是底层劳动者出身有关，他知道当官的搞不懂生产上的事，信息不对称，朝廷生产上的乱指挥乱管制会伤害民众经济。

"四方之民襁负其子而至矣"，讲的是农业劳动力会向政策好的地方和国家流动。孔子强调用好的制度和政策来吸引劳动力，这可以说是劳动力自由市场经济了，完全不需要大量的农官来指挥和组织农民从事农业生产活动，这也是“焉用稼”的根本意思。

从这个意义上看，孔子是一位早期的经济自由主义思想者。他认为朝廷的责任是提供和谐、公正、诚信的秩序，掌管国家的贵族不能与民争利，干预民众的生产活动。

第六十五课

庶矣哉！

子适卫，冉求仆。子曰："庶矣哉！"冉求曰："既庶矣。又何加焉？"曰："富之。"曰："既富矣，又何加焉？"曰："教之。"

《论语·子路·九》

孔子与冉求的这段对话大约发生在公元前497年，他刚到卫国的时候。当时卫国的都城在今天河南省濮阳市。孔子从鲁国去卫国，相当于从今天山东的曲阜去河南的濮阳，距离250公里左右。

冉求是孔子在政务上有成就的学生，他做过三件重要的事。一是公元前484年鲁齐两国发生稷曲之战，冉求以季氏家臣身份率领鲁军左师出击，击败齐兵，立下战功；二是鲁齐稷曲之战胜利的同一年，冉求配合季康子把孔子从卫国接回鲁国养老；三是冉求辅助季氏推行赋税新政，提高朝廷赋税以强化国力，但孔子对新政持批判态度。

孔子到卫国，冉求给他赶马车。"适"指往某处去，"仆"指替人驾车。孔子说："人好多呀！""庶"的象形字，指家中做饭、吃饭的人多。这里指人很多。

冉求就问："既然已经人口众多，还能再增加点什么呢？"

孔子说："让他们富裕起来。"人口已经很多了，重在富民。

冉求又问："如果已富裕起来，再增加点什么呢？"

孔子说："教育他们。"民众富裕以后，要教化民众。

请注意，孔子和冉求的对话是从执政治国的角度讲的，也就是从朝廷官吏的角度来看问题的。孔子认为，朝廷治国，要先使百姓有财富，再使百姓有教养。我们可总结为"先富后教"。在孔子的重要性排序中，孔子很注重先发展经济，富裕百姓，再推进礼乐教化，使百姓知书达礼、变得文明。

富民，是春秋时期思想家的共同取向。《管子》中有名言："仓廪实，则知礼节；衣食足，则知荣辱。"讲的也是经济富裕和礼义荣辱的关系。

治理国家，人口、经济和教育毫无疑问是重中之重的三个问题。总体来说，"庶之、富之、教之"，使国家人口众多、使百姓经济富裕、使教育良好，放之四海而皆准。

国家制度和政策的差异，往往不是因为这些目标不同。历史上很少有国家会愿意主动减少人口，主动变得贫困，主动使民众没有教育。但是，用什么方式去实现这三个目标呢？

不过，说到历史上很少国家会主动减少人口，有一个例外，就是中国近几十年来的计划生育政策。中国从1971年以来开始推行计划生育政策，造成今天中国人口结构的巨大失衡和老龄化加剧。这种用政治强力来主动减少人口的做法，在孔子时代是不可想象的。

孔子只是讲了要“庶之，富之，教之”的方向，并没有讲方法。如何才能“富之”和“教之”呢？从《论语》的其他章节中，或许可以找到具体的内容和方法。

在“庶之”也即增加人口这一点上，孔子的办法是减少杀戮、保护生命，这是人口增长的前提。《子路》篇记载孔子之言：善人治理国家百年，亦可以战胜残暴、去除杀戮了。孔子是讲以德治国的和平主义者，反对侵略战争与杀戮。

《颜渊》篇中，季康子问政于孔子，说要“杀无道以就有道”，即杀掉无道之人以亲近有道之人，孔子反对说：“子为政，焉用杀？”没有战争、残暴、杀戮，天下太平，人口自然就会稠密繁多。孔子“庶之”的实现方法，就是反对侵略战争，保卫和平，不让民众被杀戮。

从“富之”也即让民众富裕的角度看，孔子的办法也很清楚，一是经济不干预，二是低赋税。关于经济不干预，前面我们已分析过孔子对朝廷的经济职能定位。这种观念老子在《道德经》第七十五章中讲得更清楚：“人之饥，以其上食税之多，是以饥。”意思是人民饥饿是因为朝廷食税太多。老子明确反对朝廷的高税收。《道德经》第五十七章：“我无事而民自富。”意思是朝廷不以事扰民，民众会自我富裕。孔子和老子在发展经济和富裕百姓的措施上想法一致。

朝廷不干预和低赋税，这种发展经济的办法在老子、孔子时代有用，在今天也是真理。发展经济，根本办法就是减少政府干预，实行低税收。凡违背这两条，无论说得多么堂皇，都会阻碍经济发展。

从“教之”也即教育民众的角度看，孔子的具体办法是办学，教的内容是诗书礼乐。一部《论语》，以礼教为主。孔子讲的教育民众，就是以礼教教育民众。孔子的教育，不教自然科学，而是教士子们服务好君主卿大夫们，帮助他们治理国家。

礼教的内容比较丰富，但核心是上下等级的和谐、各等级的人承担起自己的责任。《颜渊》篇记载，孔子回答齐景公问政：“君君，臣臣，父父，子子。”君有君德，臣有臣德，父有父德，子有子德，后人总结为“君仁臣忠父慈子孝”。从纵向看，构建忠孝秩序；从横向看，构建信义秩序。这些价值取向都通过礼制的方式实现。

国家治理的三个要点，人口繁育、百姓富裕和民众教育，老子与孔子在前两点上一致，都注重人口繁育和经济富裕，采取的办法也一致，都反对侵略战争和朝廷干预经济，反对重税。但在教育民众这个问题上，老子和孔子有分歧。

孔子认为，要以礼教去教育民众，把民众训练成为具有“忠”（忠于君主朝廷）、“孝”（孝敬父母）、“悌”（顺从长兄）、“信”（对朋友守信）的仁爱忠信之人。老子却反对朝廷以礼教管制民众。老子认为，朝廷在经济上不能干预民众，在教化上也不能干预民众，《道德经》第五十七章中说：“我无为而民自化，我好静而民自正。”朝廷不干预，民众会自我教化；朝廷安静、不侵扰，民众会自走正道。

《道德经》第六十四章中还说："教不教。"朝廷要以不管教育为最好的教育。最好的教育，是朝廷不教育而民众自我教育。能够自我教育的民众才是真正独立自主、强大的民众。学校教育的目标就是要使学生学会自我教育。

按老子的标准，公立学校要全部取消，统一的高考制度也要取消才好。当然，老子不会反对孔子办学，也可能支持他，因为孔子办的是私学，属于民众自主的教育行为。

第六十六课

善人为邦百年，亦可以胜残去杀矣

子曰："善人为邦百年，亦可以胜残去杀矣。诚哉是言也！"

《论语·子路·十一》

对孔子来说，"胜残去杀"是治国的最高理想。

"善人为邦百年，亦可以胜残去杀矣"，是孔子引用别人的话。谁的话，我们已不清楚。孔子感叹道："'善人治理国家百年，可以实现战胜残暴、去除杀戮的目标。'这话确实如此啊！"

"善人"一词在《论语》中出现过五次。"善"字的本义是用羊祭祀带来吉祥，引申为善良、仁爱、爱护生命。"为邦百年"指持续地治理国家上百年。"胜残去杀"，直译就是战胜人性的残暴，去除人与人之间的杀戮。人杀人是人性残暴的表现，体现在三个方面，一是战争中人杀人，二是刑法上的死刑，三是人谋杀人。要实现"胜残去杀"，需没有战争、没有死刑、人不谋杀人。这是很难实现的目标，孔子认为，善的积累由量变到质变，需要上百年时间的酝酿。

《子路》篇记载孔子之言：“如有王者，必世而后仁。”如果有圣王兴起，也要三十年才能实现仁政。讲的也是仁政的形成需要时间。《论语》中孔子讲话总留下一个问题，他更多讲的是目标而缺少关于方法的陈述，我们只能从其他篇章去寻找他提到过的方法。

例如“胜残去杀”是目标，其前提是“善人”当政百年。“善人”当政要做些什么呢？如果不清楚，等于“胜残去杀”就是空话。哪怕观点完全不同的思想家，也都会说自己的目标是“胜残去杀”，没有人会说自己的理论是为了发扬残暴和扩大杀戮。中国思想家中，孔子儒家是和平主义者，反对侵略战争。商鞅法家就是极端好战分子，鼓动侵略战争，但商鞅也说自己的目标是为了停止战争、结束杀戮。

《商君书》中说：“故以战去战，虽战可也；以杀去杀，虽杀可也；以刑去刑，虽重刑可也。”以战争消除战争，虽然发动战争也是可以的；以杀人去消除杀人，虽然杀人也是可以的；以刑法去消除刑法，虽然实施重刑也是可以的。

商鞅的意思很清楚：打败敌人，就有了和平；杀光杀人犯，就没有人杀人了；重刑惩罚，没有人再敢犯法，就不用再动刑了。商鞅也说自己的目标是去战，消除战争；去杀，消除杀戮；去刑，消除死刑。商鞅法家也一样希望“胜残去杀”，难道商鞅也是一位善人？

孔子一定不会把商鞅当成善人，他们实现“胜残去杀”的方法不一样。思想家们差异的根本之处不在于他们表达的理想目标，而在于实现理想目标的办法。研究历史和现实，我们需要从“目标感动”转向“方法分析”，不要看人们表达的目标有多美好，而要分析人们实现目标采用的是什么方法。根本的差异在方法之中。

商鞅“胜残去杀”的目标，通过征服战争和严刑峻法来实现。老子的“胜残去杀”，通过约束政府权力、保护民众自主来实现。孔子的“胜残去杀”，通过以德治国和以礼治国的“德礼之治”来实现。

孔子的方法就是周公之道、以礼治国之道。以德治国是孔子的目标，德是养育和保护生命；以礼治国是实现德政的方法，礼是讲求忠孝信义、尊卑有别的等级制度。

孔子这么说，并非没有历史经验。公元前1046年周武王、周公等人建立周王朝。周武王去世后“三监叛乱”，周公东征两年多平叛结束，制礼作乐，推进礼教政治。周成王和周康王时期，周王朝进入“成康之治”盛世。《史记·周本纪》记载：“故成康之际，天下安宁，刑错四十余年不用。”从公元前1046年周成王继位开始，中间去除周公东征平叛的两年多时间，成康之治大约是从公元前1044年至公元前996年，约有48年。这近半个世纪中天下太平，周王室没有动用过刑罚，没有判过死刑。

周王朝成康之治的基础是周公奠定的。孔子崇拜周公，以周公制礼作乐和成康之治为参照，我们大概可以理解孔子本章的意思。兴礼乐之道，培育人的德性，人人尊德行礼，就从内心深处消除了战争与刑罚的必要性，实现胜残去杀的目标。

对孔子来说，“胜残去杀”是非常困难的目标。圣王治国，施行仁政，也得三十年；善人治国，得百年才能“胜残去杀”。

今天世界上70%的国家已禁止体罚和废除死刑，多数国家已经长期没有经历国内战争，例如加拿大、瑞士、澳大利亚等。孔子“胜残去杀”的理想其实在许多国家已经实现。

第六十七课

父为子隐，子为父隐

叶公语孔子曰："吾党有直躬者，其父攘羊，而子证之。"孔子曰："吾党之直者异于是。父为子隐，子为父隐，直在其中矣。"

《论语·子路·十八》

叶公这个人在《论语》中出现过三次。

"吾党有直躬者"，意思是：我们这儿有一位行为正直的人。"党"，孔子时代的行政单位，五百家为一党。"直"，正直。"躬"，践行。"直躬者"，指践行正直准则、行为正直的人。"其父攘羊"，他的父亲偷了羊。"攘"，偷窃。"而子证之"，当儿子的去告发作证。

大概这是叶公和孔子在讨论什么是"直"。叶公举例说，父亲偷羊，儿子举证告发，这儿子就是正直。但孔子否定了叶公对正直的理解。孔子说："我们那里正直的人，与你说的不同。父亲为儿子隐瞒，儿子为父亲隐瞒，正直就在其中。"也即："父为子隐，子为父隐，直在其中矣。"

父亲偷了羊，儿子要为父亲隐瞒；儿子偷了羊，父亲要为儿子隐瞒——这是孔子理解的正直。这句话表达的观念是：亲情高于正义，家庭高于社会。如果父亲犯罪，儿子不能为了正义去举证父亲。

孔子这么说是为了强调孝道高于一切，强化家庭亲情关系，但也留下了一个血缘亲情与社会正义之间的两难状态。孔子讲“泛爱众”，是要广泛地爱众人、有博爱之心，但如果坚持“父为子隐，子为父隐”，怎么能做到“泛爱众”？

有意思的是，这不仅是孔子的思想。孔子只是开了个头，其后的儒家思想者继续坚持家庭亲情高于社会正义的原则。

《孝经》记载，孔子说：“夫孝，天之经也，地之义也，民之行也。”孔子认为，孝是天经地义，是人民的行为准则。天经地义，是最高准则。那么，当孝敬父亲与社会正义发生矛盾时，怎么办？

《孟子·尽心》记载了一段对话，大概是孟子讲孝高于一切，一位叫桃应的人刁难孟子说：“如果舜当天子的时候，他父亲杀了人，舜该怎么办？”这是一个两难问题。作为天子，舜应当法办父亲，这是忠于国家；但作为儿子，舜得讲孝道，不能法办父亲。怎么解决这个难题呢？

孟子给出的办法很有趣：舜可以先让官府把父亲逮捕关押，然后他再偷偷背上父亲越狱逃走，放弃天子之位，躲到海边去生活。这样舜就践行了孝敬父亲高于社会正义的原则。

《孟子·尽心》原文如下：

桃应问曰："舜为天子，皋陶为士，瞽瞍杀人，则如之何？"孟子曰："执之而已矣。""然则舜不禁与？"曰："夫舜恶得而禁之？夫有所受之也。""然则舜如之何？"曰："舜视弃天下，犹弃敝屣也。窃负而逃，遵海滨而处，终身欣然，乐而忘天下。"

宋代理学家朱熹是怎么解释"父为子隐，子为父隐"的呢？他说："父子相隐，天理人情之至也。"父子相隐是天理，是讲人情到极致了！要知道，朱熹注的《论语》是元明清三代科举考试的标准答案，中国读书人读书考试做官，都要把"父子相隐"当天理来遵循。在他们当官的时候，如果他们的父亲犯法，他们能给予被害人公平正义吗？

影响更为深远的是，孔子这种"亲亲相隐"的思想深深锲入了中国法律制度中。中国法制史上有一种称为"容隐"的制度，对于藏匿和资助犯罪亲属、帮助逃脱、作伪证等行为，予以免除或减轻处罚。在这种法制文化中，不帮助犯罪亲属逃脱惩罚倒成了道德不正确。此外，法律还严格禁止亲属之间相互控诉或作证。例如唐朝法典《唐律疏议》上明确规定，除了谋反、叛逆这种政治上的大罪，凡控告祖父母和父母的，一律绞死。为了以孝治国，国家法律也严格禁止控告犯罪的父母。

现代对"亲亲相隐"观念的批评，主要是批评孔子以亲情扭曲了司法公正，造成司法只讲人情世故丧失正义。我却想到一个社会共同体的问题。

父亲偷了人家的羊，儿子为父亲隐瞒。父亲杀了人，儿子偷偷背着父亲越狱。孔子和孟子都没有从受害者角度来考虑问题。李家的羊被邻居张家偷了，张家父子抱成一团抵赖，李家人会怎么想？今后有强盗来偷抢张家，李家还会出手帮助张家吗？不会了，两家已经成了仇人，不再是一个社会共同体。

从这个角度看，这种“父为子隐、子为父隐”的“亲亲相隐”思想，是血缘共同体思想，不是陌生人社会共同体的思想。它重视的是家庭成员之间的相互信任和救援，而切断了家族之外、陌生人社会里相互信任和帮助的纽带。

当血缘亲情与社会正义发生矛盾时，怎么选择？这不是一个简单的问题，而是一个两难选择；是孔子面对的问题，也是人类普遍面对的问题。有意思的是，不仅孔子、孟子、朱熹做出了保护血缘亲情的选择，西方的法律思想和司法实践中，也为保护血缘亲情留下了空间。古希腊哲学家苏格拉底比孔子晚八十多年，柏拉图《游叙弗仑》记载，苏格拉底认为儿子控告父亲杀人是对神的不敬。这在思想上也为亲属容隐留了空间。1804年颁布实施的《法国民法典》中规定：“明知亲属犯重罪而不制止或告发者，向犯重罪之亲属或其共犯提供住所、隐所、生活费及逃避侦查之手段者，明知被拘禁或受有罪判决之人有无罪证据但为保护亲属而故意不向官府提出者，均不处罚。”英国、美国的刑事诉讼法中，也规定夫妻之间不得互相证明对方有罪。

家庭是社会的组织基础，保护家庭亲情关系是社会稳定的重要方面。但同时，不同家庭组成社会，社会的稳定又需要超越家庭血亲的普遍正义原则。家庭亲情与社会正义两者之间如何平衡？中国思想史上，儒家的天平明显向亲情倾斜，这可能与孔子身处以家族为社会组织基础的宗法制社会有关。相比起来，《圣经》的天平更偏向超越亲情的普遍正义。《圣经》中摩西所传的上帝十诫严格规定："不准偷盗""不准谋杀""不能作假证来反对你的邻居"。上帝十诫是超越血亲的、普遍性的公义规定。无论是谁，偷盗是罪，谋杀是罪，做假见证是罪，都必须受到道德的谴责和法律的惩罚。

现代法治思想和实践演化的趋势，愈来愈远离以情代法、"亲亲相隐"的传统。例如中国现有刑事诉讼法律中，设有伪证罪和窝藏包庇罪，没有再给"亲亲相隐"的思想留下空间。如果在法庭上作假证，或者有给犯罪分子提供住所、财物、帮助逃脱惩罚等包庇行为，是要判刑的。现代社会良性运行所依赖的组织网络，远远超越了血亲网络的边界。

"亲亲相隐"的思想在中国历史上源远流长，到今天仍有不少学者为之辩护。我们从常识可知，在一个权力约束制度不完善的环境中讲"亲亲相隐"，更容易造成权力扭曲司法的情况。一个公义的、可信任的社会，一个有凝聚力的社会，必须超越血亲边界，建立在普遍的社会正义原则之上。

第六十八课

君子和而不同，小人同而不和

子曰："君子和而不同，小人同而不和。"

《论语·子路·二十三》

这句话不必再用现代汉语翻译，但我们要先清楚"和"与"同"这两个概念。

先看"和"字。"和"最早的字形，是人吹奏一种称为排箫或箫管的古老乐器。这种排箫多数由粗细长短不同的竹管排列组成，不同的音管有不同的声调。现在发现古代的排箫从3根到24根管不等，大多数是13根管。

一排同样长短的音管，发出同样的音调，吹奏不出优美的乐曲来。不同的音管发出不同的音调，合成一个乐器，吹奏出曲调和谐的曲子，这就是"和"的原义：不同的音调合成音乐。"君子和而不同"，我们可以把君子想象成不同的音管，他们声调不同，但排在一起却能吹出音乐的和声。

"小人同而不和"，我们可以把小人想象成同一种音管，同一个声调，把他们排在一起，只能吹出一个单音，不能合成音乐。排箫的特点是多音管、多音调才能吹奏出和谐的音乐。

把这个原则放到国家治理上，就是尊重人与人的差异性和多样化。一个国家如果只有同一种音管，吹出同一个音调，那么这个国家就是单调的国家，没有音乐，只有噪声。

孔子认为，如果君主不允许别人违背他的话，“唯其言而莫予违”，那么这个国家就会僵死。如果不能容忍不同个性的声音，只允许君主一个人的声音存在，要求民众都听从君主一个人的命令，就会摧毁这个国家丰富的多样性，只剩下一个人形成的噪声。

“君子和而不同，小人同而不和”的说法并非孔子原创，而是他对前人思想的继承。《国语·郑语》中记载，周王室的太史叫史伯，是比孔子早两百多年的中国思想家。大约在公元前773年，史伯对当时担任周王朝司徒的郑桓公说，周王朝要衰败了，因为周幽王“去和而取同”，去除了“和”的态度和对多元思想的兼容，而采用“同”的态度，要求所有人统一到周幽王的思想和意志上来。史伯有一个重要观点，就是“和实生物，同则不继”，多元和谐就能创生万物，单一相同则不可继续下去。史伯认为，周幽王这种不容不同观点、不同利益存在的独裁做法会使周朝衰败，所以他劝郑桓公提前安排后路，防患于未然。

于是郑桓公把家族从今天的西安一带迁移到河南中部的新郑一带。果然，公元前771年申侯叛乱，接应犬戎攻入西周都城镐京，杀死周幽王，西周灭亡。郑桓公随周幽王死于战乱，但郑桓公家族因在河南新郑一带的郑国而得以保全。

史伯的预言和西周灭亡的历史，孔子不可能不知道。“君子和而不同，小人同而不和”这句话，说明孔子认同史伯的观点，认同“和”而不认同“同”，孔子是“和”派而不是“同”派。孔子认为，兼容各种观点、利益和权利的多样性才是国家持续繁荣的前提。孔子把尊重多样性的人当成君子，把追求单一性的人当成小人。

一个社会，总会面临差异性与统一性、多样化与统一体之间的关系。中国思想史上，关于“和”与“同”关系的思考比较多，不同思想家将思考上升到了不同的层次。

第一个例子是烹饪。古代思想家常用烹饪厨艺的五味调和来讲“和”的哲学。清华简中记载，商朝的开国宰相伊尹还在当家奴厨师的时候，向商汤介绍烹饪哲学，说重要的是调和五味，使食材的天然特性释放出来，方能强身健体。商汤很聪明，听出这也是一套治国哲学。

伊尹讲烹饪，估计当时并没有写出来的食谱，而是他的个人经验。也就是说，这种尊重食材特性、调和五味的分寸把握存在于大厨的个人经验中，由大厨自由裁量；在治国上则体现为开明专制，靠君主重臣的智慧和分寸来治国。所谓开明，指尊重每个人的天然本性，不强求一律；所谓专制，指调和五味是靠大厨式君主的自由裁量。

第二个例子是交响乐。交响乐有几个要素：一是乐谱，二是指挥，三是各种乐器和演奏者。指挥很重要，但得根据乐谱来。指挥得好不好，所有乐队成员都知道。乐谱是大家共同遵循的标准和权威，指挥的目标是实现乐谱的演奏，指挥的权力受制于乐谱。这种交响乐治国哲学类似于开明君主依法治国。

孔子强调以礼治国，孔子的“君子和而不同，小人同而不和”接近交响乐这个例子。

第三个例子是大自然。进入大自然，进入原始森林，我们会体会到大自然的生态建立在多样性的基础上，其中有各种地形，各种植物、动物、微生物，形成一个相互利用、相互依存的多元生态系统，一个生生不息、自动和谐的秩序。

大自然有几大特征：一是地理、气候和生物的多样性；二是这个生态系统生生不息，处于持续不断的生长中；三是万物顺应一套无形的自然法则，有一个无形的自然秩序在控制。我们看不见总指挥像厨师一样拿着锅铲在炒自然万物这盘菜，也看不见总指挥像乐队指挥一样拿着指挥棒在指挥整个乐队的演奏，它是一个和谐的生命秩序，万物自动地顺从自然法则。

老子为什么强调无为而治？因为自然界中的总指挥是无形无声的，并不拿锅铲炒菜，不拿指挥棒指挥乐队。造物力量的锅铲和造物主的指挥棒就存在于自然和人的本性之中。

老子说：“道生一，一生二，二生三，三生万物。”造物力量生生不息。老子还说：“万物负阴而抱阳，冲气以为和。”宇宙万物按照阴阳对立统一的法则竞争，并在竞争中自动趋向和谐。

老子“和”的治国哲学，是自然之治和天道之治。刘邦的约法三章（“杀人者死、伤人及盗抵罪”）禁止杀人、伤人和偷盗，就是老子“和”哲学的政治实践。治国者不是按自己经验把人民当菜炒的厨师，不是按乐谱规定把人民当乐队成员来指挥的乐队总指挥，而只是一个维持社会自主秩序的保安。

总的来说，中国思想家们强调的“和”，内涵指向不同层面。有伊尹调和五味的烹饪之“和”，有孔子的以礼治国交响乐之“和”，更有老子无为而治的自然之“和”。

第六十九课

乡人皆好之，何如？

子贡问曰："乡人皆好之，何如？"子曰："未可也。""乡人皆恶之，何如？"子曰："未可也。不如乡人之善者好之，其不善者恶之。"

《论语·子路·二十四》

子贡是孔子学生中在商业、政治外交上最有成就的弟子，也是在诸侯国中传播孔子名声最得力的弟子。孔子死后，子贡为孔子守孝六年。

《论语》编撰工作的展开，应当是孔子弟子为孔子守孝时。孔子弟子多是穷读书人，但子贡有钱，因此子贡很可能是《论语》编撰工作的主要资助人。子贡在《论语》中出场共有38次之多。

子贡问孔子："同乡人都喜欢他，这样的人怎么样？"子贡情商高人缘好，他的提问其实暗含着一种赞美：一个人如果能让人人喜欢，应该很了不起。

孔子的回答是："还不可以。"人人都喜欢，这个人的德性还不行。听孔子这么一说，估计子贡有点急了，马上问了一个有点挑战的问题：“乡人皆恶之，何如？”也就是，同乡人都厌恶的人，这样的人怎么样呢？我们可以体会一下子贡问话中的情绪。孔老师啊，人人喜欢的人，您认为德性还不行，那么人人厌恶的人德性怎么样呢？看孔老师下面的回答，境界比子贡高几层。

子曰：“未可也。不如乡人之善者好之，其不善者恶之。”意思是：也还不行，不如同乡中的好人喜欢他，坏人厌恨他。

乡里人都喜欢，不行；乡里人都厌恶，也不行。孔子认为有德性的人，好人爱他，坏人恨他。这个回答很有意思。孔子认为德性好的人不是好好先生。一个人能做到人人喜欢，说明这个人没有善恶是非观念，对他人不好的行为、邪恶的事采取了回避的态度。这样的人内心奸诈胆怯、自私自利、不正直，不敢承担共同体责任。

孔子也认为，一个德性好的人，不可能人人厌恶。人群中不可能没有好人，能让人人厌恶的人，一定是伤害了所有人，自身的德性一定成问题。孔子德性的标准是：“善者好之，不善者恶之。”好人喜欢他，坏人厌恶他。

请注意，孔子心中的德性建立在明确的善恶是非的价值观上，有善恶标准的底线。任何一个社会共同体，小到家庭、企业，大到国家和世界，必须有共同的善恶是非准则，不然共同体无法维系。孔子是共同体精神的倡导者，他善恶分明的态度对共同体建设非常重要。

缺少基本的善恶是非共识，价值观混乱，是社会不成熟的表现。什么是好？什么是坏？什么是善？什么是恶？如果一个社会的价值观缺少基本的统一，甚至处于激烈的矛盾冲突之中，说明这个社会处于内在的动荡转型之中。

中国思想史上充满价值观的矛盾冲突。孔子认为，人生在世必须有明确的善恶是非观念，行为上必须是非分明，这是优良德性的要求。但是，战国思想家庄子就不这样看。他认为人不喜欢在烂泥里，但乌龟喜欢，同是烂泥，但大家的看法不同，善恶是非是相对的。

庄子把善恶的问题从人类社会的范围扩大到了自然生命系统，善恶是非观就会发生变化。即便在人类社会中，不同人的善恶是非观也不同。庄子这种价值相对主义，对我们更深入地理解不同人的看法、更宽容地对待不同观点的人是有益处的，但如果极端化，就会造成社会共同体的解体。

佛教在汉代开始进入中国，更把一种无善无恶的观点带入了中国。无善无恶，可以使人很宽容，但也使人是非观念淡薄，失去对邪恶行为的抵抗能力。

许多中国家长，为避免孩子与人发生矛盾冲突，常常也以不自觉的无善无恶观念教育孩子，使孩子失去善恶是非感，无法成长为一个有正义感和有担当的人。这样的孩子长大后会是精致的利己主义者，缺少朋友，没有伙伴，难成大事。教孩子无善无恶，似乎是帮孩子减少矛盾，其实是在精神和性格上坑害了孩子，使孩子缺少了坚守善良公正的德性。公正的德性，是孩子有尊严地立于世间的基础。

无论道家和佛教怎么讲，我们从常识出发，知道在社会组织层面和人生观选择上，孔子坚守善恶是非的方向是正确的。一个人如果只有利害算计而没有善恶是非行为规范，那他不是小人就是恶人。没有共同的善恶是非标准，社会也难以正常运行。

《史记·高祖本纪》记载，刘邦进入秦国，与秦地父老乡亲们约法三章："杀人者死，伤人及盗抵罪"。禁止杀人，禁止伤人，禁止偷盗，这是最底线的价值共识。这些基本权利由朝廷保护，不能侵犯，其他善恶是非的形成，则由社会自发生长。

子曰："志士仁人，无求生以害仁，有杀身以成仁。"这是孔子对仁的原则的坚守。一个人只要坚持基本的善恶是非底线，就可能有对手或者敌人。孔子有明确善恶是非的坚守，他并不是一个害怕有敌人的人。孔子还说过："唯仁者能好人，能恶人。"意思是，唯有仁者，才能正确地爱人，也才能正确地恨人。

宪问篇

第 七 十 课

管仲非仁者与？

子路曰：“桓公杀公子纠，召忽死之，管仲不死。”曰：“未仁乎？”子曰：“桓公九合诸侯，不以兵车，管仲之力也。如其仁，如其仁。”

《论语·宪问·十六》

子贡曰：“管仲非仁者与？桓公杀公子纠，不能死，又相之。”子曰：“管仲相桓公，霸诸侯，一匡天下，民到于今受其赐。微管仲，吾其被发左衽矣。岂若匹夫匹妇之为谅也，自经于沟渎，而莫之知也。”

《论语·宪问·十七》

孔子是一位思想复杂的人，他继承周公之道，开创了儒家。《论语》中有一些思想通向道家，也有一些思想通向法家。这里要讲的两章，就留下了通往法家功利思想的通道。

先讲一下这两段对话的历史背景。齐襄公（在位时间公元前698年—前686年）有两个弟弟，大弟弟是公子纠，小弟弟是公子小白（后来的齐桓公）。召忽和管仲是公子纠的老师，辅佐公子纠。

齐襄公被人所杀，公子纠和公子小白争夺君位，公子纠失败。公子小白当政后，逼鲁国杀了公子纠。召忽按周朝礼教的忠义原则，以自杀殉公子纠。主辱臣死，主人被杀，臣子当以死奉主。管仲也辅佐公子纠，但他没有为公子纠自杀，而是到了齐国，被齐桓公重用，当了国相。

管仲担任齐国国相期间（公元前685年—前645年），由于他善于治国，齐国成为春秋霸主。管仲在政治上采取“尊王攘夷”的策略，联合中原各国，共同尊奉周王室。在外交上北攻戎狄，南压楚人，保卫中原安宁。管仲比孔子早172年，是孔子之前的历史名人。

子路问孔子：“齐桓公杀了哥哥公子纠，召忽为公子纠自杀，但管仲却没有自杀。管仲算不上仁人吧？”孔子说：“齐桓公多次联合诸侯会盟，不通过战争去完成，这是管仲的力量啊！管仲有管仲之仁！管仲有管仲之仁！”

子路的问话暗含批评，认为管仲是不忠之人，自己主人被杀，不为主人殉难，还去给主人的敌人当国相，德性太差。孔子不同意，孔子认为管仲后来有功于国，有功于中原各国的联合，并且把“仁”这样很高的德性评价给了管仲。

孔子认为，管仲虽不忠于主人，但最后有功于国有利于民，算是仁人。孔子的回答估计并不能让学生满意，因为子贡后来又问了同样的问题。

子路之后，子贡又问孔子：“管仲不是仁者吧？齐桓公杀公子纠，管仲不为主人公子纠而死，还去给齐桓公做国相。”孔子说：“管仲当齐桓公的国相，齐国称霸诸侯，联合中原各国，人民到今天还受他的恩惠。没有管仲，我就要把头发编成辫子，衣襟向左边开。管仲岂能像普通匹夫匹妇一样讲忠义，自尽在水沟里，不为天下人所知呢？”

“一匡天下”的“匡”，指“筐子”，把天下各国放一个筐子里，指联合的意思。西周灭亡，东周建立。东周王室衰微，不足以号令和联合天下。齐国兴起，尊王攘夷，会盟诸侯，把原来散乱的中原各国又联合起来，这就叫“一匡天下”。

各国会盟，要商定盟约，向神明盟誓，确立各国之间政治、军事、商业、社会的关系，建立外交的规矩。所以后人又把“一匡天下”解释为匡正天下。其实，把天下装在一个筐子里，联合起来，这是本意。匡正天下，是引申义了。

“被发左衽”的“被发”，不是披散着头发，指编成辫子放开。“左衽”，北方戎狄衣襟左开。中原是束发，衣襟右开。“微管仲，吾其被极左衽矣。”孔子这句话的意思是，齐国联合中原各国对抗北方戎狄，使其不能南下，保护了中原民族和中原文化。子贡与子路有同样的疑问，孔子有同样的回答。孔子用管仲对齐国和中原功业的贡献来抵消管仲不忠于公子纠的德性上的缺陷。

春秋战国时期有统一的文化，但没有统一的政权，内部竞争、战争不断，对外反而有力量。北方戎狄被齐国、晋国、赵国和秦国不断攻击，完全没有力量南下。那时各国冲突，中国人个性强悍。秦统一中国以后，内部失去竞争，国民弱化，抵抗北方戎狄的力量也随之弱化。

如何评价管仲？孔子认为要看管仲对国家和中原的历史贡

献。对孔子来说，管仲的贡献主要有两点。第一是“九合诸侯，一匡天下”，以和平手段联合中原各国，建立联盟秩序；第二是“尊王攘夷”，维持了周王室的威望，抵抗北方戎狄南侵，抵制南方楚蛮北侵，保护了中原人民和中原文化。

在《八佾》篇中，孔子批评管仲为人小气，违背礼制，生活奢侈。而在这两段对话中，孔子似乎又认为，由于管仲在“一匡天下”和“尊王攘夷”上的功业，他德性上的这些缺点又都可以原谅，不妨碍他成为一位仁人。

“仁”是孔夫子对德性的最高要求，孔子不敢说自己是仁人，但他认为管仲是仁人，这是很高的评价。这里对子路和子贡的回答，揭示出他精神中以功利定德性的一面。孔子给人的印象是坚守礼制和德性准则，甚至有些地方显得迂腐固执，例如席子没有摆正，他坚持不坐，是为了坚持对“正”的要求。但这两段对话，我们发现孔子在是非善恶的标准上有些令人困惑的模糊之处。对于大人物和普通人，孔子似乎有双重道德标准。他不是用通常的礼制和伦理，而是用历史贡献来评价大人物。这使我想到三个大问题。

第一是孔子道德标准的等级划分问题。子路和子贡提问时比较了召忽和管仲两个人。召忽遵循传统忠君礼制，为公子纠而死。管仲没有遵循传统忠君礼制，而是当了主子敌人的臣子，但有功于国。孔子评价召忽的行为是普通人的德性，管仲不忠于公子纠、但后来有功于国家和人民，这是仁人。

在这里，孔子把德性分层了。孔子对普通人要求固守礼制，但认为大人物可以超越礼制伦理，只需要以功业来评判他们。成为人上人，就不再受普通人道德伦理标准的约束。

伦理德性分阶层，社会上下层的标准要求不一样，不要以普通百姓的善恶是非去评价有功于国的大人物。这种伦理分层的意识，对中国人影响深远。成为人上人，成为精英，以国事为重，以自己对国家利益的主观认定为重，就不必受平民百姓的道德伦理和礼教约束了。在对管仲的评价中，孔子分离出了两层伦理、两层德性，一层是普通人的，一层是大人物的。

第二是孔子深层的功名观问题。从孔子评价管仲看，孔子把建功立业、留名天下当成了最终的评判标准。管仲身上的功业名声，就是使齐国能称霸天下，以和平手段一匡诸侯，以武力手段尊王攘夷。这在某种程度上解构了孔子自己强调的“非礼勿视，非礼勿听，非礼勿言，非礼勿动”的行为准则。管仲不为公子纠而死，这是非礼；管子为自己主人的敌人服务，这是非礼；管仲在生活上僭越礼制，这是非礼。但对孔子来说，管仲虽然有这些非礼行为，但并不妨碍他成为仁者。所以，“非礼勿视，非礼勿听，非礼勿言，非礼勿动”不是针对管仲这类人的，是针对“匹夫匹妇”的。

谁都不愿把自己定位在“匹夫匹妇”上，这导致传统礼制神圣性的消失，成了随时可以抛弃的东西。麻烦的是，既然有“功名伦理”作为深层思想，那就应当创新礼制，使之成为“功名”礼制：评判人的行为，就看是否符合国家人民的利益，不以是否坚守礼制为标准。讲透这点就成了新理论，但是孔子却没有往下走。

第三是孔子自我定位的问题。从本章看，孔子对自己的定位并非思想家，而是政治家。思想家应当是对三观进行定位，塑造宇宙观、人生观和社会观的精神系统，塑造善恶是非的价值系统，必须首尾一致，不受外在功利的影响。

例如，古希腊思想家苏格拉底宁愿喝毒酒自杀，也不愿违心认错，就是因为他教导学生要求真，也以行为证明为求真可超越生死。例如，耶稣基督宁愿上十字架赴死，也不承认自己有错，因为他教导人们信仰要战胜死亡，也以行为证明自己为信仰可上十字架。

苏格拉底和耶稣基督，他们并没有像管仲一样，先低头躲过一劫，“留得青山在，不怕没柴烧”，今后成就功业，用历史来证明自己能有功于国、有功于民。这是因为他们在乎的是善恶是非对错的问题，是德性而不是个人成败的问题，也不是未来是否有功业的问题。所以他们的作用不在于政治成就，而在于用生命塑造了三观，建立了精神王国。

孔子在日常生活中是个学者、思想家，但在这里，我发现孔子对自己的定位是政治家，他是以现实世界的功名成败而不是以精神王国的建立与否论英雄的。有这种身为学者却把自己定位为政治家的心态，价值标准必然会出现位移。在思想家的永恒追求和现实政治的成败标准上的位移，造成了精神世界的不纯粹，作为一个思想家也就丧失了一种精神上的魅力。

第七十一课

知我者，其天乎！

子曰："莫我知也夫！"子贡曰："何为其莫知子也？"子曰："不怨天，不尤人。下学而上达。知我者，其天乎！"

《论语·宪问·三十五》

"没有人知道我呀！"孔子感叹，"没有人真的能了解我呀！"

孔子有许多学生，生活中并不孤单，但他内心有一种孤独感，认为无人了解他。子贡听出孔子话外有话，马上追问："何为其莫知子也？"意思是，为什么没有人能了解您呢？

孔子说："不怨天，不尤人。"不抱怨上天，不怨恨人。"不怨天"，是对上天的信靠，对天命的敬畏。《颜渊》篇记载子夏的话："死生有命，富贵在天。"人的生死富贵，最终由上天决定。无论上天怎么决定，无论上天把多少困苦压在自己身上，都不会对上天有任何抱怨，这是对上天的敬畏和顺服。

孔子信仰上天，这与周王朝的信仰传统一致。周王朝信奉上天，敬畏天命，认为生命及君权皆由天命决定。要想人生顺利、王权巩固，就得修好自己的德性以匹配上天的要求，这样才能被上天拣选，承担天命重任。

《说文解字》中这样解释“天”：至高无上，从一大。天，就是最大之一，万物统一在天。孔子时代的“天”主要有两个内涵，一是自然之天，天空的天；二是至上神之天，宗教意义上的造物主、主宰神。本章中的天指的是至上神之天，宇宙万物的创造者，个人和国家命运的主宰者，最高人格神。

孔子思想的基石是上天信仰。孔子说自己“五十而知天命”，相信上天选择了自己，把天德的力量降在自己身上，承担着传承周文化的天命。孔子是有信仰的人，他信仰上天，敬畏天命，所以他不像一些人遇上生活的灾难就抱怨上天：“老天爷，你瞎了眼了！”这种不敬上天的行为，孔子不会做。

孔子的母亲并非孔子父亲叔梁纥明媒正娶的妻子，孔子父亲家族并不承认他们母子为家族成员。孔子是私生子，被父亲家族抛弃，由母亲养大。按理说孔子最有理由抱怨上天，但他不怨天。

孔子大约十七岁时，母亲去世了。孔子希望把母亲与父亲葬在一起，但他不知道父亲的墓地所在。孔子父亲的家族拒绝配合他。孔子父亲与他母亲结合的事不符合礼制，不光彩，周围没有人愿意把他父亲的埋葬地点告诉他。结果孔子做出了惊世骇俗的举动，他把母亲的灵柩停放在官府前的大街上，目的是造成社会影响，逼大家告诉他父亲的墓地地址。最后，一位车夫的家人告诉了他。这个社会如此歧视和排斥孔子，但他并没有心怀怨恨。

通过自己的努力，孔子逐渐成为当时的礼乐大家，得到了社会的承认，心中有使命，生活有保障，人格有尊严。孔子是一个对上天有信靠的人。对他来说，上天之行，是在无声无息中创生万物和保护秩序。孔子说："天何言哉？四时行焉，百物生焉，天何言哉？"意思是，上天无言，运行四季，创生万物。上天就是创生和秩序的力量。孔子认为"天生德于予"，也就是要以上天为榜样，成为创生的力量，成为秩序的力量，成为建设的力量。

《史记》记载，孔子晚年喜欢解读《易经》。《易经·象传》有这样的句子："天行健，君子以自强不息。"这正是孔子自身的写照。上天之行是建设性的，君子遵循上天之德，自强不息去建设。人在建设之中，会得到上天肯定和社会承认。不怨天，不尤人，全力去建设，做有价值的事，这是一种符合天命的生命态度。

"下学而上达"意为在下面学习而上达天命。天在上，人在下；人在下面学习，但精神上升，抵达上天。南朝的皇侃（公元488年—公元545年）在《论语义疏》中注释这一句为："下学，学人事。上达，达天命。"这是抓住了根本。在下的学习并非只是学人事，而是指学习人间的一切。

从"下学而上达"这句话中，我们能知道孔子对学习目标的根本定位，就是"上达"天命。学习的本质，是学习信仰，形成信仰的能力，抵达天命的认定。学习的目标，不仅仅是考试成绩好，更重要的是知道人的命运由天而定，能敬天爱人。上天之行，是创造，是秩序；人应当顺应上天，成为建设的力量、秩序的力量。

孔子自己的经历，就是下学而上达的经历。他开办私学，有教无类，一生教育学生，让学生在学习中下学而上达。向着上天的方向，提升学生的命运。孔子将学生导向自强不息的建设，让学生逐渐洞悉自己的天命，定心诚意，遵天命而行。

上天信仰是孔子思想的基石，敬畏天命是孔子的心理特征。无论处于什么恶劣环境，他都坚信上天，不怨天、不尤人，遵循上天健行之道，自强不息。孔子自己的人生如此，也引领学生走这样的天命之路，提升学生的命运，也因此提升了整个中华民族的精神层级。

研读《论语》，研究孔子思想，我们要看到孔子思想中上天信仰的精神根基和天命的核心力量。关于上天信仰和天命思想，在儒学思想史上，孔子之孙子思的思考最为透彻。子思完成了《中庸》这部论述天命的著作，可谓青出于蓝而胜于蓝。要了解天命的力量，发现自己的天命，我们都需要读一读《中庸》。

第七十二课

修己以安百姓

子路问君子。子曰："修己以敬。"曰："如斯而已乎？"曰："修己以安人。"曰："如斯而已乎？"曰："修己以安百姓。修己以安百姓，尧舜其犹病诸！"

《论语·宪问·四十二》

孔子教育的主要内容，是培养学生的君子德性。因此子路问孔子，怎样才能算得上君子呢？他问的是关于君子德性的标准。

孔子回答：修养自己，达到"敬"。"敬"字，有敬畏、敬重、敬心、尊敬等意思，这里是什么意思呢？"敬"一定有对象，分析了"敬"的对象，才能恰当翻译。

这里"敬"的对象是什么呢？孔子没有明确说。杨伯峻先生解释为"严肃认真地对待工作"，指敬业。李泽厚先生解释为"严肃认真地对待政务"，也指敬业，敬的是政务之业。钱穆先生解释为"敬心"，礼在外，敬其内心。通过修礼来使内心达到敬的状态，相当于敬礼敬心。

这个“敬”字，到底指敬什么？我们用统计的方法来分析一下。

从整部《论语》来看，孔子有几个最重要的“敬”的对象，一是敬畏上天，“畏天命”；二是敬从君主、上级，“其事上也敬”；三是孝敬父母，“又敬不违”；四是爱岗敬业，“敬事而信”。当然，除此之外还有“敬鬼神”等。所有这些，敬畏天命、敬从君上、孝敬父母、爱岗敬业等，合成“敬”的指向：敬天、敬人、敬事。看来前辈注家们注释这个“敬”字，不是综合统计结果，他们有主观重点的选择。

孔子讲了“敬”字，但没有讲“敬”的对象，留下了可以猜测的空间。如果按《论语》中孔子关于“敬”的解释，一个人能做到敬天、敬人、敬事，已经很不起了。

但子路并非一个善于举一反三的人，他接着问：“这样就行了吗？”子路对缺少对象、抽象的“敬”的概念，似乎有点不理解。孔子只好从抽象概念的“敬”降下来，加上了“敬”的对象。

“修己以安人”，指修养自己，以“安”人。“安”，有安定、安顿、使平安等多重意思。“人”这个概念比较抽象，但“修己以安人”排在“修己以安百姓”之前，说明这个“人”比“百姓”的范围要窄，可理解为家人或族人。

但子路似乎并不满足，继续追问：这样就行了吗？

孔子回答：“修己以安百姓。修己以安百姓，尧舜其犹病诸！”意思是，修养自己去使百姓得以安定，这件事就连尧舜这样的明君也担忧自己没做好。“病”，指担忧、忧虑。

百姓不安的原因可能有三个。一是有外敌侵略杀戮，这是百姓不安的重要原因。所以君子需要修武德，建立武备，反对侵略，保护百姓。二是社会中盗匪猖獗，天下动荡。因此君子需要修刑法，禁止谋杀，罚处盗贼，维持秩序。三是朝廷官吏压迫剥夺、司法不公。盗匪猖獗，往往是因为人没有活路；外敌敢入侵，往往是因为君主朝廷不得人心，国家不团结。

所以，“修己以安百姓”就是要武备强化以保卫国家，司法公正以维持秩序，轻徭薄赋以养民众。这些孔子在《论语》中都提到了。“以不教民战，是谓弃之”，这是武备；“刑罚不中，则民无所措手足”，这是司法公正；“小子鸣鼓而攻之”，这是表达对高赋税的不满。

什么是君子的德性？从孔子的回答来看有三个层面。先是“修己以敬”，然后是“修己以安人”，最后是“修己以安百姓”。有人解释为君子的三重境界，一层比一层高。我们也可以理解为就是指一个境界——君子境界。孔子对子路的回答，从“敬”这个抽象概念开始，最后落到具体的概念“修己以安百姓”上。

什么是君子的德性？敬天敬人敬事，安己安家安百姓。请注意，君子德性的最高境界就是安百姓，服务百姓、安定百姓是君子的义务。

凡事皆有两面，当我们为孔子君子德性的定义叫好时，也要注意一个问题，那就是君子与百姓的关系。在这个关系中，君子是主动的行为主体，百姓是被动的行为客体。百姓安不安，要看君子是否修好了德性。君子好，百姓即安；君子坏，百姓就不安宁。社会的好坏决定于统治者的德性好坏。这样的百姓不是自主的、能自我安定的百姓。

从孔子的角度看，让统治者变得有德性是对的，统治者必须有德性，不然会伤害天下百姓。但是，如果统治者没有君子德性，“苛政猛于虎也”，不断以战争、重税和司法不公来伤害百姓，百姓该怎么办呢？孔夫子的办法是“乘桴浮于海”，逃避走人。这是职业经理人心态，不是主人翁心态。

孔夫子生活在古希腊政治家梭伦（公元前638年—前559年）和伯利克里（公元前495年—前429年）之间，而梭伦和伯利克里是人类最早的民主制度的建立者。民主制度下，如果遇上缺乏德性的国家领导人，是选民让他走而不是他让选民走。

我们吸收古代思想和文化，总是抱着对未来的期盼。我们应该吸取孔夫子对德性的重视，但我们不仅要君子有德性保护民众，更需要民众有德性可以自保，在平等权利的基础上建立新的社会秩序。

孔夫子是个好人，他希望教育君子也就是统治者当好人，修己以安百姓。在君主制社会，这是善意的道德劝解，有正面意义。任何社会的维系都离不开德性。但到今天，我们会看到局限性。现代社会的安定不再建立在领导人的个人德性之上，而是建立在民众的民主法治制度的约束之上。没德性的人当不上国家领导，当上国家领导如果德性有亏，也会被赶下台。

第七十三课

君子思不出其位

子曰："不在其位，不谋其政。"曾子曰："君子思不出其位。"

《论语·宪问·二十六》

孔子说："不在那个职位，就不谋划那个职位的政务。"曾子说："君子思考问题，不超出职位范围。"这两句话有一定的合理性，也有局限性。

"不在其位，不谋其政"讲的是一个组织学常识。只要是组织，就一定有内部的权力级别和部门分工。分级别是上下级，分职能是各部门。不同级别的职位有不同职权和职责规定，不同部门有不同职权和职能定位。

孔子时代，各国朝廷职位划分有君主、卿大夫等。卿大夫掌管司徒、司马、司空、司寇等部门。司徒掌管民事，负责户籍和劳役管理；司马掌管军队；司空掌管土地；司寇掌管刑法，负责治安。这些部门如同现在的国防部、公安部、农业部等。各部门中又有不同层级的官吏，例如司寇下面还有理、士、大士、尉氏等，如同现在的部长、局长、处长、科长等。

周朝礼制规定，不同官级的人所穿服装式样不同，一眼就可识别出级别来，如同现在部队的军衔制，一眼就知道级别高低。而且，人与人交往的礼制，是按照等级来进行的。朝廷中每个人都有一个职位，每个职位都有特定职能定位，也有特定的职权和职责。

“不在其位，不谋其政”至少涉及两方面：上下级之间、同级不同部门之间。一是职位低的人不能越权处理上层职位的事务，也不能享有上层规格的享受，否则就属于下对上的僭越。季氏属于卿大夫，但季氏家的乐舞却采用了天子的八佾六十四人规格，所以孔子批评季氏“是可忍，孰不可忍”。

除此之外，职位高的人也不能越权直接处理下级职位的事，这是越权干预。如果上面的领导越权干预下级部门内部事务，下级部门的负责人就不知道该怎么工作了。上下皆不能越权做事。同级不同部门之间也不能相互干预。例如，掌管刑狱的司寇就不能插手掌管军队的司马的事务。从组织管理学上说，部门职能、职权不能相混，不同级别的职权、职责不能相混，上下左右有级别、有分工，不能相互越界插手。每个人要根据自己所在部门和职位，各守其职，各用其权，各尽其责。

从中国思想史上看，最强调职权划分清楚的并不是儒家，而是法家。法家特别强调朝廷内部职位划分和各司其职。法家商鞅和韩非的著作反复强调要“分职”，分清职权职责，上下级不能逾越职权行事，不允许相互侵犯职权。

司马迁在《史记·太史公自序》中评价儒家和法家，称法家的优点是“明分职不得相逾越”，明确职权划分，不得相互逾越；称儒家的特点主要是强调不同等级者在礼制上的区分，称为“若夫列君臣父子之礼，序夫妇长幼之别”。

到这里，如果我们把孔子的“不在其位，不谋其政”和曾子“君子思不出其位”定位在朝廷内部职权的合理划分上，似乎就可以了。但我认为还应该分析一下这两句话的局限性。特别值得提醒的是，如果不加边界地运用这两句话，将其作为一种思想和行为准则，就很容易产生负面效应。

请注意，孔子和曾子的说法是有微妙差别的。

孔子说：“不在其位，不谋其政。”曾子说：“君子思不出其位。”两者有边界上的差别。孔子“不谋其政”的“谋”，有谋划、图谋之意，是与行动紧密结合的。曾子的“君子思不出其位”，讲的是思想问题，强调的是从思想深处就不要去想。想都不准想，这可能会出问题。把一个人的思想完全限制在职位范围之内，人的思想就封闭了。

现代管理学会认为，孔子“不在其位，不谋其政”的提法有一定合理性，但完全不会同意曾子的“君子思不出其位”。现代管理学认为，组织中的每个人，无论处于什么层位，都应当有共同的组织价值观，对组织的战略目标都要有充分的了解和认同。组织中每个人对组织价值观和战略的共识，是组织行动力量的重要基础。

组织的行动是按照职位、职权、职责来展开的，但组织中每位成员在内心要有整体思想。最好的状态是，每个人都能全局思考而采取职位要求的行动。思想上只有自己的职位，责任心上只有自己的职责，不是一位好工作人员。

前面我们举过一个经典例子。几个人在建筑工地干活，公司负责人在远处观察后，走近分别询问这些工人“你在干什么？”第一个工人回答：“我在砌墙。”第二个工人回答：“我们在建教堂的正殿。”第三个工人回答：“我们在建一座宏伟的教堂去更好地服务上帝。”负责人最后提拔了第三个说“服务上帝”的人。

对比这三位工人的不同回答，曾子的回答类似第一位，孔子的回答类似第二位，而现代管理学要求的是要像最后一位：他知道自己正在做的事情的价值和意义，他是在为意义服务，关注的是事情的价值。

这个故事让我们反省孔子和曾子的这两句话。在特定范围内，在处理好上下级关系和同级关系上，它们有一定合理性。但如果从个人与组织价值、组织战略的关系上看，孔子“不在其位，不谋其政”就有些局限性，曾子的“君子思不出其位”则具有负面作用。现代管理学告诉我们，对组织战略要有思考，要找到个人工作与实现组织价值和组织战略的内在关系。要宏观着眼，微观着手。

如果越出组织内部上下级、同级之间的关系处理，把孔子和曾子放到更大的社会范围看，从朝廷与民众的关系问题看，“不在其位，不谋其政”“君子思不出其位”的局限性就会更加凸显出来。

如果“不在其位，不谋其政”，那民众还能去思考和参与国家事务吗？民众根本就不在其位，还能去参政议政吗？如果“君子思不出其位”，民众压根不能想国家层面的事，如何真正关心和共同承担国家的命运呢？中国人缺少公德，缺少公共责任的担当，与这种“不在其位，不谋其政”和“君子思不出其位”的思想有关，它限制了民众对国家命运的关注和参与，在剥夺民众参政权利的同时，也破坏了民众参与和担当的公共精神。

卫灵公篇

第七十四课

予一以贯之

子曰："赐也，女以予为多学而识之者与？"对曰："然，非与？"曰："非也，予一以贯之。"

《论语·卫灵公篇·三》

"赐"是孔子学生子贡的名。子贡姓端木，名赐，字子贡。古人称呼平辈，只能称字，不能称名。长辈称晚辈、老师称学生，可以称名，因此孔子直呼子贡之名"赐"。

孔子说：你认为我是因为多学习而能有知识吗？"女"指你。子贡回答说："是啊，难道不是吗？"子贡认为孔子有知识，是因为孔子热爱学习，学的东西多。

孔子说："不是，我有一个根本原则贯穿所有知识。"意思是，我的知识系统如同一串珍珠项链，具体知识如同珍珠，我有一根精神之线把它们串了起来。"一以贯之"的"一"指的就是这根精神之线。

这根精神之线是什么？孔子没有进一步解释，这就留下了空白，但我们可以试着填补。“一以贯之”的说法《论语》中出现过两次，除了这里与子贡的对话，孔子还曾主动问过曾子。

《里仁》篇记载，孔子说：“曾参啊，我的思想是一以贯之的。”曾子说：“是。”孔子出去了，门人问曾子说：“请问这说的是什么意思？”曾子说：“孔子老师的思想，就是忠恕而已。”

忠诚与宽恕是曾子对孔子“一以贯之”核心思想的解释。而这是曾子自己的理解，孔子认可吗？我们不得而知，因为《论语》没有记载孔子对这个问题的解释。

“一以贯之”，指有个“一”贯穿在所有具体的观点和知识中，“一”是主线，是原则，是灵魂。这个“一”是什么？按这个标准，曾子的回答可能并不到位。曾子解释为“忠恕”，但“忠”和“恕”是“二”不是“一”，“忠恕”并没有独一主线和灵魂的特征。

以“忠”为例，《论语》中孔子自己讲“忠”和“孝”各13次。“忠”与“孝”是两个不同的概念，从服务对象来看，“忠”更多指忠于君主、领导，而“孝”则更多指孝于父母。“忠”与“孝”有联系，仍然是两颗珍珠，成不了主线。如果忠孝难两全的时候，该以谁为主呢？

“恕”是宽恕的意思。《论语》中孔子自己提到“恕”字只有一次，而同时孔子提到“信”字26次。孔子三次强调要“主忠信”，并没有说要“主忠恕”。而且，“忠”与“恕”是两个不同的概念，我们统计《论语》也看不出孔子之道就是以忠恕为主线，因为忠恕贯穿不了“孝”“信”“德”“仁”等重要观念。

法学上，根据法的效力高低可分成效力位阶，有上位法、中位法和下位法。例如，宪法为上位法，高于一切其他法，任何具体法都不能违背宪法的原则，比如合同法不能违背宪法。

孔子讲的“一以贯之”的“一”，就属于他思想中的上位法，是高于其他具体思想的。我们不能说“忠”就高于“孝”，也不能说“恕”就高于“信”，所以曾子对孔子“一以贯之”中“一”的定位，不一定准确。

通观《论语》，抓住孔子思想的关键，我们可以重新来理解和定位孔子的“一以贯之”。任何一个重要思想家的思想系统，都有根本的精神支柱，就是宇宙观。宇宙观是思想家对这个世界的本质、来源和运行秩序的根本看法。

中国哲学有一个两分法，称为体用。体，指本体；用，指这个本体的运用。例如，太阳就是体，太阳光就是用。对思想家来说，宇宙观就是本体，人生观、社会观只是运用。只有宇宙观才能“一以贯之”。曾子讲的“忠恕”，不是宇宙观而是人际关系，是人事观，所以就不可能是真正的“一以贯之”。

宇宙观才能“一以贯之”，有这个常识，我们就可以到《论语》中去找孔子的宇宙观和本体论。有没有呢？有。最能体现孔子宇宙观的，是《阳货》篇中的一段话。子曰：“天何言哉？四时行焉，百物生焉，天何言哉？”

这段话讲到三个方面，第一是相信造物者上天的存在。“天何言哉”，上天无声无息，却运行天地、创生万物。二是上天力量的运行是有秩序的，“四时行焉”，四季运行有自然秩序。三是上天是创生的力量，创生万物。记住三个核心：上天、秩序、创生。神圣的上天按照自然秩序创生和运行万物，这是孔子的宇宙观。

孔子为什么“畏天命”？因为他相信上天是公义的主宰力量。孔子为什么倡导“克己复礼”？因为他认定礼的秩序就是上天秩序在人间的表现。《礼记》中记孔子之言：“夫礼，先王以承天之道，以治人之情。”礼，是先王顺从上天之道，以治理人情。孔子为什么讲“为政以德”？为什么讲“杀身以成仁”？为什么讲“爱人”？这是因为无言的上天有好生之德，“百物生焉”。

什么样的精神主线能贯穿整部《论语》？这精神主线就在《阳货》篇的这几句话中，在上天的创生秩序之中。所以，孔子的“一以贯之”中的“一”是什么？就是孔子敬畏的天命，是上天运行世界的秩序，是上天创生和爱生的力量指向。从上天出发，就可以贯穿孔子全部的思想。

南宋理学家朱熹已洞察到孔子“一以贯之”与上天的关联，他在《四书章句集注》中解释“一以贯之”的时候，引用了《诗经》的诗句来收尾：“上天之载，无声无臭。”上天的运载，无声无味。

曾子把“一以贯之”解释为“忠恕”，这不属于宇宙观层面的解释，无法真正对孔子的思想“一以贯之”。朱熹作为孔门理学家，他不愿意批评曾子，但又不满意曾子解释中缺少宇宙观层面这个缺陷。朱熹怎么办呢？他走了一条中庸之道，在《四书章句集注》中说：“忠恕一以贯之：忠者天道，恕者人道。”这下曾子所说的“忠”就成了“天道”，“恕”就成了人道。然后朱熹再推论说：“忠者体，恕者用。”“忠”为体，“恕”为用，天道为体，人道为用，也就是说，“一以贯之”等于“天道贯之”。最后朱熹引用《诗经》的句子，说“‘维天之命，于穆不已’，忠也。”意思是，唯有天命啊，生生不息，这就是忠啊！“穆”字原指庄稼结满穗子、累累下垂的样子，引申为养育生命、生生不息的意思。朱熹绕这么大一圈，来说明孔子这个“一以贯之”的“一”，就指天命。

朱熹准确地理解了孔子“一以贯之”的“一”就指上天、天命，但他情商也高，没有批评曾子解释的局限性，相反把曾子的“忠恕”解释为天命，这样也保护了曾子的权威。朱熹很懂隐恶扬善的做人之道，但也因此缺了一种求真的质朴。

总之，孔子有本体论，有宇宙观，他的宇宙观就是上天创世、主宰一切，就是天命论，就是孔子自己表达过的“畏天命”。孔子的“一以贯之”就是上天的创生、秩序一以贯之，就是天命一以贯之。懂得天命至高无上，就真懂了孔子的儒家思想。

第七十五课

无求生以害仁，有杀身以成仁

子曰：“志士仁人，无求生以害仁，有杀身以成仁。”

《论语·卫灵公·九》

孔子的“杀身以成仁”与孟子的“舍生而取义”，属于中国思想中具有脊梁精神的两句话。

“志士仁人”，指内心有志向、有志于仁的人。“无求生以害仁”，不能为了贪生而损害“仁”。请注意，当个体的生死与“仁”的目标发生矛盾时，要勇于舍弃自己的生命，宁愿自己被杀以成就“仁”。

个人为了成就“仁”不回避被杀，“仁”的祭坛上应当以自己的生命为牺牲，这就是志士仁人。这个“仁”是什么？居然比个体生命还宝贵？

“仁”是《论语》的核心思想，谈到“仁”的地方不少，但没有一个统一的定义。学界围绕“仁”是什么有许多讨论，本章中孔子将“仁”提到个人生命的价值之上，将其设定成了个体生命的祭坛，需要个体生命为之牺牲、奉献。我们将在本章给“仁”一个更清晰的定义。

樊迟问孔子什么是“仁”，孔子回答说：“爱人。”这是《论语》中对“仁”最重要的定义。其他如“克己复礼为仁”，讲的只是实现“爱人”这一目标的手段。“仁”的核心就是爱人，爱人就要帮助人、保护人。

把孔子讲的仁者爱人与本章“无求生以害仁，有杀身以成仁”结合起来，我们就知道，不能为了自己求生而去伤害他人，而为了成就他人可以自我牺牲。那么，这个“他人”是谁？我们可以理解为社会共同体。孔子所讲的“仁”，是个人与共同体的关系问题，是人对共同体的奉献问题。

社会共同体有边界大小的不同。我们可以看到家庭共同体、家族共同体、部落共同体、国家共同体、人类共同体、生命共同体，共同体的意识可以一圈圈放大。

家庭是一个共同体，亲人相爱，亲人之间相互救援甚至奉献牺牲，这属于天然取向。人如此，野兽也如此。生物界中，野猪父母为了救小野猪，敢于去抵抗豹子野狼。血缘共同体之爱可以从家庭扩展到家族。

孔子所处的时代是宗法社会时代，社会的核心组织单元是家庭—家族。当家族之间发生冲突时，那些勇猛好斗、勇于自我牺牲的家族成员会成为家族领袖和骨干。那时的国家由各贵族大家族掌握，家国一体。国家之间发生战争期间，能在战场上为国家奋斗牺牲的人会成为国家的英雄。爱国主义是世界各国的普遍取向，爱国主义的核心就是鼓励社会成员为国家去牺牲。

孔子的“仁”，指的是什么共同体？是家庭的？家族的？国家的？人类的？还是生命的？孔子除了讲仁者爱人之外，还讲到“泛爱众，而亲仁”。“泛爱众”就是广泛地爱众人，这是博爱。孔子思想中也有超越人类博爱、指向生命秩序的高层面。“天何言哉？四时行焉，百物生焉，天何言哉？”讲的是上天运行四季的秩序，上天创生万物，上天是创生的力量。

从孔子强调“忠孝”来看，“忠”是爱国人，“孝”是爱家人，孔子心中的社会共同体似乎是以爱家人、国人为基础，同时有爱人类的追求。再抽象一点，是对人类生命的关爱和牺牲。

人类的道德伦理，主要发生在个体与共同体的关系上。孔子所讲的“仁”，是个体与共同体的关系，是超越个体生命、以为共同体奉献牺牲为导向的。

我们换个角度来理解共同体这个概念。1969年7月20日下午4时17分42秒，美国“阿波罗”宇宙飞船登月，阿姆斯特朗将左脚小心翼翼地踏上了月球表面，这是人类第一次踏上月球。他说出一句被后人奉为经典的话——这只是我个人的一小步，却是整个人类的一大步（That's one small step for a man，one giant leap for mankind）。

显然，阿姆斯特朗说出这句话的时候，他有一种人类共同体的意识，考虑的是人类的一大步。如果他宣布“月亮是我的”，这是个体意识；如果他宣布“月亮是我家的”，这是家庭共同体意识；如果他宣布“月亮是美国的”，这是国家共同体意识。他的话，说明他有人类共同体意识。

从“阿波罗”拍回的照片看，蓝色的地球漂浮在黑色的太空中。这些照片对人类思想的冲击不亚于伟大的宗教革命，它让人类第一次直观地想到一个问题，那就是地球的命运、地球上生命系统的问题。这幅照片把人类从传统的家庭、家族、民族、国家共同体意识中拉了出来，看到地球这艘太空船上的生命问题。

在这个背景中，我们再来看这个句子：“志士仁人，无求生以害仁，有杀身以成仁。”孔子的思想中具有个体超越性，超越了个人生死的层面。这种超越性既指向家庭共同体、国家共同体，也指向人类共同体，甚至也有指向生命共同体的一面。

1943年，美国心理学家马斯洛提出他的需求层次理论，认为人的需求分为五个层次。第一层是生理需求（Physiological needs），第二层是安全需求（Safety needs），第三层是爱与归属（Love and Social belonging），第四层是尊重（Esteem），第五层是自我实现（Self-actualization）。马斯洛的需求理论无法概括孔子所说的“无求生以害仁，有杀身以成仁”。马斯洛需求层次的第五层是自我实现，但孔子讲“杀身以成仁”，自我都没了，还实现什么呢？

马斯洛的理论有局限性，概括不了人类的自我牺牲精神，尤其是一些宗教人士所表现出来的自我牺牲精神，如耶稣基督上十字架。意识到局限性，1971年马斯洛升级了自己的理论，在原有五层需求之上又加了第六层需求，就是自我超越的需求（Self-

Transcendence）。这就可以解释孔子所表达的精神状态了，就是自我超越的精神状态。

一个社会的公德和凝聚力就建立在这种自我超越的精神状态上。在中国思想史上，这种自我超越的精神尤以墨子为代表。墨子倡导“兼相爱，交相利”，身体力行，为保护天下和平而舍生忘死，这是自我超越精神的最高代表。孔子的“杀身以成仁”和孟子的“舍身以取义”，也是中国的共同体精神、自我超越精神的重要代表。

人既是个体，又是共同体成员。社会评估一个人，总是从个人对共同体的贡献来判断的。个人的奋斗，也要以对共同体的贡献为指向。中国历史上，墨子和孔子是共同体精神的代表。孔子的共同体精神还有浓重的家族共同体的影子，而墨子的共同体精神则超越了家族和国家，更具普遍性。

这种个体为共同体而牺牲的思想，并不是没有人反对。在中国思想史上，庄子和杨朱就反对这种思想，认为它容易造成以集体的名义牺牲个体，最终也伤害集体。他们认为，尊重个人生命是国家治理的根本。但庄子和杨朱的思想不是主流。人类主流的思想是为共同体服务的，认为个体为共同体牺牲是值得赞扬的行为。例如，任何国家的军队都倡导奉献和牺牲。在任何社会，如果个人不为共同体奉献，共同体就难以存续，个体也难以生存。

人类经过几千年的探索，于近现代进入一个新阶段，就是共同体存在的价值在于保护个人自由和个人权利。能保护个人自由和个人权利的共同体，才是有生命活力的共同体。

第七十六课

君子求诸己，小人求诸人

子曰："躬自厚而薄责于人，则远怨矣。"

《论语·卫灵公·十五》

子曰："君子病无能焉，不病人之不己知也。"

《论语·卫灵公·十九》

子曰："君子求诸己，小人求诸人。"

《论语·卫灵公·二十一》

这一讲是《卫灵公》篇中的三章。三句话内容互相关联。

先看第一句。孔子说："多追究自己的责任，少去责备别人，就可以远离怨恨。""躬"指自身，例如"反躬自问"。"厚"与后面的"薄"相反，"躬自厚"就是"躬自厚责"，多去找自己的责任，重在对自己追责。"薄责于人"指少去责备别人。"则远怨矣"，这样就可以远离怨恨了。

这是孔子的人生经验：凡事先想自己的问题，先追自己的责任。《论语》中记载孔子的讲话总是有特定的场景，这一句话有可能是对某位喜欢指责别人的人说的，所以并非放之四海而适用。例如，孔子自己似乎就不是这样的态度，他是会责备人的。季氏僭越天子的规格搞六十四人的乐舞，孔子批评说“是可忍，孰不可忍”。学生冉求帮助季氏推行税赋新政，增加了税赋征收，孔子要求弟子们对冉求“鸣鼓而攻之”。孔子面对他认为不对的事是会指责的，他不是遇到问题把头埋进沙堆里的鸵鸟。

很少自我反省、自我批评，习惯归罪于人，这是人之常情。正是针对这种严于责人、宽于责己的人性表现，孔子才说要“躬自厚而薄责于人”。

我们看下一句。子曰：“君子病无能焉，不病人之不己知也。”“病”指担忧。意思是，君子担忧自己无能，不担心别人不了解自己。

孔子很特别，他对世界的公正充满信心，认为社会终会按一个人的价值而给予相应的工作、地位和收入。孔子认为重在提升自己的服务能力，而不是去抱怨别人不了解自己的才华。

我认为孔子这样信任世界的态度可能有两个主要原因，一是孔子的个人经历，一是孔子的宇宙观。

从个人经历看，孔子自己的经历使他对当时的社会有一种信任。孔子的母亲并非明媒正娶，孔子父亲家族并不承认他们母子，所以孔子小时候处于社会底层，过的是贱民的生活。但孔子有志于学，学而时习之，最终成了礼教大师，得到社会承认。他的人生是一个由社会底层上升到社会高层的人生，看来当时的社会对好学的平民子弟提供了上升通道，所以孔子对这个社会有信心。

第二个原因可能是因为孔子对天命的信赖。孔子信奉上天，畏天命，相信是上天选择自己来传承周文王开创的礼乐文明。

《颜渊》篇中记载子夏的话：“死生有命，富贵在天。”这是子夏的态度，也是孔子的态度。因为“死生有命，富贵在天”，所以一个人在世界中的处境本质上是由上天决定的，责怪别人是没用的，因为你的处境和地位不是由别人决定的。更不能责怪上天，因为你是信仰上天的，相信上天的公正。

所以，如果你不被人了解、不被人重视、不被人任用，那一定是你的德性和能力不够，还没有展示出你的才德，所以你应该重在自我努力上升，让自己具有被人重视的才德。《中庸》中记载孔子之言：“射有似乎君子，失诸正鹄，反求诸其身。”射箭如同君子，没有射中箭靶子，反过来要求自己调整。

“君子病无能焉，不病人之不己知也。”孔子讲话从来简易，但背后有宇宙观。孔子的宇宙观就是天命决定一切。个人重在自我努力，自我修德，静候上天安排，听天由命。听天由命可不是一个否定的词，而是一个肯定的词，表现的是对公正的上天的信靠。

子曰：“君子求诸己，小人求诸人。”意思是：君子要求自己，小人要求别人。凡事多要求自己，少要求别人，这是君子和小人的区别。

前面讲过，这与孔子信天的宇宙观有关系。上天决定一切，死生有命，富贵在天，这是一个宇宙观问题。人生在世，是通过自我努力得到上天的肯定，得到上天的安排。人生在世要面对的是上天的问题、对上天责任的问题、取信于上天的问题，不是面对他人的问题。孔子有一种面对上天而自我努力的超越态度。

第七十七课

己所不欲，勿施于人

子贡问曰：“有一言而可以终身行之者乎？”子曰：“其恕乎！己所不欲，勿施于人。”

《论语·卫灵公·二十四》

子贡问孔子：“有没有一句话可以终身奉行？”

孔子回答：“大概就是‘恕’吧！自己所不愿意的事，不要加于别人。”

“己所不欲，勿施于人”是孔子的名言，在《论语》中出现过两次。除了这里，在《颜渊》篇的“仲弓问仁”一章中还出现过一次。

对孔子来说，这是仁道、恕道的内容。“恕”的造字象形，指女性之心。相对而言，女性更温柔、有爱心，更容易宽恕别人的过错。这里孔子关注的是人与人关系的社会构建。“己所不欲，勿施于人”，自己不愿意的，不要强加于人，这样的原则建立在一个基本假定上，就是人性相通，可以推己及人。

你不愿意的也可能是别人不愿意的，当你把别人不愿意的事加到别人头上，会让人反感，事情严重的话就会让人愤怒。人性有基本共同点，例如对生存与安全的需要。人要有基本物质条件以满足吃住医疗等需求，要有安全的社会秩序。除了这些基本的共同需求外，人都希望得到承认、有尊严，也追求更多的自主自由等。

人性的这些需求，在1948年联合国大会通过的《世界人权宣言》中得到了比较完整的表述。例如第三条：人人有权享有生命、自由和人身安全。第四条：任何人不得使为奴隶或奴役；一切形式的奴隶制度和奴隶买卖，均应予以禁止。第五条：任何人不得加以酷刑，或施以残忍、不人道或侮辱性的待遇或刑罚。第七条：法律之前人人平等，并有权享受法律的平等保护，不受任何歧视……第九条：任何人不得加以任意逮捕、拘禁或放逐。

《中华人民共和国宪法》也纳入了部分类似内容，例如第三十三条规定："中华人民共和国公民在法律面前一律平等。国家尊重和保障人权。"第三十五条规定："中华人民共和国公民有言论、出版、集会、结社、游行、示威的自由。"第三十七条规定："禁止非法拘禁和以其他方法非法剥夺或者限制公民的人身自由，禁止非法搜查公民的身体。"

我们可以从个人私德的角度来看孔子的"己所不欲，勿施于人"。做事要设身处地为人着想，你自己讨厌的事，不要强加于人。我们也可以从社会法治的角度来看这句话。从国内来看，就是要保卫《中华人民共和国宪法》，执行《宪法》及保护人权利的相关法律。从国际上看，因为中国政府是《世界人权宣言》的签约国，发展的目标是要对《世界人权宣言》的实施有所贡献。

值得注意的是，在欣赏孔夫子“己所不欲，勿施于人”这句话时，我们还应当补充另外一句：“己所欲，勿强施于人。”因为我们不仅要考虑人与人的共性，还要考虑每个人的个性。

人都有吃住和安全的最基本需要，但吃什么、怎么住，大家未必会有共同的想法。你喜欢吃猪肉，也可能有人不喜欢吃猪肉。如果考虑到宗教信仰的差异，“己所欲，勿强施于人”就更重要了。我们要看到人与人的差异，看到人的个性，尊重差异性和个性。

那么，如果自己所愿意、不愿意的，都勿施于人，那人和人还怎么相处呢？很好相处，就是不强迫人，尊重对方的自由，在平等、自愿、友爱的基础上，寻求合作。

之所以强调认同孔子“己所不欲，勿施于人”的同时，也要注意“己所欲，勿强施于人”，是因为《雍也》篇中有这样的句子：“夫仁者，己欲立而立人，己欲达而达人。”

仁者，自己想立起来，也要想着帮人立起来；自己想发达，也要帮人发达。相信你希望的，也可能是别人所希望的。这句话讲的仍然是人的共性，是推己及人。自己愿意的事情，多数情况也会是别人愿意的。但其实在一些情况下就未必，因为人有个性。如果认为符合多数人的意愿就可以强制执行，就可能造成多数人的暴政，也就是多数人对少数人的压迫。

如果没有“己所欲，勿强施于人”的警惕，“己欲立而立人，己欲达而达人”也可能变成一种理想主义的强制。我们领着你们走向一个理想世界，是为你们好，你们不理解也得跟着走，这就容易造成人与人之间的压迫。

人性相通，人有共性，所以我们要“己所不欲，勿施于人”。但是，在想到人有共性时，还要尊重每个人的个性和自由，保护人的自主，这样我们就要“己所欲，勿强施于人”。最好的态度是“君子成人之美”。成人之美，包括成就别人与我们不一样的地方。每个人的个性和自我得以实现，这个世界就丰富多彩了。

《中庸》上说：“天命之谓性。”天性中有天命，这天性有共性也有个性。尊重人，成全人，既要成全人的共性，也要成全人的个性，也就是成全天命了。

第七十八课

当仁不让于师

子曰："众恶之，必察焉；众好之，必察焉。"

《论语·卫灵公·二十八》

子曰："当仁不让于师。"

《论语·卫灵公·三十六》

细读《论语》，你会觉得孔子是一位有血有肉、蛮可爱的人。孔子的公众形象似乎与独立思考的精神相反，但读这两章以后，我们就会明白孔子很崇尚独立思考。

子曰："众恶之，必察焉；众好之，必察焉。"意思是，众人所厌恶的，必须审察；众人所喜好的，必须审察。面对主流的公众舆论，孔子的态度很清楚，就是不能随波逐流，要独立审察，独立思考，独立判断。

古希腊哲学家柏拉图（公元前427年—前347年）区分了"意见"与"知识"。他认为人认识世界会形成两种观点，一种是"意见”，一种是“知识”。“意见”产生于人的感官对事物现象的反应。比如，我看这个人对我冷漠，我就对他有意见了。现象世界是流变的，人的“意见”也是流变的。另一种是“知识”，是人透过现象看到背后的本质。例如看到背后的数学法则，数学法则是恒定的真理，不会随时间流变。

柏拉图认为，公众的观点一般都只是“意见”，公众只会用感官思考，不会用理性思考，所以从公众中得不到“知识”，只能得到流变的“意见”。

孔子比柏拉图大124岁，孔子虽然没有像柏拉图那样系统地表达出来，但他们对公众舆论的看法是一致的，都认为公众的舆论未必代表真理。所以面对众人所表达出来的好恶情绪，我们必须保持独立思考的精神，必要的时候要自己去审察清楚，不能随波逐流、人云亦云。

前面在《子路》篇中我们已讲过这个问题。子贡问孔子说：“乡里人都喜欢他，如何？”孔子说：“还不可以。”子贡又问：“乡里人都厌恶他，又如何呢？”孔子说：“还不可以。不如乡里的善人喜爱他，乡里不善的人都厌恶他。”

孔子并不认为公众舆论就一定代表善。他认为无论公众舆论如何，一定要站在善的立场，善恶分明，独立思考，独立审察，形成独立判断。可见孔子并不从众。

如果按照柏拉图对“意见”和“知识”的划分，我们可以说，孔子认为上天即善，世界之本质是善。敬畏天命，就得遵善而行。公众的好恶情绪只是“意见”，这些意见中可能有善有恶。因此必须坚守善的原则，保有善的“知识”，保持独立清醒的判断。

“当仁不让于师。”意思是：面对仁的原则，不向老师退让。

还有一种理解，把“师”解释为军队。整句的意思是：面对仁的时候，不能向敌军退让。这种解释有一定依据，本句出现在《卫灵公》篇，是从“卫灵公问阵于孔子”（卫灵公询问孔子排兵布阵的事）开始的，另外还有“有杀身以成仁”的句子，所以这种解释大家也可以参考。但本课中，我还是遵循传统解释为“老师”。

孔子是老师，但他并不认为老师就一定掌握“仁”的真理，他认为面对“仁”的准则，面对“仁”的真理，必须坚守。如果老师言行不仁，学生就不能在老师面前退让。

大家常用亚里士多德（前384年—前322年）的“吾爱吾师，吾更爱真理”这句话来对比“当仁不让于师”。孔子认为，“仁”的准则高于任何老师。好的老师教导的是“仁”的精神，如果老师违背“仁”，学生不能退让。

孔子所讲“仁”的内涵，核心就是“爱人”。上天有好生之德，人有爱人的使命。如果老师教导的不是爱人而是恨人、杀人，违背上天好生之德，那就不能对老师退让。

面对老师的教育，孔子要求学生以“仁”为准则，保持独立的思考和判断。面对公众意见，孔子要求学生以善为准则，保持独立思想和审察。我们可以概括为：“当仁，不让于师。当善，不让于众。”看来孔子是勇于反潮流的，也是反权威的。孔子要求学生去独立思考的文字，白纸黑字写在《论语》中，为什么许多人批评孔子的教育是奴才教育呢?

面对众人，面对老师，孔子都要求学生以善、仁为准则，独立思考。那么，面对君主呢?是不是“当仁，不让于君”?是的。面对君主，孔子也并非唯唯诺诺之人。

《卫灵公》篇记载，卫灵公向孔子询问排兵布阵的办法。孔子说：“祭祀的问题，我知道一些。军旅的事情，我没学。”第二天就离开了卫国。

卫灵公向孔子询问的是如何加强军队，这是故意挑战孔子，因为孔子讲仁爱，反对争霸战争。但卫灵公却故意向孔子请教如何作战，表明自己的价值观与孔子不同。“道不同，不相为谋”，孔子第二天就离开了卫国。孔子之前从鲁国辞职也是因为政见不同。本质上，孔子从道不从君。我们一样可以表达为：“当道，不让于君。”

《中庸》中有记载，把这种独立精神表达得很清楚。子曰：“天下国家可均也，爵禄可辞也，白刃可蹈也，中庸不可能也。”天下国家，可以均分掉；爵位俸禄，可以辞掉；白刃在前，可以踏上去；但不能让中庸之道屈服于人。

“中庸不可能也”，指坚持中庸之道不变。“能”指顺服、服从，例如“柔远能迩”，怀柔远人，使近处的人顺服。

“中庸之道”，就是“用中之道”，就是忠于上天之道、顺从天命之道，就是好生之德，就是遵德之道、行善之道、仁爱之道。

对孔子来说，中庸之道高于国家、官爵、生死。无论是面对君主还是众人还是老师，当涉及仁和善，涉及好生之德的时候，必须独立自主，独立坚守，不能苟且偷生，不能不讲原则。

总结一下，我们可以把孔子这种独立人格表达为“三不让”：当仁，不让于师；当善，不让于众；当道，不让于君。

第七十九课

人能弘道，非道弘人

子曰："人能弘道，非道弘人。"

《论语·卫灵公·二十九》

子曰："过而不改，是谓过矣。"

《论语·卫灵公·三十》

"人能弘道"，意思是人能去弘扬道。孔子一生的工作，就是"弘道"，用他所理解的"道"去教育学生。

"人能弘道"好理解，前人的解释大同小异。"非道弘人"这一句，前人在理解上有很大差异。《汉书·董仲舒传》记载董仲舒之言："孔子曰'人能弘道，非道弘人'也。故治乱废兴在于己。"意思是，道按自己的法则运行，并不关心任何具体的人。你自己是否行道，治乱废兴在于自己努力。

南宋朱熹顺着董仲舒强调人主观能动性的思路，用禅宗式思维进一步解释说："然人心有觉，而道体无为。故人能大其道，道不能大其人也。"心有觉知，是主动的；道是无为的，是不主动的。所以人能扩大道，道不能扩大人。朱熹从人的主观能动性和道的客观性出发来解释“非道弘人”，解释为“道不主动去扩大人”。

杨伯峻先生的解释比较质朴，他说：“只能就字面来翻译，孔子真意何在，又如何叫作‘非道弘人’，很难体会。”所以他仅就字面意思这样翻译：“人能够把道廓大，不是用道来廓大人。”杨伯峻先生这样翻译很好，这样去理解也很通顺，但为什么又说很难体会呢？原因是他没有把“人能弘道，非道弘人”中这两个“弘”字内涵的微妙差异分析清楚。

“人能弘道”中的“弘”，就是现代汉语“弘扬”的意思，类似于人要去弘扬真理。但“非道弘人”中的“弘”，指的是“扩大、荣耀”的意思，“弘人”就是使人发达、有荣耀。

《尚书·周书·微子之命》中有这样的句子：“弘乃烈祖，律乃有民。”你要光宗耀祖，管束好你的民众。这是周公以周成王的名义对宋微子讲的话。“弘”用到人上，就是光大、使有荣耀的意思。

所以，“人能弘道，非道弘人”讲的就是人要去弘扬道，不要借传道之名来荣耀自己、光大自己、谋取名利。人要为真理献身而不是用真理来谋利。道是人生的目标，不是用来谋利的工具。

“君子谋道不谋食”“君子忧道不忧贫”与此意思相近。“君子谋道”就是人去弘道，“不谋食”即不以谋道来谋食，不用弘道来谋取利益。“君子忧道”即君子为弘道而忧心，是“人能弘道”的一种心理状态。“不忧贫”是只管去服务道，不担忧自己的贫困，不用“忧道”来解决贫困的问题。

因此“人能弘道，非道弘人”的意思非常明确，就是人能去弘扬道，但不能拿道来荣耀人，不能把弘道当成牟利工具。

“过而不改，是谓过矣”，意思是有过错不改正，这就可称为过错了。这句话容易理解，学界的解释比较统一。孔子是语言大师，他经常借同一个词的不同用法之间微妙的内涵差异，形成对仗美，创造出易于传播的格言。

上一句“人能弘道，非道弘人”，就把两个有微妙内涵差异的“弘”字排列在一起。而“过而不改，是谓过矣”是把两个有微妙内涵差异的“过”字放在一起，形成对仗。

“过而不改”的“过”，指的是“具体过错”；“是谓过矣”，指的是面对过错的态度上有过错，是态度上的过错，是人格与德性上的过错。

人无完人，人会犯错，这很正常。有错就承认，努力改正，这就是求真的人格，好的德性。如果知错不改，文过饰非，逃避真实，人格胆怯，德性虚伪，这就是人格上的缺陷了。

孔子教育的目标是让学生拥有君子人格、君子德性，所以孔子认为人犯错，不是严重的问题，知错能改就行。但人格上的不真实，德性上的不诚信，不敢承认错误，这才是大的错误。

第八十课

道不同，不相为谋

子曰："有教无类。"

《论语·卫灵公·三十九》

子曰："道不同，不相为谋。"

《论语·卫灵公·四十》

子曰："辞达而已矣。"

《论语·卫灵公·四十一》

孔子的这三句话每句都很短，但很有意思。

"有教无类"，指教育学生，不分类别。学生的类别，可以按年龄、出生地、资质、贫富等区分。此处主要指身份、社会地位。这句话今天看来简单，但从历史上看，孔子突破了教育被朝廷贵族垄断的历史。

西周时期建立了完整的教育系统，但都属于官学，朝廷直接组织、管理教育，教育只服务于贵族阶层。所教的内容主要是"六艺"，包括礼、乐、射、御、书、数。

“礼”指国家的礼教制度。“乐”指乐舞，与礼制相配合。“射”指射箭。“御”指驾车，这是军事教育。“书”，小学指书写，大学指史书，例如《尚书》等。“数”就是数学、计算。这种教育限制在贵族之中，根据贵族级别不同又有相应的规定。例如，对士阶层来说，十五岁才进入小学学习，到三十岁学完大学，所以孔子说：“吾十有五而志于学，三十而立……”

东周时期，东周王室已无力推动全国性教育，教育开始转为由各诸侯国承办。同时，一些学官和典籍散落民间，民办教育兴起。孔子是民办教育的代表。

孔子开办私学，重点教的是周朝贵族教育内容的“诗书礼乐”，目的是培养德性。孔子收学生，不看学生的家庭背景，不管学生的等级身份。凡带学费来，孔子就教。孔子的学生，从身份上说，南宫适是贵族，子贡是商人，颜回、原宪是贫士，公冶长曾经入狱，是刑徒。

当然，孔子的有教无类其实也有局限性。孔子坚守周朝礼制，不招收女学生，孔子的有教无类是有男女之别的。而在孔子之前二三十年，古希腊著名哲学家毕达哥拉斯办学教学生，教的内容是几何学、天文学、音乐等，教育内容与孔子“诗书礼乐”内容不一样。毕达哥拉斯的学生中，有女性，而且还出了女哲学家。

《述而》篇中记载孔子之言：“自行束脩以上，吾未尝无诲焉。”意思是，交来一束干肉的学生，我没有不教育的。孔子是民间教育开拓人，知识付费的开拓人，也是有教无类、教育平等思想最早的实践人。“有教无类”就是教育不讲身份，教育面前人人平等。

大家一想到孔子，就会想到“君君、臣臣、父父、子子”的说法，君有君德，臣有臣德，父有父德，子有子德，认为他是等级制的倡导者。但从有教无类来看，孔子又反对教育上的等级制。

孔子采取的是中庸之道，他认为有等级才有社会秩序，所以他是支持社会等级制度的，但他同时认为社会等级必须向不同阶层开放，人人有权通过学习知识和提高自己的德性来提升自己的社会阶层。孔子坚持的是一种开放的等级制。

再看“道不同，不相为谋”这一句。我们可用今天的语言重新表达一下这句话：价值观不同的人，不能在一起谋事、做事。

孔夫子这句话，是经验之谈。人的行为是受价值观影响的，价值观不同的人，善恶是非观点不同的人，没办法在一起谋划与共事。

有组织经验的人都知道这一点。无论是政府组织、还是企业组织、社会组织，核心团队一定是价值观有共鸣的团队，是为同一个价值目标而努力的团队。从事组织工作，如果与价值观不同的人在一起，只有两条路，要么你自己走人，要么你让别人走人。“道不同，不相为谋”，价值观不同的人，不能勉强在一起。

最后一句，子曰：“辞达而已矣。”意思是，说话写文章，用辞达意、讲清楚即可，不要添油加醋，不需要华丽的辞藻。表达观点，用最少的话、最简洁的文字讲清楚就行。这句话我很喜欢，因为我自己做不到，写文章经常洋洋洒洒。现在我写作最后都有一个删减的过程，把不必要的话删除，尽量用词简洁地表达清楚。

季氏篇

第八十一课

天下有道，则礼乐征伐自天子出

孔子曰："天下有道，则礼乐征伐自天子出；天下无道，则礼乐征伐自诸侯出。自诸侯出，盖十世希不失矣；自大夫出，五世希不失矣；陪臣执国命，三世希不失矣。天下有道，则政不在大夫。天下有道，则庶人不议。"

《论语·季氏·二》

孔子是天子权威的推崇者。这一讲对理解孔子的政治思想非常重要。

"天下有道，则礼乐征伐自天子出。"天下有道，礼乐和征伐都是从天子那里出来，由天子决定。

《左传·成公十三年》中说："国之大事，在祀与戎。"国家大事，在祭祀和军事。礼乐这种国家制度，是以祭祀为中心的。周天子最重要的祭祀礼乐，就是祭祀上天上帝和先祖的礼乐。

周朝是封建制，周天子把天下土地分封给子弟和功臣，去建立他们自治的诸侯国。如何保持周王室对诸侯国的控制呢？周公制礼作乐、构建了一套控制体系，那就是周天子控制最高规格的上帝祭祀，同时保有占优势的军事力量。

用今天的法律术语来说，就是周天子控制着祭祀权与军权，也即最高规格的宗教权和暴力权。这个传统对中国统治哲学产生了深远影响。控制意识形态和军事暴力，是君主朝廷维持统治的两个基本点，是一种政军教合一的统治传统。

“天下有道，则礼乐征伐自天子出”，孔子是认同周公之道的，认为祭祀权和军权（意识形态和军事力量）应由天子和中央朝廷控制。孔子这种中央集权的观点与他中心—边缘的宇宙结构观是统一的。

《为政》篇中记载，子曰：“为政以德，譬如北辰，居其所而众星共之。”意思是说以德执政，譬如北极星在它的位置，众星拱卫之。

中国古代天文学中以北斗每年旋转一周的天象来建立历法，这影响了中国古代的一种宇宙观。这种宇宙观认为，宇宙有一个中心，众星辰围绕这个中心运行。中国古代占星术中，又把北极星所标志的中心位置视为天帝或上帝所在的位置。这就意味着，天空星辰的运行是由居于北极星位置的主宰神决定的。

有这样的宇宙观，按照天人合一准则，君王治理天下要仿照上天治理宇宙。天上以北极星标志的地方为中心，那么天下就应以天子朝廷为中心，天下诸侯只能是像星星那样环绕天子朝廷运行，所以说“天下有道，则礼乐征伐自天子出”。

上天上帝是富有好生之德的，所以地上的君主也要以德治国，关爱和服务生命。这就是孔子宇宙观和社会政治观的统一。从这个角度看，其实儒家和法家的社会理想都是金字塔结构。儒家是用教化和礼制来实现这种社会金字塔结构，法家是用刑杀惩罚来实现。法家是中央集权的法制，儒家是中央集权的礼制。

“天下无道，则礼乐征伐自诸侯出”，天下无道的时候，礼乐征伐就从诸侯出来了。天下无道，诸侯自己决定礼乐征伐。如果诸侯自己控制祭祀权和军权，那么周天子的祭祀权和军权就被侵犯了。孔子认为，这就是天下大乱的原因。因为这与众星环绕北极星旋转的天象不符，违背了天道，背离了天意。

“自诸侯出，盖十世希不失矣”，礼乐征伐从诸侯出来、由诸侯决定的话，大概很少能传十代人而不丧失国家的。一世三十年，十世三百年。不听从周天子，自己决定礼乐征伐的诸侯，过不了十代国家就会终结。孔子这么说是有历史统计基础的。真正开始自行决定礼乐和征伐的是春秋第一位霸主齐桓公，传到第十代，君主齐简公被陈恒所杀。

“自大夫出，五世希不失矣。”比诸侯君主名位低的卿大夫自行决定礼乐征伐，传五代而不丧失国家的，就很少了。“陪臣执国命，三世希不失矣。”比卿大夫名位还低的家臣把持国家政权，很少能传三代而不失去权力的。

“天下有道，则政不在大夫。”天下有道，则政权不在卿大夫的手中。鲁国季氏对孔子帮助很多，但孔子对季氏多有批判，因为季氏是以卿大夫的身份掌控鲁国政权，孔子认为不符合天道。

“天下有道，则庶人不议。”天下有道，则百姓不议论政治。在孔子心中，政治本来不应是百姓的事。如果百姓喜欢议论政治，是因为天下无道，政治没有搞好，百姓心有不安。

我们观察宇宙万物，有些特征是明显的。例如太阳系以太阳为中心，卫星环绕。银河系中心是无形的黑洞，仍然是有中心的。但再从银河系放大到整个宇宙，我们会发现似乎中心失去了，宇宙秩序是两种相反力量的平衡，就是太极图秩序。

宇宙的结构特征是：以太极图为秩序的宇宙中，有无数个有中心的大小星系。道家的思想是从太极图这样的宇宙秩序出发的，儒家的思想似乎是从北极为群星环绕的中心出发的。它们之间的差别不在于绝对的对错，而在于观察边界、结论的适合范围不同。

当代西方社会制度更接近道家揭示的太极秩序，一个开放竞争、权力制衡的宪法秩序中，有众多各有中心的政治、宗教、企业、社会组织的大小星系。例如，美国宪法就是一个权力制衡结构。社会具有多中心特征，如立法、司法、行政相互独立且相互制衡，社会上的宗教、大学、企业、社会组织都独立运行，类似太极图宪法下的多中心社会。

孔子的宇宙观和社会观都是中心—边缘结构的观念，是金字塔结构。大自然中，这种中心—边缘结构是存在的，任何一个星系似乎都是如此，任何一个组织都必然依赖这样的结构运行。但是，宇宙的结构不是中心—边缘结构，不是金字塔。社会的整体结构也不应当是中心—边缘的金字塔结构，而应当是太极图式相互独立且制衡的结构。太极图秩序下，方可容纳众多小的有中心的星系生长。这是孔子的历史局限。

第八十二课

君子有三畏

孔子曰："君子有三畏：畏天命，畏大人，畏圣人之言。小人不知天命而不畏也，狎大人，侮圣人之言。"

《论语·季氏·八》

"君子有三畏"，身为君子，有三个敬畏对象。

"畏天命"，敬畏天命。"命"的象形字，就是开口发令、命令。现在"命令"连用，古代"命"与"令"不同。"命"，指上对下发令。"令"指下对上接受命令。"天命"，就是上天之命令、指令。孔子所敬畏的三个对象中，首要的是天命。

为什么孔子首先敬畏天命？因为他认为上天是造物主，运行四季，创生万物，创生并决定着大自然的运行。上天不仅决定大自然的运行，也决定历史的演变和王朝的兴衰，决定个人的荣辱得失。例如《颜渊》篇记载："死生有命，富贵在天。"简言之，上天是至高主宰者，决定大自然、历史、王朝命运和个人命运。

为什么要敬畏上天呢？上天是正义的主宰者，惩恶扬善。这背后隐藏着一个宇宙观，即上天和造物者是正义的。这是一个正义、讲善恶是非的宇宙，必惩罚恶人，保佑善人。

这种天命论并非孔子独创，而是商朝、周朝的主流政治宗教哲学，孔子是继承者。《尚书·商书》中记载，商汤消灭夏朝，把原因归于：上天之道，福佑善人，降祸于淫乱之人。上天降灾祸于夏王，以彰显他的罪恶。

《尚书·商书》还记载商朝开国宰相伊尹之言："惟上帝不常，作善降之百祥，作不善降之百殃。"意思是，上帝并不会固定不变地对待一个人。行善，上帝降下百种吉祥；行不善，上帝降下百种灾殃。商朝时候，把最高主宰神称为上帝。周朝时候，既称为天也称上帝。上天和上帝，指的都是至高主宰神。

《尚书·周书》记载周武王之言："今商王受，弗敬上天，降灾下民。"意思是，今天商王受（商纣王名），不敬畏上天，上天降灾于下面的商民。《尚书·周书》中还记载了周武王讨伐商纣王的誓言："商罪贯盈，天命诛之。"意思是，商王朝恶贯满盈，上天命令我们去诛灭他们。

商朝、周朝的主流思想都认为王权天授。周王朝以天命转移来解释周朝代替商朝。有德者得天命，失德者失天命。《尚书·周书》中记载，周公告诫蔡仲说："皇天无亲，惟德是辅。"意思是，上天不会偏爱谁，只辅助有德之人。

《尚书》中还有一个重要概念"天罚"，即上天的惩罚。周武王就认为自己是"恭行天罚"，奉行天罚。因为有"天罚"观念，所以有敬畏之心。

孔子相信上天辅助有德之人、护佑有德之士，所以当他在宋国被桓魋派人驱逐的时候，他说：“上天降德于我，桓魋能拿我怎么办呢？”孔子是有信仰的人，他信仰造物主上天，他相信上天是正义的，这个世界的本质也是正义的，行善将被护佑，行恶将被惩处。宇宙之中，有一个无形的正义的大法官。人的善行也好，恶行也好，都不会消失，而是记在上天的账本里，上天一定会按善恶对人进行审判和赏罚。“畏天命”是孔子精神的基石。

孔子敬畏的第二个对象是大人。“畏大人”中的“大人”，指大人物。

《诗经》中有这样的句子：“大人占之。”大人指主持占卜的人。殷墟甲骨文显示，商朝前期由贞人负责解释卜象。商朝中后期，主持占卜、解释卜辞、掌握祭祀权，已经以君主为主。《史记》中记载，大人兴起礼乐。大人，制礼作乐之人，指的仍是君主。

屈原《怀沙》诗中说：“内厚质正兮，大人所盛。”意思是：内在淳厚，品质公正，这是大人所格外拥有的。大人不仅位高权重，而且品德公正。“大人”本指君王，之后泛指有品德的大人物，如王公大人，天子、诸侯、卿大夫等阶层的有德性的人。简化一点，就是指明君贤臣。

孔子敬畏君主卿大夫们，一个原因是孔子的宗教观。死生有命，富贵在天，一个人的地位是由上天安排的。兴起一个人或废除一个人，都是上天决定的，每个人背后都有天意。只要一个人在位，就说明仍有天命，如果此人失位，就说明已丧失天命。一切听天由命，顺乎天意，不必强求。虽然孔子对执政者时有批评，但孔子不是那种要替天行道的造反者。孔子敬畏大人，不是敬畏大人本身，而是敬畏天命。显然，王公大人很喜欢孔子这种态度，会认为这对保护权位、维持社会稳定很重要。

有趣的是，孔子崇拜周公，但周王朝是造反起家的，周公可不"畏大人"。如果周公畏大人，就不会与周武王举兵反叛、推翻商纣王这位"大人"了。孔子的"吾从周"是有选择的。

孔子"畏大人"还有一个自然原因。孔子开办私学教育学生，办的是职业学校，生产特定人力资本。这种人力资本有几个特征："出则事公卿，入则事父兄。"意思是，出门在外认真侍奉公卿大人，回家侍奉好父亲兄长，这是忠孝两全的人力资本。

孔子学生的市场需求，就是王公大人们。王公大人是孔子学生的用户，决定着孔子学校的兴衰。不敬畏自己大用户的人，做不好企业家。孔子是个教育企业家，他知道大用户的重要性。大人，就是孔子和孔子学生的市场需求，就是孔子和孔子学生的衣食父母。

孔子"畏大人"这句话，常被人批评为敬畏权力、自我奴化。但如果我们从孔子面对大用户的态度来看，很容易理解，这很正常。

孔子敬畏的第三个对象，是圣人之言。"畏圣人之言"，即敬畏圣人留下的言论。何为"圣人"？"圣"字的象形，就是有大耳朵能听天命的人。对孔子来说，圣人是最高层次的人，能聆听天命，向人间传导天命，引导社会走正道，带来生命的繁荣与安全。

历史上的圣人，有商汤、周文王这样的开国明君，也有伊尹、周公这样的开国贤臣。孔子认为，这些人是天选之人，上天选择他们，给人间带来有益生命的秩序。以他们为榜样，学习他们的言行，这是孔子教育的重点之一。孔子尤其以周公为榜样，做梦都常梦见周公。周公之言是孔子精神的重要来源。

再来看看孔子对“三不畏”的态度：“小人不知天命而不畏也，狎大人，侮圣人之言。”

“小人不知天命而不畏也”，即小人不知道有天命，不敬畏天命。不知道有天命，不知道宇宙之中有大法官，不知道冥冥之中，每个人头上悬着一把正义之剑，所以做事没有敬畏，没有底线，走邪门歪道，伤生害命，这就是小人。在这个意义上，不相信有神，不相信有神在惩恶扬善的，就是小人。

“狎大人”，“狎”字原意是狗善于与人玩耍，引申为表现亲昵而不尊重。公元前497年，孔子五十五岁，离开鲁国到卫国。通过卫灵公一位叫弥子瑕的宠臣，孔子见到了卫灵公，在卫国安居下来。这位弥子瑕与卫灵公的关系很亲昵。《史记·老子韩非列传》记载，弥子瑕与卫灵公同游果园，弥子瑕摘了一个桃子吃了几口，觉得很甜，就把自己吃过的桃子递给卫灵公吃，卫灵公也就接过来吃了。这大臣与君主的关系，也亲昵得有点荒唐了。弥子瑕对卫灵公的这种态度，就属于“狎大人”。

孔夫子希望的君臣关系是“君使臣以礼，臣事君以忠”，君臣关系要遵守礼制，所以孔夫子一定看不惯弥子瑕对卫灵公这种“狎大人”的做法，骂这种人是小人。

“侮圣人之言”，“侮”就是侮辱、轻慢。“侮圣人之言”，就是侮辱圣人的言论。

孔子时期，是周王室衰落、周文化开始受到质疑的时期。法家和道家中的一些人对周文化多有批判。这种情况到了战国就更严重了。例如孔子推崇“圣人之言”，但道家庄子却说：“圣人不死，大盗不止。”意思是圣人不死光，大强盗就不停止。圣人，就是抢劫和偷盗国家的大强盗。

商鞅在《商君书》中，把孔子倡导的周公之言的主要内容称为讨厌的叮人的虱子。商鞅所说的“虱子”指礼乐、诗书、修善、孝悌、诚信、贞廉、仁义等。商鞅要征服天下，可这些价值观都重视爱护生命，因此都不利于征服天下。对孔子来说，商鞅法家、杨朱道家都是侮辱圣人之言的小人哲学。

总之，“畏天命”是孔子思想的出发点；“畏大人”是因为大人是天命选择；“畏圣人之言”，是因为圣人之言传达的是天命。

第八十三课

见善如不及，见不善如探汤

孔子曰：“见善如不及，见不善如探汤。吾见其人矣，吾闻其语矣。隐居以求其志，行义以达其道。吾闻其语矣，未见其人也。”

《论语·季氏·十一》

“见善如不及，见不善如探汤。”意思是：看见善，急于去追赶；看见不善，如同把手放进开水中，马上避开。

孔子是善恶分明的人，这与他的宇宙观有关。

《阳货》篇中，子曰：“天何言哉？四时行焉，百物生焉，天何言哉？”意思是，上天何言？四时运行，百物创生，上天何言？上天运行秩序，创生万物，这是最大的善。人当以上天为法，默默运行秩序，使万物创生，生命繁盛。人生在世，就得仁爱生命，这就是善。善是顺天，是爱生；不善是逆天，是害生。孔子之善，有宇宙观基础。

“吾见其人矣，吾闻其语矣。”意思是，我见过这样的人，听过这样的话。也就是说，一个人善恶分明、努力行善、避开不善之事，是可以做得到的。

“隐居以求其志，行义以达其道。”隐居起来以求坚持自己的志向，实践道义以实现价值追求。这里讲的是隐士，因为不满朝廷和社会，不愿使自己的志向屈从于俗人，于是隐居避世，以保全自己的价值。但是，行动的时候要以义为标准，以求符合自己的价值观。

大家注意，这是一种有些矛盾的人生定位。隐居避世的理由是不想与世界同流合污，要保全自己的纯洁志向。但同时，又认为一旦行动，就以义为先，实现道义，这是一种心有救世情怀的隐士。有救世情怀，为什么要隐居避世呢？中间有一个未说明的理由，可能是等待时机。如同后来的诸葛亮，虽隐居于南阳农村，但心忧天下，有救世情怀。

“吾闻其语矣，未见其人也。”意思是，我听说过他们的言论，但我没见过这种人。孔子对隐士的态度是矛盾的。有时他也有当隐士的想法，他曾经说：“道不行，乘桴浮于海。”还说：“天下有道则见，无道则隐。”但总的来说，孔子是积极入世者，他在行动中并不采取隐居避世的态度。在《微子》篇中，孔子还批评隐士不承担责任。

孔子一生，没有任何隐士的行为，他从不避世。这仍然与他的宇宙观有关。想想，如果上天不运行四季，不创生万物，这个世界还能维系吗？孔子是畏天命之人，以天命为导向的人，他当然行为上要以上天为准则。因为“天行健”，上天之行总在建设，人以上天为法，所以也必须积极建设。

阳货篇

第八十四课

礼云礼云，玉帛云乎哉？

子曰：“礼云礼云，玉帛云乎哉？乐云乐云，钟鼓云乎哉？”

《论语·阳货·十一》

孔子说：“都说礼呀礼呀，难道是说玉器和丝绸吗？都说乐呀乐呀，难道是说钟和鼓吗？”

玉与帛是周朝礼制的重要法物。玉，指玉璧等玉器。帛，指丝绸。玉帛最常用于祭祀上天和祖先。诸侯觐见天子，诸侯之间相会，玉与帛也是重要的礼物。

《左传》中，鲁庄公说自己能够做到在献祭牺牲和玉帛时，不虚加数量，对神讲诚信。牺牲指献祭用的牛羊等。牺牲和玉帛，都是祭祀的礼法之物。按照祭祀对象的不同，例如祭祀上天、祖先、日月星辰自然神等，祭品各有不同。不同季节的祭祀，礼制规定有不同的礼法器物，所用牺牲玉帛的规定也不同。

“礼云礼云，玉帛云哉？”安排礼仪的人一定关注具体的祭祀规定，例如用什么样的牺牲？用牛、用马，还是用羊？各用多少只？用什么玉器？用多少绸缎？但是孔子问，难道礼的仪式就只是关注这些玉帛的安排吗？他认为，玉也好帛也好，皆非礼的本质，只是礼的形式。王公贵族们行礼，关心的是礼的形式，忘了礼的目的。那么，礼的目的是什么？礼的精神实质又是什么呢？

“乐云乐云，钟鼓云乎哉？”礼和乐是结合在一起的。钟和鼓，是古代礼乐制度中所用的重要的打击乐器。钟，主要指青铜制成的编钟。鼓，有陶鼓、木鼓和青铜鼓等。除了代表性的钟鼓之外，有石制的编磬、木制弦乐器如琴瑟等，还有陶制的埙、竹制的竽、排箫等，常用的共有八种乐器，称为“八音”。孔子认为，乐的本质不是这些乐器本身。那么，乐的精神实质是什么？

“礼云礼云，玉帛云哉？乐云乐云，钟鼓云乎哉？”玉帛钟鼓这些礼仪的形式，并非礼的本质和礼乐所着眼的目标。礼的本质是什么？礼乐着眼的目标是什么？

孔子在《八佾》篇中讲得很清楚。子曰：“人而不仁，如礼何？人而不仁，如乐何？”如果为人不仁，还怎么行礼呢？如果为人不仁，还怎么作乐呢？

显然，孔子认为，礼乐的精神不是玉帛和钟鼓，而是通过玉帛和钟鼓的手段去实现礼乐的目标，也就是塑造人的“仁”的精神。仁，就是爱人。礼乐的本质就是爱人。所以，执政治国，如果一边大兴礼乐，一边又对天下百姓残暴，就违背了礼乐的精神和目标。

礼的本质是什么？《左传》记载了孔子之前的季文子（公元前601年—前568年为鲁国执政国卿）说的一句话：“礼以顺天，天之道也。”礼制，是顺应上天之道的表现。

季文子将礼制的渊源追溯到上天之道的秩序上，这为“礼”找到了宇宙观与宗教性的基础。受季文子启发，我们重新理解孔子对礼乐的看法。他认为礼乐之精神，就是仁的精神，就是爱人的精神。孔子为什么这么理解？

回顾一下孔子的宇宙观，子曰：“天何言哉？四时行焉，百物生焉，天何言哉？”这段话意思是：上天说了什么话？四时运行，百物创生，上天说了什么话？上天不言，却带来秩序、创生万物。

对孔子来说，礼乐就是上天秩序、宇宙秩序的象征。周公制礼作乐的目标就是通过身体感受的训练，使人顺应上天之秩序。有了这个秩序，万物才得以创生，生命得以生长。

重要的不是礼乐的玉帛钟鼓等形式，而是形式所导向的社会秩序，这些仪式指向的秩序与规范是有助于发育万物、养育生命的，是指向爱人的。孔子发现，王公贵族们虽兴礼作乐，但已忘了礼乐的目的，忘了礼乐所象征的和谐的秩序和爱的精神。

中国传统的礼乐文明已远远离开了今天中国人的生活。如果大家在平安夜去基督教教堂，一定很热闹。教堂里会有许多的音乐、合唱颂歌，也会有许多宗教仪式。基督教的宗教礼乐文化一直保持和发展至今。

传统的中国礼乐文化是诗书礼乐一体化的，但现在中断了。基督教的诗书礼乐仍然是一体化的。书主要指《圣经》，诗有《圣经·诗篇》，也有许多其他诗篇。礼，各教会都有，例如喝葡萄酒、吃面包。圣诞节也有许多礼仪，例如圣诞树、圣诞灯、圣诞老人、圣诞礼物、圣诞音乐歌舞。这些礼仪的目的是纪念耶稣的诞生。圣诞节的仪式背后，是对上帝的信仰。

人类思想史上，仪式与仪式精神的关系是一对重大的关系。人类是有仪式感的生命存在，没有任何一个文明没有仪式感。仪式的核心是一种制度，一种规范人与神、人与人、人与自然关系的制度。仪式就是制度的象征性表现，目的是规范人心，形成特定的社会秩序。

中国历史上，孔子倡导礼乐政治，但他希望恢复的是礼乐政治原本的精神，不希望陷入礼乐的形式之中。

第八十五课

天何言哉?

子曰："予欲无言。"子贡曰："子如不言，则小子何述焉？"子曰："天何言哉？四时行焉，百物生焉，天何言哉？"

《论语·阳货·十九》

这是《论语》中极为重要的一章，讲述了孔子自己的宇宙观。

《论语》中很少直接谈宇宙观，谈得更多的是人生观和社会治理观。人生观讲做人的道德伦理，社会治理观讲应该如何治理社会。但本章孔子却直接谈到了宇宙观，谈到他对宇宙秩序的理解。

任何一个伟大的思想家，都有宇宙观作为自己思考立足的基石，他们的社会治理观和人生观都是从宇宙观出发的。我们说的三观，即宇宙观、人生观和社会观，是以宇宙观为根本的。如同一棵树，宇宙观是根系和主干，人生观和社会观是枝叶。理解一个思想家，一定要进入他的宇宙观。

有一天，孔子说："我想不讲话了。"子贡赶紧问："老师您要不说话，我们这些小子还记述什么呢？”“述”原指遵循，也有记述、传承的意思。子贡的意思是，您是老师，您不讲话了，我们这些学生怎么办哩？难道我们就只是看着您吗？我们还怎么去记笔记、怎么去遵循您讲的道理呢？

孔子没有回答，而是直接上升到了宇宙观。子曰：“天何言哉？四时行焉，百物生焉，天何言哉？”上天说了什么吗？四季在运行，万物在创生，上天说了什么吗？“四时”指一年四季，春夏秋冬周而复始。“百物”并非指一百种事物，而是形容很多，例如成语“百炼成钢”“百废俱兴”等。“百物”的意思相当于现代汉语“万物”。

一年四季在运行，说明这个世界有恒定的秩序。万物在创生、生长，说明这个秩序有益于创生、有益于生命。这个世界的秩序可以概括为“生的秩序”“创生秩序”。

这个创生秩序的背后，万物的背后，宇宙秩序的背后，有一个无形的力量在主宰。无言的上天，通过一个创生的宇宙秩序来创造和运行宇宙万物。这就是孔子的宇宙观。

孔子的孙子子思在《中庸》这部经典中强调，在天命的支配下“天地位焉，万物育焉”，天地归位，万物发育。意思与这一章相近，讲的就是天命支配下的创生秩序。

孔子说自己不想讲话了，子贡有点担心或茫然，孔子回答说，上天无言但运行了四季，创生了万物。孔子以此解释自己为什么不想说话了。人当以上天为榜样，少说话，多做事，依四季运行起来，让万物得以创生。

很显然，孔子的人生观和社会观就是从上天这个榜样展开的。上天不言，但上天的语言就在上天所创造的宇宙秩序和宇宙万物之中。孔子这样的宇宙观是整部《论语》的灵魂，从中生长出了孔子的人生观和社会治理观。

读了本章，我们才会知道为什么孔子要求学生“君子欲讷于言，而敏于行”。从宇宙观角度，最“讷于言而敏于行”的是谁呢？是上天。上天是最大的“讷于言而敏于行”的主宰。孔子还要求学生“敏于事而慎于言”，这也是要求学生以上天为榜样，因为上天是最“敏于事而慎于言”的。

发现“天何言哉？四时行焉，百物生焉，天何言哉”，孔子强调人要取法于天，要“讷于言而敏于行”“敏于事而慎于言”。孔子的人道是以天道为依托的。深入而浅出，这是孔子的力量所在。理解了孔子这种“上天无言，创生万物”的宇宙观，我们就容易理解孔子的其他思想，例如，孔子为什么要讲仁讲爱。

樊迟问仁，孔子解释为“仁者，爱人”。孔子说：“节用而爱人。”节约费用，爱护人。孔子还说：“君子学道则爱人。”

孔子讲仁讲爱，就是因为本章的“四时行焉，百物生焉”的宇宙观。宇宙的秩序，就是生育万物。爱人的道德观，就是“百物生焉”的宇宙观的运用，就是“生”字当头。“生”字关天，只能爱生护生，不能伤生害命，这就是仁，就是爱。

上天有好生之德，上天让“百物生焉”，所以统治者应当“为政以德”。孔子为什么讲礼、倡导以礼治国？孔子认为礼的秩序就是对上天秩序的模仿，就是上天秩序的实现。

四季运行有什么特点？首先春夏秋冬不同，这是一个差别秩序，但春夏秋冬又合为一个统一的气候生态系统。因为四季有别，才有秩序生成和能量流动，万物得以春生秋藏，生命得以养育。从中我们可以看出孔子“有别”的礼的哲学的来源。

孔子之前，鲁国有一位贤明的执政国卿叫季文子。季文子去世以后17年，孔子才出生。这位季文子早就把礼制的来源归于上天，他说：“礼以顺天，天之道也。”（《左传·文公十五年》）礼是顺天而来，是上天之道的表现，是上天之道在社会制度方面的实现。

我们需要从孔子对上天之道的描述中去体会他想推行的礼制。首先要保护差别秩序，因为春夏秋冬四季是有差别的。这个差别秩序的灵魂，就应当是仁，是爱。所谓的仁和爱，指的就是关爱和善待生命，就如同四季运行的结果是“百物生焉”。孔子心中的礼制就是上天之道运行秩序的人间样本，是一个有益于生命繁盛的差别秩序。

宇宙观定位决定着人生观和社会治理观的定位。孔夫子所有的思想，我们都可以从本章中找到出处。本章是孔子的宇宙观，也是整部《论语》的思想基础。

本章给我们什么启发呢?

第一，相信造物的力量。宇宙万物与宇宙秩序背后，有一个根本的主宰力量和秩序，孔子称之为天，中国古代又称上天或上帝。

第二，相信世界的秩序性和创生性。这个世界是有秩序、保护差别性的。这个差别秩序是神圣的，有益于万物的创生和生命的发展。这是一个创生秩序，一个生命秩序。凡有益于保护生命的，就是顺天而行；凡伤害生命的，就是逆天而行。

第三，顺从上天之道，我们就得成为秩序的力量、益生的力量。我们所到之处，要带来秩序而不是混乱，要保护万物，保护生命，保护创生，有所创生。这样我们就走在上天之路上，天命的力量就聚集在我们生命之中。

值得注意的一个细节是，孔子时代把圣人视为大耳、能听天命的人。孔子认为上天无言，说明他认识上天，不是通过聆听而是通过观察而来，所以孔子不敢称自己为圣人。

《诗经》之中，记载上帝对周文王讲话，要求周文王“不识不知、顺帝之则”，不要依靠自己的知识，要顺从上帝的法则。按这样的记载，周文王是圣人，能听到上帝之言。

《圣经》中记载，上帝说：“要有光！”就有了光。上帝是通过语言创世的。所以，犹太先知不认为“上帝无言”，而认为“上帝有言”。犹太文化中就不太会强调“讷于言而敏于行”，而是重视“敏于言而敏于行”。《圣经》似乎主要是聆听来的，而孔子、老子表达的真理都不是聆听来的，而是观察得来的。国家文化和制度的差异，其根源在宇宙观的差异上。

第八十六课

吾岂匏瓜也哉？

佛（bì）肸（xī）召，子欲往。子路曰："昔者由也闻诸夫子曰：'亲于其身为不善者，君子不入也。'佛肸以中牟畔，子之往也，如之何！"子曰："然。有是言也。不曰坚乎，磨而不磷；不曰白乎，涅而不缁。吾岂匏瓜也哉？焉能系而不食？"

《论语·阳货·七》

佛肸请孔子去做官辅佐自己，孔子想去。佛肸的身份，汉代孔安国注为晋国执政大夫赵简子的家臣。佛肸担任中牟的邑宰，掌管县城。在赵简子与范氏和中行氏发生冲突的时候，佛肸选择站在了范氏和中行氏一边，反对赵简子。按照家臣必须忠于主人的价值观，佛肸属于乱臣贼子。

佛肸背叛赵简子，召孔子去做官，孔子居然也想去。《论语》记载得很有趣，"子欲往"，于是子路说："过去我听老师您讲过：'亲自做坏事的人那里，君子不能去。'佛肸以中牟城背叛，你却要去投奔他，这怎么说呢？"子路对孔子想去辅佐佛肸表示反对。子路话讲得很直截了当，直接批评孔子言行不一，说一套做一套。

孔子回答说："是。我是讲过这样的话。不是有这样的说法吗？真正坚固的，怎么磨也磨不薄。真正白的，怎么染也染不黑。""磷"指薄石片，"磨而不磷"就是怎么磨也磨不薄。"涅"是黑色染料，这里的意思是染黑。"缁"是黑色，"涅而不缁"就是用黑染料也染不黑。

孔子辩解的意思是，我的德性是坚固的，我的品质是洁白的，我无论到哪儿，都会保持自己的坚固和洁白。我遵循的周公之道，去哪儿都会坚守不变。我有一套治国理想，到谁那儿，我都是去实现这个目标。

孔子的辩解有力量吗？难道孔子的价值理想中不包括"忠"吗？孔子教育学生"主忠信"，以忠信为主旨，而佛肸以家臣身份背叛主人，这是不忠不义。为什么孔子一边讲"主忠信"，一边又要去投靠不忠不信之人呢？为什么佛肸会叫人来请孔子，难道他也看出了孔子的心态？孔子虽然讲忠信，但其实并不太在意忠于主人这样的准则？

下一句话道出了孔子心中最在意的事："吾岂匏瓜也哉？焉能系而不食？"我难道是一颗匏瓜吗？怎么能挂在那儿人不去吃呢？匏瓜是一种葫芦，经常剖成两半当作水瓢来用。所以说挂在那儿，不能拿来食用。孔子的意思是，我又不是匏瓜，怎么能只是挂在那儿不食用呢？这句话表达了孔子急于用世的心态。

如果是国君来请孔子入仕，那合理合法，也合乎孔子对学生的教导。但是，来召唤孔子的并不是合乎礼法的国君，而是背叛主人的家臣。如果孔子坚守“忠”的价值准则，言行完全一致，那他应当马上愤然拒绝，并且指责佛肸是乱臣贼子。但孔子不是这样，叛臣来找他，他首先想到的是有官位、可以做事，还对子路辩解说就算到叛臣处为官，他也能坚守自己的治国理想。

孔子的这种态度并非只有一次。《阳货》篇记载，公山弗扰曾来召孔子。公山弗扰是季氏家臣，担任费的县令，但他与阳虎联合，以费邑背叛季氏。公山弗扰召孔子，孔子也想去，但也因子路反对而没去。

从孔子想去投靠公山弗扰和佛肸这两位背主家臣的事来看，孔子急迫的用世之心，超过了他对“忠”这一价值的坚守。只要能当官，有做事的权位，孔子可以先把他平常倡导的“忠”放一边。

孔子这样的态度对后世儒生影响巨大。儒生在朝为官，遇到王朝兴亡、生死抉择的时候，少有人能为本朝奉献牺牲。新王朝建立，一旦召唤前朝旧官和读书人，儒生群体马上投奔新朝为官，没有多少心理障碍。用世的需要，谋官的渴望，远高于对“忠”这一价值的坚守。

不过《论语》了不起的地方之一，正是记载了孔子想去投靠公山弗扰和佛肸这样的事，后代儒生在传播《论语》时也没有把这两个记载删除。这就让我们看到了孔子在价值原则和用世需要之间的权衡与摇摆。当然，孔子最后还是没有去。如果去了又失败了，孔夫子的形象就真的很不堪了。

孔子对出仕为官真正死了心，是在他周游列国返回鲁国以后。他已六十八岁高龄，见过了世面，明白了自己的命运，不再急于在官场上有所成就，而是潜心著述和教育学生，孔子的真正价值就升起在历史中了。

孔子说："过则勿惮改。"意思是：有过错，不要怕改正。从孔子一生的情况看，这种在理想价值和权力渴求之间摇摆的状态，在他晚年得到了改正。晚年的孔子将价值理想投入到整理古籍和教育学生上，清清爽爽，干干净净，留下了具有历史价值的精神传统。

人必须言行一致，但这很难做到。严格按照价值准则来生存，我们每个人都很难做到。但得向这个方向努力，犯了错，不怕改正错误。

《论语》的编撰者们崇敬孔子，但并没有把他当成完人，对孔子有时的软弱、对原则的不够坚守也有记载，还公开记载了子路的质疑。所以说《论语》有一种开放而真实的精神。

看到孔子这种机会主义的缺点，并没有降低我对孔子的敬重，反而增加了我对他的喜欢。因为他的优点我们每个人身上可能有，他的缺点，我们每个人身上也可能存在。他是一面镜子，让我们看清人性的闪光和灰暗的地方。

《子张》篇中记载子贡的话："君子之过也，如日月之食焉：过也，人皆见之；更也，人皆仰之。"

孔子就是这么一位君子，他的优缺点都在明处，学生看得清清楚楚。当他言行不一的时候，子路马上就表达反对，孔子勉强辩白一下，也就罢了。子路两次反对他去投靠叛臣，孔子最后都没去。孔子动了念头，子路一反对，他也就放弃了。人有利欲，人性软弱，孔子有动摇的时候，但他终是有善恶底线的人。

微子篇

第八十七课

凤兮！凤兮！何德之衰？

楚狂接舆歌而过孔子曰："凤兮！凤兮！何德之衰？往者不可谏，来者犹可追。已而，已而！今之从政者殆而！"孔子下，欲与之言。趋而辟之，不得与之言。

《论语·微子·五》

"楚狂接舆歌而过孔子曰"，意为：楚国狂人接舆唱着这样的歌经过孔子。关于"接舆"，学界有两种看法，一种认为"接舆"是这位楚国狂人的字，一种认为"接舆"是一个动宾词组，"接"指接近，"舆"指车，"接舆"指楚国狂人接近孔子所乘的车辆。

《论语》注家杨伯峻、钱穆先生都认为"接舆"指接近孔子车辆的人。但屈原《楚辞·九章·涉江》篇中提到两位有名的避世狂人，一位是"接舆"，一位是"桑扈"。"接舆"剃了个光头，桑扈光着身子走路。

屈原提到接舆剃光头与孔子没有关系，《论语》中也没有提到接舆剃光头的事，我们不能设想是屈原读了《论语》，才用了“接舆”这个名字。由于屈原《涉江》中有关于接舆的记载，我倾向于认为接舆就是这位楚狂人的字。

这位楚狂人唱什么呢？“凤兮！凤兮！何德之衰？”凤鸟啊！凤鸟啊！你的德性怎么如此衰败呀？杨伯峻先生译为“凤凰呀！凤凰呀！”凤是雄鸟，凰是雌鸟。“何德之衰？”你的德性怎么如此衰败呀？这是对孔子的批评和提醒。楚狂接舆以凤鸟称孔子，这是对孔子很高的认同和赞美，认为孔子是人中之凤，天性中有极高之德性，但同时又批评孔子糟蹋了自己凤鸟的天性与德性。

楚狂接舆之所以这么说，与春秋时期人们对凤鸟的理解有关。凤鸟是祥瑞神鸟，凤鸟出现意味着圣人出世、天下安宁。《山海经》中说凤凰“饮食自然，自歌自舞，见则天下安宁”。凤凰自饮自食，不是人能喂养的；自歌自舞，不是人能指使的；凤鸟现身，则预示天下安宁。

屈原《楚辞·惜誓》中写道：独不见夫鸾凤之高翔兮，乃集大皇之野。循四极而回周兮，见盛德而后下。意思是：独不见鸾凤高翔于天，会集于大荒之野；四面飞翔而盘旋，见盛德之人而降临。凤鸟是祥瑞，品性高洁，只为盛德之人降临。凤凰为德而来，如果天下无德，凤凰会隐而不现。孔子自己也将凤鸟至视为圣人出世天下太平的征兆。

了解了当时人们关于凤凰的政治隐喻，就能理解楚狂接舆对孔子的批评了。楚狂接舆的批评是，孔子老师啊，你是人中凤鸟，却周游在这些缺德的执政者之间，想从他们那儿谋取权位。往好了说是想做点事，往差了说就是贪图利益。凤凰从来自饮自食，不会求人喂养，你却寻求被喂养。凤凰从来自歌自舞，你却甘被人驱使。缺德乱世之中，你主动与他们同流合污，把自己凤鸟高洁的德性给毁了。你是一只自甘堕落的凤鸟，德性衰败了，灵魂溃烂了，遗憾得很。

孔子积极入世，一心想被人重用，甚至到了饥不择食的程度。《阳货》篇记载，季氏家臣公山弗扰背叛季氏，招孔子，孔子想去。晋国中牟的家臣佛肸背叛晋君和赵简子，招孔子，孔子想去。子路因此很不高兴，认为老师说一套做一套、不讲原则。家臣背叛主人，这是不忠不义，倡导忠义的孔子却想去投靠不忠不义的家臣。孔子的辩解是：难道我是匏瓜吗？怎么能只挂在那儿不能吃呢？（吾岂匏瓜也哉？焉能系而不食？）

从孔子渴求用世到了不讲原则的地步看，楚狂接舆的批评是一针见血的。“何德之衰？”你的德性怎么如此衰败呀？

“何德之衰？”杨伯峻先生解释为“为什么这么倒霉？”这解释完全是错误的。“往者不可谏，来者犹可追。”过去的事过去了，劝了也没用；今后的事，虽然起步晚了点，但仍然可以去追赶。楚狂接舆对孔子仍然有期望，认为他仍然可以恢复自己的德性，讲原则，坚决不与缺德的执政者共事，不为缺德的当政者站台，走自己的路，做自己的事。

“已而，已而！今之从政者殆而！”停下吧，停下吧，今天的执政者处境很危险。“已而，已而”，杨伯峻先生译为“算了吧！算了吧！”钱穆先生也解释为“算了！算了！”意思不错，但有些模糊。这是楚狂接舆对孔子的劝诫。“已”字的本意就是“停止”，例如《诗经》中的“鸡鸣不已”。“而”是语气词。

“已而，已而”，楚狂接舆劝诫孔子要停止以前游说诸侯谋求官职的做法。“今之从政者殆而！”今天的从政者处境危险。“殆”指危险。楚狂接舆不仅从德性不能污染的角度来劝孔子，还从安全的角度来劝孔子。你一心想贴上这些从政者，他们看似有权有势，但其实岌岌可危，你跟他们混什么呢？你有理想，有才华，能自立，为什么要把自己的才华和命运与这些自身难保的人捆在一起？

缺德的当政者不可能安全，权位下是火山。投靠谁就是与谁共命运，难道你为了一点眼前的利益，就搭进你的未来、与这些缺德而危机重重的执政者共命运？

“孔子下，欲与之言。趋而辟之，不得与之言。”显然，楚狂接舆歌唱的内容打动了孔子。孔子下车，想与他说话，但楚狂接舆快步避开孔子，孔子没能和他说上话。“趋”就是快步走。“辟”指避开。

这位楚狂接舆确实比较特别，他对孔子很了解，知道孔子的优点，也知道孔子的毛病。他有心劝诫孔子，让孔子恢复本有的德性，却无心与孔子继续深交。

从楚狂接舆与孔子的这次相遇中，我想到一点，春秋时期的人比今天的中国人文雅和重礼守信讲道义。楚狂接舆劝孔子，采取的是歌唱的方式，今天国人交往不会再用这样文雅的方式了。

从孔子后来的生活看，似乎楚狂接舆的劝诫对他产生了影响。如果孔子是去楚国时遇到了楚狂接舆，那么应当发生在公元前489年前后，孔子已经63岁了。孔子周游列国，没有受到重用，理想实现不了，但好处是解决了自己和学生的物质生活需要。与楚狂接舆接触后五年左右，孔子从卫国返回鲁国，从此不再围着诸侯贵族们转。

《史记·孔子世家》中说孔子“亦不求仕”，孔子不再谋求当官，无心权力，而是潜心整理古代文化典籍，教育学生。孔子这才真正回到自己的命运正道：成为思想文化和教育的建设者。如果不是这样，历史上就可能没有儒家创始人孔子了。孔子曾经游说的那些王公贵族们早已经消失在历史之中，孔子却在历史中冉冉升起，为以后两千多年的读书人和朝廷所尊崇。

司马迁评价孔子说：“天下君王至于贤人众矣，当时则荣，没则已焉。孔子布衣，传十余世，学者宗之。自天子王侯，中国言六艺者折中于夫子，可谓至圣矣！”意思是，天下的君王和贤人众多，他们当时有荣耀，死后就消失了。孔子平民出身，他的思想传十余世，学者以他为宗师。天子王侯们，在中国要讲六艺的人，都以孔夫子为准则，真可称为至圣啊！

司马迁是说孔子，也是说自己，站在文化思想历史传统建构的角度，站在文化模因（memes）、文化心理模型创造的角度，与孔子和司马迁相比，两千多年来的天子王侯们算什么？

孔子后期对权力的态度，被他的学生曾子继承。曾子全力以赴于《论语》的编撰工作，可能还完成了《大学》和《孝经》，教育了孔子的孙子子思，后来子思完成了《中庸》。

曾子的态度是“天子不得臣，诸侯不得友”（《庄子·杂篇·让王》中这样赞美曾子）。曾子穷，鲁国国君主动送城邑给曾子，但被曾子拒绝，因为他不想受制于人。晋国、楚国请曾子为官，曾子拒绝，他不想侍候这些无德之人，而是全心全意进行思想建设，以待后人。

孔子后期的生活态度、学生曾子的生活态度，已非常接近这位楚国狂人的态度。这是一种知识人独立的态度，思想者自主的态度。孔子晚年心态的变化及曾子的独立自主，也许正是楚狂接舆希望看到的。

人总有种种欲望要满足，有超越性的理想，也有世俗的欲念，孔子也不例外。孔子身上有理想追求和超越性力量，这是孔子的天命指向。但是，人有七情六欲，人生软弱，人能否明白自己天命指向，能否集中于做有永恒意义的事，需要有人直言提醒。对孔子来说，楚狂接舆可能就是这个直言提醒者。

思想独立是一种尊严和勇气。思想者的自主精神、知识人的独立精神，一直是中国没有解决好的问题。老子、庄子、墨子、楚狂接舆、后期孔子、曾子这些人的存在，说明中国仍然有一个潜在的并未完全溃败的思想独立传统。

第八十八课

鸟兽不可与同群

长沮、桀溺耦而耕，孔子过之，使子路问津焉。长沮曰：“夫执舆者为谁？”子路曰：“为孔丘。”曰：“是鲁孔丘与？”曰：“是也。”曰：“是知津矣。”问于桀溺，桀溺曰：“子为谁？”曰：“为仲由。”曰：“是鲁孔丘之徒与？”对曰：“然。”曰：“滔滔者天下皆是也，而谁以易之？且而与其从辟人之士也，岂若从辟世之士哉？”耰而不辍。子路行以告。夫子怃然曰：“鸟兽不可与同群，吾非斯人之徒与而谁与？天下有道，丘不与易也。”

《论语·微子·六》

长沮和桀溺两人在耕种。“耦”，两人。“耦耕”，两人共同使用一种称为耜的农具耕种。孔子路过，让子路去问渡口在哪里。

长沮问：“那位拉着马车缰绳的人是谁？”“舆”，马车。子路是驾车人，但下去问路，所以孔子拉着马缰绳。子路说：“是孔丘。”长沮问：“是鲁国的孔丘吗？”子路说：“是。”长沮说："那他知道渡口在哪儿。"孔子一心想给世界指出正道，所以这位长沮讽刺说孔子是知道渡口的，为什么还要来问别人呢？长沮不愿告诉子路渡口，对孔子和子路很不友好。孔子很有名气，长沮这位隐士知道孔子，但不认同孔子的思想和行为。

长沮不愿告诉子路渡口，子路只好又问桀溺。桀溺问："您是谁？"子路回答："我是仲由。"桀溺又问："您是孔丘的门徒吗？"子路说："是。"子路性格急躁，但从他对两位隐士的态度看，子路很有礼貌。

桀溺回答说："滔滔者天下皆是也，而谁以易之？""滔滔者"，杨伯峻先生译为"像洪水一样的坏东西"，但没有解释依据。钱穆先生解释为"水流滔滔，天下都是一般"，意思不明。史籍中，"滔"用于形容当官的强势霸道，如《左传・昭公二十六年》中有"士不滥，官不滔"。"滔滔"也用于形容武夫的威猛好斗，如《诗经・大雅・江汉》中"江汉浮浮、武夫滔滔"。总之，"滔滔"形容当政者的武力霸道。

"滔滔者天下皆是也，而谁以易之？"意思是，武力霸道者天下皆是，谁能改变他们呢？世道混乱，各国统治贵族逐渐失去传统的以德治国的礼乐之道，日趋依赖奸诈暴力，武力霸道者如洪水猛兽横行天下。天下趋向战乱，谁能改变这趋势呢？

"且而与其从辟人之士也，岂若从辟世之士哉？"意思是，你与其跟从孔丘这样的"辟人之士"，岂不如来跟从我们这样的"辟世之士"？"耰而不辍"，"耰"是给种子覆上土，"不辍"就是不停。这位桀溺一边与子路对话，一边并没有停下农活，继续给种子覆上土。

“辟人之士”，指避开坏人的人，这里指孔子。孔子与好人相交，不与恶人相处，他的这种心态是因为相信朝中仍然有忠义守礼之人。孔子对鲁国贵族失望，但仍然周游列国去寻求明主贤臣，所以桀溺说他是“辟人之士”。

“辟世之士”，指长沮、桀溺这样的隐士。这些隐士对各国贵族朝廷已彻底绝望，不愿再与其交往，远远避开，自食其力，求得精神的独立自由。

春秋时期，隐士很多，这是春秋时期思想有大成就的重要原因。《论语》中记载有长沮、桀溺、丈人、楚狂接舆这些人，说明当时还有朝廷权力不到的地方，这些隐士还有地方可隐、可享有自由，这是春秋时期和秦国统一中国以后大不同的地方。秦制之下，一切在中央权力的掌握之中，隐士难有可隐之地。

听到桀溺这么说，子路只好离开，回来告诉了孔子。孔子怅然不乐，说：“人不可以与鸟兽同群。我不跟这些人在一起，我和谁在一起呢？天下如果有道，我也就不参与去寻求改变了。”

孔子的态度很清楚，你们出世，我入世。我要入世，我怎么能不与朝廷中人相处呢？我隐到郊野生活，和鸟兽在一起，我怎么改变这个世界？天下无道，你们就躲起来，避世求安静，但正因为天下无道，我才努力参与求变，这是责任啊！

很多人习惯在孔子的入世精神和隐士的避世精神之间进行选择，思考谁对谁不对。其实，从社会整体看，孔子要入世当官，隐士不愿入世当官，都挺好。人人按自己心愿去努力，这世界就充满活力。只允许一种生活态度，这世界就僵死了。

隐士们是一类思想者。战国的庄子、杨朱等人就是隐士。如果没有这类隐士的思想，中国思想史就缺了一股清流。一个国家要保有思想的活力，得留下可隐之地，留出可隐之空间。

值得注意的一点是，春秋时期有孔子这样的谋官之士，也有长沮、桀溺的避官之士，但是似乎没有后来陈胜、吴广、刘邦这样成规模的造反平民。《庄子》中记载有柳下跖这样的强盗，打家劫舍，但并非政治造反集团。原因是什么？

春秋时期是贵族政治，各国朝政控制在各大贵族家族手中，平民精英多是贵族家臣，贵族阶层牢牢掌控着社会，所以没有大规模平民造反的情况，这与后来欧洲封建社会情况相同。

商鞅变法将平民纳入了战争体系。公元前221年秦统一中国，消灭各国贵族，在天子王权和平民之间不再有贵族这个独立阶层，天子王权就直接与平民见面了。秦朝末年，陈胜、吴广、项羽、刘邦起义，从此平民造反颠覆旧王权建立新王权成了中国政治史的重要特征之一。

第八十九课

四体不勤，五谷不分。孰为夫子？

子路从而后，遇丈人，以杖荷蓧。子路问曰：“子见夫子乎？”丈人曰：“四体不勤，五谷不分。孰为夫子？”植其杖而芸。子路拱而立。止子路宿，杀鸡为黍而食之，见其二子焉。明日，子路行以告。子曰：“隐者也。”使子路反见之。至，则行矣。子路曰：“不仕无义。长幼之节，不可废也；君臣之义，如之何其废之？欲洁其身，而乱大伦。君子之仕也，行其义也。道之不行，已知之矣。”

《论语·微子·七》

子路跟随着孔子，落在了后面，遇到一位老人，用拐杖挑着蓧（一种除草农具）。子路问老者：“请问您见到我老师没有？”老者回答：“四体不勤，五谷不分，谁是你老师呀？”老者把拐杖插地里，开始除草。

“丈人”是对老年男子的尊称。“四体”指两手两脚。“五谷”，不同地区有些差异。孔子时代的中原地区，粮食主要有稷（小米）、黍（黄米）、麦（小麦）、稻（大米）、菽（豆类）。

“芸”，指耘。耕耘，耕指耕地，耘指除草。

显然，这位老人瞧不起那些不从事生产劳动的人。他批评孔子，说孔子这样不从事生产、不懂生产的人也敢称老师？

从思想上看，这属于春秋时期兴起的农家学派。农家学派是春秋战国诸子百家中的一个重要学派。这个学派不受朝廷喜欢，许多农学经典被毁灭，只有一些农业技术资料留下来。人们只能通过其他学派对他们的记述来了解他们的思想。

他们是重农主义者，亲自从事农活，钻研农业技术管理。他们不仅是农业技术派，还有自己的社会理想。他们认为生产者光荣，不生产者可耻，君主应当与民众一起从事农业生产，不能不劳而获。

孔子办学，是希望给朝廷贵族培养有君子德性的官吏或家臣，孔子自己也周游列国求官做。官吏不从事生产劳动，是吃税收的。孔子的思想和做法与重农学派思想很有矛盾，所以这位老者瞧不起孔子。

“四体不勤，五谷不分。孰为夫子？”钱穆先生的解释是：“我四体来不及勤劳，五谷来不及分辨，哪是你的先生呀！”这样的解释，把“四体不勤，五谷不分”理解成老人说自己了。钱穆先生热爱孔子，热爱到把明明是老人批评孔子的言论曲解成老人批评自己了！钱穆先生解释的这一句，比较离谱，肯定不对。

春秋时期思想自由，不同流派的思想家纷纷出现，一位思想家被批评是很正常的事，有影响力的思想家必被人批评。楚狂接舆、长沮、桀溺三位隐士都对孔子有批评。《论语》把当时批评孔子的人和观点写出来，并予以回应，这是当时思想自由多元情况的反映。

“子路拱而立。”意思是，子路拱手站立。这是表达敬意的礼仪。子路对隐士很有礼貌。“止子路宿，杀鸡为黍而食之，见其二子焉。”老人留子路在家里住宿，杀鸡和煮黄米饭招待子路，还让子路见了自己两个儿子。老人对子路很好，用黄米饭和鸡肉招待子路，这在当时算大餐。子路只比孔子小九岁，年龄不小了，老人让两个儿子来见子路，应当是让他们行拜见长者之礼。

第二天，子路赶上孔子，告诉了这件事。孔子说：“老人是隐士。”让子路返回去见老人。子路到了老人家，发现老人已离开家。

孔子与隐士们虽然观点不同，但对他们保有一份尊重。孔子自己有时也会产生当隐士的想法。孔子让子路再去见老人干什么呢？是去请教？还是要去回应一下老人的批评呢？从子路下面的话看，应该是想回应一下老人的批评。

子路曰：“不仕无义。长幼之节，不可废也。君臣之义，如之何其废之？欲洁其身，而乱大伦。”子路说：“不想入仕做官，这是无义之行。年长者和年幼者之间的礼节，不可废除。君臣之间的礼义，为何要废除呢？想洁身自好，却乱了君臣的大伦理。”

子路和老人之间的关系很文雅，他们观点不同，但老人尽地主之谊，好好招待他。子路也没有因为吃了老人做的鸡和黄米饭就不坚持自己的观点，而是仍然批评老人避世不承担责任。

子路这段话表达了自己的想法，可惜我们看不到老人的回复，估计是说服不了老人的。为什么呢？“不仕无义。”不去入仕当官就是不义的行为，子路这话有点霸道。服务社会、服务生命，一定要当官吗？只有当官的工作才神圣吗？子路的同学曾子也拒绝当官，但完成了《论语》编撰、写成了《孝经》和《大学》，传承了文明，难道曾子也是不义之人吗？也许老人说，朝廷腐败，维新无望，在腐败朝廷为官就是不义，这话刺激了想当官的子路，所以子路才说出这种“不仕无义”这样霸蛮的话来。

“长幼之节，不可废也；君臣之义，如之何其废之？”子路这句话，逻辑上有点问题。逻辑上有一种推理叫“类比推理”，根据两个对象在某些属性上的相同或相似，通过比较而推断出它们在其他属性上也相同。例如，因为猴子的生理机能与人类类似，所以可以在猴子身上做试验，并以此推测在人体上可能发生的情况。

在“类比推理”上最容易犯的逻辑错误就是“不当类比”，将两个属性不同的对象强拉在一起。例如，“狗不嫌家贫，儿不嫌母丑”，就是不当类比。狗的行为特征与人不同，经济上的贫穷和相貌上的丑陋也是不同类别。属性不同的对象，类比无意义。

子路讲的“长幼之节”，指长辈和晚辈之间的礼节，属于基于年龄不同的社会礼节关系。“君臣之义”属于权力不同的等级关系。“长幼之节”和“君臣之义”不是一个类别，不能强行类比。例如，年幼的要向年长的表示尊重，但君臣关系中，有可能君主年龄小于大臣，他们之间是按长幼辈分礼节来进行吗？从长幼之节不可废也，其实推不出君臣之义不可废的结论。

这种“不当类比”的逻辑错误《论语》有不少，最常见的不当类比就是用父子关系来类比君臣关系，认为父子关系中的孝等于君臣关系中的忠。父子关系是血亲关系，君臣关系是政治关系，属性不同。孝未必等于忠，与《论语》写作大体同时代的楚国伍子胥，就是大孝子，却对楚平王掘墓鞭尸，对君主大不忠。

子路是一位直率可爱的人，他这种不当类比的逻辑错误，我们中国人常犯。《论语》把子路这句话编在这儿当成正面教导，主编们看来也都有不当类比的错误思维。“长幼之节，不可废也；君臣之义，如之何其废之？”像老人这类有农家思想的人，他们并非不承认君臣关系，而是对君臣关系有新的理解，只是《论语》没有记录下他们的观点。

“欲洁其身，而乱大伦。”子路批评老人这些农家人物是想洁身自好，不想与官场同流合污，但却搞乱了大的伦理。根据后人对农家思想的叙述，我们知道农家讲的是平等，而子路讲的“大伦”，即忠君的等级思想。

《汉书·艺文志》上批评农家，说他们“无所事圣王”，说农家认为民众不应该侍奉君王，“欲使君民并耕”，想要君王与民众一起耕种，从事生产劳动，这是“悖上下之序”，违背了上下等级秩序。农家强调生产高于一切，也重视市场交易，强调低税赋以藏富于民等。

“君子之仕也，行其义也。道之不行，已知之矣。”子路说，君子去当官是为行道义；道义不能推行，早已知道了。在老人批评之下，子路回应这句话似乎有点没底气，因为他也认为朝廷无道。子路辩解说，我们君子谋官，不是为了同流合污贪求利益，是在为天下行道义。现在这个世界，道义实行不了，我们早就知道。意思是，我们谋官，虽知道行不了道义，但我们就是知其不可为而为之，这就是我们的态度。

其实，如果在一个自由开放的世界，想当官的就去当官，想从事农业的就去从事农业，这是职业划分。把自己的态度当成普遍真理，就有问题。农家把当官的看成寄生虫，认为他们不从事生产，只是消耗和破坏，这其实忽视了朝廷也有维持秩序的作用。但农家们的批评也会使朝廷中人认清自己的角色：官吏不是生产者，是被人供养的。

想当官的人把想从事生产的当成小人，看不起他们，这是大问题。《子路》篇中，樊迟向孔子请教稼穑之道，就被骂成小人。把生产者视为小人，这样的朝廷很难成为生产的促进者，去保护生产者的权益。其实，老人与子路的这次思想冲突，核心是权力与生产的关系问题，是社会以生产为中心还是以权力为中心的问题。老人认为，一个社会必须以生产为中心，权力必须服务于生产。农家因此对当时血缘世袭的王公贵族不从事生产却强占财富不满，也对孔子和孔子学生以谋取官位为导向的行为不满。

在人类思想史上，农家思想属于生产伦理的兴起，认为要以生产价值为核心，重新塑造人类社会关系。近代资本主义的兴起，可以说是人类社会第一次从以权力为中心转向以生产为中心。从这个意义上看，农家思想更为前卫一些，更符合以生产为导向的现代社会价值。

农家这种以生产为价值中心的思想，不符合以权力为中心的朝廷的利益，结果被压制了两千多年。有趣的是，法国18世纪的社会变革是从重农主义思想兴起开始的。法国的重农主义与春秋重农主义思想有些地方是类似的。

子路的思想仍然以维护君权为中心。这种思想成了以后两千多年中国君主社会的主流思想，在今天也是需要去改变的。

第九十课

无可无不可

逸民：伯夷、叔齐、虞仲、夷逸、朱张、柳下惠、少连。子曰："不降其志，不辱其身，伯夷、叔齐与！"谓："柳下惠、少连，降志辱身矣。言中伦，行中虑，其斯而已矣。"谓："虞仲、夷逸，隐居放言。身中清，废中权。""我则异于是，无可无不可。"

《论语·微子·八》

任何人和事都是优缺点杂糅在一起的，《论语》不例外，孔子也不例外。我们不要把孔子当神，而是当成一个优秀的思想家。孔子做出了重大的思想贡献，但也留下了一些思想陷阱。孔子自己未必会陷进去，但后人稍不注意就容易陷进去。这一章就容易成为人格陷阱、德性陷阱，是《论语》中我不喜欢的篇章之一。

"逸民"，大体指没有做官但有知名度的知识分子。"逸"的原义是逃跑，所以"逸民"最早的意思就是逃离权力、不在官场的人。

孔子时代或之前的时代，有文化知识的人少，这些人大都是贵族出身，在朝廷为官。但也因为一些原因，有些贵族知识分子主动选择了不在朝中为官，或者被迫不在朝廷为官。例如，周灭商，原来的商朝官员就成了逸民。《论语》中赞美周朝建立后有“举逸民”的举措，即重新任命原商朝贵族为官。

在“逸民”这个概念之下，列举了七个人：伯夷、叔齐、虞仲、夷逸、朱张、柳下惠、少连。从这些人的事迹，我们可以概括出“逸民”的内涵。

我们先看第一种类型：伯夷、叔齐。伯夷、叔齐本是商纣王时期商朝的属国——孤竹国国君的两个儿子，伯夷是老大，叔齐是老三。孤竹国国君准备传位给三儿子叔齐，叔齐不愿继位，要让位给哥哥伯夷，伯夷也不同意，兄弟两人先后逃到了周国。后来周武王讨伐商纣王，伯夷、叔齐劝阻周武王不要反叛。后来，周武王杀了商纣王推翻了商王朝，伯夷、叔齐认为周武王以下犯上，是不忠；暴力杀戮，是不仁。兄弟二人拒绝再吃周王朝的粮食，隐居首阳山采野菜充饥，最后饿死山中。

伯夷、叔齐两人都拒绝当王位继承人，拒绝吃周朝的粮食，不与当权者妥协，宁死不屈。这一类逸民是有自己独立的价值坚守而拒绝权力的人。

“虞仲、夷逸、朱张、少连”是谁？目前缺少史料，学界有一些猜测，但难以确认。战国时期的《尸子》这本书提到了夷逸，讲有人劝他出来做官，他不愿意。夷逸仍然属于坚守自己的价值准则而拒绝做官的类型。

柳下惠、少连在鲁国朝廷中当官，但坚持自己的政治道德准则，行为公正，直言不讳，所以多次被任用又多次被免官。

从列举的这些人来看，“逸民”最大的特征是坚守自己的价值准则。或拒绝当官，或在官场工作但拒绝迎合邪恶之事被贬。所谓“逸民”，指的就是那些坚守自己的价值准则、不在朝廷权力系统中的有名望的知识分子。

“不降其志，不辱其身，伯夷、叔齐与！”意思是，不降低自己的志向，不辱没自己的身份，这不就是伯夷、叔齐吗？伯夷、叔齐把价值看得比生命还重要，宁死不屈，孔子认为他们是贤人，很敬重他们。

“柳下惠、少连，降志辱身矣。言中伦，行中虑，其斯而已矣。”柳下惠、少连，他们降低志向、辱没身份了。但他们的言论符合伦理规则，行为深思熟虑，这样也可以。他们在腐败的朝廷工作，算是降低志向辱没身份了，但他们坚持做正事、说真话，不怕被贬官。

“虞仲、夷逸，隐居放言。身中清，废中权。”虞仲、夷逸，他们隐居起来，放弃了发言。他们行为清正不阿，废弃了权力的考虑，放弃了参政议政，是比较纯粹的隐士了。

孔子对这三类逸民进行了评价。他们的共性是都有自己的价值坚守，但对官场权力的态度不太一样。伯夷、叔齐是公开反对、完全拒斥。柳下惠、少连是身在官场中，却力求坚持自己。虞仲、夷逸是隐居，躲开官场，不理睬，也不公开反对。

“我则异于是，无可无不可。”意思是，我与他们不同，没有什么是可以的，也没有什么是不可以的。言下之意，这些人都有恒定的行为模式，完全不改变自己的坚守，我没有这么固执，没有什么是必须的，也没有什么是不行的，看情况而定。

请看，孔子在评价以上七位逸民时表现出了一种随机性。这些逸民的行为，孔子都有欣赏的一方面。但如果是孔子自己，该怎么做，就要看情况而定。类似的话，孔子在《论语》中说过不少，他欣赏权变和灵活处理，而正是这种灵活权变的态度，对后来的知识分子有恶劣的影响。

做人做事，要坚守价值准则，这是孔子反复强调的。但如何坚守？孔子却要看情况。也许，对孔子来说，他能在权变时不改变自己的原则，可他“无可无不可”的表达却带来了追随者机会主义的取向。在“无可无不可”的背景下，其他坚守价值原则的教导就容易变成橡皮筋，可伸可缩。

《孟子》中赞美孔子说：“伯夷，圣之清者也；伊尹，圣之任者也；柳下惠，圣之和者也；孔子，圣之时者也。”意思是：伯夷是清正不阿的圣人，伊尹是有权位的圣人，柳下惠是和气的圣人，孔子是讲时机的圣人。在孟子看来，孔子是圣人的集大成者。

从孟子表扬孔子是“圣之时者也”，我们可看出中国儒家知识分子的一种人格缺陷。本来，知识分子没有权力和财富，其价值就在于对社会价值和理想的坚守。孔子是有社会理想追求的人，但在坚守价值准则这个问题上，他会有一些权变的考虑，这容易带来价值立场的位移。也许正因为如此，中国知识分子在历史上，权变居多，灵活性高，软骨病多，而坚守原则、舍生取义者极少。

按照这种“圣之时者也”的说法，古希腊思想家苏格拉底就不必为真理而喝毒酒了，耶稣基督不必为信仰上十字架了。思想家和知识分子的价值，就在于为信仰、真理和理想价值而舍生忘死，这才能构建民族公正、刚毅、强大的精神传统。

我对“无可无不可”这句话很不喜欢。原则清晰的人，可以就是可以，不可以就是不可以，不能“无可无不可”。一个“无可无不可”的人，缺少定性，奉行机会主义，很难取信于人。

子张篇

第九十一课

士见危致命

子张曰："士见危致命，见得思义，祭思敬，丧思哀，其可已矣。"

《论语·子张·一》

子张是孔子的学生，复姓颛孙，名师，字子张，陈国人。子张小孔子48岁，是孔子学生中年龄最小的一位。《论语》提到子张23次，孔子与子张思想交流比较多。

《韩非子·显学》记载，孔子去世后，儒门弟子开宗立派，分为八个学派，第一个学派就是子张传承的儒学。

子张传承的儒学没有公认的经典留存下来。汉代编撰的儒家著作《大戴礼记》中，有"子张问入官"等篇章，一些专家认为这就是子张学派的著作。总之，子张是孔子学生中比较有思想成就的一位。

"士见危致命"，"致"指送出、奉献。这一句意思是，士人见到危险，要勇于奉献、牺牲自己。那么，见到什么样的危险，"士"要献身呢？子张与孔子讨论比较多的，就是为政之道、为官之道。“士见危致命”讲的就是见到君主和国家的危险，身为忠臣要勇于献身，牺牲自我，这是“忠”的德性。

这里子张所讲的“士见危致命”，孔子在《宪问》篇中也讲过，说的是要“见危授命”。“授”是给出的意思。见到危机，要勇于给出自己的生命。子张“见危致命”是对孔子“见危授命”的重述。

“忠”是孔子教育最重视的德性，也是君主贵族们最需要的臣子的德性。历代朝廷推崇儒家，原因之一就是儒家自始至终讲“忠”的德性，要求读书人和臣子要忠于君主、国家，临危不乱，勇于牺牲自己。

很多人以为这种“士见危致命”是很落后的思想。其实任何国家的主流道德，都会强调要忠于国家，赞扬为国奉献牺牲的行为，这是人类各个社会共同体的普遍价值准则。例如今天的美国，也强调爱国主义精神，敬重为国牺牲的军人。

“见得思义”，看见可得到的好处（包括权力、利益等），要想想是否符合道义。这观点也是孔子表达过的，《宪问》篇中也记载孔子之言“见利思义”。

“祭思敬”，祭祀的时候要考虑恭敬。这个祭祀讲的是祭祖。按照礼制，天子有权祭祀上帝、上天，也要祭祀祖先，而士只能祭祀自己的祖先。祭祖，这是商朝、周朝以来的重要传统，是尽孝道的重要形式。从现在发现的殷墟甲骨文看，商朝就有隆重的祖先祭祀活动。周代是宗法制社会，修建宗庙祭祀祖灵是宗法制社会的核心组织内容之一。

儒家继承了商周的孝道礼制传统。过去中国农村有宗族祠堂用来祭祖，是传统家族社会组织的中心。中国如此，东亚社会皆如此。日本的靖国神社就是日本民族共同的宗族祠堂。

祭祖，学术上叫祖灵崇拜。古人认为祖先死后，祖先之灵仍然存在，仍然有影响后代子孙命运的能力。商朝、周朝人皆认为，君主祖先之灵就在上帝身边，是上帝与活着的子孙沟通的中介，因此要向祖灵献祭，请祖灵向上帝祈求保佑。

《诗经·大雅·文王》中有这样的诗句："文王在上、于昭于天。周虽旧邦、其命维新。有周不显、帝命不时。文王陟降、在帝左右。"译文如下：文王之灵在上，闪耀于天上。周国虽是古老之国，但承受天命维新世界。周国得以显荣啊，上帝天命及时降临。文王之灵升降，就在上帝左右。

君主的祖先之灵在天上，在上帝周边。士人阶层的祖灵何在？目前关于春秋时期士人阶层祖灵的去向还缺少专门的学术研究，只能推测也在上天灵界的某个地方。

人死后有没有灵魂？如果有，灵魂归往何处？这是一个大问题。儒家强调祭祀，是认定人死后有灵。"祭思敬"，祭祀要考虑恭敬，对祖先之灵恭敬守礼。这种观念也来自孔子，孔子强调要"祭之以礼"。

"丧思哀"，亲人去世，举办丧礼，要考虑内心的悲哀。丧礼的本质是通过仪式来表达内心的哀思。"丧思哀"也是孔子的观点，《八佾》篇记载孔子的话，说不能"临丧不哀"。本章子张这几句话是对孔子教导的重述，意思一样，文字略有变化。

祭礼与丧礼是儒家孝道中非常重要的两个内容，是巩固宗法制家族社会的重要组织文化。今天社会中讲孝敬，主要指对活着的父母的照顾。孔子时代讲孝敬，不仅指要照顾活着的父母，还包括祭祀死去的众多祖先之灵。唯有在祖灵崇拜及家族祠堂社会组织的背景下，我们才能理解为什么子张将“祭思敬，丧思哀”视为对士的德性的要求。

“见危致命”讲的是“忠”，是下对上的义务，属朝廷层面。“见得思义”讲的是“义”，是普遍的社会关系层面。两者合起来就是“忠义”的原则。“祭思敬”讲的是“敬”，“丧思哀”讲的是“哀”，都针对死去的亲人，是祖灵崇拜的表达。

通过祭祀祖灵来维系血脉家族的凝聚力，这是一种祖先崇拜宗教，在古埃及、古罗马都曾存在，但在中国表现得最为彻底完整，延续时间最长。以祭祖为宗教的家庭—家族组织，是中国几千年最顽强的社会组织单位，也是儒家思想最坚实的社会组织基础。

近代百年，中国社会组织最深刻的变革，就是祖先崇拜的观念及家族祠堂这样的血缘组织逐渐被全面摧毁。人们不再相信祖先之灵对活着的人还有影响，不再认为祖灵还需要活着的后人供养，家族祠堂也就失去了组织的观念基础。

消灭地主阶层，土地所有权归属国家和集体，承包土地分散到户，家族不再具有生产和分配功能。加上计划生育破坏了大家族的可能，市场化以后年轻人进入城市谋生，中国传统祖灵的信仰和宗族组织基础已崩溃。传统的祖先崇拜的消失带来了信仰真空，家族祠堂的崩溃带来了组织归属的真空。可以说，近代百年，中国精神史上最深刻的动荡就是传统的祖先崇拜和家族宗祠的破坏，中国人传统的家族归属感日益稀薄。

李白“床前明月光，疑是地上霜。举头望明月，低头思故乡”中的故乡，是祖先之灵的所在，是血脉亲族的聚集地，也是自己灵魂的归属。今天的人其实已很难体会这首诗中祖先、亲族的内涵。今天既是信仰和归属组织的空白期，也是新的归属感的形成期，会有新的信仰和共同体组织兴起。

从子张的这段话来看，子张时代对士的德性要求是清晰完整的。相比之下，今天我们对自己德性的要求是混乱、不清晰的。新时代之士，应有什么样的德性要求？我们还需要继续去思考和定义。

第九十二课

学而优则仕

子夏曰："仕而优则学，学而优则仕。"

《论语·子张·十三》

子夏说："做官优秀则学习，学习优秀则做官。"

"仕"，指入仕为官。子夏把学习和做官当成相互联系的一件事。通常把"仕而优则学"称为"做官读书论"，把"学而优则仕"称为"读书做官论"。"做官读书论"似乎并不流行，"读书做官论"很流行。但是，把这句话仅理解为"做官优秀就要读书，读书优秀就要做官"似乎还不够，我们进一步分析一下。

子夏是孔子晚年的弟子，名卜商，字子夏。孔子公元前479年去世时，子夏二十九岁。子夏是晋国人，晋国是春秋时期法家思想的起源地。晋国赵简子（约公元前517年—前477年任晋国执政国卿）开始推行军功爵制，明确按军功授予土地和爵位，而且实施了全民战争总动员，鼓励奴隶、商人等社会阶层参战，以战争和利益为导向来治理国家，开启了春秋战国的法家思想。后来很多重要的法家人物多出于晋国势力范围内的国家，如赵国、魏国、韩国、卫国等。

子夏虽是孔子学生，但受法家思想影响，思想与孔子并不完全一致。孔子去世后，子夏自成一派，他的学生中法家人物居多，比如魏国的魏文侯。魏文侯公元前446年即位后，请子夏到魏国西河讲学。魏文侯注重用法制治理国家，讲求实际功利，并在魏国推动变法，魏国是春秋时期最早推进变法的国家之一。荀子是赵人，他用儒家术语来表达法家思想，可能也是出自子夏一脉。

《子张》篇主要记载孔子学生的言论，有的陈述孔子的观点，有的表达学生自己的观点。子夏“仕而优则学，学而优则仕”是转述孔子的话还是自己的话，我们不得而知。但显然，这句话符合孔子的思想，也符合孔子一生的行为。

“仕而优则学，学而优则仕”，讲的是学习和做官的关系。要准确理解本义，我们首先得了解这里讲的“学”是什么内涵。孔子学生跟着孔子学习，“学”的是什么？孔子以诗、书、礼、乐教学生，诗是《诗经》，包含诗与歌，有诗有曲；书是《尚书》等历史著作；礼是整套国家礼制规定，从如何祭祀上帝到如何孝敬父母的礼制规定；乐就是与《诗经》相配的音乐舞蹈等。这些知识与当官关系密切。

周王朝是以礼治国的王朝，诗、书、礼、乐属于礼制的内容，贵族子弟们从小就要学习。不懂诗、书、礼、乐就等于不懂国家的文化和制度，就无法入仕为官。为官者如果诗、书、礼、乐学得不好，在官场中就很难发展。所以，学与仕在孔子时代确实是同一件事。

但是，如果仅仅把“仕而优则学，学而优则仕”理解为“做官优秀则读书，读书优秀则做官”就肤浅了，容易偏离本义。孔子教诗、书、礼、乐的目的，并非只是教授相关的知识，而是要培育学生的品德，提升学生的德性。

孔子认为，政治权力非常重要，影响到社会的安危和民众的命运，因此应当由有德性的人来掌握。不道德的人掌握政治权力，是国家和天下人的灾难。政治权力一定要有道德性，好的政治应该是道德的政治。

孔子倡导“为政以德”，认为必须以德来统领、运行政治权力。这样，培养人的德性就成为良好政治的前提。儒家之所以高度重视教化，就是基于这样的思考。有好人才会有好政治，有好政治才会有好社会。人的德性，可以通过教育和学习来提升；良好的政治，也可以通过教育和学习来实现。

这种思想并非孔子独创，而是周王朝的主流政治哲学。周文王、周公这些周王朝的开创者认为，国家命运由上天决定，而上天有好生之德，上天辅助有德之人。要想国家长治久安，前提是当政者要有德，要修德以配天，也就是使自己的德性配得上上天的要求。

这种思想也并非中国独创。古希腊思想家苏格拉底、柏拉图、亚里士多德等，都高度强调德性与政治的关系，都认为好的政治建立在执政者良好德性的基础上。

这方面《圣经》有所不同。《圣经》认为人都是有缺陷的，没有一个人是义人，邪恶会伴随人一生，人不可能通过自己学习而修成圣人，只能通过信仰上帝和遵循律法来控制人性之恶。因为没有一个人是义人，对一切当权者都必须监督和约束。

理解了周王朝敬天爱人及修德以配天的思想，理解了孔子的“以德治国”，孔子教育的本质是提升德性，我们对“仕而优则学，学而优则仕”中的“学”，就会有更准确的理解，指的就是通过学习提升德性，本质上就是修德。

“仕而优则学，学而优则仕”应当理解为：当官要当得好，得不断通过学习而提高德性；好好学习，德性优秀则可以入仕为官。为官者，应成为德性代表；德性优者，应当为官。朝廷应当成为有德者的聚集地，官场应成为道德之源。理解这一点，就理解了孔子教育和政治思想的核心。以后历朝历代，这种官与德一体的宣传，成为中国政治文化的一个明显特征。

那么，该如何看待本章的问题呢？以下是三点思考。

第一点：人性不完美。努力敬天修德，可以使自己的德性不断提升，但人永远不可能成为完美之人。这是一个永无尽头、需要不断努力的方向。

第二点：因为人性不完美，所以任何当政者都不是完美的，都有缺陷，也因此有不可信的一面。德性的健康和权力的良好运用关系密切，权力必须走向道德，但权力永远不等于道德。所以一切掌握权力的人，无论是自己还是他人，都必须处于被社会公众监督的状态。

第三点：学而优不一定仕。学业优秀，德性优秀，应去做更有创造性、建设性的事业。孔子那个时代，政治是最重要的事务，今天这个时代，最重要的事务是创业发展，创造就业和税收，带来知识、科技、经济和文化的进步。政治权力仍然重要，但政治权力并不发现科学知识，也不创造财富和带来文化的进步，政治权力的核心职能只能是维持社会治安。在今天应当是“创业优则学习，学习优则创业”。

第九十三课

上失其道，民散久矣

孟氏使阳肤为士师，问于曾子。曾子曰：“上失其道，民散久矣。如得其情，则哀矜而勿喜。”

《论语·子张·十九》

孟氏使阳肤担任审讯官，阳肤向曾子请教。孟氏，指鲁国孟孙氏的宗主孟敬子。

前面我们介绍过鲁国“三桓”，也就是鲁国的三大家族。周公的长子伯禽是鲁国的开国君主。鲁国第十五位国君是鲁桓公（约公元前731年—前694年）。鲁桓公有四个儿子，一个儿子为鲁庄公，这是鲁国公族来源。所谓公族，是因为鲁国国君的爵位为公，鲁庄公后代就成为国君候选人家族，称公族。另外三个儿子为卿大夫，分别是孟孙氏（孟氏）、叔孙氏、季孙氏（季氏），这三大家族被称为“三桓”。孔子时代，鲁国公族衰落，以季氏为代表的“三桓”家族主导了鲁国政权。

春秋时期的政治是家族政治，统治阶层上上下下多为血亲关系，各大贵族家族以宗法制的方式控制着社会。

孔子进入社会，最初是在季氏家打工。后来被季氏安排到当了大司寇这样的高官，分管刑法。孔子担任大司寇时，为强化公族权威，实施“隳三都”计划，捣毁“三桓”不符合礼制规定的城墙。这个计划因“三桓”中孟氏的反对而失败，孔子只好离开鲁国，周游列国。

孔子这样平民出身的知识分子，要想从政，只能是给有势力的贵族家族打工。“三桓”中的季氏，一直是孔子的老板家族。孔子办学，有教无类，不分平民贵族子弟都教，鼓励大家通过学习和修德上进，相对于当时由贵族垄断社会阶层上升通道，是很大的历史突破。

“孟氏使阳肤为士师”，意思是，孟氏安排阳肤当鲁国的刑官。阳肤是曾子学生。孔子去世后，曾子开宗立派，有了自己的学生。

“士师”，春秋时期又称刑官，是负责处理刑事案件的官员，由负责司法刑狱的司寇管理。一般把“士师”译为法官，也不错，但不太准确。今天的法官行使的是裁判职能，“士师”的职能更丰富些，要负责审讯、公诉和判决，类似现在的公安、检察官和法官职能的合一。把“士师”称为刑官，也即负责刑事案件的官，更准确一些。孟氏与曾子关系好，曾子的学生阳肤被孟氏安排为刑官，阳肤就向曾子请教为刑官之道。

曾子（公元前505年—前435年）是孔子最有成就的学生。曾子与孔子不同，孔子想当官，但曾子对当官没有兴趣。鲁国、楚国、晋国都曾先后请曾子做官，被曾子婉言拒绝。孔子学生中，曾子最与众不同的是他得到了儒家后人、法家韩非子和道家庄子的一致赞扬。

曾子曰："上失其道，民散久矣。"意思是，王公贵族治国无道，民心已散乱很久了。对曾子来说，能够凝聚上下、使人心向善的力量，是道的力量和法则。以道治国，则上下团结，天下安宁；治国无道，则上下分离，天下动荡。

最普遍的犯罪是偷盗抢劫，这多是穷人冲着王公贵族去的，因为财富聚敛在王公贵族家中。民众犯罪不止，天下骚乱，根源在统治者无道，不在于民众邪恶。

"如得其情，则哀矜而勿喜"，如果审讯出真实情况，犯罪事实确凿，要哀怜、怜悯罪犯，不要沾沾自喜，以为自己会审讯，善于发现犯罪事实。"哀"，就是悲哀、哀伤。"矜"，指怜悯、怜惜。

刑官的工作是要查清犯罪事实，但曾子告诫阳肤，不要因为发现了犯罪事实就高兴，而要感到悲哀。为什么？因为看到了人性的腐败与堕落，而这腐败与堕落的根本原因又是上层统治者治国无道。犯罪分子可能也是受害人，被无道的执政者所伤害，因此要以哀伤怜悯之心去对待他们。

曾子心地仁厚，有博爱之心。从曾子"上失其道，民散久矣"的判断，我们也能理解曾子为什么不屑于入朝为官了。他不愿在无道的朝廷为官，而把自己对世界的希望放到儒家思想的整理和教学中，最终成为孔子之后儒门最重要的思想家。

正常情况下，多数人是不会主动犯罪的，不会采取偷盗、抢劫、欺骗的方式去获取利益。如果社会犯罪率上升，天下混乱，那么根源在于统治者治国无道，即“上失其道”。怎样才是治国有道呢？朝廷运行成本低，但维护着公正的安全秩序，民众自立、自为、自尊。

第九十四课

文武之道，未坠于地，在人

卫公孙朝问于子贡曰："仲尼焉学？"子贡曰："文武之道，未坠于地，在人。贤者识其大者，不贤者识其小者，莫不有文武之道焉。夫子焉不学？而亦何常师之有？"

《论语·子张·二十二》

卫国的公孙朝问子贡："孔仲尼的学问是从哪儿来的？"子贡说："周文王、周武王之道，并没有失传，关键在人。贤明者懂得大道理，不贤明的懂得小道理，文武之道并非不存在了。夫子怎么会不学？为什么一定要有固定的老师呢？"

孔子名丘，字仲尼。公孙朝称"仲尼"，这是以平辈称孔子。公孙朝问子贡"仲尼焉学"，问的是孔夫子的师承问题。

子贡的回答，意思是孔子学无常师，但其中涉及重要的德性与制度的关系问题。中国古代很讲师承门户，即便现在也仍然讲学有师承，尤其是著名老师的学生，会以师承为骄傲。孔子学问大，公孙朝问孔子的师承门户，这很正常。如果孔子青年时期师从名师，正常情况下子贡简单回应就行了。

子贡要么是不了解孔子的教育师承问题，或者他认为这个问题不适合讲，总之子贡并没有直接回答公孙朝的问题，而是开启了另一个话题。子贡的回答，对中国人如何看待制度与人的德性的关系、思想上重德性不重制度产生了深远影响。

“文武之道，未坠于地，在人。”“文武之道”指周文王和周武王之道，就是西周开创的封建制度以及与之相关的意识形态。什么是封建制度？简单来说，封建就是封地建国。天子把土地分给功臣和子弟，让他们自己去建立独立的诸侯国，这些诸侯国对周天子负有保护和上贡的义务，天子拥有调解诸侯国关系的权力。

从西周到东周，周朝封建制度延续近八百年。秦朝统一中国以后，秦始皇采用君主中央集权制，废除了封建制。皇上直接派官员管理各地，不再分封功臣子弟去建立独立的诸侯国。孔子所处的春秋时期，是周朝封建制度开始动摇的时期。

“未坠于地”，还没有崩溃倒在地上。子贡所在的时代是可以这样说的。当时虽然周王室衰落，但各诸侯国内部仍然实行封建制度。所谓礼崩乐坏，指有实力的诸侯国君或卿大夫们僭越礼制。

“在人”，意为在人的身上。文武之道是否复兴，就看是否有得天命之人。虽然有礼崩乐坏的情况，但封建制度并未完全崩溃。能否维持这个制度和文化，就看是否有人得到上天选择，明白这个制度的伟大之处并努力去巩固它。子贡认为，孔子就是被上天选中去弘扬文武之道的人。

“贤者识其大者，不贤者识其小者，莫不有文武之道焉。”

对文武之道，贤明者懂得其中的大道理，不贤明者知道一些小道理，一些礼制形式，但并非文武之道在天地间不存在了。子贡所处的时代，周朝礼乐制度仍然很盛行，但正如孔子批评过的，各诸侯都忙于礼乐的形式，有许多僭越礼制规格之事而忘了礼乐的精神。

例如季氏用八佾这种天子规格的礼乐，就说明他不明白礼乐的目标之一是培育“忠”的德性。大家忙于讲文武之道的礼仪形式，但不懂礼乐背后的精神指向，这就是子贡说的“不贤者识其小者”。

“莫不有文武之道焉”，意为没有文武之道不存在的地方。文武之道一直运行在天地万物之中，表现在人性深处，书写在典籍之中，无处不在。

而文武之道处于动摇之中，是因为缺少能克己复礼之人，没有明君贤相能深深理解并努力去实现和维护它。孔子认为这是时代的动乱，是德性的退化，不是文武之道本身的问题。

回顾历史，我们会看到，相比秦朝建立的秦制，在周朝的封建制度下，社会更多元，个人更自由自主，更有竞争活力，民众遵礼守信、个性强悍，战争数量虽多，但规模很小，杀戮的人口不多，同时对外很强大。中国人的精神和德性，在周朝封建制度下是最好的。遗憾的是，周朝封建制度最终没有维持住，被秦朝的君主集权制所替代。

子贡认为文武之道总是存在的，这其实是孔子的观点。《中庸》记孔子之言：“文武之政，布在方策。其人存，则其政举；其人亡，则其政息。”意思是，周文王和周武王的治国之道就在典籍之中。有周文王、周武王、周公这样的人存在，文武之政就会被高举；这样的人消亡了，文武之政就停息了。

制度与德性是社会制度运行的两个方面。领导人德性差，再好的制度也难运行好，这是孔子对他那个时代的感悟。孔子认同周朝封建制度及其文化，但认为他那个时代的当政者们缺乏德性，不明白周朝封建制度的伟大精神，也不能恢复文武之道的力量。

子贡这段话以及《中庸》中孔子的话，对中国人关于制度与德性的关系的看法产生了极深的影响。中国人通常认为，好的道理总是存在的，好的制度总是存在的，但道理是死的，制度是死的，人是活的。重要的不是讲什么道理和什么制度，而是要看谁在讲。这个人对了，道理和制度就运行；这个人不对，道理和制度就运行不了。

重在人的德性好坏，不在制度好坏，这种看法的根源正在文武之道。周公特别强调修德以配天，修德以治国，表现出以德为主的特征。孔子遵从周公之道，在德礼之间，孔子以德为主，推崇“以德治国”。这种思维会造成对制度的轻视和对德性的重视，容易演化为人治而非法治。

任何制度都是关于权利关系的界定。文武之道是如何设定不同社会阶层的权利关系的呢？又靠什么力量来保障制度的实施？《论语》中并没有从权利配置的角度去定义文武之道。也许我们可以参考一下英国《大宪章》的历史。

1215年，在教会的调停及组织下，英国贵族们以武力逼迫英王约翰签订了《大宪章》，规定了英国封建制度下国王与贵族的权利分配。这样，英国的封建制度就有了一个国王与贵族之间的社会契约，权利分配就有了一个制度基础。

我们再参考一下美国经验。我们似乎不能说，有一个好总统，《独立宣言》和美国宪法就得以高举，没有这样的好总统，《独立宣言》和美国宪法就停息。《独立宣言》和美国宪法是全民信仰的产物，是美国新教精神的结果，同时又是民众代表们签约、投票生效的，是民众共同利益的保障。这既有宗教信仰的力量支持，又有社会契约的保障，被社会公众共同保护。同时，美国民众有持枪权。宪法作为国民的共同约定，不是一两个领袖可以破坏的。盟约、信仰与武力制衡，这是制度得以保障的基础。

春秋时期，各诸侯国也常订立盟约，一旦违约，就通过战争解决。我们以此去思考文武之道，保障它的实行，就会有一个盟约和武力制衡的问题。

在这种背景下，我们重新思考孔夫子和子贡的思想。假想一下，如果子贡说："文武之道，未坠于地，在人民武力自卫。"好的治国之道，由民众来维护，将文武之道的基础放在民众的自卫上，这就有意思了。如果孔子说："文武之政，布在方策。其民众存，则其政举；其民众亡，则其政息。"如果像这样，将文武之道坚守的希望放在民众身上，这就会是一场思想革命，中国思想史就得重写。

我这种假想的表达，并不是苛求古人，只是为了表达一个常识。要想治理好国家，不能依靠偶然出现的明君贤相的德性，要靠民众热爱国家和争取权利的自觉。

“夫子焉不学？而亦何常师之有？”夫子怎么会不学呢？但怎么会有固定的老师呢？子贡说孔子学无常师，回答了公孙朝关于孔子师承的问话。孔子早年师承不明。我们知道，孔子向许多人求教过，例如问礼于老子，但这是孔子学业成名以后的事。

孔子的早期教育经历仍然是秘密。我在前文中分析过这个问题。孔子是孤儿，从小随母亲生活，父亲的家族并不承认孔子母子为家人。孔子身材高大，受过很好的音乐教育，而且从小就有条件摆弄礼器玩，说明他生活在一个有食物、懂音乐且能接触礼器的家庭。但同时，这个家庭的社会地位低贱。

孔子母亲的家庭背景，最有可能就是乐师家庭，为贵族家庭服务，组织各种贵族礼乐。乐师懂音乐礼制，有文化，有生活保证，但地位很低。大贵族家族养有乐师，贵族主人可以把乐师当礼品送人，乐师相当于有音乐和礼仪素养的奴隶。这大概就是孔子受过良好教育却师承不明的原因。

在政治制度和政治德性的关系上，孔子和子贡看重的是人的政治德性，尤其是当政者的德性。这不错，但问题是，当政者无德性的时候怎么办？这是孔子、子贡从来没有想透的问题。

从后来英国《大宪章》和美国宪法的经验看，好的政治制度确实依赖好的政治德性，但是，好的政治制度的落实，建立在民众共同信仰、社会盟约及盟约各方能武力自卫的基础上。

尧曰篇

第九十五课

四海困穷，天禄永终

尧曰："咨！尔舜！天之历数在尔躬，允执其中。四海困穷，天禄永终。"舜亦以命禹。

《论语·尧曰·一》

《论语》记载的主要内容是孔子和学生的言行。不过《尧曰》篇的第一章，却是摘抄自古本《尚书》的经文。为什么要把《尚书》的经文抄写在《论语》最后一章呢？这是想要说明孔子的道统来源。孔子"述而不作"，他在思想上是一个继承者。

《尧曰》篇第一章，讲孔子之道是对尧舜禹之道的继承，也是对商汤、周文王和周公之道的继承。《论语》之道源于尧舜禹、商朝和周朝的开国圣人们，这是对孔子道统的叙述。这为后人总结儒家的道统开了一个头。同时，本章也借用古本《尚书》的经文，来对整部《论语》的核心思想进行总结。

我们通常的印象中，中国历史是从黄帝开始的。黄帝、炎帝、蚩尤是中华民族的祖先。这个印象来自司马迁的《史记》，是司马迁的历史建构。司马迁之前，没有黄帝是中国人祖先的任何官方正史记载。

中国最早的史书是《尚书》。《尚书》是朝廷文献档案汇编，记载了尧、舜、禹及夏朝、商朝、周朝君臣对话及朝廷文诰等，时间跨度大约1500年。《尚书》没有提到黄帝，《尚书》关于中国古代政治的记载是从尧、舜、禹开始的。尧、舜、禹属于中国夏朝前传说时代的君主，活动时间在公元前2100年前后。那个时候，中国还属于部落联盟的酋邦时代，还没有建立君主世袭制的国家制度。部落联盟体的君主由各部族联合推选，王位的替换不采取王位传儿子的王位世袭制，而是由老君王、众祭司、众部族代表来共同培养和推选新君王，这是古代原始的部族联盟选举政治，学术上称禅让制。

国家最高政治权力的替换从来是个大问题。中华文明史上，中国人创造了三种主要替换方式，第一种是禅让制，这是在尧舜禹的时代，国王由老君主和部族代表来选举。第二种是世袭制，这是从大禹和儿子启开始的，王位成为家族私产，通过血缘继承。这个制度从夏朝延续到清朝。第三种就是造反制，通过暴力反叛夺取政权。禅让制结束后，中国经过夏朝的世袭制，然后就是造反制和世袭制的结合。古希腊、罗马则创造了民主制，由大家和平投票来选择新的领导人。粗略比较一下，中国古代的禅让制是一个选举制，在精神上与古希腊、罗马的选举制有近似的地方。

“咨！尔舜！天之历数在尔躬。”“咨”是语气词，表达赞叹的口气，相当于后来用的“啧啧”。“尔”，你。“尔舜”，意思是：舜，你这个人啊！你这个舜呀！“天之历数在尔躬”，上天的“历数”在你身上。“历数”是什么意思？杨伯峻先生解释为：“上天的大命已经落到你身上了。”“大命”又是什么？把“历数”解释为“大命”，等于没有解释。“历数”的“历”，原义就是“经过”，如现代汉语的“经历”。“历数”，就是经过的数、数据。什么东西经过的数据呢？就是日月星辰经过的数据。

《尚书》开篇记载，尧命令羲和恭敬上天，观察记载日月星辰的运行规律，制订历法，把时间节令诏告天下。原文用的是“历象日月星辰”。日月星辰在天空中运行的轨迹，就是天象。历象日月星辰，就是记录下日月星辰天象运行的数的规律。

“历数”，就是星象之数、天象之数。星象运行之数的规律，古代称为“天文历数”。如何理解“历数”？天象之数的规律。例如一天24小时，白天夜晚交替，这是“日”的概念，原因是地球24小时自转一周。月亮绕地球公转一周为一个月，人们形成“月”的概念。地球绕太阳公转一周，约为365天，形成了“年”的概念。

万物皆数。不仅年月日有规律，天空星象的运行都有数的规律可循。宇宙万物遵循数学的规律在运行。孔子时代，人们不仅认为天象有历数，日月星辰和四季按历数运行，而且认为历史也有历数。无论是天文还是人事，都被上天的历数所控制。上天控制日月星辰运行的历数，称之为“历法”。上天控制人类历史变化、王权兴衰的历数，称之为“天命”。王权更替的历数，有一个词叫

“传序历数”。总之，上天的法则运行宇宙万物，上天的命令支配王权的兴替。自然万物的法则，人类社会的命运，都在上天的主宰之下。

理解了历数的概念，我们就知道“天之历数在尔躬”的“历数”指的是王位更替的历数，指天命选择。“天之历数在尔躬”，意思就是天命降临在你身上，你要承担起上天赋予的治理天下万民的使命了。

这段话是尧传位于舜之前讲的，尧告诉舜，也告诉各部族代表，舜是尧的继位人，尧传位于舜。舜与尧没有血缘关系。尧是贵族出身，舜是平民出身。但舜有德性和才华，名声出众，所以被尧和众人选为王位继承人。

“允执其中。”《说文解字》中说：“允，信也。”“执”就是坚守。“允执”指信仰并坚守。“中”，指不偏离天命，中于天命。“中”是中国古代重要的宗教、哲学概念。《道德经》第五章强调要“守于中”，《论语》和《中庸》中，孔子反复强调“中庸之道”，皆源于对上天之道及天命的信仰与坚守。“允执其中”，指要信仰、坚守上天之道，尊奉天命。

尧曰：“咨！尔舜！天之历数在尔躬，允执其中。”整体的意思是，尧说：“啧啧，舜，你这个人呀！上天之命降临于你，你要信仰和坚守上天的准则啊！”尧要舜信仰和坚守“中”的思想行为准则。那么“中”的准则是什么呢？尧下面进行了解释。

“四海困穷，天禄永终。”“四海”指四海之内。孔子时代，认为中国四面是海，所以习惯用“四海”来指称中国。例如《论语》中有“四海之内皆兄弟”的提法。

“四海困穷”就是四海之内的人民困乏贫穷。“天禄永终”的“禄”，指俸禄，薪酬。“天禄”，指上天赐予的俸禄、薪酬。“天禄”的概念说明君权天授，君王只是上天的代理人，替上天治理天下，领取上天赐予的俸禄薪酬。上天派给代理君王的任务很明确，就是让天下人能搞好生产，养育好生命。如果四海困穷，天下人贫困交加，君王这个代理人就失职、不配再拥有君权了，上天将剥夺他君位所享有的俸禄福利，他将遭受天罚，王权转移。

孟子引《周书》中的话：“天降下民，作之君，作之师，惟曰其助上帝宠之。”意思是：“上天降下民众，君主当民众之君，当民众之师，只能说是帮助上帝关爱民众。”君王只是上帝拣选的代理人，任务就是替上帝关爱民众。如果不仅不关爱民众，反而压迫伤害民众，造成四海困穷，百姓流离失所，这样的君主就会被上帝废除。孟子还认为，倘若暴君违反天命伤害民众，民众有权诛杀暴君。

有“四海困穷，天禄永终”这样的判断，前面“允执其中”的内涵就很清楚。“中”的准则，即中于天命，就是要使四海百姓不困穷。

天生万物，天命好生。上天有好生之德，君王有好生之使命。治理天下，就要使四海之内经济发展、百姓生活富裕、社会公正、天下太平，这就是“允执其中”的内涵。中于天命，就是关爱百姓，使生产繁荣，人民富裕安宁。

“舜亦以命禹。”指舜传位于禹的时候，也以这样的话命令大禹。舜为君王的时候，天下洪水滔天，大禹治水有功，被选为舜的接班人。舜传位给大禹的时候，说了同样的话：“天之历数在尔躬，允执其中。四海困穷，天禄永终。”

尧、舜、禹三代君主的权力替换，采取的是禅让制，这就是《礼记》中所说的“选贤举能”，由民众来选举德才兼备者为君主。选贤举能，这是孔子、孟子时代儒家的梦想。

“四海困穷，天禄永终。”这句话讲得真好！天命富裕，让民众富裕起来，这是治理天下的第一要务。经济第一，养育生命第一，孔子继承了这样的思想。

《论语·子路》记载，孔子到卫国去，感叹卫国人真多。冉求问他说：“既然人多，还应做点什么呢？”孔子说：“让民众富裕。”冉求问：“如果富裕了，再做点什么呢？”孔子说：“搞好教育。”孔子心中的理想社会就是经济繁荣、教育良好的社会。

孔子时代及孔子之前的中国贤者们想问题很朴实，让民众富裕，就是中于天命。经济问题不仅仅是利益问题，更是尊奉天命的问题。

第九十六课

帝臣不蔽，简在帝心

曰：“予小子履，敢用玄牡，敢昭告于皇皇后帝：有罪不敢赦。帝臣不蔽，简在帝心。朕躬有罪，无以万方；万方有罪，罪在朕躬。”

《论语·尧曰·一》

这一讲关于商朝开国者商汤的治国之道，是商汤祭祀上帝的祷告词。

“予小子履。”“予”指我。“小子”，原义是小男孩，小儿子。“小子”，今天仍在用，带点贬义了。在商、周朝，君王会自称“小子”，这是一种谦辞。上帝创生万物，君王祭祀上帝时，只敢自称“小子”。“履”是商汤的名。商汤是商人第十四代君主，他推翻夏王朝，缔造了商王朝，是商朝开国君主。

“敢用玄牡”，冒昧地用黑公牛献祭。“敢”，冒昧的意思。“玄”，黑色。“牡”，指雄性的兽或鸟，雌性则用“牝”。

从商朝甲骨文记载看，商朝时候的祭祀主要用牛羊马，多数情况下用牛。这里商汤向上帝献祭用的是黑牛。用黑牛献祭，就是在祭坛上架上柴火，把黑牛进行燔烧，献给上帝。这个传统一直延续到清朝。历朝历代，君王都要向上帝献祭牛。明清修建的北京天坛，在圆丘祭坛和祈年殿的东南角建有燔祭炉，君主要烧整牛向皇天上帝献祭。

“敢昭告于皇皇后帝”，意为，我冒昧地向光明威严的上帝祈求。“昭”，明亮，引申为光洁明净。“告”就是祈求、请求。“皇”，光明威严。“皇”字的金文，上面是太阳在放光，下为斧钺，指光明之罚。《逸周书》记载周武王对商遗民的讲话：“予来致上帝之威命明罚。”意思是，我来是实施上帝威严之命，实行光明之罚。“皇”字原意就是“明罚”，即上天之罚，光明之罚。

“后”，上古称君主为“后”。用“后”来称君主，估计与远古母系社会有关。后来“后”逐渐用于指最高地位的女性，如“皇后”。“帝”，指上帝，最高神。“后帝”，指君主上帝。上帝是君主，所以称“后帝”。上帝是光明的、主宰的、惩罚邪恶的，所以称“皇皇”。“敢昭告于皇皇后帝”，意思是，我冒昧地以明净之心向光明威严的君主上帝祈求。

商汤燔烧黑牛，向上帝献祭和祈求什么呢？

“有罪不敢赦”，意思是：对犯下罪恶的人，我不敢赦免。身为君主，要维持秩序，对犯下罪恶的人不能赦免，哪怕那个犯罪的人与自己是亲属或朋友关系，也不能徇私枉法。这指的不仅仅是不能放过犯罪分子，也指不能赦免自己犯下的罪恶。

《尚书·商书·汤诰》记载，商汤提到夏人有罪，对夏桀“不敢赦”，即不敢赦免夏桀这样的罪人，也提到如果自己犯下罪恶，也不敢自我赦免，即“罪当朕躬，弗敢自赦”。因此，“有罪不敢赦”，指的是对他人和自我犯罪，都不敢赦免。

再看“帝臣不蔽，简在帝心”。“帝臣”指上帝的臣子，这是商汤自称。君主自称上帝之臣，这是中国历史的传统。《清会典》记载清朝康熙、乾隆等赴天坛献祭，君主祈祷词都以“臣”开始。君主在上帝面前，以臣自称。“帝臣不蔽”，上帝的臣子不敢对上帝隐瞒任何事情。无论是谁犯了罪，作为上帝的臣子，受命于上帝治理天下，我不敢对上帝隐瞒任何事情。

“简在帝心”，书写用的竹片称“简”，木片称“札”或“牍”，但也把竹片或木片之书统称为“简”，把“简”编缀在一起叫“策”，就成了书。《诗经·小雅·出车》中有“畏此简书”的说法。为什么要害怕“简书”？“简书”就是书写下来的规定。按照书写下来的明文规定进行检查，所以“简”又有按规定进行检查的意思。

“简在帝心”，指我们每个人的一言一行都如同书策一样写在上帝的心里。上帝明白一切，并会按照我们的言行对我们进行审判。商汤说“简在帝心”，指一切在上帝心里，一切由上帝审判，我不敢对上帝隐瞒任何恶事。

“予小子履，敢用玄牡，敢昭告于皇皇后帝：有罪不敢赦。帝臣不蔽，简在帝心。”整体的意思是：我小子履，冒昧献上黑牛，以明净之心冒昧向光明威严的君主上帝祷告祈求：对有罪者我不敢赦免。身为上帝之臣，我对上帝不敢隐瞒任何事，一切记在上帝心中，一切由上帝审判。

“朕躬有罪，无以万方；万方有罪，罪在朕躬。”意思是：如果我个人有罪，不要怪罪四面八方的百姓；如果四面八方的百姓有罪，请由我承担这个罪行。这句话就是商汤向上帝献祭和祈祷的具体内容，他祈求上帝不要怪罪四方百姓，而是由自己来承担罪过。上帝要惩罚，就惩罚我商汤一个人。

商汤祈祷求雨的故事是这样的：商汤灭除夏王权建立商王朝后，遇上了五年大旱灾，于是商汤亲自向上帝求雨。《墨子》《国语》《吕氏春秋》等史籍皆记载了商汤祈雨的事件。《吕氏春秋》记载，汤征服夏朝而治理天下，天下大旱，五年收成不好。商汤亲自到桑林祭告上帝，祷告说：“如果我一人有罪，请不要罪及四方万民。如果四方万民有罪，责任由我一人承担。请不要因为我一人之愚蠢，使上帝伤害万民之性命。”于是商汤剪了头发，磨掉指甲，以自己为牺牲，为万民向上帝祈福，大雨就降下来了，百姓很高兴。

上一讲尧舜禹之道指的是中于天命，使四海百姓不穷困。这里讲的商汤之道是指敬畏上帝，为万民的罪恶承担起责任。

《尧曰》篇引《尚书》经文，强调孔子之道是从尧舜禹和商汤之道而来，那就是中于天命，中于天道，使四海百姓不穷困，以及敬畏上帝，不敢赦免罪恶，牺牲奉献，为万民之罪承担责任。

第九十七课

虽有周亲，不如仁人

周有大赉，善人是富。“虽有周亲，不如仁人。百姓有过，在予一人。”

《论语·尧曰·一》

前面我们讲到，孔子的道统来源于尧舜禹和商汤之道，孔子之道的另一个来源是周文王、周武王和周公之道。

“周有大赉”，“赉”，意思是赐予。《尚书·汤誓》记载商汤的话：如果你们协助我，实现上天之罚，“予其大赉汝”，我将大大赐予你们。“赉”字的象形，上面是收麦子，下面是钱的形态。“赉”指赐粮食和钱。

“周有大赉”指的是周初的大赐予、大分封。这种赐予表现在两个方面，一是把原来商王室聚敛的粮食和财富分给百姓。《尚书·周书·武成》中提到了这一点：“散鹿台之财，发钜桥之粟，大赉于四海，而万姓悦服。”散掉鹿台的财物，发掉钜桥的粮食，大大赏赐四海之人，民众心悦诚服。要收拢人心，须给予财物，这是“周有大赉”的一个内容。

再一个是指周初的大分封，周武王将土地赐予功臣和子弟去建国。周武王去世后，周公的三位兄弟和商纣王儿子武庚叛乱，史称“三监之乱”。周公平定“三监之乱”后，再次大规模分封功臣子弟。

“善人是富”，指周初的大赐予使善人成为富人。周初赐予百姓粮食和财物，赐予功臣子弟以土地，都是使“善人”变富裕了。

“周有大赉，善人是富”，意思是周朝的赏赐使善人变富。不要小看这句话，这涉及国家激励机制的导向问题。人都想富有，这是普遍人性，但用什么样的方法富有，就属于社会规范的问题。一个社会鼓励什么禁止什么，这是大问题。周朝的制度和激励机制是使善人富起来，把行善当成富有之路，激励人行善，这看来很普通，但不容易做到。

对比《商君书》我们就能更深地理解这一点。商鞅在《商君书》中认定，人追求的就是权力和财富。商鞅变法，鼓励杀戮与告密。去战场上拿人头，向官府告密，就会获得土地、财富和荣誉的奖励。这不是“善人是富”，而是“恶人是富”了。如果一个社会的运行机制导致“善人是穷，恶人是富”，人人向恶，那它就是个溃烂的社会，终要崩塌。

“虽有周亲，不如仁人。”《国语·鲁语下》中说：“忠信为周。”周亲，指忠心的、可信的亲族。“不如仁人”，指不如有仁德的人。这句话的意思是亲族不如仁人，即有血亲的家人不如有德性的盟友。

周代社会是家族社会，社会信任建立在家族血脉的基础上，血亲信任是基本信任。周武王这句话说明他建立的信任共同体是超越血缘关系、以德性和仁德为基础的。

在当时这其实是个非常现实的问题。周武王造反灭商，并不只是依靠同血缘关系的周人的力量，还有许多非周人的诸侯盟友。例如最大的功臣姜太公就是东夷人。周武王灭商的牧野之战，姜太公率敢死队先进攻，商军中的东夷人倒戈是周武王取得胜利的关键。所以周武王的话表达了对非周人盟友的肯定、感恩和信任。

“虽有周亲，不如仁人”这句话被引在《论语》的总结性篇章中，另有深意。孔子一生，都希望用德性来超越血缘。孔子生活在宗法制贵族社会，而在宗法制下，一个人的社会地位是由出身决定的，被血缘关系锁定了。孔子父母的关系不符合当时的礼制规定，孔子父亲家族并不承认孔子母子二人为家族成员，所以孔子青年时期有强烈的身份焦虑，后来他通过刻苦好学，突破了社会血缘等级的限制。孔子的以德治国，一般人只会想到伦理层面，但以德治国也有打破血缘封闭性、扩大社会阶层流动层面的意义。一个人的社会等级要以德性水平为基础，而不是以血缘来判定。

“虽有周亲，不如仁人”讲的是社会共同体不能仅以血缘家族为本，而要以超越血缘家族的仁德价值为本，这就很有深意了。今天的中国也没有从根本上实现这一点，但建立起超越血缘边界的社会信任，是社会文明上升的基本方向。宗教信仰是建立超越血缘的社会信任的重要渠道。

“百姓有过，在予一人”，意为百姓有罪过由我一人承担，讲的是君王要担当起天下之责任。血缘不是社会共同体的基础，仁德的精神才是。如果天下不仁、百姓缺德，这罪过一定应由君主承担，因为君主的一言一行对社会德性具有最大的影响力。

“百姓有过，在予一人”，同样的意思商汤也讲过。上一讲我们说过，商汤向上帝祈求：“朕躬有罪，无以万方；万方有罪，罪在朕躬。”意思是：我有罪，请别怪罪万方百姓；万方百姓有罪，由我来承担罪过。

商汤和周武王都强调身为君主要承担天下责任。即便万民百姓有罪，也请上天放过万民百姓，将惩罚落到自己头上来。

本节短短三句话讲了三个重要的观点：“周有大赉，善人是富”讲的是社会激励机制，要让行善之人富有，社会才能走向善的方向；“虽有周亲，不如仁人”讲的是社会共同体不能建立在血缘关系上，而要建立在超越血缘的德性价值标准上；“百姓有过，在予一人”讲的是责任跟着权力走，当权者要承担起个人责任。

第九十八课

兴灭国，继绝世，举逸民

谨权量，审法度，修废官，四方之政行焉。兴灭国，继绝世，举逸民，天下之民归心焉。

《论语·尧曰·一》

这段话的意思是：严格管好度量衡，审核法度规定，修复被废弃的官职，四方政令就能畅通运行；恢复被灭的国家，延续已断绝的宗族，提拔商遗民中的贤才，天下人民就会归心。这段话是在继续总结周朝之道。

“谨权量”，“谨”指严格；“权”指权衡，指称重量的工具，如秤；“量”指计算容量的量器，如斗。“谨权量”的意思是严格规定各种量器的统一标准，统一度量衡。

“审法度”，“审”指审核，“法度”直译就是制度。“审法度”，就是审核制定好国家制度。杨伯峻先生认为，“法度”在此指的也是与度量衡相关的法度，这不妥。本句简洁，不会连用两句来重复讲同一个意思。“法度”指的应该是国家制度。周朝法度几乎可以指一切方面的制度，如天文历法、礼乐制度、司法、度量衡等，皆可称法度。

“修废官”，重修被废弃的官职。这是针对商纣王废弃一些官职来说的。《史记·周本纪》记载，周武王灭除商纣王，太史尹佚在主持周武王登基仪式的祝词中说，商纣王废弃先王的明德，侮蔑神明不去祭祀，蹂躏商朝百姓，他的恶行彰显，传到了上帝那儿。商纣王不祭祀上帝神明，自然就废弃了商朝的祭祀官职，所以太史在周武王登基仪式上特别提到了商纣王的这一昏庸行为。

“兴灭国”，复兴被灭的国家。周灭除商王权以后，并没有对商贵族赶尽杀绝，而是封了纣王的儿子武庚（禄父）在商朝的旧都殷重建商人的国家，这就是兴灭国。周武王去世后，武庚叛乱，被周公平定，周公仍然没有对商贵族和商人进行灭族，而是重新封了商纣王的哥哥微子建立宋国，继承商人的宗族祭祀，使商遗民仍然拥有自己的国家。

“继绝世”，使宗庙祭祀已断绝的宗族得以延续祭祀。周武王灭商后，找到古代神农、黄帝、尧、舜、大禹的后代，分别封赐了土地，使他们得以建国、延续宗族的祖先祭祀。神农、黄帝、尧、大禹是传说时代的人物，他们的后代是谁？还能找到吗？周武王这样做，我们可以理解为一种政治态度，表明他敬仰贤明的先祖们，说明周朝的政治传统是对神农、黄帝、尧、舜、大禹、商汤的继承。

“举逸民”，“逸民”指亡国后没有再做官的人。周武王当政后，马上释放了被商纣王关在牢里的商王室著名贤人箕子，并向箕子询问治国之道，任用了许多商王朝的旧臣，这就是举逸民。

“天下之民归心焉”，周武王、周公做了这些事后，天下归心，民众心悦诚服。周人灭商后，“兴灭国，继绝世，举逸民”这些举措有政治眼光和政治德性。当时的商人远多于周人，但最后完全臣服于周人，心理上与周人完全融合，与周人对战败者的仁厚有关。

孔子是商人后代，孔子的祖先就是跟随宋微子去建立宋国的商人。孔子在心理上不再有周人商人之分，对周文王、周武王和周公心悦诚服，他完全认同周文化，并为传播周文化奉献了一生。周人不仅在战场上征服了商人，也以德礼之治在心理上征服了商人，最终使商人和周人融合成一个新的民族。

第九十九课

不知命，无以为君子也

孔子曰："不知命，无以为君子也；不知礼，无以立也；不知言，无以知人也。"

《论语·尧曰·三》

"不知命，无以为君子也。"不知命，就不能成为君子。"命"指的是"天命"，《学而》篇中记载孔子的话："五十而知天命。"

"天命"的观念有两层基本意思，一是相信世界是上天创造和主宰的。《颜渊》篇记载子夏的话："死生有命，富贵在天。"这是上天主宰论。二是由上天选择，天命降临于人，人因此有使命。

周王朝是信仰上天的王朝，上天是主宰神，君权天授，国家命运由上天决定。周王朝的国家哲学就是"敬天保民"。

天命如此重要，人如何去理解和得到天命呢？首先是"畏天命"，即敬畏天命，相信天命决定人的命运。其次是"修德以配天”，即修炼好自己的德性以配得上上天的要求，等待天命的选择。上天要求的核心是要有好生之德，爱人。

孔子知道自己的天命吗？知道。孔子说自己“五十而知天命”，还讲了天命具体的内容。《子罕》篇记载，孔子在匡地被人围困，他说了这样一番话：“文王既没，文不在兹乎？天之将丧斯文也，后死者不得与于斯文也；天之未丧斯文也，匡人其如予何？”这段话的意思是：文王去世后，文王开创的文化不就在我这儿吗？如果上天要丢掉这文化，以后的人就得不到这个文化了；如果上天不想丢掉这个文化，匡人能拿我怎么办？上天要保留这个文化，就会保护我这个文化的传承人。

孔子明确把自己定位为周文王开创的治国之道的传人，认为这就是自己的天命，自己也因此会被上天护佑，并不担心在人间被围困。孔子信仰上天，敬畏天命也感恩天命，这是孔子精神的核心。他认为，知道天命的存在，敬畏天命，顺从天命，是成为君子的条件。

“君子”是《论语》中的重要概念，共出现一百多次。可以说，孔子教育的目标就是培养君子人格。

“君子”的概念出现很早。从西周早期金文和《尚书》《逸周书》等材料看，“君”指君主，也指宗族的族长。“子”指儿子，更多指嫡长子。“君子”这个复合词最早指君主、宗族族长、宗子这些社会地位高的人。

《诗经》中出现“君子”次数很多，但“君子”所指比较多样化，君王称君子，贵族、卿大夫、官员、主人也称君子，有时女性也称丈夫为君子，有时则指有德性的人。总的来说，君子指有社会地位、有德性的人。

但在《论语》中，“君子”已脱离了早期与尊贵血缘和社会地位有关的贵族身份内涵，变成了纯粹的人格和德性的标准。“君子”概念从强调贵族身份向突出德性的转变，主要是由孔子完成的。孔子把德性的尊严与贵族血缘和社会阶层脱离开来，给了平民通过学习文化和德性修养寻求尊严的机会，这是孔子的历史贡献。

《论语》中的“君子”有多重内涵。君子要讲忠，忠于主人和国家；要讲孝，孝敬父母；要讲悌，顺从长兄；要讲仁，爱人；要讲义，为道义而奉献，等等。但在《论语》结束时，却以“不知命，无以为君子也”来收尾。不知天命，即无德性。天命是忠孝悌的来源，是仁义礼智信的来源。不知天命，不信天命，德性就失去了本源，这是一个非常重要的总结。

没有信仰，不信这个世界有至高主宰神，不信上天惩恶扬善，人就没有善恶是非的准则，就没有敬畏感。不信天降大任于斯人，人就没有使命感，就失去了德性的基础，做不了君子。本章之前，《论语》已提到过一百多次君子这个概念，但到本章最后才总结说：“不知命，无以为君子也。”没有天命信仰，就失去了成为君子的条件。

“不知礼，无以立也。”意思是，不知道礼，不懂得礼制，不能遵礼而行，就无法在世界上立身。

我们多次分析过“礼”，这是孔子实现自己“以德治国”这个价值理想的制度安排。德是礼的灵魂，礼是德的形式。《颜渊》篇记载，孔子对颜渊说：“非礼勿视，非礼勿听，非礼勿言，非礼勿动。”一切按礼的制度要求和行为规范来做。

“命”与“天”有关，是“天命”，其实，礼也与“天”有关，是天道。我引用过《左传》中季文子的话：“礼以顺天，天之道也。”礼是顺应天道秩序而来的，是天之道。

“不知言，无以知人也。”意思是，不知道言语，就无以知道别人。这涉及对语言文字的重视。《左传》强调“立德立言立功”，而春秋时期“君子”与“立言”有密切关系。

君子传承文明，要知言；君子劝诫君王贵族，要知言；君子教化百姓，要知言；君子弘扬价值、创造文化，要知言。人类过去的经验和思想都记录在文献中，不知言，便不知道历史；人要记录思想传给未来，要知言；人类表情达意需通过语言，不知言，便不懂人。

孔子重言。《子路》篇记载孔子说：“名不正，则言不顺，言不顺，则事不成。”《季氏》篇记载孔子说：“不学诗，无以言。”

本章我们看到孔子最重视的三个内容，第一个是“知命”，知天命、顺天命，这是成为君子的前提；第二个是“知礼”，这是君子立身世界的条件；第三个是“知言”，君子依靠“知言”的能力立足于社会。一定程度上，立德的前提是“知命”，立言的前提是“知言”，而立功的方向就是要维护礼制，维护仁爱和谐的制度环境和社会环境。

以孔子“三知”（知命、知礼、知言）作为《论语》的最后一章，是对孔子思想的一个根本性总结。以此为视角，我们重新再去看整部《论语》，就会有新的认识。孔子的教育最终就落实在这“三知”上：知命、知礼、知言。

第一百课

《论语》是个通道

“天何言哉？四时行焉，百物生焉，天何言哉？”

《论语·阳货·十九》

“天生德于予。”

《论语·述而·二十三》

“志士仁人，无求生以害仁，有杀身以成仁。”

《论语·卫灵公·九》

“非礼勿视，非礼勿听，非礼勿言，非礼勿动。”

《论语·颜渊·一》

最初我研读《论语》里的一个个文字，是把它们当成一件件考古资料来研究和解读的，想尽可能还原它们所处的时代。但是后来，我的看法改变了。《论语》的文字，不是一个个从地下挖出的考古遗物，而是搭建了一座桥梁，要把读者的心灵引向一个世界。《论语》的文字构建了一个通道，要把我们的精神联通进一个世界。那个世界超越现实世界，却主宰着现实世界。进入和联通那个世界，对个体生命和社会命运都很重要。

在我看来，伟大的作品并不是一个储藏丰富的仓库，而是生命的通道。在人类历史上，这种具有通道功能的经典并不多。在诸子百家中，似乎主要是《道德经》和《论语》。《诗经》《尚书》《逸周书》中也有一些篇章或句子，具有这种功能。

在阅读思想作品时，我有一种直觉，能判断它是一座仓库还是一个通道。仓库性作品的不同在于其储备物品的多少和好坏；通道性作品，则是引人进入一个超越性的、更宏大的世界。仓库性作品和通道性作品本质上不同。有人称钱钟书为国学大师，在我看来他更多的是一个旧知识仓库。

《论语》是一个重要通道，至少对中国人来说，它是一个伟大的通道。孔夫子是抵达了精神顶峰的人。他站在群山之巅，看到了什么？下山以后，他想向那些没有登顶的学生传达些什么？

在《论语》的精神通道中，我们已经行进了99讲，现在我们来到一道大门前，上面有四把锁，打开后就能看到孔夫子心灵之眼所看到的风光。这四把锁说起来很普通，就是孔子的宇宙观、人性观、人生观和社会观，我们可以统称为“四观”。

基因学家们习惯说，人不过是基因信息的载体。人生生死死，基因信息通过人体绵延传承。某种程度上，人生也是“四观”信息的载体。人类精神史上真正影响历史的“四观”不多。个体有生死，但“四观”会通过文字、教育、习俗在人类社会中延绵不绝地传承。

孔子的宇宙观

子曰："天何言哉？四时行焉，百物生焉，天何言哉？"这是孔子的宇宙观。

"四时行焉"，指一年四季周而复始运行的自然秩序。请记住"秩序"这两个字。对孔子来说，这个世界是确定的、有秩序的。这句话引导我们去寻找和发现支配宇宙万物运行的客观秩序。

世界是有秩序的。在人类思想史上，秩序观是普世的，没有任何一个文明没有客观秩序观。科学研究的前提，就是这个世界有客观秩序和客观规律可循。我们很难想象宇宙秩序变幻不已，今年是一年四季，明年一年九季，后年一年二十季，那就全乱套了。

"百物生焉"，百物创生，也即万物创生。请注意这个"生"字。这个世界有一个力量催动万物创生，一个生生不息的巨大力量。

"天何言哉？"上天不言，说明上天的力量无形。《诗经·大雅·文王》中有这样的诗句："上天之载、无声无臭。"上天运载万物，无声无味。

"天何言哉？四时行焉，百物生焉，天何言哉？"无言的上天，无形的上天，是"四时行焉，百物生焉"这种创生秩序背后的支配力量。

宇宙万物背后有一个支配创生秩序的力量，《论语》中孔子称之为"天"，《中庸》中孔子称为"上帝"。这个创生万物支配万物的力量，是对生命友善、推动秩序运行和创生万物的力量，是维护存在的爱的力量。

请注意，孔子的宇宙观由两个世界构成。一是我们能看到的现象世界、物质世界，四时行焉，四季运行，百物生焉，万物创生；另一个是无形的、决定有形世界的运行，孔子称之为“天”的世界。

这是一个由上天意志主导的世界。上天创生并主宰宇宙的秩序和万物的创生。西方现代哲学将这种观点称为本质主义，指存在着决定现象世界的更本质的无形世界。读《论语》会有一种温馨淡定的感觉，这是孔子宇宙观的表现。这个宇宙是可信赖、有秩序的，是有益于生命、指向爱的。

“四时行焉”传达的是秩序感。从这个寻求客观秩序的通道，我们就能理解《论语》要传达的一个重点就是“秩序”。《论语》多处涉及秩序问题，如孔子对礼的强调。“百物生焉”传达的是上天创生、上天好生的信息。从“好生”的通道走进去，我们就能理解孔子对德、仁、爱的强调。

有了“生之秩序”在心里，再去看“生”和“秩序”，就容易理解《论语》的根本思想。德、仁、爱都源于“生”，礼源于“秩序”。《论语》是通往宇宙“生之秩序”的精神通道，是将宇宙“生之秩序”在人间落定的方向。孔夫子站在精神的群峰之巅看到这样的图景：生之秩序的强大、恒定与永恒。天人合一，人之道必须符合天之道，人间秩序必须符合上天的“生之秩序”，这就是《论语》通道的走向。

“天何言哉？四时行焉，百物生焉，天何言哉？”孔子这句话引导我们去发现宇宙生生不息的宏大力量及其深层的创生秩序，从而强化我们内心的秩序能力、创生能力，建立起一个“生之秩序”的社会。有这样宇宙观的人，内心是有依靠而不是随波逐流的，是安静而不是焦虑的，是有信心而不是绝望的，是平和而不是极端的，是温柔而不是狠毒的，是明亮而不是阴暗的，是有生命而不是死亡的。

没有比较就没有鉴别。小说《三体》描述的宇宙，是一个非常危险的宇宙，充满战争、破坏和死亡，由死神所统治。《流浪地球》揭示的宇宙，也是一个危机重重、人很难生存的宇宙，结果就是让人不顾物理规律和秩序去逃生。这不是孔子的宇宙观，而是充满斗争思维的辩证唯物世界观的科幻折射。如果世界仅仅是物质的，物质世界在矛盾和斗争中运动，人就得物质化和斗争化。孔子对创生和主宰这个世界的超越性力量充满信任。他认定上天有益生命，上天保护“生之秩序”。孔子有宇宙观上的安定和仁爱感，没有焦虑和斗争感，从而有一种人生的平和。

孔子心中的世界，是有一个有意志的世界，不是一个唯物的世界；是一个有序的世界，不是一个无序的世界；是一个以善为主的世界，不是一个以恶为主的世界；是一个生之力量支配的世界，不是一个死之力量支配的世界。

孔子的人性观

人性观，就是对人性的看法。一个人的人性观决定了他与人相处的方式。《论语》与《商君书》差异的核心是人性观。《论语》这个通道，引导我们去看什么样的人性层面？如果用一句话概括孔子的人性观，就是“天生德于予”。上天把德生在我身上，德在我身上。人性中有德，这就是孔子的人性观。

孔子讲德的地方很多，“为政以德”“道之以德”“君子怀德”等，但他对“德”并没有清晰的定义。其实，“德”的本质就是好生之德，是孔子宇宙观中“百物生焉”的“生”。

在讲孔子“为政以德”的时候，我们分析过“德”字的来源。“德”字的甲骨文形状，如同人拿着耒耜耕种，种子发芽。耕耘而使种子发芽，生产粮食以养育生命，就是“德”的本义。通常把“德”解释为看正道走正路，这是后来的引申义了。“正道”是一个内涵不确定的概念。若不能遵循“生之秩序”，就不是正道了。

《诗经·大雅·生民》中歌颂周人始祖后稷有德，是因为后稷有功于发展农业生产，养育百姓，所以有德。周人使用“德”字，最初常指农德，从农德再引申为文德。“德”的本质就是生产、创生、养生、益生。“天生德于予”，就是上天赋予我养育生命、保护生命的超能力，赋予我推进“生之秩序”的能力。

孔子并不否定人追求财富，他认为执政治国，要使百姓富裕。孔子自己也追求权力，《史记·孔子世家》中说孔子由大司寇升至代理国相而“有喜色”，孔子对财富和权力的追逐，众人身上都会有。但是，孔子从人性中不仅看到追名逐利的层面，也看到“德”这一更高层面。

上天创生出宇宙万物，这是最大的德。这种来自上天的秩序和创生的力量，深层地运行在人身上。每个人的生命中都有追求秩序的力量，都有追求养育和保卫生命的动能。每个人生命的深处，都有“生之秩序”在运行。

人的欲望分层，人性也有不同层级。对孔子来说，一个君子，一个生命更完整更丰富的人，应将生命立基在有益于生命的“德”的层面。

一个人的生命立基在“德”上，并不妨碍他去争取更多的财富和权力，甚至可能让人有更大的动力。重要的是将财富和权力也当成服务于德、服务于生命的工具，让财富与权力长出灵魂来，成为“德”所支配的对象。

人性有“德”，“德”从何来？《尚书》中有“天德”这样的概念。人性之德，源于上天之德。孔子“天生德于予”的说法也说明，孔子认为“德”源于天。人性之中，有天德的影子。

孔子的人生观

有了清晰的宇宙观和人性观，自然就会有清晰的人生观。所谓人生观，就是人用一生去实现自己的宇宙观和人性观。孔子的人生观，可以用“志士仁人，无求生以害仁，有杀身以成仁”这句话来概括。志士仁人不要为自己求生而去做有害于仁的事，要宁愿自我牺牲去成就仁。仁就是爱人，就是以德待人。

子曰：“天何言哉？四时行焉，百物生焉，天何言哉？”这种创生秩序，不仅表现在大自然中，也表现在人类社会中。“天生德于予”，既然如此，就应有德性，活出“德”的样子。“德”的样子，就是成为“生之秩序”、生之力量。孔子把抽象的“德”化为当时具体的德性实践：讲忠、孝、悌、信、仁、义和泛爱众人。这一切的根源就在孔子“四时行焉，百物生焉”的宇宙观中，就在孔子“天生德于予”的人生观中。

孔子的人生观，就是实现自己身上的德，去成为秩序的力量、创生的力量。人所到之处，带来秩序，带来生命，这就是德性。

其实这不复杂，也不高深，做企业的都明白这一点。凡是能做大企业的，不是靠长期骗人骗来的，而要靠长期服务好生命。一个健康企业的运行，可不就是“四时行焉，百物生焉”吗？有生产秩序在运行，有产品和服务在产生，从而不断服务生命的需求。企业服务消费者，消费者不就是生命体吗？

儒家之道，源于周公之道。我的《诗经》课选了十首诗，颂扬德性是重要内容。这些诗歌所讲的德性有三个核心要素：敬上天、会生产、能征战。周公治国之道简化下来就是“敬天重生保民”，这就是“德”。

孔子的社会观

子曰：“非礼勿视，非礼勿听，非礼勿言，非礼勿动。”许多人一听这句话，就觉得很讨厌，说是压抑人性。这种反应，是百年打倒孔家店的文化运动塑造出来的。如果我把“礼”转化为“秩序”，再来看一下：

子曰：“非秩序勿视，非秩序勿听，非秩序勿言，非秩序勿动。”

我用“秩序”替换“礼”并非没有理由。因为孔子的“礼”有两层意思，一种是永恒上天的“生之秩序”，一种是历史性变化的现实的“礼制”。如果我们把“礼”转成今天习惯的“法”的概念，变成“非法勿视，非法勿听，非法勿言，非法勿动”，建设一个讲法治的社会，可能大家接受起来就容易多了。

其实，“礼”是周代社会制度的总称，其中包含“法”的内容。“礼”是周公开创的社会秩序，礼也好，法也好，都指向秩序。最初读《论语》，我对孔子对“礼”的态度有些疑惑。一方面孔子知道“礼”的历史性变化，知道夏商周三代在“礼”上有损益变化，同时孔子又非常坚持“非礼勿视，非礼勿听，非礼勿言，非礼勿动”，这在逻辑上是不成立的，你不能让人去坚守一个本质上流动变化的东西。

但季文子的话却能启发我们。《左传》记载了孔子之前鲁国执政国卿季文子的话：“礼以顺天，天之道也。”礼是顺应上天的产物，是上天之道。这句话启发我们去理解孔子对“礼”的态度。“礼以顺天”，天永恒自在，但天命在转移，这造成了现实中“礼”的历史性变化。永恒之天道的自我变化，造成人间“礼”的历史性变化。所以重在坚守“天道”，坚守“天礼”，变革“人礼”。

那我们要怎么理解“礼”？还是从孔子的宇宙观出发。子曰：“天何言哉？四时行焉，百物生焉，天何言哉？”“四时行焉”，是自然客观秩序。孔子是有强烈秩序意识的人，他知道这个世界是有秩序的，这个世界的深层秩序从天道而来，只有在这样的天道创生秩序下，才能够“百物生焉”。

讲到秩序和制度，我们就得解释孔子最被诟病的“君君、臣臣、父父、子子”的说法。沿着《论语》的通道往前走，这是要把我们引向何方？事实上，是引导我们去看一个有能量层级差的秩序。

一年四季有温差；高山、海洋、沙漠有差别；老虎、飞鸟、鱼群，各有各的生命轨道；一个班的学生，个性差异也极大。我们能看到的一切，都处于差别之中。没有差别，就意味着死亡。人是恒温动物，如果人体温度与外界温度一样，将会死亡。

差别有两大类。一类是横向类别之差，如狮子与狗的差别。还有同类纵向的能量之差，如人与人的能力差别。无论是横向类别之差还是纵向能量之差，要想消除差别，就意味着无序和毁灭。

“礼”就是差别秩序精神。“非礼勿视，非礼勿听，非礼勿言，非礼勿动”，无非就是承认差别，保卫差别，背后是认定“生之秩序”本身，就是差别秩序。

说到要保护差别，人们能接受。说到要保卫等级差别，人们就不太接受了，因为平等是当代主流价值，你怎么能保卫等级差别呢？讲平等、反等级，是政治正确话语。但“平等”这个概念，我们要细分析。

人类能消除等级差别吗？有哪个社会消除了等级差别？平等是美国的基本价值，但美国消除等级差别了吗？有谁能与比尔·盖茨在财富等级上平等呢？有组织就有等级，自有人类以来，没有任何一个社会能消除等级差别。那种喊着平等口号要消灭阶级差别的社会运动，不过是用一种差别替换了另一种差别，用一群人的差别替换了另一群人的差别。

人类的等级差别是永恒的，是自然法则，也是“生之秩序”的表现。人们真正应该反对的，不是等级差别本身，而是不公正的等级差别的形成方式。例如体育比赛，谁会反对公正规则下的输赢等级呢？例如市场经济，公平竞争下，有多少人会仇恨比尔·盖茨成为世界首富呢？

学者们总在讲“机会公平”和“结果平等”差别的常识，“结果平等”是要消除阶层差别，例如“吃大锅饭”。“机会公平”是要消除阶层差别形成过程中的不公平现象，例如消除体育比赛中“吹黑哨”现象和官商勾结的贪腐现象。真正关心“平等”的人，应关心阶层差别形成过程中竞争的公平性。

孔子当然是保护等级差别的倡导者。那么孔子要求保护的是一个什么样的等级差别？这方面，正好不是孔子的缺陷，而是他的贡献；不是孔子的保守，而是他的突破；不是孔子的守旧，而是他的温柔的革命。

孔子所处的社会是贵族宗法制社会，人的等级差别主要是由出身带来的。公、侯、伯、子、男这样的爵位，都是世袭的。就是卿大夫的职位，也变成了世袭的。宗法制社会是等级制，是强调等级差别的，而这种等级差别的形成方式，是血缘决定论。

血缘等级差别是一个极不公平、封闭的等级形成方式。因为在社会阶级面前，上天是公正而中立的，不会把人才的种子集中撒在君主家中，也不会让君主家族世世代代永保人才优势，这也意味着不会有一家人永占国家大权。秦始皇那种“朕为始皇帝。后世以计数，二世三世至于万世，传之无穷”的说法，足以说明他的狂妄与无知。

人才的种子均衡地撒在各个阶层中，如果社会阶层只有血缘世袭制的形成方式，只在有限的血缘贵族中选拔国家管理者，就会出现“位尊而无功，奉厚而无劳”（《史记·赵世家》）的现象，时间长了就会积累出巨大的不公平和不平衡，引发造反和社会动乱。

《论语》中，似乎孔子并没有批判过血缘世袭制，但他表达过对当政贵族的蔑视。我关注的问题是，孔子是如何思考社会等级差别的形成方式的？从这个角度看，就能发现孔子思想中的“革命性”。孔子强调的是一个非世袭制、非血缘的社会等级制，它建立在“德”的等级上。而人之“德”，是能够通过学习、修炼和实践得来的。孔子有教无类，就是相信不分社会阶层，皆可通过学习提升德性，从而提升社会阶层。孔子追求的是一个开放的、以学习为中心、以修德为路径的社会等级差别形成方式。

孔子把“君子”这个原本是血缘贵族的封闭概念，转换成一个学问和德性的开放概念。孔子这种学习修德的社会等级差别形成方式引导我们走向一个方向，即保卫等级但开放等级的公平竞争。

这也是“生之秩序”的指向。开放等级的公平竞争，不仅是孔子倡导的诗书礼乐的学习和德性的修炼，还是一个全面开放、公平竞争的等级差别秩序，开放经济、文化、教育、政治、宗教等各领域的公平竞争。以“自然竞争等级”替代“人为特权等级”，同时保护竞争过程中形成的等级差别，这就是上天决定的“生之秩序”。

保卫等级差异，只要这差异的形成过程是公平竞争的；反对破坏等级差异的思想和行为，无论它们来自当政者还是民间。这就是正义。当我们理解了孔子对“生之秩序”的等级差异的关注，对保护社会等级差异的重视，我们对“非礼勿视，非礼勿听，非礼勿言，非礼勿动”这句话就不会有那么大的误解和敌意了。

以上就是孔夫子的“四观”，基于对上天“生之秩序”的洞察而来，不仅是我们解开《论语》的钥匙，更是打开我们通往上天“生之秩序”之门的钥匙。沿着孔子修建的通道往前走，我们会看到孔子曾看到的壮美景象。甚至，如果上天拣选、天生德于我们，我们还可能站在孔夫子肩上，看到更壮美的景象，拥有提升我们脚下世界的力量。

图书在版编目（CIP）数据

杨鹏解读论语 /杨鹏著. —上海：上海社会科学院出版社，2020

ISBN 978-7-5520-3144-7

Ⅰ. ①杨… Ⅱ. ①杨… Ⅲ. ①儒家②《论语》—研究
Ⅳ. ①B222.25

中国版本图书馆CIP数据核字（2020）第053599号

杨鹏解读论语

著　　者：杨　鹏
责任编辑：周　霈
特约编辑：刘　玲　刘红霞
营销编辑：韩文静
装帧设计：今亮后声·王秋萍　胡振宇
出版发行：上海社会科学院出版社
上海市顺昌路622号　邮编 200025
电话总机021-63315947　销售热线021-53063735
http://www.sassp.cn　E-mail: sassp@sassp.cn
印　　刷：天津旭丰源印刷有限公司
开　　本：710毫米×1000毫米　1/16
印　　张：35
字　　数：350千字
版　　次：2020年10月第1版　2020年10月第1次印刷

ISBN 978-7-5520-3144-7/B·276　　定价：68.80元